Einaudi. Stile Libero Big

Dello stesso autore nel catalogo Einaudi

Lo sparo
La tormenta
La pista
Il presagio
La condanna
La paura
La minaccia
Quota 1222
Quale verità
La ricetta dell'assassino
L'unico figlio
Il ricatto
La vendetta
Nella tana dei lupi
La dea cieca
Non deve accadere
La porta chiusa
Quello che ti meriti
Il manoscritto

Anne Holt
Dodici cavalli

Traduzione di Margherita Podestà Heir

Einaudi

Titolo originale *Tolv utemte hester*

Published by agreement with Salomonsson Agency

www.einaudi.it

ISBN 978-88-06-25517-6

Dodici cavalli

Prologo

Sabato 12 marzo 2022

Il Regno di Norvegia stava per svegliarsi.

Erano passati due anni da quando il Paese era stato sottoposto a misure strettissime per proteggere la popolazione da un pericoloso virus.

Un periodo fantastico, per Hanne Wilhelmsen.

Ora era tutto finito.

– Dovresti vergognarti. *Vergognarti!*

Hanne fissò scioccata la moglie. Non riusciva a credere alle proprie orecchie.

– Non si può vivere cosí! – continuò Nefis con un tono di voce talmente forte e tagliente che la figlia Ida, che in estate avrebbe compiuto diciannove anni, sbucò dalla cucina.

Poi rimase ferma al centro del soggiorno, accanto a Nefis, anche lei con il volto rigato di pianto.

– Non si può vivere con *te*, – rettificò Nefis. – Sono stanca di *te*. Stanca di…

Prima allargò le braccia e poi le alzò, come per comprendere tutte le tare e le aberrazioni del mondo. Hanne invece rimase immobile sulla sedia a rotelle, a cui era costretta da piú di vent'anni dopo essere stata colpita da un proiettile mentre era in servizio alla polizia di Oslo.

La vista stava iniziando a tradirla. Era come guardare attraverso un binocolo, ma dalla parte sbagliata: due esseri microscopici in lontananza, circondati dal nulla. Il viso di Nefis era rosso di rabbia. I capelli, un tempo corvini, durante la pandemia si erano striati di grigio. Non aveva ancora avuto il tempo di raccoglierli in uno chignon per affrontare la giornata, le ciocche piú chiare le cadevano a spirale intorno alla testa come tanti serpenti.

Il respiro di Hanne era sempre piú corto.

– E ora è troppo tardi, – singhiozzò Ida attaccandosi alla madre, che le passò un braccio intorno alla vita e la strinse a sé come a volerla proteggere.

Nefis proseguí con voce piú attutita: – La cosa peggiore... La cosa peggiore di tutte è che tu disprezzi la debolezza.

No! avrebbe voluto negare Hanne.

– E disprezzare la debolezza, – continuò Nefis, improvvisamente piú calma mentre accarezzava i capelli di Ida, – significa disprezzare ciò che è umano. Gli altri.

Hanne si rifiutava di ascoltare quelle affermazioni. Non era vero. Era tutta una bugia, dall'inizio alla fine. Ma Nefis non mentiva mai.

– Scusa, – sussurrò.

– Cos'hai detto?

– Scu...

– Scusa? *Scusa?* È tutto quello che hai da dire?

Nefis lasciò andare Ida e fece qualche passo verso la carrozzina. Aveva il pugno cosí contratto che le tremava l'avambraccio. Nella mano sinistra teneva il cellulare di Hanne, glielo aveva strappato via con la forza e aveva visto tutte le frasi terribili che vi erano nascoste.

– Se pensi anche solo per *un istante* che ti basti un misero «scusa» dopo tutto questo, dopo... dopo tutti questi anni, farai bene a ricrederti. Noi ce ne andiamo.

– Chi?

– Noi. Ida e io. Tanto tu non puoi andare da nessuna parte. Dovrai abitare qui se vuoi... *farti la doccia e cagare*, giusto? Prego!

Nefis fece un gesto imperioso con la mano, come se la suddivisione dei beni fosse già stata decisa in sede di divorzio e stesse donando ad Hanne l'appartamento. La sua voce suonava fredda e beffarda.

– Ma dove andiamo? – chiese Ida, prima di guardare verso la sedia a rotelle.

– Non ne ho idea, – abbaiò Nefis. – Prepara un borsone. Di quelli capienti.

Poi si diresse veloce verso la zona notte di quell'appartamento enorme. A metà strada cambiò idea: – No. Prepara una valigia. Una delle piú grandi che abbiamo.

Scomparvero. Cadde il silenzio. Un silenzio assordante.

Hanne le sentiva parlare in camera.

– Hammo sta malissimo.

La voce di Ida era flebile e remissiva.

– Lo spero proprio, – replicò Nefis.

Si udí un leggero tonfo, come di una valigia che cadeva per terra.

– Merda, – ringhiò Nefis.

– Mamma, – piangeva Ida. – Non possiamo lasciare Hammo. Non ce la farà senza di noi. Dove andiamo?

– Non ho ancora deciso. Prepara la valigia. Forse in Turchia. Dopo il funerale, in tal caso. Vedi di sbrigarti.

– Mamma, quest'anno finisco le superiori. La pandemia è passata. O almeno quasi. Ho la scuola, e poi ci sono tutti i festeggiamenti dell'ultimo anno e tra poco io… Non voglio…

– *Prepara la valigia!*

Si fece di nuovo silenzio. Hanne alzò le mani e, dopo aver divaricato le dita, le fissò. Tremavano.

Nefis aveva gettato il cellulare di Hanne sul divano.

Quel maledetto iPhone.

– Chiedi a Hammo di ritirarsi nel suo studio e di rimanerci finché non ce ne siamo andate, – gridò Nefis: Ida doveva essere andata in camera sua a fare i bagagli. – In questo momento non mi va di vederla.

Senza pensare, senza aspettare, Hanne obbedí all'ordine che non le era stato ancora impartito. Le ruote di gomma gemettero in maniera insolitamente lamentosa sul parquet mentre si spostava nell'ingresso, dove la porta piú lontana conduceva al suo studio. Una volta arrivata, si chiuse dentro e, dando le spalle a tutto ciò che per lei aveva importanza al mondo, osservò i resti di quella che era stata la sua esistenza durante la pandemia.

Nell'angolo c'erano quattro scatoloni intatti e uno mezzo vuoto di mascherine. Due taniche di disinfettante per superfici erano state accantonate sotto la finestra. Simili a tanti mattoncini, sei test negativi erano impilati a mo' di torre accanto a un joystick. Se all'inizio della pandemia gli schermi dei computer erano cinque, ora ammontavano a sette. Erano appiccicati l'uno all'altro, alcuni di traverso, e sulla spaziosa scrivania erano state dislocate tante piccole confezioni di disinfettante per le mani insieme a lattine vuote di acqua minerale svedese a buon mercato. Il cestino della carta era pieno. Nella stanza aleggiava il debole sentore di un torsolo di mela che si era dimenticata di gettare. Hanne piangeva in silenzio.

Fuori, il rumore delle ruote delle valigie che giravano sul pavimento si fece sempre piú nitido.

– Come farà Hammo a partecipare al funerale, se nessuno l'aiuta? – sussurrò Ida.

– Cavoli suoi. Mettiti un giaccone. Prendi anche il cappotto scuro. E gli stivaletti, quelli belli.

– Devo salutare Hammo, mamma. Non possiamo semplicemente...

– *Muoviti.*

Di nuovo il suono delle valigie. E di Ida che piangeva. Anche quando lasciarono l'appartamento e la pesante porta di rovere si richiuse decisa dietro di loro. Ogni segno di vita venne troncato con un tonfo.

Il mondo era stato cosí sicuro e raccolto. Per due anni, una vita chiusa, un'esistenza stretta e lineare dove ogni giorno era simile all'altro.

Un periodo felice.

Fino a qualche settimana prima e al momento in cui tutte le restrizioni erano state revocate. Da allora in poi la situazione era precipitata fino al tracollo totale avvenuto un'ora prima. Quando un poliziotto aveva suonato alla porta. Il messaggio che portava era assurdo, inconcepibile. Le sue parole avevano dilaniato la famiglia di Hanne Wilhelmsen, che per la prima volta dal 1999 si ritrovava completamente sola al mondo.

Sapeva che non avrebbe funzionato.

Per niente.

Prima parte
Due settimane prima

Venerdí 25 febbraio 2022

L'ispettore Henrik Holme viveva un'esistenza basata sulla vergogna.

Si vergognava quasi di tutto. Delle sue origini, di cui preferiva non parlare se qualcuno gli faceva domande al riguardo. Cosa che avveniva di rado. Anche l'aspetto era per lui una fonte di tormento sin da quando era stato abbastanza grande da capire che era molto diverso dagli altri: le spalle strettissime e le mani, piccole e femminee, attaccate a braccia troppo lunghe. Per non parlare di quel maledetto pomo d'Adamo che, fino a quando non si era fatto operare a venticinque anni, era stato grande quanto un'arancia e ancora adesso era troppo visibile ogni volta che gli andava su e giú.

E poi aveva la testa grossa.

Con le donne non ci sapeva fare e bastava che qualcuna gli mostrasse un minimo di attenzioni perché lui cominciasse ad arrossire e sudare.

Per Henrik Holme la vergogna era ormai una condizione di vita normale. Era consapevole di essere strano, camminava curvo e, quando doveva sedersi a un tavolo, sceglieva sempre quello piú appartato. D'inverno indossava un montgomery dalla stoffa cosí rigida che la parte superiore della schiena sembrava insolitamente ampia, mentre d'estate girava vestito da capo a piedi. Dopo gli otto anni, non si era mai abbronzato, non aveva mai nuotato in un lago o al mare e non aveva mai avuto esperienze sessuali con nessuno. Tranne un paio di episodi che lo facevano arrossire ogni volta che ci pensava suo malgrado.

Era abituato alla vergogna e all'umiliazione.

Tuttavia, quello era il peggio che gli fosse mai capitato.

Era stato sospeso a tempo indeterminato dal suo incarico nella polizia.

Dopo una segnalazione per «molestie sessuali» senza una vittima perché si trattava di un malinteso cosí madornale e terrificante che, quando era stato convocato dalla responsabile delle risorse umane, non era riuscito a fornire nessuna spiegazione.

– Prendiamo molto seriamente queste cose, – gli aveva detto.

Tre volte.

Lui non era riuscito a spiccicare parola.

Era rimasto lí, afflosciato sulla sedia, come se fosse colpevole. In preda alla disperazione l'aveva sentita snocciolare diritti, conseguenze e protocolli. In un paio di occasioni aveva cercato di aprire bocca. Avrebbe voluto fornire la sua versione, come lei diceva che aveva il diritto di fare, ma era rimasto bloccato da un crampo allo stomaco cosí intenso che non era riuscito a raddrizzarsi, nemmeno quando se n'era andato all'improvviso senza che la donna avesse finito.

Ora era solo.

Nel suo ufficio, che formalmente non era piú suo.

Sospeso.

Nella vita Henrik aveva due cose. Solo quelle gliela rendevano decente. Una era la famiglia di Hanne Wilhelmsen in Kruses gate.

L'altra, essere un bravo poliziotto.

Lo sapeva e se lo sentiva dire. Di continuo. Dal commissario capo al primo dirigente. Persino il capo della polizia, in un paio di occasioni, gli aveva rivolto parole lusinghiere durante le riunioni mattutine. Quando accadeva, Henrik sorrideva per molti giorni di fila. Era laborioso, competente e meticoloso. Inoltre, non si arrendeva mai. In teoria ogni caso era risolvibile. Non era disposto ad abbandonarne del tutto uno, ecco perché nel suo ufficio ce n'erano costantemente cinque o sei che studiava alla prima occasione. Nell'armadietto verde di metallo accanto alla finestra aveva un piccolo archivio dove teneva le copie cartacee di casi irrisolti, una sottile pila di misteri di cui nessuno era riuscito a venire a capo. Ci dedicava del tempo. Il tempo era l'unica cosa che Henrik Holme aveva in abbondanza. Se qualcuno si fosse preso la briga di tener conto di quante ore passava effettivamente nell'ormai fatiscente centrale in Grønlandsleiret, lui avrebbe temuto l'intervento dell'ispettorato del lavoro.

Ma la maggior parte dei colleghi lo lasciava in pace.

Tranne adesso. Qualcuno gli voleva male.

Avrebbe dovuto alzarsi e andarsene. Scomparire. Sparire per sempre: il pensiero di porre fine a tutto aveva una sua logica, e per un istante chiuse gli occhi provando una specie di conforto. Durò solo un secondo o due: non era la morte ciò che desiderava.

Voleva giustizia. Le accuse di molestie erano assurde, lo avrebbe capito chiunque. Aveva trentacinque anni e in tutta la sua vita aveva osato a malapena fare un complimento a una donna. L'ipotesi che lui avesse molestato qualcuno era talmente impensabile, talmente inaccettabile, talmente…

Si coprí il volto con le mani al pensiero di ciò di cui lo accusavano. Le lacrime presero a rigargli le guance e trattenne il respiro per non far rumore. Avvertí una forte pressione all'altezza del diaframma. Si infilò le dita nelle orecchie per cercare di respingerla. Un suono gli salí a forza dalla laringe: un borbottio basso e stridulo.

Chi poteva aiutarlo era Hanne Wilhelmsen. Lei lo conosceva. Poteva garantire per lui. Se le avesse raccontato la storia dell'incontro con Margareth dell'ufficio passaporti, sarebbe scoppiata a ridere. Di gusto e a lungo, prima di decidersi a chiamare risoluta il capo della polizia facendo in modo che tutto si chiarisse. E poi c'erano dei testimoni: avevano riso, anche loro, ci avevano scherzato sopra e lo avevano preso in giro, peggiorando ulteriormente la situazione, fino a quando Henrik non si era sentito in grado di tornarsene a casa.

Avevano festeggiato perché proprio quel giorno erano state revocate le restrizioni legate alla pandemia. Per sempre, speravano i piú. In preda all'euforia che regnava in città, avevano barcollato da un locale all'altro nonostante il freddo pungente. I suoi colleghi erano ubriachi, eppure dovevano ricordare cos'era successo.

Il brontolio non si placò fino a quando Henrik non spalancò la bocca per svuotare i polmoni.

Non poteva dirlo a Hanne. Ovvio. La vergogna era troppo grande. Era un uomo adulto e doveva risolvere i suoi problemi da solo.

Come prima cosa poteva cercare Margareth, la giovane donna dell'ufficio passaporti, dai denti troppo piccoli per quel viso grande e tondo. Farle capire che si era trattato di un incidente. Di un equivoco. Certo, non avrebbe dovuto bere. Non aveva nessun problema ad ammetterlo. Non era abituato all'alcol e non riusciva a capire cosa lo avesse spinto a calarsi le birre che i colleghi gli avevano messo davanti a un ritmo forsennato.

La responsabile delle risorse umane gli aveva ordinato di stare alla larga da Margareth.

Adesso, aveva capito Henrik, era diventata una *whistleblower.*

A cui spettavano tutela e protezione. Che godeva di diritti. Come da protocollo.

Lui invece se ne sentiva del tutto privo, nonostante l'insistenza con cui la responsabile delle risorse umane gli aveva consigliato di consultare un avvocato. O il sindacato.

Come se lui potesse mai trovare il coraggio di fare una cosa del genere.

Di raccontare quella storia cosí imbarazzante a un perfetto sconosciuto.

No!

Ora stava ringhiando. Con sua grande sorpresa avvertí dentro di sé una rabbia crescente. Quando si alzò, era furibondo. Era una sensazione strana e meravigliosa. Era come se fosse cresciuto in altezza: raddrizzata la schiena, tirò indietro le spalle a collo di bottiglia cercando di spingere il petto in avanti. Senza riflettere, si avvicinò all'archivio con passo deciso e, dopo averlo aperto con la chiave, prese la pila dei casi irrisolti. Da tempo la polizia era digitalizzata, ma Henrik amava ancora stampare il materiale e, in alcune occasioni, creare cartelle cartacee vecchio stile. In quel momento non gliene importava nulla se non gli era consentito portarle fuori dalla centrale. Aveva bisogno di fare qualcosa mentre aspettava che le alte sfere prendessero una decisione. Aveva bisogno di qualcosa che gli permettesse di far riposare la mente.

– *Risolverò ogni singolo caso*, – sibilò a bassa voce infilando gli incartamenti in uno zaino Fjällräven che Ida e Nefis gli avevano regalato per Natale. – *Ogni cazzo di caso!*

Mentre indossava il cappotto, cercando di trovare il coraggio di lasciare l'ufficio, lo sguardo gli cadde su una cartellina sottile sopra la scrivania. Aveva scelto di stampare anche quel caso: secondo lui la tattilità della carta ne aumentava la gravità.

«Vilde Karoline Bredesen, – si leggeva tra le generalità. – Nata il 14 gennaio 1999».

Vilde era morta tre settimane prima, a ventitre anni, e il caso stava per essere archiviato per mancata sussistenza di reato. Un palese suicidio. Tutto quadrava. Il corpo era stato ritrovato senza vita nel piccolo appartamento di Vilde, nel quartiere periferico di Mortensrud. L'abitazione era stata evidentemente messa in ordine e pulita per l'occasione. La porta d'ingresso era chiusa a chiave dall'interno ed era anche provvista di catenella. L'alloggio si trovava al quarto piano, non aveva balconi e le finestre chiuse non mostravano nessun segno di effrazione. La lettera di addio era stata scritta a mano e il perito calligrafo non aveva dubbi sulla sua autrice. Inoltre, parecchi amici di Vilde avevano riferito che negli ultimi giorni, forse settimane, pareva disperata.

Senza che nessuno ne conoscesse il motivo.

La lettera in questione non forniva molte risposte, ma era abbastanza ricca di contenuti da far sí che l'avvocato della polizia stesse per liquidare il caso.

Erano cose che capitavano.

La gente si toglieva la vita.

Henrik si passò la manica sugli occhi. Per un attimo ebbe quasi l'impressione di vedersela davanti. Capelli chiari, sana e robusta. I fianchi larghi, la vita stretta. I seni grandi e pesanti, quasi come quelli di una splendida cinquantenne. Gli ricordava qualcosa che aveva visto in un film danese degli anni Sessanta. Si era innamorato di lei al primo sguardo.

Vilde gli aveva sorriso. Lo faceva, un sorriso cordiale e caloroso, ogni volta che lui passava dal piccolo caffè in Helgesens gate. Come tutti gli altri locali, negli ultimi due anni era rimasto piú chiuso che aperto, ma quando la pandemia allentava temporaneamente la presa Henrik percorreva a passo deciso i quattro o cinque isolati attraverso Løkka per vedere se Vilde fosse tornata.

E ogni volta c'era.

Sempre solare. Sempre flessuosa nei movimenti quando arrivava con un cappuccino in una mano e un piattino con due biscotti nell'altra. Aveva una voce bassa e melodiosa, contrassegnata dal tipico accento della Norvegia meridionale. Con lei Henrik non arrossiva neppure. Sentiva di amarla.

Vilde avrebbe potuto garantire per lui. Forse avrebbe potuto chiederglielo, come amico. Aiuto. Di parlare con la responsabile delle risorse umane, il capo della polizia o persino con Margareth dell'ufficio passaporti, che non poteva competere con Vilde di Grimstad. Non c'era partita.

Forse l'avrebbe fatto. Chiederglielo. Se solo fosse stata ancora viva.

Henrik si asciugò di nuovo gli occhi. La lana grezza del cappotto gli aveva irritato la pelle degli zigomi.

Vilde si era tolta la vita.

Senza che nessuno ne capisse il motivo.

Henrik posò lo zaino sulla scrivania e aprí la cerniera per aggiungere alle altre la cartellina riguardante Vilde Karoline Bredesen. Poi posizionò la tazza contenente gli articoli di cancelleria proprio dove doveva stare, allineò la tastiera in modo che fosse perfettamente parallela allo schermo e spazzò via la polvere invisibile dalla superficie della scrivania. Infine fece tre profondi respiri e, dopo essersi tirato su il cappuccio del montgomery, lasciò la centrale a passo veloce.

Senza sapere se gli sarebbe mai stato permesso di tornare.

Quel valore non poteva essere giusto.

L'uomo doveva aver preso un granchio.

Vero che era un medico. Un medico di base esperto a cui la giovane redattrice Ebba Braut si era rivolta fin da quando si era trasferita a Oslo per studiare alla facoltà di Teologia. In passato non c'erano mai stati problemi gravi da affrontare.

Un mal di gola persistente che alla fine aveva richiesto l'asportazione delle tonsille. Problemi intestinali che erano scomparsi da soli. Sciocchezze. Stupidaggini. Non aveva nemmeno contemplato l'idea di andare dal dottore quando si era presa il Covid. Era stata una batosta e si era isolata in casa per dieci giorni. Una volta finita, era stata contentissima di aver superato la malattia.

Adesso, però, si trattava di una cosa completamente diversa.

– Mi faccia vedere, – intimò, tendendo la mano.

– Vedere cosa?

– Il...

Il medico sorrise, o almeno cosí le parve. Era difficile a dirsi, nascosto com'era dietro la mascherina e la visiera di plastica. Tuttavia, c'era un che di scanzonato in quegli occhi giallo-castani. Erano maculati, Ebba se ne accorse solo in quel momento: minuscole pagliuzze dorate si fondevano nell'iride marrone chiaro. Le sopracciglia erano grigie e alcuni peli talmente lunghi da piegarsi verso l'alto e di lato. Come tante corna minuscole e divertenti, aveva pensato quando era arrivata. Quelle di un esuberante caprone.

– Voglio vedere il foglio. L'esito dell'esame. Deve esserci un errore.

Ora era sicura che il medico stesse sorridendo. Gli occhi si erano ridotti a due fessure, mentre le zampe di gallina risultavano piú marcate. Lui spinse indietro la sedia. Le ruote cigolarono, avrebbero avuto bisogno di essere oliate. Quando si trovò a un paio di metri da lei, si tolse la visiera e abbassò la mascherina sotto il mento.

– Per me è sempre stata una grande gioia vedere esiti come questi, – le disse pacato, osservandola. – Quasi sempre. Ma che diritto ho io di esprimermi sulla vita e sulle scelte altrui?

Con un sospiro quasi impercettibile e un cenno del capo indicò il foglio che aveva appoggiato su un tavolino metallico accanto a lei. Ebba pensò che un'affermazione del genere non era molto professionale. Un medico non avrebbe dovuto esprimere opinioni. Il suo lavoro era rimanere neutrale rispetto ai fatti. Verso di lei. In particolare adesso. Anche se di sicuro era abituato a vedere pazienti felicissime di ricevere una notizia simile, lei non poteva essere di certo la prima a sentirsi invece gettata in un caos irreale.

Oltretutto era impossibile.

Il medico lanciò un'occhiata allo schermo del computer sulla scrivania.

– Qui non risulta il ricorso a nessun contraccettivo, negli ultimi due anni. Molte giovani donne single hanno approfittato della pandemia per interromperne l'uso per un periodo. Vale anche per lei?

Ebba Braut non rispose, studiò con attenzione il foglio.

– Quando ha avuto l'ultima mestruazione? – le chiese il medico.

Ebba continuò a rimanere in silenzio. Il suo sguardo era fisso sull'esito secondo cui i valori del beta hCG rilevati nel suo campione di sangue non lasciava dubbi.

– Non me lo ricordo, – mormorò alla fine.

Era vero. Non se lo ricordava. Irritante. Un tempo aveva il controllo di certe cose. Ma era prima del nuovo lavoro, del lockdown e di uno spettacolare dramma criminale in cui si era trovata coinvolta e al quale erano seguiti due anni di semi isolamento. Ed era molto tempo prima di fare un vaccino che, secondo quanto aveva letto, poteva alterare il ciclo di una donna.

– Ha famiglia? – le chiese il dottore con cautela. – Com'è il suo giro di conoscenze qui a Oslo? Ci sono molte possibilità...

– La cosa non la riguarda, – lo interruppe Ebba bruscamente.

Le tremavano le mani dalla rabbia. Lanciò il foglio verso il tavolino di metallo, ma quello planò silenzioso sul pavimento.

– Deve esserci un errore, le dico! Uno scambio di esiti o qualcosa del genere.

– No, – rispose controllato il medico. – Oltre al risultato del test, ci sono i suoi sintomi. La ragione per cui è venuta qui. Nausea, indisposizione. Stanchezza.

Non sorrideva piú.

– Dovremmo scoprire al piú presto a che mese è. Solo cosí... potrà valutare le diverse opzioni. Come sa, condivido questo studio con il dottor Kavli...

Indicò con il pollice sopra la spalla.

– È un ginecologo, e posso fissarle un appuntamento a breve. Se vuole.

– Mi stia a sentire! – sbottò Ebba. – Io non sono incinta!

– Be', l'ecografia potrà...

– Ha sentito cosa le ho detto?

Picchiò il palmo della mano sul tavolo. Il tonfo fu tanto acuto da far sussultare anche lei. Il medico la guardò sbalordito e allontanò la sedia dalla scrivania, spingendola indietro con i piedi.

– Sono certissima! – riprese lei cercando di calmarsi. – E il motivo è che... che non ho piú avuto rapporti con nessuno. Non da prima della pandemia. Per essere precisi...

Respirò a fondo, come per prepararsi a esprimere a parole l'incomprensibile.

– L'ultima volta che sono andata a letto con un uomo è stato il 25 febbraio 2020. Per l'esattezza, due anni fa. Poco prima che scoppiasse la pandemia.

Qualcuno si avvicinò alla porta a passi rapidi, forse la segretaria del medico, allarmata dal trambusto. Dopo essersi alzata, Ebba giunse i palmi. La sua voce era diversa, si rese conto che sembrava quasi una preghiera quando sussurrò: – Ora mi capisce, dottore?

Non appena entrò in casa dopo aver percorso a tempo di record la distanza esistente tra la centrale e Korsgata, Henrik Holme si appoggiò alla porta d'ingresso. L'aveva appena chiusa con i due chiavistelli e la catenella e si sentiva finalmente al sicuro. Aveva il fiatone, cosa che non avrebbe dovuto avere vista la sua eccellente forma fisica. Gli fischiavano le orecchie.

Si costrinse a respirare con calma.

Chiuse gli occhi.

Ascoltò il battito incessante del proprio cuore.

Era un cuore forte, che avrebbe continuato a battere. Non sarebbe morto. O almeno, non ancora. Con movimenti lentissimi si sfilò il cappotto e lo appese al gancio di quell'ingresso angusto, proprio accanto alla porta del bagno. Chiuse di nuovo gli occhi mentre contava fino a cinque inspirando ed espirando a fondo.

Gli fu d'aiuto. Le pulsazioni calarono e il fischio ad alta frequenza si placò. Henrik afferrò lo zaino e lo portò con sé in soggiorno. Appena varcata la soglia, rimase immobile per un po' guardandosi intorno.

Come sempre l'appartamento era pulito e ordinato, ma tutto finiva lí. L'odore che regnava e che gli era cosí familiare da non notarlo piú, ora gli sembrava invadente. Quando sua nonna era morta, lui ne aveva ereditato alcuni mobili. Emanavano un sentore anni Sessanta: caffè preparato sul fornello con i chicchi macinati grossi e olio di tek, che Henrik continuava a utilizzare ogni sei mesi quando lo passava sulla credenza ad angolo. Dalla libreria ben fornita che aveva costruito con le sue mani intorno alla porta senza battente che dava in cucina, giungeva un odore ancora piú antico. Quasi nessuna delle opere che aveva era stata scritta negli ultimi cinquant'anni. Hamsun e Selma Lagerlöf, Dostoevskij ed Ernest Hemingway, nonché un'edizione completa dell'*Enciclopedia Britannica*. Classici dai dorsi monocromatici, tutti ereditati involontariamente quando aveva comprato casa. Il proprietario era già morto e chi aveva curato la vendita si era scusato perché tutti i libri erano stati accumulati dentro scatoloni che in realtà avrebbero dovuto essere stati portati via come d'accordo.

Di colpo pensò che quell'appartamento, che aveva sempre amato, sapesse in realtà di maschio fallito.

Oltretutto dalla cucina giungeva odore di pesce.

Hamburger di pesce, realizzò quando, dopo aver lasciato lo zaino sul tavolino del soggiorno, aprí il frigo per prendere un bicchiere di latte. Sul tavolo ce n'era uno mangiato a metà. Contrariamente alle sue abitudini, il giorno prima si era dimenticato di avvolgerlo nella pellicola e metterlo in frigorifero quando aveva finito di cenare. Senza nemmeno sapere di cosa si trattasse, doveva averlo distratto la convocazione della responsabile delle risorse umane. A essere sincero, un vago sospetto lo aveva sfiorato, visto che al lavoro avevano riso alle sue spalle peggio del solito. E Margareth dell'ufficio passaporti aveva evitato il suo sguardo quando in mensa lui aveva cercato di attirare la sua attenzione. Per chiederle scusa, aveva pensato, anche se tutta la situazione era stata solo un malaugurato incidente.

Gettato nell'umido quanto rimaneva dell'hamburger, si versò un bicchiere di latte che portò in soggiorno, dove si sedette su una poltrona comprata a un mercatino delle pulci prima della pandemia.

Emanava un flebile odore di lana bagnata: non l'aveva mai notato.

Bevve il latte. Era troppo dolce, e cosí freddo che gli venne mal di testa. Si premette le narici con due dita, poi con l'altra mano tirò lo zaino a sé. Appena il dolore cessò, estrasse gli incartamenti che si era portato a casa.

Accantonò velocemente i *cold cases*, impilandoli in maniera perfetta sul tavolino. Dopo essersi appoggiato sulle ginocchia la cartellina con le informazioni riguardanti la ventitreenne Vilde Karoline Bredesen, l'aprí.

In cima c'era la sua foto.

Gli occhi gli si gonfiarono di lacrime. Vilde era una bellezza naturale. L'immagine era stata trovata nella camera della giovane donna. Henrik ricordava che, a partire dall'altezza dell'anca fino a quasi il soffitto, una parete intera era tappezzata da foto di famiglia. Alcune erano ingrandimenti di snapshot dove si vedevano bambini che giocavano, facevano il bagno e la cresima. Altre erano vecchie, immagini in bianco e nero di coppie serie, in posa, probabilmente i bisnonni. In ogni caso, dovevano essere state scattate all'inizio del Novecento. Ce n'erano parecchie, opera di un fotografo professionista, ma a colori. Tre mostravano una famiglia di sette persone, ed erano state scattate ad almeno cinque anni di distanza l'una dall'altra. La piú recente doveva risalire a quando Vilde aveva dodici o tredici anni. Era rimasta uguale. I suoi quattro fratelli erano piú grandi di lei, ragazzoni che sfoderavano dei bei sorrisi. Somigliavano tanto al padre dai capelli rossi quanto Vilde somigliava alla madre. Bionda e dolce, al centro dell'attenzione generale. Soprattutto nella foto piú vecchia, quando era una neonata. Era seduta al centro, sulle ginocchia del padre, mentre il resto della famiglia la guardava come se fosse un miracolo.

Forse lo era stato.

Finalmente una bambina dopo quattro maschi rumorosi.

Henrik, da parte sua, era figlio unico e non lo avevano mai portato dal fotografo.

Posò la foto e chiuse gli occhi. Da Markveien si levarono tra gli edifici di mattoni delle grida acute, seguite da un suono graffiante e metallico. Di solito sarebbe corso alla finestra per vedere l'incidente. Nel peggiore dei casi, poteva trattarsi di un tamponamento tra un'auto e una bicicletta. Sarebbe dovuto correre fuori.

Rimase seduto.

«Non ci sono dubbi, – aveva dichiarato l'ispettore capo. – Uno dei suicidi piú palesi che abbia mai visto».

Henrik era stato sulla scena del crimine. Nell'appartamento. Nella microscopica tana di Vilde, che lei aveva saputo trasformare da semplice alcova in un angolino accogliente sulla faccia della Terra. Era riversa sul letto, con la vena del braccio sinistro recisa, tutto eseguito in modo quasi professionale. Del resto, studiava per diventare infermiera. Il taglio era netto, profondo e verticale, non di trasverso come si vedeva troppo spesso nei film di serie B. I risultati degli esami del sangue non erano ancora arrivati, ma nulla nell'alloggio indicava che Vilde facesse uso di alcol o di sostanze stupefacenti. Nessun flacone di pillole né bottiglie. Niente che potesse alleviare il dolore causato dal bisturi.

Henrik Holme non aveva mai smesso di stupirsi di fronte alla quantità di sangue presente in un corpo umano.

La lettera di suicidio era in soggiorno, scritta a mano. Non conteneva molto, solo un ultimo saluto ai genitori, ritratti nelle foto, e la dichiarazione che li amava tantissimo e non voleva farli soffrire. Doveva essere stata l'ultima cosa che aveva visto mentre era in vita, perché di fronte alla testata del letto non c'era altro punto su cui posare lo sguardo se non la parete con le foto di famiglia.

Henrik sentiva una fitta al cuore ogni volta che pensava a quanto doveva aver sofferto Vilde. Nell'anima e nel corpo. I casi di suicidio erano tra i peggiori di cui era costretto a occuparsi, e ce n'erano troppi.

Era difficile capire perché una ragazza come Vilde Karoline Bredesen non avesse visto altra via d'uscita se non quella di uccidersi. Aveva solo ventitre anni, studiava e svolgeva un piacevole lavoro part-time, inoltre aveva già un tale controllo sulle proprie finanze da essere la proprietaria di quel minuscolo appartamentino a Mortensrud. L'aveva comprato durante la pandemia, trentadue metri quadrati per la cifra di due milioni e novecentomila corone norvegesi. Certo che si era indebitata, ma non piú di tanti altri acquirenti che si affacciavano per la prima volta su un mercato immobiliare completamente impazzito.

A quanto pareva, a Grimstad aveva una famiglia molto cara e affettuosa. E amici. Henrik ne aveva visti alcuni alla caffetteria dove Vilde lavorava: il suo sorriso si faceva piú grande e la voce un po' piú concitata quando qualcuno di loro passava a salutarla con un abbraccio. Tre li aveva interrogati personalmente dopo il suicidio. Il dolore e lo shock che avevano mostrato erano sinceri.

Nessuno era a conoscenza di un fidanzato.

Nessun problema economico serio. Nessuna pena d'amore, almeno per quanto lui ne sapesse. Una brava famiglia, immaginava, anche se non era stato lui a parlare direttamente con i parenti durante le indagini, brevi e alquanto tiepide.

Una pattuglia si stava avvicinando a sirene spiegate. Quando Henrik aprí gli occhi, vide la luce blu danzare sul soffitto. Rimase seduto.

Guardò l'orologio.

L'una e mezza. Era ancora tutto aperto e la maggior parte della gente era al lavoro. Prese il cellulare e cercò fino a trovare un numero che aveva chiamato troppo spesso. La risposta arrivò dopo appena due squilli.

– Heidi Kvitne, – esordí gentile la voce all'altro capo.

– Ciao. Sono Henrik Holme, polizia di Oslo.

– Ah.

L'interesse della donna stava già scemando.

– Riguarda il caso numero...

Si chinò in avanti e sfogliò i documenti prima di trovare una sequenza di lettere e numeri che lesse ad alta voce. Un suono acuto lo costrinse ad allontanare il telefono dall'orecchio. Poi la sentí battere su una tastiera.

Silenzio.

– Pronto? – indagò quando la pausa si fece troppo lunga.

– Non lo trovo.

– Cosa?

Henrik spostò il cellulare nella mano sinistra e ripeté:
– Cosa intendi dire?

– Be', vedo il caso. Vilde Karoline Bredesen. Nata nel '99. Morta tre... Aspetta un attimo. Sí.

Cadde di nuovo il silenzio.

– Ci sei? – chiese Henrik.

– Sí, certo, – gli rispose lei, spazientita. – È solo che non riesco a trovare dove sono le sue cose in questo momento.

– Cose? Cioè?

– I prelievi. I risultati. Quello che doveva essere analizzato. I campioni di sangue e…

Heidi Kvitne del dipartimento di Medicina legale dell'università sembrava aver peggiorato ulteriormente la sua capacità di formulare frasi complete, dall'ultima volta che si erano sentiti. Henrik fece un profondo respiro, che rilasciò piano piano nella speranza che lei lo interpretasse come un sospiro di impazienza.

– Nel senso, – la sentí dire infine, – che ci è stato mandato tutto. È scritto qui. È solo che… manca qualcosa.

– Sarebbe?

– Non è stato compilato un campo nel modulo di registrazione. Senza quel numero, non riesco a trovare le analisi. Non sul computer. Ho bisogno di quel numero.

– Avete…

Ora era lui che non riusciva a trovare le parole.

– Avete *perso* i suoi campioni di sangue? I nostri campioni di sangue?

– Non proprio persi. Sono di sicuro qua da qualche parte. Come ho detto, risultano registrati. Ma poi deve essere successo qualcosa. Magari qualcuno che aveva fretta. Qui abbiamo sempre tantissimo da fare, giusto per precisare.

– Vedi di trovarli, però. I campioni hanno una dimensione fisica. Sono una… cosa, come hai detto tu. Quanto può essere difficile recuperarli?

– Molto, – gli rispose lei secca. – Come cercare un ago in un…

Pagliaio, completò Henrik tra sé e sé.

– Ma è stata sottoposta a un'autopsia, – disse invece. – Non potresti semplicemente...

– No –. Il rifiuto risuonò in maniera cosí decisa che Henrik la sentí quasi mentre scuoteva la testa. – Non è stata sottoposta a nessuna autopsia.

– Non... non le hanno fatto l'autopsia?

– Sembri sorpreso.

– Non è stata una morte naturale, diciamo!

– Assolutamente no. Ma non ci è arrivata nessuna richiesta da parte vostra. Dalla polizia, intendo. Immagino che il caso sia molto chiaro. Non facciamo l'autopsia a tutte le vittime di suicidi. Credevo che tu...

Lo sapessi, pensò Henrik.

E lo sapeva. Eccome.

Le autopsie avevano un costo e tutto quello che aveva un costo era soggetto a tagli di bilancio. Lui stesso aveva letto che piú del venti per cento delle vittime di suicidio a Oslo non veniva sottoposto a un'autopsia. Questo lo irritava. Solo attraverso un'indagine approfondita condotta sul cadavere si poteva sperare di scoprire i segreti che si celavano dietro quella morte autoinflitta. Le lettere di addio, quando esistevano, potevano essere tanto fuorvianti quanto illuminanti. Il corpo, invece, non mentiva. Era in grado di rivelare malattie di cui nessuno era a conoscenza. Abuso di alcol o farmaci. Maltrattamenti che non erano visibili senza aprire il cadavere.

– A quanto pare, era troppo ovvio, – sentí ripetere da Heidi Kvitne con tono alquanto disinteressato. – Un caso scontato, intendo dire. Del resto, lo sai meglio di me.

– Dov'è adesso?

– Chi?

– Vilde Karoline Bredesen.

– È... è stata consegnata da tempo ai congiunti. Alla famiglia, immagino. Probabilmente è già stata sepolta. Sono passate almeno... tre settimane da quando è morta, giusto?

Henrik si portò la mano libera all'altezza degli occhi e la serrò con forza. Le nocche sbiancarono, vide, e strinse i denti a tal punto da avvertire un dolore acuto a un molare che avrebbe dovuto farsi curare.

– Quindi avete *sia* provveduto al rilascio della salma *sia* a perdere tutte le prove che vi abbiamo mandato? – disse cercando di mantenersi il piú calmo possibile.

– No. Non direi che abbiamo perso qualcosa. Ma qui è stata effettuata una registrazione errata. Posso cercare di...

– Ritengo che tu debba farlo. Cercare di trovare quelle prove. E quando ci riesci, chiamami subito. E intendo sul serio *subito*.

Sussultò al pensiero di quanto fosse stato tagliente, per cui aggiunse: – Se per te va bene, ovviamente.

– Sí, certo. Ciao.

Passò un attimo prima che gli tornasse in mente la sospensione. Per un breve momento era passata in secondo piano, vista la faciloneria con cui la donna all'altro capo del filo sembrava prendere la situazione.

– Ancora una cosa! – disse ad alta voce. Per fortuna lei non aveva ancora riattaccato. – Chiamami su questo telefono. Il cellulare. Sono... sono molto impegnato da una parte all'altra e questo caso è urgente.

– Okay, – rispose acida Heidi Kvitne prima di interrompere la conversazione.

Sabato 26 febbraio

Un poeta stava sbirciando fuori dalla finestra.

Quello di Aasmund Aaletjønn era un nome da tenere in considerazione. A dire il vero aveva pubblicato solo cinque raccolte di poesie nell'arco dei trent'anni trascorsi dal suo debutto, ma in cambio si era trattato ogni volta di un vero e proprio evento. La sua importanza cresceva sempre piú a ogni pubblicazione. La prima raccolta, *Schizzi da un campo, pensieri su un autunno*, aveva vinto due premi destinati a un'opera prima e una borsa di studio piuttosto sostanziosa. Da allora era riuscito nella rara impresa di essere un poeta acclamato dalla critica e allo stesso tempo amato dalla gente. Era quasi una celebrità, e questo grazie solo alla sua arte. Non rilasciava quasi mai interviste, non perché fosse particolarmente eccentrico, ma perché non gli andava. Le banalità non lo interessavano e la maggior parte dei giornalisti era tutta uguale: di solito una manica di ignoranti. Però, poco prima della pandemia, aveva concesso a un giovane novelliere sconosciuto di realizzare un programma di un'ora su di lui. Non solo il documentario era stato trasmesso e ritrasmesso, ma godeva anche di un inaspettato successo come podcast della piattaforma Nrk. La sua ultima raccolta di poesie, che all'epoca aveva già tre anni, era stata ristampata in due nuove edizioni l'autunno in cui tutti erano stati costretti a rinchiudersi in casa.

Adesso, a fine febbraio, la parte interna della contea del Vestfold viveva il suo momento piú triste. La neve che si era accumulata ai piedi dei pini si era afflosciata ed era sporca. Gli alberi sembravano morti. Puntando verso sud, un crociere volava sconfortato al limitare del bosco in cerca di cibo. Molto probabilmente quell'anno si sarebbero visti pochi esemplari di quegli uccelli, perché la produzione di semi da parte delle conifere era la peggiore da tempi immemorabili. Qualche giorno prima Aasmund Aaletjønn aveva notato un nido in cima a un pino esile e scarno. Se fosse stato piú giovane, sarebbe salito per controllare se le uova fossero già state deposte. I crocieri si muovevano in anticipo e nidificavano quando le temperature erano ancora molto basse.

Sarebbe arrivata di lí a una mezz'ora.

O almeno l'accordo era quello. Con il Gps era un gioco da ragazzi trovare la strada, a parte forse gli ultimi due chilometri dopo aver lasciato la provinciale 306. L'uscita, che non era segnalata da nessun cartello, sfociava in una stradina accidentata tra i boschi.

Distogliendo lo sguardo dal crociere, Aasmund Aaletjønn si girò a osservare la stanza.

Era quasi tutto pronto. Ovunque era pulito e ordinato e fin dal mattino il fuoco scoppiettava vivace nel grande camino angolare accanto alla cucina. Non era acceso per via del calore: la casa padronale si era ingrandita e modernizzata da quando era cresciuto in quella che una volta era la fattoria piú piccola di tutta la zona.

Probabilmente, per lei sarebbe stata una sorpresa. Per abitare cosí fuori mano, Aasmund se la passava molto bene. Elettricità, acqua e Internet. La mancanza di banda larga era stata risolta molti anni prima grazie a un'antenna mobile installata nella sua proprietà. I proventi ricavati dall'affitto del terreno su cui si trovava superavano di gran lunga i costi di utilizzo del 4G, che presto sarebbe stato portato a 5G.

Il manoscritto era là, al suo posto.

Sul tavolino del soggiorno. Lo aveva stampato la sera prima dopo aver apportato le ultime, piccolissime correzioni. Cento liriche, una per foglio, carta patinata da centoventi grammi in modo da ottenere quella tattilità pesante che meritava la poesia. Come per racchiudere tutto quanto, ci aveva legato intorno un nastro intessuto a mano nei colori rosso, giallo e nero. Era stata la sua trisavola a crearlo. Oggi veniva usato come elemento decorativo di base da applicare in fondo ai pantaloni alla zuava che facevano parte del costume tradizionale del Vestfold.

Ne aveva a metri.

In cima alla pila c'era una chiavetta Usb che conteneva gli stessi versi: sapeva che il manoscritto originale sarebbe stato messo sottochiave dentro un archivio insieme alle sue precedenti raccolte. Senza che nessuno ne potesse godere, pensò, ma voleva che fosse cosí.

Guardò di nuovo l'orologio.

Doveva essere nelle vicinanze. Piegò la testa, gli era parso di cogliere il ronzio di un motore. Quando si avvicinò alla finestra a sud, si accorse che il pesante strato di nuvole si stava lentamente diradando. Raggi di sole squarciavano la coltre formando una specie di ventaglio al contrario: quando erano cosí evidenti, le chiamava le «dita di Dio». I ganci che tenevano chiusa la finestra erano staccati, cosí non ebbe difficoltà a schiuderla.

Stava arrivando qualcuno, sí.

Aasmund Aaletjønn era felice. Era eccitato. Quando scriveva l'ultimo punto, provava una gioia profonda. A cui seguiva una grande eccitazione alla prospettiva di consegnare la propria opera. Di condividere ciò che in realtà era indivisibile. Era cosí da quando aveva bussato per la prima volta alla porta di un caporedattore puzzolente e che fumava la pipa nel centro di Oslo per consegnare le sue prime poesie. E in cambio aveva ricevuto un sorriso di approvazione dopo che l'uomo ne aveva lette solo tre.

Aasmund lanciò un'occhiata da sopra la spalla verso i fogli impilati con cura. Il cuore gli batté il doppio.

Attraversò veloce la stanza diretto verso la credenza. Era strano che si fosse dimenticato di togliere la cornice d'argento che teneva accanto a una ciotola di clementine. La prese e la infilò delicatamente in un cassetto dello stesso mobile. Poi fece lo stesso con una busta bianca aperta che si trovava accanto alla foto. Infine si assicurò che il cassetto fosse chiuso per bene. Il polso era ancora un po' troppo veloce quando, preso il manoscritto, lo portò fuori sulla scala.

La luce del sole inondava il cortile.

Una piccola auto gialla con la scritta AVIS impressa lungo i lati si fermò esitante all'altezza del cancello di tronchi dove finiva la strada. Era come se il conducente temesse di non passare, benché ci fosse un metro di spazio su entrambi i lati. Il motore ronzò per un po', quindi l'auto venne parcheggiata lentamente sotto la grande quercia vicino al fienile. Di traverso e dopo un paio di balzi in avanti. Infine, il motore si spense.

La donna era piú giovane di quanto si fosse immaginato. E anche piú bionda, e piú snella. Piú carina. Tutt'altra cosa rispetto al caporedattore sudicio che aveva curato le sue prime due pubblicazioni fino a quando era morto. La conducente della macchina a noleggio non somigliava neppure a Eli Schwartz, la donna dal cuore d'oro che si era occupata delle sue opere per vent'anni e che, tra le altre cose, lo aveva accompagnato quando aveva ricevuto il premio letterario del Consiglio nordico.

Quella ragazza avrebbe potuto incarnare il modello a cui si era ispirato Dio nel giardino dell'Eden.

Richiusa la portiera, puntò verso di lui e attraversò il cortile coperto di ghiaccio, fango e ghiaia. Camminava veloce, ma ancheggiando leggermente in maniera molto femminile. Era aggraziata, sembrava che le piacesse correre. C'era comunque un che di controllato nel suo passo. Come se qualcosa la trattenesse.

L'uomo si premette il manoscritto al petto. Lei gli porse la mano. Era da un paio d'anni che non la stringeva a nessuno e non sapeva bene cosa fare. La situazione era quasi strana, con lei che lo guardava con gli occhi sollevati verso l'alto mentre lui se ne stava due gradini sopra. Per un pelo non gli caddero tutti i fogli quando si decise a stringerle la mano calda e asciutta e a mormorare il proprio nome.

– Ebba Braut, – gli rispose lei tranquilla. – La tua nuova redattrice.

In molti aspetti della vita Aasmund Aaletjønn appariva come un uomo tranquillo e sobrio. Nato nel 1961 da una famiglia di contadini, non era cresciuto nella bambagia. Gli piaceva stare da solo e alla morte dei genitori aveva scelto di ritornare a vivere nella fattoria paterna. A suo dire, non aveva mai avuto problemi a trovare e ad avere donne. Di solito si mostravano ricettive e alquanto lusingate dalle attenzioni del poeta. Trattenerle era piú difficile. Non si era mai sposato e aveva pochi, se non nessun amico davvero intimo. Non aveva né fratelli né sorelle.

Non era comunque un lupo solitario. Si era imbarcato a diciassette anni e aveva navigato ininterrottamente fino a venticinque. Aveva visto il mondo, seppur in un'epoca diversa. Come scrittore, capitava ogni tanto a Oslo, soprattutto quando era la casa editrice a invitarlo e ad accollarsi le spese. Andava a Larvik o a Sandefjord almeno una volta al mese a comprare quello che gli serviva, mentre si recava al villaggio un paio di occasioni alla settimana per fare la spesa. Si fermava sempre a scambiare due chiacchiere, e le rare volte in cui aveva bisogno di aiuto alla fattoria nessun contadino della zona si tirava indietro.

Eppure, Ebba Braut lo stava scombussolando.

Si aggrappò alle poesie come se fosse in gioco la sua vita.

– Entriamo? – gli propose lei.

Anche la sua voce era qualcosa di totalmente nuovo per Aasmund Aaletjønn.

Rimase fermo, immobile mentre i pensieri gli si accavallavano nel cervello. Era in grado di sentire il suo profumo, un che di urbano e giovane, un profumo di agrumi, quanti anni poteva avere? Stavano per cedergli le gambe e dovette fare un passo di lato; sul volto della redattrice apparve un'espressione interrogativa. Avrebbe voluto aprire bocca e invitarla a entrare, darle il manoscritto – con fare in parte disinvolto, in parte solenne. Sulla copertina c'era un titolo che non gli veniva piú in mente perché di colpo era stato sopraffatto da un dubbio: si era ricordato di far sparire la foto?

Di tutti i giorni della settimana, per Henrik Holme il sabato era il peggiore. Valeva anche per il venerdí pomeriggio, però durava solo poche ore. Di solito la domenica andava da solo a vedere un museo, una mostra o un film al cinema, e in questo modo aveva un certo controllo sulla giornata. Inoltre, una domenica al mese, la famiglia di Hanne Wilhelmsen lo invitava a cena.

Ma il sabato.

Il sabato cominciava troppo presto. Per qualche strano motivo lui si svegliava sempre tra le sei e le sette, proprio come in settimana. Non c'era scampo, neppure se la sera prima si costringeva a stare sveglio fino a tardi guardando vecchi film. In un certo senso il silenzio del mattino era congeniale alla domenica. Invece le ore vuote del sabato, fino all'apertura dei negozi – e dei bar, adesso – in Markveien, gli ricordavano dolorosamente la sua involontaria solitudine. Di norma passava la giornata a leggere libri e a non vedere l'ora che arrivassero il lunedí e una nuova settimana di lavoro.

Ora tutto era solo nero.

Anche fuori, vide. Dallo spiraglio della tenda in camera da letto non trapelava ancora nessun segno di luce. Oltretutto per colpa del prezzo della corrente elettrica, che era andato alle stelle, il comune di Oslo aveva spento alcuni lampioni. Con un sospiro Henrik si sdraiò di nuovo, le mani intrecciate sopra il piumone.

Sentiva la mancanza di qualcuno con cui parlare. Se sua madre non fosse entrata già da tempo in una sorta di limbo, si sarebbe accontentato di lei, ma nello stato mentale in cui si trovava sarebbe stato come parlare al muro. Non era ciò di cui aveva bisogno lui. Voleva avere davanti una persona viva, qualcuno che lo rassicurasse dicendogli che non aveva fatto nulla di male. Che non aveva offeso nessuno nel modo piú assoluto, e che le cose si sarebbero chiarite non appena avesse potuto spiegare cos'era successo realmente.

Il problema era che non ricordava tutto, dell'episodio. Non tutto, e in maniera poco precisa.

Ricordava di essere caduto mentre si intrufolava nel bagno delle signore per vomitare. Stordito, aveva cercato un appiglio. Margareth dell'ufficio passaporti stava uscendo proprio in quel momento dal gabinetto piú vicino. Il suo davanzale era enorme, e in seguito Henrik aveva pensato che in effetti erano state le sue tette a impedirgli di schiantarsi a terra, sulle piastrelle di cemento.

Si era messa a urlare: Henrik non avrebbe mai dimenticato il suono stridulo di dolore e paura che lei aveva emesso quando le aveva afferrato i seni, uno per mano, riuscendo cosí a recuperare l'equilibrio. Se fossero stati soli, forse avrebbe potuto parlarle spiegando la situazione e uscendone indenne. L'avrebbe consolata mentre, arretrando, le chiedeva scusa. Ma non erano soli. La porta che dava sul pub era aperta e tre dei colleghi piú giovani avevano visto tutto. Ridendo a crepapelle, avevano cominciato a gridare: – *METOO! METOO!* MeToo di Holme!

Il resto di quel sabato sera era avvolto nella nebbia. Henrik era riuscito in qualche modo a tornare a casa e a infilarsi a letto. Si era svegliato alle quattro, sudato, sconvolto, sperando di tutto cuore che fosse solo un incubo.

La speranza si era infranta subito e i giorni successivi erano stati un tormento.

Quanto avrebbe preferito aver sbattuto la faccia sul cemento.

Di dormire neanche a parlarne, quel sabato. Tanto valeva alzarsi. Magari continuare con i Lego, un hobby che gli era venuto durante la pandemia. Ora aveva appena iniziato a costruire il Tower Bridge, con i suoi 4287 mattoncini. Il pavimento era freddo quando, sceso dal letto, andò in bagno per prepararsi. Fu solo al ritorno che controllò il cellulare. A parte quelli di lavoro riceveva solo di rado qualche messaggio e, vista la situazione, non se ne aspettava proprio. Tuttavia, la casa di riposo dove era ricoverata sua madre gli aveva chiesto di essere disponibile anche la notte, la fine era prossima.

Un numero sconosciuto. Henrik controllò e si accorse sconsolato di essersi dimenticato di disattivare la modalità silenziosa dopo l'incontro del giorno prima con la responsabile del personale. Aprí il messaggio.

«Ciao Henrik! Sono all'Oslovelo. I miei amici sono andati a una festa a cui non ho voglia di partecipare. Raggiungimi! Rimango qui per un'altra mezz'ora. F».

La F era seguita da tre boccali di birra e una ballerina di flamenco. Il messaggio era stato inviato alle 21:32.

– Cazzo, – mormorò Henrik. – Cazzo, cazzo, cazzo.

Il giorno prima sarebbe potuto uscire. Andare in centro. Insieme a Fridtjof, un amico. Un vero amico, che aveva conosciuto online su un forum di appassionati Lego sei mesi prima. Uno con cui ultimamente aveva fatto parecchie passeggiate, uno che lo prendeva sul serio e lo trattava come un suo pari. Non un collega sleale che lo bullizzava, ma un vero compagno che lo aveva cercato quando erano passati solo sei giorni dalla fine dei due anni opprimenti di regime anti-pandemia.

Per bere una birra e guardare le ragazze.

– Merda, – esclamò arrossendo.

I pollici corsero veloci sul display.

«Ciao Fridtjof! Visto sms solo adesso, purtroppo. Facciamo oggi? O domani?»

Cancellò subito l'ultima proposta, il giorno dopo c'era la cena in Kruses gate da Hanne e Nefis.

«O lunedí? – corresse prima di continuare: – Oggi ci sono tutto il giorno sera inclusa e tutte le sere della prossima settimana e weekend. Cinema? Pub? Decidi tu. Quando vuoi. Henrik».

Esitò per un attimo. Di fatto era libero anche durante il giorno. Doveva sostituire «tutte le sere» con «tutti i giorni, tutto il giorno»?

No. Forse sarebbe sembrato un po' troppo insistente. Invece scrisse H invece di «Henrik». Come faceva Fridtjof.

Poi premette invia.

Rimase a lungo a guardare lo schermo, in mutande, aspettando di veder comparire la spunta di «letto», o meglio ancora i puntini danzanti che indicavano una risposta in arrivo. Dopo dieci minuti di attesa si riempí di freddo e, quando guardò l'ora, si rese conto che erano solo le sette meno un quarto. Adesso non sarebbe arrivata nessuna risposta.

Tuttavia il suo umore era notevolmente migliorato quando, dopo essersi vestito, andò in cucina a prepararsi il caffè, poi prese un'enorme scatola di Lego. Avvertiva una voglia impellente di ultimare la costruzione. Forse quella sera sarebbe andato in città.

Con un amico!

Domenica 27 febbraio

– Voi due, si può sapere cosa avete?

Seduta a capotavola, Hanne Wilhelmsen afferrò il piatto di boeuf bourguignon che Nefis le porgeva. Sorridendo guardò soddisfatta prima la carne, poi Ebba Braut e Henrik Holme, che sedevano una di fronte all'altro.

– Vi siete presi una sbronza?

Nessuno dei due rispose. Henrik arrossí. Entrambi presero i piatti pieni che gli venivano offerti mentre Hanne si serviva del purè di patate.

– Ma si può!

Indicò Henrik con un cenno del capo.

– Te ne vai in giro in piena pandemia! Usa un po' il cervello. Vai a sederti là in fondo, per favore.

Indicò con il coltello l'altra estremità del tavolo, a quattro metri da lei.

– Piantala, – le disse Nefis a bassa voce.

– La pandemia è finita, Hammo!

Ida, la figlia diciottenne, cominciò a servirsi di qualcosa che doveva essere un arrosto di noci o qualche altra roba immangiabile, mentre aggiungeva: – Non puoi pensare al Covid-19 per il resto della vita.

– Sí, invece. Anzi, è proprio quello che ho intenzione di fare.

Lo sguardo di Nefis la costrinse a fare un gesto di diniego a Henrik che, mortificato, stava per alzarsi.

– Siediti. Ma alla prossima visita vedi di non presentarti con i postumi di una sbornia. Non andare in giro per locali o ad altri eventi, i giorni prima di queste cene domenicali. Le restrizioni del governo sono state tolte perché la gente non ne può piú. Non perché il virus è scomparso.

– Sono state tolte perché la maggior parte della gente è vaccinata, – replicò Nefis, con voce piú tagliente del solito, almeno in presenza degli ospiti. – E piú volte, sai. Senza dimenticare che molti hanno avuto il Covid. Quindi siamo sufficientemente protetti per riaprire la società.

– La Norvegia riapre perché la gente non ne può piú, – ripeté Hanne con determinazione. – Per me invece non è un problema. Questa è casa mia e qui comando io.

– A dire il vero è anche della mamma, – precisò Ida.

A dire il vero, pensò Hanne, l'appartamento era *solo* di Nefis, ma non aggiunse altro. Neppure Nefis. La ruga che le era comparsa tra le sopracciglia non impedí comunque a Hanne di guardare Henrik e chiedere: – Con chi sei uscito? Quindi ti saresti fatto degli amici?

Ridacchiò prima infilarsi un pezzetto di carne in bocca.

– Mmm. Squisito, Nefis. Come sempre. Sei la migliore cuoca del mondo. La migliore in tutto.

Henrik teneva lo sguardo fisso sul piatto. Non aveva ancora preso le posate. Il silenzio stava durando troppo.

– Il motivo di queste cene domenicali è quello di passare insieme dei bei momenti, – commentò Hanne, anche lei con una certa irritazione. – Non che gli ospiti tengano gli occhi incollati sul cibo come se fosse velenoso. Abbiamo tutte le ragioni di essere costernati per via dell'invasione russa in Ucraina, ma adesso dimentichiamocelo per un attimo. Su, gente. Nefis ci ha messo due giorni a cucinare questo stufato. Mangiate!

Alzò una cipollina. Riluceva nella salsa scura, lucida e densa al punto giusto.

Henrik si portò rapidamente un boccone alle labbra, poi sollevò il bicchiere d'acqua e bevve.

– Be', posso pure essere d'accordo, – continuò Hanne mentre esaminava la cipollina, che poi lasciò cadere per prendere un funghetto, scintillante e quasi nero dopo essere stato cotto nel vino rosso. – Preso in sé, ogni ingrediente potrebbe non sembrare cosí invitante! Ma il sapore! Il piatto nel suo insieme!

Schioccò le labbra, soddisfatta.

– E tu, – disse con la bocca piena e lo sguardo rivolto verso Ebba. – Non sembri proprio in forma nemmeno tu. Cosa c'è che non va? Sei mica incinta?

Ridendo indicò con la testa il bicchiere da vino che Ebba aveva insolitamente coperto con la mano quando le era stato chiesto se voleva del rosso.

– Adesso basta, – intervenne Nefis. – Mangia.

– Sto mangiando! Mangio e bevo. Ma sembra che non lo faccia nessun altro. Sto solo chiedendo ai nostri ospiti tanto imbronciati cosa gli impedisca di godersi questo fantastico, delizioso...

– A volte sei davvero insopportabile, – esclamò Ebba, che non aveva ancora toccato cibo. – Penso sia meglio che me ne vada.

– Cosa?

– Non puoi darci un taglio e basta? – la supplicò Ida afflosciandosi sulla sedia. – Non rovinare tutto.

– Io?

Appoggiate le posate, Hanne spalancò le braccia.

– Non sono certo io a fare la difficile!

Ebba si alzò. La sedia grattò sul pavimento. Henrik fece lo stesso, rovesciando però la sua.

– Ti prego, – intervenne Nefis con voce quasi impercettibile.

– Vai pure, – dichiarò Hanne guardando Henrik. – Vattene subito, se credi. Ma tu, Ebba, dài! Perché ti sei incazzata cosí? Non ho detto nulla che possa in qualche modo...

Hanne si trattenne. Lo sguardo di Nefis conteneva un messaggio che non riusciva a decifrare. Provò un tuffo al cuore e, dopo aver deglutito a fatica, disse mansueta: – Si può sapere cosa sta succedendo?

Anche Ida si alzò.

– Hammo, sei... sei...

Il resto si perse in qualcosa che somigliava a un ringhio.

– Scusatemi, – fece Hanne. – Sedetevi. Mi rendo conto di aver detto qualcosa che non dovevo. Ci mettiamo una pietra sopra? E rendiamo onore a questo splendido pasto?

Ebba si chinò verso di lei, appoggiò i palmi ai lati del piatto. Il suo viso era cosí vicino che Hanne percepí il lieve sentore del succo d'uva che le era stato servito al posto del vino.

– Capisco che per te sia difficile accettare che la pandemia è finita, – mormorò Ebba. – Però non puoi comportarti in questo modo.

– Come... io...

– Certo che ci metteremo una pietra sopra, – proseguí Ebba. – Prima o poi. Ma in questo momento non ci riesco. Oggi non sono venuta solo per «divertirmi».

Alzò le mani e disegnò delle virgolette, senza raddrizzarsi. Adesso i suoi occhi azzurri erano color ghiaccio.

– Sono venuta per condividere un segreto con quattro persone tra le piú importanti della mia vita. Un segreto spaventoso che mi fa sentire confusa, disperata, e per cui ho bisogno di aiuto per capire. Ma aspetterò un'altra occasione.

– Ma Henrik non è mica una delle persone piú importanti della tua vita, giusto? – commentò Hanne. – Veramente importanti?

Ebba incassò la testa tra le spalle.

– De-fi-cien-te, – gemette, pronunciando con enfasi ogni sillaba prima di raddrizzarsi e guardare Ida, poi Nefis. – Mi dispiace moltissimo. Grazie mille per l'invito e per la cena, di sicuro è ottima. Non sono in vena. Ci sentiamo.

Si diresse verso la porta. Ida nascose il viso nel tovagliolo. Nefis era rimasta seduta impassibile con le mani in grembo. Henrik seguí Ebba, ma a metà strada si fermò e corse indietro.

– Chiedo scusa se ho ancora i postumi della sbornia, – disse a Hanne, rimanendo per un istante fermo accanto alla sua carrozzina. – In effetti ieri sera mi sono davvero divertito. Mi sono fatto un nuovo amico!

Sembrava quasi che volesse abbracciarla.

Hanne sollevò le mani in segno di difesa.

– Vai pure, – replicò acida. Poi riprese a mangiare.

Nel cimitero della chiesa di Fjære c'era una tomba. Solo una piccola croce di legno rivelava chi era appena stato sepolto nella terra scura. In seguito sarebbe arrivata di sicuro la lapide in pietra. Il giovane che stava studiando il nome si strinse nelle spalle. Benché la chiesa si trovasse alla periferia della piccola città costiera di Grimstad, all'interno e piú al riparo, sentiva penetrare attraverso il cappotto di lana il vento gelido di fine inverno che dal Mar Baltico soffiava attraverso lo Skagerrak.

«Vilde Karoline Bredesen».

Nessuna data di nascita. Nessuna informazione sulla data di morte. Solo il nome. Dopo aver scrollato le spalle, l'uomo diede un calcio a una zolla di terra che era rotolata giú dal tumulo non ancora perfettamente appianato.

Non doveva finire cosí.

Non doveva andare in quel modo, per niente.

Quando due settimane prima aveva saputo che cos'era successo, era stato colto da un sentimento sconosciuto. Si era sentito un po' triste, un po' deluso, ma soprattutto arrabbiato. Adesso provava solo ira. Era quasi liberatorio. La scarica di adrenalina lo scaldò all'improvviso. Tirò fuori le mani dalle tasche e le chiuse a pugno, poi sferrò deciso un calcio al mucchio di terra. Lo scarpone lasciò un solco dietro di sé, nel punto in cui doveva trovarsi la testa della ragazza.

Alzò gli occhi e si guardò intorno.

La chiesa non era niente di che. Bianca e non particolarmente bella. Un misto di mattoni e legno, come se fosse stata costruita a piú riprese. Ne aveva sentito parlare prima, in una poesia troppo lunga che un insegnante aveva imposto alla classe alle superiori. Di Bjørnson o qualcosa del genere. Quella del tipo che, alla ricerca di cibo, aveva remato fino in Danimarca, dove era stato presumibilmente sepolto molto tempo addietro. Anche se in realtà non poteva essere vero, visto che era solo il personaggio di un racconto.

Studiò nuovamente la tomba.

Aveva una lunghezza di circa due metri. Voleva dire che la ragazza era stata messa in una bara, non cremata. Un'urna avrebbe occupato molto meno spazio.

– Merda, – disse tra sé e sé, prima di girare i tacchi.

Aveva visto abbastanza.

Si allontanò in fretta e si diresse verso l'apertura nel muretto di pietra ricoperto di muschio che separava il cimitero dalla statale. Raggiunta l'auto, si girò un'ultima volta.

Vilde era stata interrata. Il suo corpo esisteva ancora, sotto sei piedi di terriccio.

– *Porca troia*, – imprecò con rabbia repressa prima di mettersi al volante e percorrere i duecentosettanta chilometri che lo separavano dalla sua abitazione di Oslo.

Hanne era a letto, immobile. Un leggero ronzio le riecheggiava nelle orecchie, era perfettamente sveglia. Gli occhi si erano abituati da un pezzo all'oscurità. Sul soffitto si disegnavano a intervalli irregolari sottili strisce di luce dovute al passaggio delle auto. La infastidivano. Avrebbe voluto tirare le tende, ma non osava trasferirsi sulla sedia a rotelle. Girò invece la testa.

Le 23.59, diceva la radiosveglia.

– Stai dormendo? – sussurrò in maniera quasi impercettibile.

Non ebbe risposta. Ma Nefis era sveglia. Hanne ne era sicura. Il suo respiro era inudibile e non lento e nitido, intervallato da grugniti piccoli e dolci.

– Lo sento che non stai dormendo, – mormorò Hanne piú forte.

– Voglio dormire.

– Scusa. Parlo sul serio. Scusa per oggi.

Nessuna reazione.

Era stata una serata terribile. Hanne non aveva neppure il coraggio di pensare al silenzio glaciale di Nefis, la quale, insolitamente taciturna e oltremodo distaccata, aveva riordinato dopo l'inesistente pranzo in compagnia. Nemmeno quando aveva buttato nella spazzatura quasi una pentola intera di eccellente boeuf bourguignon al posto di surgelarlo, Hanne aveva osato protestare. Non appena Ebba e Henrik se ne erano andati, Ida si era preparata in silenzio una borsa. Si era portata dietro anche lo zaino della scuola, avrebbe dormito da un'amica. Hanne le aveva chiesto chi era senza ottenere risposta. Poi Nefis si era rinchiusa nel suo studio, una stanza molto piú piccola di quella di Hanne, da cui era uscita solo per andare in bagno a prepararsi per la notte.

Aveva chiuso a chiave la porta.

Non era mai successo prima. Mai.

Nemmeno quando si parlava di influenza intestinale. Le serrature non erano necessarie tra Hanne e Nefis. Da quando si erano incontrate nel 1999 in una piazza a Verona e si erano innamorate al primo sguardo, nella loro vita non avevano avuto bisogno di chiavi. Ovviamente avevano entrambe i propri spazi: Hanne era troppo vecchia per credere che Nefis le raccontasse assolutamente tutto. Ma non importava. Si conoscevano bene e sapevano dove fermarsi. Quali porte non si dovevano aprire. O chiudere.

Erano poche, e quella del bagno non era una di esse. Nefis era uscita dopo un'eternità e, spostato il piumone matrimoniale dal lato di Hanne, ne aveva preso uno singolo per sé che aveva infilato in un copripiumone pulito.

Si era sdraiata su un lato, dandole le spalle.

Non ci si poteva addormentare in quel modo, non era permesso fare cosí.

Eppure, era già passata un'ora.

– Non possiamo parlarne? – disse Hanne, a voce piú alta.

Nefis si impacchettò per bene nel piumone.

– Per favore! – supplicò Hanne.

– Fai silenzio. Domani comincio presto.

– Ma non riesco a dormire quando sei cosí arrabbiata.

– Non me ne frega niente.

– Guarda che sono davvero mortificata. Devo aver detto qualcosa di sbagliatissimo. O fatto qualcosa. Non lo so...

A proposito, secondo te quale sarebbe il segreto di Ebba? Sul serio, sono rimasta...

Nefis si alzò di scatto. Arrotolò insieme il piumone e il cuscino in una grossa palla, prese gli occhiali e il cellulare dal comodino e andò verso la porta.

– Nefis, – la implorò debolmente Hanne.

– Domani pomeriggio, – rispose Nefis prima che la porta si chiudesse dietro di lei.

Il giorno dopo. Avrebbero parlato il giorno dopo. L'indomani sarebbe iniziata una nuova settimana, avrebbero parlato e tutto sarebbe tornato come prima. Come sempre Hanne avrebbe promesso di migliorarsi e finalmente Nefis avrebbe sorriso. E poi Nefis non si sarebbe allontanata quando lei l'avrebbe attirata a sé. Alla fine tutto si sarebbe concluso nel migliore dei modi.

Il respiro di Hanne tornò normale. Era ancora sveglia come un grillo, perciò allungò la mano verso l'interruttore e si tirò su a sedere.

Era da molto tempo che non dormiva da sola. Mesi. In fondo era piacevole. Poteva fare quello che voleva, quindi prese l'iPad, che era in carica sul pavimento. Iniziò a passare in rassegna le varie trasmissioni televisive notturne.

Avrebbero parlato l'indomani. Nefis non aveva sbattuto la porta.

Sarebbe andato tutto bene. Andava sempre a finire cosí.

– Va tutto bene, – sussurrò nella notte, eppure quel bruciore proprio sotto lo sterno, quella punta di dubbio e di rimorso di cui aveva cercato di sbarazzarsi bevendo mezzo litro di latte prima di coricarsi, non sparí.

Anzi, la tenne sveglia per tutta la notte.

Lunedí 28 febbraio

Henrik Holme aveva consultato sia farvel.net sia vareminnesider.no per trovare l'annuncio funebre di Vilde Karoline. Senza successo.

Strano, perché in effetti era morta.

E la salma era stata consegnata alla famiglia con l'autorizzazione a procedere alla sepoltura o alla cremazione. A meno che Heidi Kvitne fosse riuscita a combinare un pasticcio anche in quel caso. Per un attimo prese in considerazione l'idea di chiamarla per esserne certo, ma decise quasi subito di aspettare un paio di giorni. Forse sarebbero saltati fuori i vari campioni prelevati dal corpo della vittima, nonché i risultati delle analisi.

Spinto unicamente dalla noia, aprí la versione digitale dell'«Aftenposten».

Un lunedí privo di impegni era quasi peggiore del sabato. Al di fuori del suo appartamentino la vita seguiva l'usuale tran tran quotidiano. O meglio, quello inusuale: il ripetuto sbattere del portone che dava sul cortile posteriore gli diceva che la maggior parte degli inquilini cercava di lasciarsi alle spalle ogni tipo di smart working.

L'aggressione della Russia ai danni dell'Ucraina avvenuta nelle prime ore dell'ultimo giovedí non sembrava procedere cosí facilmente come credeva Putin. Un Paese dopo l'altro condannava all'unisono quella guerra. Le discussioni su come inviare armi in aiuto all'Ucraina senza arrivare a un conflitto mondiale erano in corso.

Certo che una guerra mondiale avrebbe avuto il suo effetto.

Avrebbe messo in ombra una misera sospensione.

Henrik alzò la tazza di caffè e soffiò sul liquido color crema per via della panna.

– Quanto sei cretino, – mormorò tra sé e sé.

Continuò a cliccare fino al quiz. Quel giorno era il centoventunesimo anniversario della nascita di un famoso e amato poeta della classe operaia. Qual era il suo nome?

– Rudolf Nilsen, – disse Henrik a mezza voce.

Doveva uscire. Non ce la faceva piú.

Le sue aspettative per il pranzo a casa di Hanne e Nefis erano state cosí alte. Sí, aveva ancora qualche postumo della sbornia, ma quello che avrebbe voluto raccontare era che aveva trascorso il sabato sera piú bello del mondo. Si era già preparato mentalmente il resoconto della notte in cui lui e Fridtjof avevano girato da una birreria all'altra di Oslo. Due buoni amici, che avevano riso, scherzato e persino giocato a freccette. Henrik si era rivelato il migliore. Fridtjof gli aveva fatto il terzo grado chiedendogli ogni dettaglio della sua vita. Era bastata mezza birra per arrivare al momento in cui Fridtjof aveva sentito la storia di Margareth dell'ufficio passaporti, dei suoi denti troppo piccoli e dell'incidente che aveva causato la sospensione. Fridtjof era tutto orecchie. Aveva preso le parti di Henrik, era rimasto ad ascoltarlo e, scuotendo la testa, gli aveva dato una pacca sulla spalla; poi se ne era uscito con delle parole sulla malvagità delle donne che, in quel momento, Henrik aveva trovato del tutto appropriate.

Non si era mai sentito cosí bene in compagnia di una persona che gli era piú o meno coetanea. Visto che si era già scottato una volta, all'inizio aveva cercato di darsi una calmata e non bere troppo, anche se aveva già tracannato una o due birre. Alla fine si era ubriacato, ma tanto che importava, Fridtjof lo aveva accompagnato fino a casa, dove aveva bevuto un caffè con lui prima di andarsene.

La domenica mattina era iniziata con un gran mal di testa e molta gioia.

Poi era andato tutto male.

Per colpa di Hanne, certo, lui questo lo capiva. Eppure, provava un pizzico di risentimento sia verso Nefis che verso Ebba Braut. Conoscevano Hanne. Sapevano di che pasta era fatta. Non c'era mai nulla di veramente cattivo in quello che diceva e faceva, era solo un po' troppo tagliente. A volte, come era successo il giorno prima, forse oltrepassava il limite, ma tra persone che si vogliono bene quelle cose andavano accettate di tanto in tanto. Oltretutto Ebba era un peperino. Che si fosse permessa di dare della deficiente alla padrona di casa prima ancora che la cena fosse iniziata, era, secondo lui, inaccettabile.

Henrik non vedeva l'ora di raccontare.

Ma non di essere stato sospeso. Non voleva dirglielo. Voleva invece parlare della serata trascorsa in città con un amico, come un normale single ultratrentenne.

La cena, invece... Henrik sospirò sconsolato pensando alla nausea che gli era venuta alla vista di quegli ingredienti indefinibili immersi nella salsa scura e lucente.

Squillò il cellulare.

Lo fissò per un paio di secondi prima di portarselo all'orecchio e dire: – Pronto.

– Sono Heidi Kvitne!

– Oh! Ciao.

– Ho trovato i campioni. Con gli esiti. Come immaginavo, si è trattato solo di una registrazione errata. O della mancanza di...

Henrik avrebbe voluto completare la frase per lei, invece disse: – Bene. Dicono qualcosa di significativo?

– Ve li faccio avere in giornata, cosí potete darci un'occhiata.

– Okay, ma...

Non poteva presentarsi come se niente fosse sul posto di lavoro da cui era stato sospeso.

– Al momento sono impegnato in giro, piú o meno per un paio di giorni, – mentí. – Non potresti riassumermi brevemente...

Sentí le sue dita correre sulla tastiera.

– Non è stata riscontrata la presenza di nessun farmaco o stupefacente. E neppure di eventuali anomalie. Una donna giovane e apparentemente sana.

– Ah.

– Sto inviando adesso i risultati.

– Okay.

Aveva staccato il cellulare dall'orecchio di una ventina di centimetri con l'intenzione di chiudere la chiamata quando sentí un debole: – Pronto!

– Sí? – disse, riportando il telefono sulla guancia.

– In effetti ci sarebbe una cosa, – riprese lei. – Nulla di anormale per una donna della sua età. Ma un po' triste.

– Cioè?

– A quanto pare, Vilde Karoline Bredesen era incinta.

Heidi Kvitne continuò a parlare. Henrik non l'ascoltava piú, l'unico dettaglio che percepí fu qualcosa riguardo agli ormoni. Rimase con il telefonino appiccicato all'orecchio per molti minuti dopo la fine della chiamata.

Era già difficile capire che Vilde avesse scelto di porre fine alla propria esistenza. Che lo avesse fatto con un bambino in grembo era del tutto incomprensibile. Non Vilde. Non la giovane donna sorridente, gentile, affermata e circondata di amici che sembrava vivere sotto un cielo sereno. I suoi amici avevano dichiarato alla polizia che nelle ultime settimane pareva che qualcosa la tormentasse. Poteva essere la gravidanza, certo. Forse era indesiderata o per lei rappresentava in qualche modo un fardello, ma per affrontare un problema del genere esistevano sistemi piú semplici che uccidere sé stessa e il bambino.

Quando alla fine posò il cellulare, cercò in rete una compagnia di autonoleggio. Almeno ora sapeva cosa avrebbe fatto nel pomeriggio. Dove sarebbe andato.

– Incinta? – continuò a mormorare.

Marius Blaaberg era nato nel 1995 e a giudicare dal suo abbigliamento costoso e alla moda proveniva da Bærum. E in effetti era cosí. Attualmente viveva con i genitori a Nedre Høvik, mentre stava cercando un buco per sé a Oslo. Indossava pantaloni beige Tramarossa sopra un paio di sneakers Diemme che, a dire il vero, sembravano patire quel tempo umido. Sopra il maglioncino con la zip sul collo, aveva sia un gilet Patagonia che una giacca verde muschio presa in prestito di nascosto dal padre.

I capelli erano corti, castano scuro e ricci sotto un cappellino Varsity. Si era già tolto i guanti di pelle dello stesso colore delle scarpe.

In quel momento, sfoderando un ampio sorriso, si trovava davanti al grande edificio grigio della centrale di polizia in Grønlandsleiret 44, nel cuore della zona proletaria al centro di Oslo. Per tre anni aveva prestato servizio come agente presso la stazione di polizia di Karasjok, un luogo che molti continuavano ancora a chiamare l'ufficio dello sceriffo. Piú velocemente del previsto aveva raggiunto il primo obiettivo della carriera che aveva tracciato fin da quando era diventato maggiorenne. Il periodo passato nell'estremo Nord, sull'altopiano del Finnmark, aveva dato i suoi frutti: aveva ottenuto un posto nella Unità comune per i servizi di intelligence e indagine del distretto di polizia di Oslo, in un reparto che comprendeva quella che lui, all'età di diciotto anni, chiamava semplicemente la sezione Omicidi quando sognava a occhi aperti.

Dopo tre respiri esageratamente profondi, raddrizzò la schiena ed entrò.

Pochi minuti piú tardi fu indirizzato al piano giusto. Estratto il cellulare dalla tasca, guardò di nuovo la mail che aveva ricevuto il venerdí prima e si fermò davanti alla porta con la targhetta giusta.

Indugiò per un attimo, incerto su come bussare. Troppo forte avrebbe dato un'immagine di eccessiva sicurezza. Troppo debole avrebbe rivelato il nervosismo che aveva preso sempre piú il sopravvento sull'eccitazione che provava da settimane. Alla fine cercò di trovare la giusta forza e picchiò due volte.

Non successe nulla.

Bussò di nuovo, questa volta un po' piú forte.

– Avanti, – sentí una voce abbaiare dall'interno.

Il giovane abbassò la maniglia, aprí la porta e fece un passo dentro la stanza.

– Marius Blaaberg, – disse sorridendo mentre tendeva la mano all'uomo magrissimo, di mezza età, seduto dietro una scrivania cosí stracarica di documenti, giornali, tazze da caffè e post-it illeggibili che il computer era stato relegato su un altro tavolo.

L'uomo lo guardò con aria assente. Indossava la divisa. Il colletto della camicia aveva un'ombra marroncina e la cravatta era storta. Il bottone che doveva tenere in posizione le mostrine su una spalla era allentato.

– Sí?

Non si alzò e, con una certa esitazione, Marius abbassò la mano.

– Prenderò servizio qui. In questa sezione. Oggi. Mi è stato detto di... – indicò nella direzione dove credeva fosse l'atrio, – presentarmi da te. Era anche scritto nella mail che ho ricevuto da...

Estrasse di nuovo il cellulare dalla tasca.

– Marius? – disse lentamente l'ispettore capo. Sembrava stupito. – Marius Blaaberg? Sei tu?

L'interpellato annuí, ma non sorrideva piú.

– Ora capisco! – disse l'altro. – Non mi aspettavo un... Non hai proprio l'aspetto di un Marius Blaaberg.

Se è per quello neanche tu sembri un investigatore della Omicidi, pensò il giovane. Ma non rispose, si era già scottato in passato.

– In ogni caso, benvenuto, – proseguí l'ispettore capo. – A furia di congedi per malattia, permessi vari e altre menate, qui è un gran casino.

Si alzò con una smorfia e un piccolo gemito.

– Maledetto ginocchio, – borbottò. – A proposito, l'altro giorno ci è finita pure tra capo e collo una sospensione. Per una specie di episodio alla MeToo.

Emise un grugnito mentre si spostava verso un archivio.

– Henrik Holme non farebbe male a una mosca, – mugugnò. – E men che mai palpeggerebbe una donna. Isteria, la chiamo io. Isteria.

Se il ginocchio non gli funzionava, le dita erano ancora velocissime. Tirò fuori una sottile cartellina di cartone. Si girò e, senza sedersi, digitò qualcosa sulla tastiera continuando a borbottare, senza che Marius capisse cosa stava dicendo. Qualche secondo dopo, aveva evidentemente trovato quello che cercava, scarabocchiò un appunto su un foglietto giallo e lo attaccò sulla cartellina.

– Vieni, – si limitò a dirgli.

Si diresse verso la porta con la cartellina in mano, ma prima si fermò per un attimo a squadrare Marius.

– Un vero e proprio rappresentante del quartiere di Frogner. A parte…

– Bærum, – lo interruppe Marius. – Qualcuno dovrà pure venire anche da lí, no?

L'ispettore capo scoppiò a ridere.

– E hai la battuta pronta!

Si bloccò e con la mano libera si grattò la testa. Aveva capelli radi e sottili. Guardò il corridoio da una parte e dall'altra.

– Dove diavolo ti mettiamo, ora come ora?

A un tratto indicò una porta che si trovava a quattro o cinque metri di distanza e si incamminò.

– L'ufficio di Holme! – commentò soddisfatto. – Se conosco bene il sistema, credo che starà via per un po'. La macchina della giustizia procede lenta. Soprattutto quando si tratta di persone innocenti. È uno schifo. Quando tornerà il commissario capo Gammelgård, avrai una postazione permanente. Ha una specie di long Covid. È in malattia fino al 4 aprile, almeno per adesso. È lui che ci tiene sotto controllo. Soprattutto me. Sentiamo la sua mancanza.

Marius Blaaberg cominciava a capire il perché.

Facendo schioccare la lingua, il superiore aprí la porta con aria compassionevole.

– Qui, – gli disse, porgendo a Marius la cartellina. – Un caso strano che ci è arrivato la settimana scorsa. Potresti dilettarti con questo mentre noi…

Guardò di nuovo da una parte e dall'altra del lungo corridoio.

– Fino a quando non facciamo ordine.

– Avrò bisogno delle chiavi. Tesserino, password, codici...

Marius indicò con un cenno del capo la serratura del computer presente nell'ufficio, dove regnava un ordine maniacale antitetico al disordine imperante in quello dell'ispettore capo.

– Sí. Be'. Certo. Terza porta a sinistra al piano di sopra. Ci troverai Astrid Seimoe. È lei che si occupa di queste cose. A proposito...

Si stava già incamminando verso il suo caos quando guardò l'orologio.

– ... è fuori fino alle due. Nel frattempo accomodati pure nell'ufficio di Holme. Astrid sbrigherà tutto nel pomeriggio. Stammi bene.

Tornò zoppicando nel suo ufficio.

Marius rimase sulla soglia a guardare la stanza.

Era un posto strano. Dall'esterno aveva notato che tutte le tende della centrale erano uguali, o almeno quelle che non erano nascoste dai parasole. Lí erano diverse. Di un verde muschio con tante macchioline che sembravano dipinte con pennellate rapide in altre tonalità dello stesso colore. Un tessuto davvero bruttino. Pareva roba a buon mercato, ma quando, posata la cartellina, si avvicinò per esaminare l'orlo, vide che le tende erano state fatte con una certa cura. Erano cucite a mano. Con tanto di filo di piombo in modo che cadessero alla perfezione, anche se non era opera di un professionista. Sul davanzale c'era una delle piante che aveva spopolato durante la pandemia, una *monstera adansonii*. Senza fantasia, vero, però bisognava ammettere che era rigogliosa, segno che veniva curata. Forse in un ufficio non era il caso di optare per qualcosa di piú complicato di una adansonii, pensò Marius. Solo in quel momento notò che in un angolo, sopra un archivio, c'era una *zamiaculcas*. Sorrise. Quella pianta era cosí robusta che sarebbe rimasta verde e splendente anche dopo un attacco atomico.

Infilati i guanti nella tasca del cappotto, Marius lo appese a un gancio accanto alla porta e si sedette. La scrivania di fronte a lui non dava certo l'impressione di essere stata abbandonata in fretta e furia. Era pulita e ordinata, proprio come il resto della stanza. La tastiera era di un bianco immacolato e sembrava nuova. Accanto allo schermo del computer c'era una tazza con dentro due matite e quattro penne, le matite erano inclinate da un lato e le penne dall'altro. Un antiquato bloc-notes a spirale era disposto in modo da risultare perpendicolare alla tastiera. Questo Harry Hole doveva essere affetto da una forma leggera di disturbo ossessivo-compulsivo, pensò. Ma no, non Harry Hole, ovvio. Henrik qualcosa.

Marius Blaaberg prese la cartellina. Non era una di quelle solite, ma solo un pezzo di cartoncino ripiegato che poteva essere stato acquistato ovunque. Personalmente era abituato a lavorare senza carta, ma gli piaceva prendere appunti a mano. L'ispettore capo aveva scarabocchiato il numero di protocollo del caso sul foglietto giallo. Non che gli sarebbe stato di grande aiuto fino a quando non gli avessero dato l'accesso al sistema informatico.

All'interno c'era solo un foglio, che Marius iniziò a leggere.

Un paio di minuti dopo si grattò la testa. Si trattava di una denuncia ed era la piú strana che avesse mai letto. Era difficile capire quale fosse l'oggetto della denuncia e, ancora peggio, trovare quale articolo di legge fosse stato violato. Allo stesso tempo, doveva riconoscere che il danno che la presunta parte offesa riteneva di aver subito era spaventoso.

Forse la denunciante era una pazza.

In una grande città bisognava mettere in conto che poteva capitare. Di solito casi come quello venivano archiviati quasi subito. Dopo tre anni di Scuola di polizia e altrettanti di servizio, lo sapeva anche lui. Che l'ispettore capo lo prendesse in giro affidando una cosa del genere a uno appena arrivato era una provocazione bella e buona.

Rimise il foglio nella cartellina.

Si guardò intorno, chiedendosi come far passare il tempo fino alle due. Gli sarebbe piaciuto esplorare l'edificio. La mensa, per esempio, ma senza tesserino di riconoscimento né badge sarebbe stato difficile.

– Merda, – borbottò. Si alzò e prese la giacca del padre.

Impostò la sveglia del cellulare sull'una e mezza. Poi si sdraiò sul pavimento, arrotolò per bene l'indumento, se lo mise sotto la testa e chiuse gli occhi.

Pochi secondi dopo dormiva come un sasso.

La Storkhøj era la piú grande casa editrice norvegese, una casa editrice generalista che vantava una lunga tradizione ed era fiera di sé e del proprio operato.

David Eriksen ci lavorava dal 1992, quando era un presuntuoso venticinquenne, appena uscito dall'università di Oslo con una laurea in Scienze della letteratura. Con sua grande pena, all'inizio era stato inserito nella sezione Libri per l'infanzia, prima di riuscire finalmente, dopo due anni infruttuosi come redattore di saggistica, a ottenere ciò che voleva: passare alla narrativa norvegese per adulti.

Ora sedeva con i piedi sul tavolo nell'ufficio ad angolo che aveva ereditato in qualità di nuovo responsabile della narrativa dal suo predecessore, Marion Kovig. La suddetta stava scontando il secondo anno di prigione per aver ucciso la figlia. Il fatto che avesse anche ingannato l'intero mondo letterario spacciando i libri della figlia, osannati dalla critica e dal pubblico, come opere della sorella non aveva influito sulla sua condanna.

La Storkhøj invece era stata travolta dallo scandalo.

In maniera molto pesante.

Le spese che la casa editrice aveva dovuto affrontare per risolvere le controversie legali dovute alla falsa paternità dei testi erano risultate piuttosto salate. Ma la cosa peggiore era il danno alla reputazione. Durante il primo anno della pandemia, una fase di grande crescita per la maggior parte degli editori norvegesi, per la Storkhøj era stato un vero e proprio smacco. Il flusso di nuovi manoscritti era diminuito, mentre era aumentato dai concorrenti. Due degli autori piú noti erano passati alla Gyldendal non appena lo scandalo era diventato di dominio pubblico. Non volevano che il loro nome venisse piú associato a quello che era diventato lo zimbello della categoria. In nessun modo. Anche molti dei loro colleghi avevano minacciato di andarsene: si parlava apertamente di una piccola rivolta degli scrittori. Che fosse stato possibile ingannare cosí tante persone per cosí tanto tempo come nel caso de *Il manoscritto* non invogliava di certo a credere che nella casa editrice, un tempo cosí rinomata, vigessero procedure e controlli solidi e accurati.

Tuttavia, i piú si erano calmati con il passare del tempo. L'erba del vicino era di rado piú verde. Di questo se n'era resa conto la maggior parte degli autori quando aveva avuto occasione di rifletterci sopra. Inoltre, le regalie erano efficaci. Quasi sempre, pensò apatico David Eriksen tirando giú i piedi: agli scrittori interessavano prima di tutto i soldi. Come a chiunque.

Per fortuna.

Non era possibile abbellire né rimpinguare i contratti. Come tutti gli altri membri dell'Associazione norvegese editori, anche la Storkhøj era vincolata a quello standard norvegese, che era uguale per tutti, dai romanzieri squattrinati alle pasciute regine del giallo. Esistevano però altre modalità con cui una casa editrice poteva dimostrare il proprio amore. Il piú facile era il cosiddetto *wining and dining*. Dal momento che lo scandalo era scoppiato quando tutto il Paese era in lockdown, quella possibilità era stata esclusa. Avevano dovuto lambiccarsi il cervello per trovare soluzioni praticabili. Ed era stato un grande successo: mai la Storkhøj aveva organizzato cosí tanti corsi di scrittura online, altrettante masterclass, nonché lavori di consulenza strapagati come dopo che Marion Kovig era stata condannata a scontare quattordici anni dietro le sbarre.

Aveva reagito persino la commercialista. Era inconcepibile che la casa editrice mantenesse uno stuolo di autori in un periodo cosí difficile senza ricevere in cambio nessun manoscritto, soprattutto quando si trattava di incarichi praticamente inutili. Per esempio, non c'era un cane che si degnasse di partecipare ai corsi online. In una lettera molto tagliente indirizzata al direttore finanziario, la revisora aveva fatto notare che sembrava che, seduti davanti ai rispettivi computer, gli scrittori si fossero fatti «vicendevolmente» da insegnanti per tutto il primo anno di pandemia, e chiedeva una spiegazione immediata che giustificasse quello spreco.

Per fortuna si era lasciata tranquillizzare quando le avevano offerto le dovute assicurazioni: si trattava di una situazione eccezionale, imputabile alla pandemia e che non si sarebbe mai piú ripetuta. A quel punto lei e il suo ufficio avevano finalmente approvato i bilanci.

Adesso quasi tutto era rientrato nella normalità.

Il caso de *Il manoscritto* si stava via via riducendo a un aneddoto piú o meno divertente. Per il resto dell'anno non era stato pianificato nessun altro corso di scrittura. Invece, i ristoranti della capitale erano di nuovo disponibili ogni volta che un autore chiedeva piagnucolando maggiore attenzione. Inoltre, a maggio era prevista l'annuale festa di primavera. Oltre trecentocinquanta artisti affamati di eventi mondani avevano già assicurato la propria presenza a quella celebrazione post pandemica di sé stessi e della casa editrice.

Grazie al cielo, mancava ancora molto tempo. David Eriksen sbirciò irritato l'orologio. Ebba Braut avrebbe dovuto essere nel suo ufficio già da cinque minuti. Nell'istante in cui alzò gli occhi, la vide sulla soglia.

– Scusa, – gli disse lei meccanicamente. – Sono un po' in ritardo. Lo so.

Senza attendere altro, si chiuse la porta alle spalle, appese il cappotto a un attaccapanni e si sedette sul lato opposto della scrivania.

– Okay, – commentò lui. – Che ne pensi?

Ebba non rispose. Quando era entrata, aveva appoggiato accanto a sé una borsa logora e rattoppata di tela grezza. La prese e, dopo essersela messa sulle ginocchia, tirò fuori una pila di fogli, che sistemò tra di loro sul tavolo.

– Fantastico, – rispose senza entusiasmo.

– Cosa... in che senso?

David si inclinò in avanti e girò i fogli verso di sé. Ebba allargò le braccia e ripeté:– Fantastico. Il manoscritto di Aasmund Aaletjønn. È... meraviglioso. Proprio come ci aspettavamo.

– È una copia, giusto?

– Sí. La tua. Ne ho fatta una pure per me, mentre l'originale è sottochiave nell'armadio. Insieme alle altre sue raccolte. Esattamente come mi è stato detto.

– *La rupe della stirpe*, – lesse David dal frontespizio.

– Sí, – annuí Ebba. – All'inizio mi è sembrato uno stranissimo titolo. La rupe della stirpe, sai. È un concetto che si rifà alle saghe nordiche, secondo cui gli anziani e i malati venivano buttati da una rupe, appunto, o sceglievano di farlo da soli, per non gravare sulla famiglia. Nessuno sa se questa leggenda sia vera, tu hai…

Inspirò e si interruppe da sola, poi riprese: – Dopo aver letto tutte le poesie, capisco meglio il titolo.

Presa tutta la pila, lui sfogliò fino a soffermarsi su una poesia di soli dieci versi.

– Parla, – mormorò mentre leggeva.

– Come nelle altre sue raccolte, anche questa ha un filo tematico conduttore. O…

David la sentí appoggiare di nuovo la borsa a terra.

– Direi piuttosto che questa narra piú una storia continua. Come gli album doppi in vinile di quando…

Notando la sua esitazione, David la guardò.

– … eri giovane tu, – completò lei abbozzando un sorriso.

– Un concept album, – commentò lui.

– Sí. Esatto. *La rupe della stirpe* è una raccolta di questo tipo.

– Il periodo d'oro dei concept album è stato negli anni Sessanta e Settanta. Sono nato nel 1967, per cui, nello specifico, mi sono perso la maggior parte di queste cose.

Tenendo davanti a sé il foglio con la poesia che stava leggendo, si aggiustò meglio gli occhiali sul naso. Inclinò la testa. Lesse il testo tre volte.

– Bene! – disse alla fine, appoggiandolo sul tavolo. – Ho già fatto in modo di dedicare il pomeriggio alla lettura della raccolta. Uscirà in autunno, giusto?

– Volendo anche domani, – rispose Ebba scuotendo appena la testa, come se fosse rimasta positivamente impressionata dall'opera, ma a malincuore. – L'ortografia e la punteggiatura sono perfette. Non trovo nulla che vada cambiato. Le poesie sono eccellenti. Per come la vedo io, sarebbe impensabile modificarne l'ordine. Come ho detto, c'è un...

Con la mano destra eseguí un movimento circolare.

– Un filo conduttore, – annuí David.

– Direi piú un racconto, – precisò Ebba.

– Di cosa?

Le sorrise. Ebba sembrava meno entusiasta del suo nuovo ruolo di curatrice del celeberrimo poeta Aasmund Aaletjønn di quanto lui si fosse aspettato. Forse non era molto in forma. Dopo quasi due anni senza contatto con gli altri, tutti dovevano mettere in conto la possibilità di contrarre qualche malattia infettiva. Poteva darsi che Aasmund Aaletjønn le avesse mostrato alcuni dei suoi lati meno simpatici, e che lei forse li avesse trovati troppo imbarazzanti per parlarne.

– Un racconto sulla vecchiaia, – disse. – Sull'essere sterili. Sulla... noia e il disgusto verso il mondo?

– Caspita. Cose grosse.

– Sí. E profonde. Molto bello. Bellissimo, direi. E assolutamente commovente. Triste e malinconico e... Finora ho sempre pensato che *Sotto le città, sopra l'oceano* fosse la sua raccolta migliore. Le poesie sono brutali e provocatorie. *Questa* raccolta, invece...

Cercò le parole. David la lasciò fare. Era fine febbraio e tutti erano pallidi. Eppure, si accorse solo allora che il viso di Ebba sembrava quasi quello di una malata. La pelle era cosí diafana e trasparente che lungo gli zigomi erano visibili svariati capillari. Sotto molti aspetti Ebba Braut era una donna attraente, anche se non particolarmente bella. Era troppo comune per poterla definire tale.

Gli stessi capelli biondi della maggior parte delle sue coetanee. La stessa coda di cavallo. Gli stessi jeans e la stessa maglietta corta e aderente su un corpo altrettanto allenato. Aveva appeso lo stesso cappotto che quasi tutte le giovani indossavano in quel momento: di un beige noioso, troppo grande e troppo lungo.

Ad attrarre era la sua vitalità. Il suo umore, altalenante, ma sempre palese. Anche il suo coraggio, pensò David mentre era ancora in attesa che lei dicesse qualcosa. Non era certo stato privo di rischi, il ruolo centrale che Ebba aveva svolto nello smascherare la frode letteraria perpetrata da Marion, e aveva contribuito al suo arresto per omicidio. Non a caso, in quel periodo Ebba aveva perso il lavoro. Le era stato ridato non appena era emerso il motivo per cui Marion si era sbarazzata di lei.

Ebba Braut era consapevole di sé, era capace di farsi valere ed era un'acuta lettrice. Era gentile e brava con gli scrittori, nonostante la sua giovane età. David aveva l'impressione che fosse benvoluta anche dai colleghi.

Ora invece pareva apatica.

– È una storia sulla solitudine, – disse infine lei con un sospiro. – Sull'assurdità dell'esistenza. Sulla caducità dell'essere umano senza figli. Le poesie vengono raccontate attraverso la voce di un narratore vago, a volte quasi invisibile, che ne è anche il protagonista. Una specie di...

Afferrò con le mani una palla invisibile, che fece ruotare avanti e indietro.

– È una sorta di conversazione dialettica che una persona ha con sé stessa. Dove il narratore sa piú del personaggio presente nelle diverse liriche, un giovane che invecchia e con l'età diventa superfluo. Perfino a sé stesso. È questo il triste tema principale. Diventare completamente superflui a sé stessi. Con l'età, s'intende.

Esitando si passò una mano sul viso.

– La poesia che dà il titolo alla raccolta arriva proprio alla fine. *La rupe della stirpe*. Ho pianto quando l'ho letta. A essere sincera, non mi è mai capitato di piangere per una poesia.

Fece un profondo respiro prima di continuare.

– Possiamo parlarne quando avrai letto il manoscritto. A quanto pare, sarà il lavoro redazionale piú semplice che abbia mai avuto. Non devo fare nulla! Assolutamente nulla, a mio avviso. Ho chiamato Aasmund ieri e gli ho detto che ero davvero entusiasta.

Sul volto le apparve un pallido sorriso, che però sparí subito.

– Strano ma vero, ne era felicissimo.

– No, perché strano?

– Di sicuro si intende di poesia molto piú di me! Che gli interessi cosa penso io, è... – Si strinse nelle spalle. – Strano. A mio parere, – concluse.

– Mah. Aasmund è di sicuro piú bravo di te a scrivere poesie. Non necessariamente piú bravo a leggerle. Ecco perché esistiamo, Ebba!

– Vabbè.

Raccolse di nuovo la borsa e si passò la tracolla sulla spalla prima di alzarsi.

– Com'è andata tra voi due? – le chiese David velocemente.

– Come... Abbastanza bene, penso. – Si strinse di nuovo nelle spalle. – Abita proprio in un bel posto, anche se è in culo ai lupi. Ci sei stato?

David scosse la testa.

– Il tipo ha buon gusto, – aggiunse Ebba. – Dall'esterno pare una normalissima fattoria norvegese, ma la casa padronale è stata chiaramente ristrutturata. Dentro è tutto curato e moderno. Mi ha servito le vafler. Con la marmellata fatta in casa. Mi è sembrato molto timido, in realtà. Schivo. Ma una persona piacevolissima.

– Timido? Schivo?

David si sforzò di nascondere la sorpresa.

– Sí? Non ti sembra timido?

– Eh...

Non aggiunse altro. Si era sentito in colpa per aver chiesto a Ebba di andare nel Vestfold, oltretutto di sabato, a prendere il manoscritto. Era stato Aasmund a insistere. Il poeta era uno dei forse cinque scrittori che in pratica riuscivano a ottenere quello che volevano. A prescindere.

In ogni caso, David avrebbe dovuto avvertirla.

Avrebbe dovuto spiegarle il motivo per cui ad Aasmund Aaletjønn, che in gioventú partecipava a quasi tutti gli eventi offerti dalla casa editrice, spesso era stato gentilmente consigliato di rimanere a casa. Era servito solo in parte. Nell'autunno del 2017 il guru della poesia della Storkhøj aveva ricevuto l'ordine, tanto inaspettato quanto brusco, di non presentarsi mai piú agli avvenimenti organizzati dalla casa editrice, a meno che non fosse lui stesso il protagonista. Solo quando si stava avvicinando il Natale di quell'anno, il suddetto aveva capito perché. E aveva obbedito.

– In realtà no, – rispose David con un rapido sorriso. – Forse perché lo conosco da molto piú tempo di te.

Ebba posò la mano sulla maniglia.

– Ebba, – riprese David.

– Sí?

– Solo una cosa... Come sai, qui vige una politica di tolleranza zero verso le molestie. Anche... di natura sessuale. In realtà, verso qualsiasi tipo di attenzione sessuale indesiderata. E ci sono regole e protocolli per...

A sorpresa, Ebba cominciò a ridere.

– Sí, lo so! – lo interruppe. – Di tutte le persone che lavorano in questa casa editrice, sono probabilmente l'ultima che ha bisogno di un promemoria del genere.

David non capiva cosa intendesse dire.

– È già da un pezzo che non è piú un segreto, – commentò lei.

– Che segreto?

Ebba lasciò andare la maniglia.

– Quando ero pastora, sono stata oggetto di quel tipo di «attenzioni»...

Le virgolette che disegnò con le dita erano volutamente esagerate.

– ... dal parroco in persona. Alla fine l'ho castrato. O quasi. Gli ho mollato un calcio cosí forte nei testicoli da spappolargliene uno.

David alzò il mento, sentendosi avvampare. Dovette fare uno sforzo per evitare di toccarsi tra le gambe mentre era seduto.

– Ah, ecco, – commentò annuendo. – È per questo che non sei piú pastora.

– Sono stata condannata, – gli rispose lei secca. – È stata dura, ma rifarei tutto, se qualcuno fosse cosí stupido da riprovarci. Credimi. Ciao. Ci sentiamo.

Si girò e spalancò la porta.

– Ciao, – ripeté prima di sparire.

David si chiese quale sarebbe stata la cosa peggiore: se il poeta Aasmund Aaletjønn avesse approcciato Ebba con quel suo modo di fare insistente, come si era sempre comportato con le donne per gran parte della sua vita da stella letteraria, o se, nel tentativo, si fosse trovato con le palle fracassate.

Pregò in silenzio che l'uomo fosse ormai troppo vecchio

per provarci. Senza nutrire molte speranze che fosse il caso, si alzò per andare in bagno.

Henrik Holme si apprestava a incontrare una famiglia in lutto.

La villetta a forma di parallelepipedo si trovava alla periferia di Grimstad, appena dieci minuti dopo l'uscita dall'E18. Per paura che i famigliari di Vilde Karoline Bredesen chiamassero la polizia per verificare la sua identità, arrivò senza preavviso. Aveva ancora il suo tesserino da ispettore. Doveva pur essere valido, anche se lui era stato sospeso. In ogni caso, per tutte le tre ore e mezza di viaggio al volante di una Toyota Corolla presa a noleggio da Rent-A-Wreck, si era convinto che cosí fosse.

Erano le sette e mezza ed era buio.

Superò il basso cancello, poi avanzò per cinquanta metri prima di parcheggiare. Quando si incamminò lentamente verso la proprietà, poté guardare oltre una siepe di abeti che era stata potata in modo da risultare piatta in cima: sembrava che perfino la casa stesse soffrendo. Le tegole sul colmo del tetto formavano un piccolo arco tra uno spiovente all'altro, doveva esserci qualcosa di sbagliato nella costruzione. Persino con quell'oscurità e il nevischio che lo colpiva gelido in faccia, Henrik era in grado di vedere che la vernice della facciata si stava staccando. Una lampada solitaria era accesa sopra i quattro gradini di una scala di cemento corredata da una ringhiera storta, e soltanto da una delle finestre al pianterreno la luce filtrava attraverso le tende.

Sul pilastro del cancello era fissata una cassetta delle lettere. Sopra c'erano due targhette, una con il nome Bredesen e una che diceva chiaramente che il materiale pubblicitario non era gradito. Henrik sollevò il chiavistello del vecchio cancello in ferro battuto, straordinariamente silenzioso, poi si prese il tempo di richiuderlo dietro di sé.

Nessun segno di vita provenne dalla casa finché non fu proprio davanti alla scala. Dalla stanza illuminata, forse un soggiorno, filtravano suoni che sembravano quelli di un programma televisivo. Un dibattito? Henrik non riusciva a distinguere le parole. Alzò la mano e suonò il campanello con piú risolutezza di quanta si sentisse autorizzato a mostrare.

Gli tremavano le mani e non sapeva se fosse per via del freddo o del nervosismo.

Il rumore all'interno si spense. Passò un minuto. Alla fine la porta si aprí. Anzi, si spalancò verso l'esterno, costringendo Henrik a retrocedere di un passo.

Era come vedere la versione stagionata di Vilde.

Una versione vecchia, stanca, grigia e sbiadita di Vilde, la donna piú bella che Henrik Holme avesse mai incontrato. I capelli di quella donna erano piú sottili e radi e ciò che una volta era stato biondo adesso era color avena. Porridge d'avena, gli venne in mente. I seni erano grandi quanto quelli di Vilde, ma pendevano molto piú in basso e davano alla donna di fronte a lui un aspetto pingue. Gli occhi erano di un blu fiordaliso e lo fissavano con uno sguardo spento e apatico.

– Sí? – si limitò a dirgli.

Lui le tese la mano.

– Mi chiamo Henrik Holme, – balbettò. – Sono un ispettore della polizia di Oslo.

La donna gli guardò la mano senza stringerla. Henrik estrasse veloce il tesserino e glielo tenne all'altezza degli occhi. Lei lo sbirciò appena prima che il suo sguardo sparisse oltre la spalla del poliziotto per perdersi nel fitto bosco sull'altro lato della strada. Sembrava che aspettasse qualcuno. Forse Vilde, pensò lui. Doveva essere cosí.

Cercò di indovinare la sua età. Vilde aveva solo ventitre anni quando era morta, ma dalle foto di famiglia appese alla parete Henrik sapeva che aveva dei fratelli maschi molto piú grandi. Se la madre aveva anche solo quarant'anni quando era nata la tanto attesa figlia femmina, ora ne aveva sessantatre, anno piú, anno meno. Non poteva essere, pareva molto piú vecchia.

– Cosa vuole? – gli chiese.

– Sono qui per via di un altro caso, – rispose.

Negli ultimi tempi gli era diventato facilissimo mentire. Non arrossí nemmeno.

– E cosí ho pensato di offrire i miei rispetti, – aggiunse.

Henrik si morse la lingua. La frase era un anglicismo: in Norvegia nessuno parlava in quel modo.

– Ho preso parte alle indagini sulla morte di sua figlia, – riprese veloce. – Vilde. Io…

– Non vi siete sforzati troppo, – commentò la donna. Dalla documentazione in suo possesso Henrik sapeva che si chiamava Asta Berthine. Ora lo stava fissando.

– No… La conoscevo!

Per la prima volta apparve negli occhi della donna un guizzo d'interesse.

– Conosceva Vilde Karoline? – gli chiese lentamente.

– Sí. O meglio… Lavorava nella caffetteria dove vado di solito.

Henrik non aveva nessuna caffetteria dove andava di solito. Almeno, non prima di essere capitato per caso sul posto di lavoro di Vilde ed essersi innamorato di lei.

– Ah, ecco.

L'interesse di Asta Berthine si stava trasformando in ostilità. Strinse gli occhi arrossati.

– Ci conoscevamo abbastanza bene, – dichiarò Henrik. – In realtà.

Non sapendo cos'altro dire per riuscire a mettere piede in quella casa, se ne uscí con un: – Posso entrare? Devo tornare a Oslo stasera e avrei bisogno di andare in bagno. Non ci vorrà molto.

Asta Berthine annuí, sempre guardando oltre la sua spalla.

– In fondo a questa strada prenda la prima a destra, giri due volte a sinistra e arriverà a una stazione di servizio della Circle K. Là ci sono i gabinetti.

La dolce parlata della Norvegia meridionale non riusciva piú nascondere l'avversione della donna, che ormai era diventata piuttosto evidente. Henrik scese un gradino camminando a ritroso e alzò i palmi.

– Certo. Chiedo scusa per il disturbo. Le mie piú sentite condoglianze a lei. E... a suo marito. E ai suoi figli.

E al gatto, pensò quando la porta si chiuse senza nemmeno un grazie.

Adesso era lui quello arrabbiato. Evidentemente, quando si parlava di quanto fosse *amabile e accogliente la Norvegia meridionale* si usava un'espressione vuota. Che quella donna fosse distrutta per il suicidio della figlia era comprensibile, ma ci si doveva poter comportare da persone civili. Si avviò verso il cancello e uscí dalla proprietà. Solo tre lampioni illuminavano quel moncone di strada. Le lampadine erano troppo deboli: la luce gialla e fioca non riusciva a fendere il nevischio e la sera di febbraio. Forse fu per questo che sussultò quando un cagnolino grigio balzò di colpo sulla via e scodinzolando iniziò ad annusargli una gamba.

– Freddy! *Freddy!*

Da qualche parte giunse il suono di una roca voce maschile. Henrik rimase immobile, rigidissimo, mentre fissava quel mostriciattolo. Gli mancava il respiro. Provò a tranquillizzarsi pensando che la coda dell'animale, arricciata sopra la schiena, continuava a muoversi. I cani erano cani e non gli piacevano, ma quelli piccoli erano i peggiori. Oltretutto gli scappava, e non sarebbe riuscito a trattenersi a lungo.

– Freddy! Vieni qui!

In quel momento apparve la voce. Proprio sul lato opposto della strada un uomo anziano arrivava zoppicando lungo il vialetto di casa. In una mano teneva un pezzo di corda con un moschettone all'estremità, appoggiandosi a un bastone da passeggio con l'altra. Il cane non diede segno di voler obbedire. Anzi, mostrava un interesse crescente per lo sconosciuto. Solo quando il vecchio ebbe agganciato il moschettone al collare, Henrik poté tirare un sospiro di sollievo.

– È tanto buono, – gli disse l'uomo con un sorriso. – E vecchio, proprio come me. E pure sordo, poveretto.

Rise di gusto prima di porgergli una mano cosí grande e ruvida che, vista la statura, non sembrava sua. Non superava l'uno e sessantacinque d'altezza, ma la mano pareva quella di uno scalpellino quando Henrik, confuso, gliela strinse.

– Gabriel Viken! E ha già avuto modo di incontrare Freddy.

– Henrik Holme, – disse lui, e deglutí senza distogliere lo sguardo dal cane. – Potrei usare il suo bagno? Subito.

– Certo. Venga pure. L'ho vista uscire dal cancello dei Bredesen. Li conosce?

C'era qualcosa di curioso, quasi di scanzonato, nella sua voce. Se già prima camminava piano, ora si fermò del tutto.

– Povera famiglia, – commentò, facendo schioccare compassionevole la lingua. – Vilde Karoline era la loro pupilla. Anche se, a essere onesti, devo dire…

– Avrei urgente bisogno del bagno, – lo interruppe Henrik.

Dovette trattenersi per non mettersi a saltellare come un bambino.

– Ma certo, – sorrise l'uomo.

Agganciato il bastone all'avambraccio, gli posò una mano sulla spalla prima di continuare.

– Preparo il caffè!

Henrik si era messo a corricchiare sul posto. Era a un passo dal pisciare contro il lampione alle sue spalle. In tal caso sarebbe stata la prima volta che faceva una cosa del genere in vita sua. Urinare in luogo pubblico era vietato e punibile con un'ammenda, come sua madre gli aveva martellato in testa fin da quando era piccolo. Oltre a essere una cosa disgustosa, aggiungeva sempre.

– Vada pure avanti, – gli disse il vecchio. – È aperto. Il bagno degli ospiti è la prima porta a sinistra in corridoio.

Henrik scappò via. Riuscí ad arrivare in tempo e quando, ansimante e sollevato, si lavò le mani nel lavandino piú piccolo del mondo, avvertí un certo brivido carico di aspettative. Il proprietario del cane era il vicino piú prossimo della famiglia Bredesen. Forse abitava lí da sempre. Anche Henrik veniva da un paesino, da cui se n'era andato non appena era stato abbastanza grande per farlo. In un certo senso, come Vilde.

Ma a lei non era andata cosí bene.

Non che il passaggio da una vita di provincia – dove c'erano ovunque pettegoli di tutti i sessi e di tutte le età – a quella di città per lui fosse stato un successo. Sentí un tuffo al cuore e rimase a fissare la propria immagine riflessa nello specchio macchiettato di nero, che doveva essere vecchio quanto la casa.

Avrebbe dovuto andarsene. Partire. Tornare a Oslo dopo un'escursione di cui ormai non capiva piú lo scopo. La notizia della gravidanza di Vilde lo aveva indirizzato su una pista che ora non riusciva piú a distinguere.

Si sciacquò la faccia con l'acqua fredda. Boccheggiando, spalancò gli occhi. Gli serví a contrastare l'acuto sconforto che provava. L'asciugamano appeso a un gancio accanto al lavandino crepato sembrava pulito. Se lo premette piano sul viso prima di raddrizzarsi e decidere di restare. Una tazza di caffè o due ci stavano proprio bene prima del lungo viaggio di rientro.

Inoltre: non c'era nessuno ad aspettarlo.

In nessun posto al mondo.

Nell'attimo in cui aprí la porta d'ingresso dell'appartamento in Kruses gate, Nefis Wilhelmsen avvertí per la prima volta un leggero senso di colpa. Era ancora arrabbiata. E frustrata. Quando sentí la seconda sonata per pianoforte di Rachmaninov provenire ad alto volume dallo stereo del soggiorno, si pentí di non essere tornata a casa quel pomeriggio, come aveva promesso. Erano già le otto passate e, oltre a quella musica travolgente, percepí il debole profumo delle lasagne vegetariane di Hanne. Il piatto preferito di Ida, la quale alcune ore prima le aveva comunicato che sarebbe rimasta da Stine almeno un'altra notte. Probabile che non avesse neanche mandato un sms all'altra madre.

Avrebbe dovuto farlo.

Entrambe avrebbero dovuto farsi vive con Hanne.

Appeso in silenzio il cappotto, Nefis infilò la borsa nel guardaroba. Fece per avviarsi verso il soggiorno, ma si fermò. La sonata stava giungendo alle sue battute conclusive e anche da lí si sentiva il potente finale. Attraverso il vetro della porta, vide che Hanne sedeva concentrata al tavolo da pranzo. Sulla sedia a rotelle, da cui si alzava sempre piú di rado benché la fisioterapista le avesse raccomandato di cambiare spesso posizione. Davanti a sé aveva sparpagliato una pila di libri. Dovevano essercene almeno venti, per la maggior parte di saggistica, a giudicare dalle dimensioni. Edizioni di lusso, atlanti e un grosso volume sull'arte orafa sami della lavorazione dell'argento. Al momento sembrava assorta in chissà cosa. Annuiva appena a tempo di musica e, dopo aver inumidito di saliva l'indice, voltava pagina e continuava a leggere.

Nefis sospirò, senza riuscire a trattenere un sorriso.

Quando non c'era niente di niente da fare, Hanne trovava sempre qualcosa di cui occuparsi. Nonostante l'estrema limitazione geografica che si imponeva e il fatto che potevano passare mesi tra ogni sua uscita di casa, non si annoiava mai. Si dedicava un po' ai videogiochi, ma esclusivamente quando era sola. Ogni tanto Nefis aveva l'impressione che dentro il suo caotico studio Hanne avesse imparato piú cose sui computer di quanto le facesse bene. Inoltre, aveva lo stesso rapporto con l'iPad di quello che Ida aveva con il cellulare: non era mai a piú di un metro di distanza da lei. Google era l'enciclopedia di Hanne, ma poiché era di natura profondamente scettica, trascorreva molto tempo a verificare ogni affermazione o informazione. Il cammino verso la conoscenza era pieno di controlli e, nel giro di dieci minuti, Hanne imparava un sacco di cose nuove. Che raccontava con entusiasmo a Ida e a Nefis, che volessero ascoltare o meno. O apprendere.

Hanne era capace di stare sveglia tutta la notte a guardare documentari, per poi dormire quasi tutta la mattina. Seguiva un mucchio di serie televisive. Fin da quando la loro figlia aveva dieci-dodici anni, Ida e Hanne discutevano di fenomeni pop che Nefis aveva sentito nominare a malapena. Un tempo Hanne leggeva anche molta narrativa, ma con il passare degli anni era come se avesse dato vita a una gara con sé stessa dove la posta in palio era imparare il piú possibile su qualsiasi cosa prima di morire.

Arrivavano di continuo nuovi libri per posta. Saggi, rapporti ufficiali e testi che erano, in realtà, opere pesanti e complesse di carattere scientifico. Non c'era un filo conduttore che legasse tutto il sapere che Hanne introiettava: alternava scienze naturali e storia culturale, medicina e zoologia, astrofisica, i canali britannici e la Prima guerra mondiale. Nefis, che era una matematica, non riusciva a capire come facesse Hanne ad assimilare tutto quanto, dal momento che non possedeva nessuna istruzione formale, oltre a quella acquisita alla Scuola di polizia, come veniva chiamata un tempo. Nefis sapeva che bisognava imparare a strisciare prima di poter camminare. Per raggiungere una comprensione approfondita di una materia, era necessario possedere qualcosa con cui scavare. Non poteva insegnare a Ida le derivate se prima la ragazzina non padroneggiava le quattro operazioni. Secondo Nefis, il sapere si costruiva basandosi su materiale diverso ma dello stesso tipo e bisognava iniziare dagli elementi base. L'apprendimento era un processo e richiedeva tempo.

Hanne, invece, si buttava a capofitto in tutte le direzioni assunte dalla scienza a un ritmo crescente. E, incredibile, riusciva a ricavarne molto.

Era affascinante.

Hanne era affascinante.

Prima di ogni altra cosa.

Nefis aprí piano la porta. Hanne girò la testa verso di lei altrettanto lentamente. Sorrise senza dire una parola. Prese un telecomando e la musica si interruppe d'incanto.

– Ciao, – esordí Nefis con voce piatta. – Scusa se non ti ho avvertito che sarei tornata cosí tardi. A proposito,

Ida rimane a dormire anche stanotte da Stine. Non te l'ha scritto?

Hanne scosse appena la testa. Batté con dolcezza la mano sulla sedia accanto a lei, ma Nefis rimase in piedi.

– Hai preparato la cena? – chiese.

Hanne annuí di nuovo.

– Dobbiamo parlare di cosa è successo, – continuò Nefis.

Con un sospirò Hanne riportò l'attenzione sul libro davanti a lei.

– Perché? – disse mentre voltava pagina. – È evidente che mi sono comportata da idiota. Mi spiace tantissimo. Che bisogno c'è di parlarne, se ammetto le mie colpe? Scusa, scusa, scusa. Ecco fatto. Ora possiamo andare avanti.

– Ammetti di esserti comportata da idiota senza però capire perché, – la corresse Nefis. – Tratti Henrik come se fosse un... lacchè. O, per la precisione, uno zero assoluto. È crudele. Lui ti vuole bene! E poi sei stata scortese con Ebba. Non si scherza con le altre persone chiedendo se sono incinte. Cosa ne sai della vita sessuale di Ebba? Magari sta cercando di rimanere incinta senza riuscirci? Oddio...

Alzò gli occhi al cielo, poi andò finalmente a sedersi accanto a Hanne.

– Hai continuato imperterrita a sfottere persino dopo aver visto che Ida ci era rimasta malissimo.

– Ma...

– Niente «ma», Hanne. Anche io ci sono rimasta male. E mi sono arrabbiata. Se non altro, non potevi pensare a me? L'idea era quella di divertirci e stare bene insieme, invece tu te ne freghi di tutto e non cogli nemmeno i segnali che ti vengono mandati. Di nessuno.

Hanne abbassò lo sguardo.

Su un'edizione di pregio delle *Fiabe norvegesi*, vide Nefis. Fiabe popolari raccolte da Asbjørnsen e Moe. Il libro era aperto di fronte a lei e un disegno mostrava tre bambini dentro un nido di serpenti. L'immagine era repellente e Nefis si piegò in avanti per cercare con cautela di girare la pagina. Hanne la bloccò mettendo la mano sulla sua. Era calda, asciutta e leggera.

Per fortuna le dita nascosero l'illustrazione.

– Non potremmo mettere fine a questo episodio? – la supplicò Hanne. – Ho capito di non essere stata molto gentile. Almeno non con Henrik. Quello che ho detto a Ebba era solo per scherzo. Di solito lo beve, il vino. E poi Henrik voleva abbracciarmi quando se n'è andato, quindi non poteva essere cosí mortificato.

– Hanne! – sbottò Nefis; il suo sembrò quasi un gemito. – Ha cercato di abbracciarti per avere la conferma che ci tieni a lui. Non perché pensasse che andava tutto bene. Non vedi la differenza?

– Sí, certo. Ma...

– Hai bisogno di un caso, – la interruppe Nefis alzandosi di scatto. – Hai bisogno di un mistero su cui concentrarti, invece di tutto questo... – Lasciò vagare lo sguardo sulle pile di libri e scosse la testa. – Hai davvero bisogno di un caso.

– Conosciamo un folclorista? – domandò Hanne con zelo improvviso, come se con un colpo di bacchetta magica le cose tra loro fossero tornate a posto. – Un esperto di fiabe?

– Chiedi *a me* se conosco un folclorista. No. Ma se si tratta di un testo, potresti domandare a Ebba. E nel frattempo scusarti.

– Ebba! Buona idea. In cucina ci sono le lasagne vegetariane. Puoi scaldarle nel microonde se non vuoi mangiarle fredde.

Hanne si risistemò gli occhiali e tornò a chinarsi su quel vecchio volume sbiadito.

Nefis rimase a guardarla. Il suo collo pareva cosí sottile. Cosí piccolo e asciutto: era come se l'età non si manifestasse piú solo attraverso le rughe e i capelli grigi. Qualcosa di duro e coriaceo si era impadronito di Hanne, sia a livello fisico che mentale. Era piú difficile penetrare in lei rispetto a prima: in vent'anni e piú di vita in comune, Hanne aveva sempre accettato, in un certo senso, di essere corretta. Fino a poco tempo prima, Nefis non era in grado di dire con esattezza quando, si lasciava ammorbidire. Si mostrava sinceramente dispiaciuta. Per alcune settimane dopo una litigata sapeva essere affettuosa e vicina, persino uscirsene con qualche parola di elogio a Henrik quando lui ne aveva bisogno. Con Ida era sempre stata diversa: sotto molti aspetti, la figlia rappresentava per lei un piccolo universo a sé stante. Quando la bambina era piccola, Hammo le aveva dedicato un'infinità di tempo, mostrando di possedere una pazienza enorme. Durante la pubertà di Ida, il rapporto era cambiato un pochino. Hanne esigeva di piú da lei e poneva limiti piú severi, ma mai al punto di minare quello che esisteva tra loro. Il motivo, secondo Nefis, era palese: era possibile ragionare con Hanne, che conosceva e ammetteva le sue molteplici debolezze.

Ora, invece, sembrava svuotata. Come se si fosse irrigidita. Come se non avesse piú l'energia per correggere di continuo la rotta. Neppure quando le veniva chiesto a chiare lettere di farlo.

Hanne non aveva piú la forza né la voglia di fingere.

Era dal 1999 che Nefis sapeva che una vita senza Hanne era impensabile. Si erano messe insieme nel giro di pochi minuti. Da piú di vent'anni e dall'infanzia della figlia erano state loro due, e sarebbero rimaste loro due dopo che Ida fosse diventata adulta e avesse affrontato il mondo.

Era quello che avevano sempre pensato, sentito e saputo entrambe. Non importava che fosse Nefis a farsi carico della famiglia. Non c'erano problemi, aveva creduto. Era lei a occuparsi di introiti e acquisti, amici e feste, cibo e ordine, riunioni dei genitori e impegni condominiali, nonché di fare da autista. Dopo aver licenziato la donna delle pulizie quando era scoppiata la pandemia, Nefis doveva anche badare alla casa. Hanne si prendeva cura solo di una cosa: i contatti con le autorità quando era necessario. In quel caso era cosí tagliente, precisa e persistente che gli enti pubblici di solito cedevano.

Per il resto si limitava a girare per la casa sulla sua carrozzina e a essere sé stessa.

Sempre piú sé stessa.

Mentre Nefis guardava quella figura concentrata, all'improvviso un pensiero la colpí con una violenza tale da farle venire le vertigini: la vita con Hanne stava diventando insopportabile.

Gabriel Viken aveva preparato il caffè alla vecchia maniera.

Henrik Holme non l'aveva mai assaggiato prima. Era bollente e nero come la pece, non ricordava di aver mai bevuto niente di meglio. Dopo aver lasciato cadere quattro zollette di zucchero nella propria tazza, il vecchio spinse la zuccheriera verso Henrik. Quest'ultimo ne prese una per cortesia.

– Ce ne deve mettere abbastanza, – lo incoraggiò Gabriel indicando con il cucchiaino il mucchio di cubetti dolci.

Henrik prese un'altra zolletta per non ferire il padrone di casa.

In effetti il caffè si fece ancora piú buono.

– Allora, cosa ci fa da queste parti? – gli chiese il vecchio.

Henrik prese un biscotto da un piatto da portata decorato con dei disegni. Ne morse un pezzetto per guadagnare qualche secondo mentre pensava alla risposta da dare.

– Conoscevo Vilde, – disse alla fine.

Gabriel assunse un'espressione addolorata e scosse la testa. Freddy gemette: se ne stava sdraiato in un cesto di vimini accanto alla stufa a legna.

– Vilde Karoline, – disse Gabriel tristemente. – Che fine. Davvero triste.

Henrik annuí. Il biscotto era cosí vecchio e secco che faticava a ingoiarlo.

– Molto, – commentò prima di spingere a forza il bolo giú in gola. – Era una ragazza meravigliosa. O... donna, ecco. Volevo fare le condoglianze ai suoi genitori. E ai fratelli, ma immagino che non abitino piú lí.

Fece un cenno con la testa in direzione della casa dei Bredesen.

– No. Il piú grande è morto. Tre o quattro anni fa. Cancro.

Gabriel scosse di nuovo la testa con aria compassionevole.

– Due vivono a Kristiansand. Capitano qui di rado. Il quarto abita a Oslo, credo. Anton. Non lo vedo da anni. Era Vilde che veniva spesso a trovare i genitori. Un paio di volte al mese, forse? In ogni caso, regolarmente. Per loro è stato un brutto colpo, quel che le è successo. Un incidente d'auto, da quanto ho capito. Ma non conosco i dettagli. Non voglio essere invadente.

Dalla curiosità, i suoi occhi si ridussero a due fessure.

– Forse lei ne sa di piú?

Henrik aveva bisogno di riflettere, cosí non ebbe altra scelta che afferrare un secondo biscotto e infilarselo in bocca. Prese a masticare senza sosta, facendo del suo meglio per produrre saliva.

– Forse erano un po' vecchi? – domandò Gabriel guardando il piatto dei biscotti. – Scusi. Non ricevo molte visite.

Henrik scosse la testa, riuscendo a mandare giú il tutto.

– No...

La stava tirando per le lunghe, senza nemmeno sapere cosa stesse negando.

– Non si è trattato di un incidente. Da chi lo ha saputo?

– L'ho sentito dire al negozio. È lí che incontro la gente. Che cosa è stato allora? Malattia? Cancro, come il fratello?

Henrik non riuscire a credere che si fosse sparsa una voce del genere. Com'era possibile che nella cittadina natale di Vilde non tutti sapessero che si era tolta la vita? Quella ragazza aveva amici. Era sui social e, anche se nessuno aveva scritto chiaro e tondo che si era suicidata, i numerosi messaggi su di lei non erano molto difficili da interpretare. Grimstad non era certo Kuala Lumpur: dovevano esserci incroci di amici e conoscenti lí e a Oslo.

– La casa laggiú dà l'impressione di essere... malmessa, – disse Henrik per evitare di raccontare cos'era accaduto.

Gabriel annuí.

– Per loro i guai sono incominciati quando sono entrati nella Congregazione.

– La Congregazione?

Henrik immaginava che a Grimstad, una cittadina che faceva parte della cosiddetta «cintura biblica» norvegese, ci fossero parecchie chiese libere.

– Be', in realtà non si chiamava proprio cosí...

Il vecchio ingollò il caffè, poi fece schioccare le labbra e lasciò cadere un'altra zolletta di zucchero nella tazza.

– Un tempo era una famiglia normalissima. Mi riferisco ai Bredesen. Anders... il padre, era marinaio. Faceva il macchinista sulle navi che rimanevano nelle acque norvegesi. La madre, Asta Berthine, è stata sempre casalinga.

Niente di strano, vista la prole. In effetti, quando è arrivata Vilde Karoline, era paragonabile alla Sara del Vecchio Testamento. Asta Berthine aveva quarantasei anni. Quarantasei anni!

Ridacchiò, scuotendo la testa. Henrik non capiva se in segno di ammirazione o perché pensava che fosse una vergogna avere dei figli cosí tardi.

– La loro situazione economica non era delle migliori, ma se la cavavano. Ai tempi la casa aveva un aspetto molto diverso da com'è ora. Poi è arrivata la Congregazione.

Bevve un sorso di caffè e lasciò scorrere lo sguardo per tutta la cucina come se stesse cercando qualcosa.

– In una cittadina come Grimstad c'è un forte spirito religioso, – disse con gli occhi fissi su un orologio appeso alla parete, il cui ticchettio si sentiva abbastanza bene. – E nel corso degli anni sono nate nuove congregazioni. Qui il terreno è fertile per queste cose. Negli anni Ottanta...

Strizzò le palpebre e inclinò la testa.

– All'inizio di quel decennio è comparso un movimento piuttosto diverso dagli altri. Veniva dalla Cina, sono quasi sicuro, ed era piú una sorta di congregazione casalinga. Senza chiese, ecco. E senza un vero nome. Secondo loro tutti i cristiani dovevano essere uniti. Erano quindi contrari al fatto che ci fossero cosí tante confessioni, anche all'interno del cristianesimo. La cosa aveva infiammato gli animi, siamo in una zona dove ci sono molte case di preghiera.

Henrik ne sapeva parecchio, ma si teneva a debita distanza dalla religione. Lanciò una rapida occhiata all'orologio e si rese conto che a breve avrebbe dovuto mettersi in viaggio verso nord.

– Capisco, – disse. – Ma cosa è andato storto?

– Tutto.

– Tutto?

– Giravano delle voci, comunque è passato parecchio tempo. È una storia molto lunga.

Gabriel Viken sembrava felice all'idea di rimanere seduto al tavolo della cucina per il resto della serata in compagnia del giovanotto di Oslo.

– Potrebbe riassumerla? Devo...

– Certo, certo.

Gabriel versò dell'altro caffè per tutti e due.

– Anders e Asta Berthine sono stati raggirati. Avevano messo a disposizione di questa nuova congregazione tutto quello che possedevano. Anders si era appena fatto male alla schiena, e poi sarebbe diventato completamente invalido. In pratica, avevano usato energie e soldi che non avevano. Poi era arrivato un dotto dalla facoltà di Teologia...

Strabuzzò gli occhi e strinse le labbra come se allora fosse giunto nella cittadina Dio in persona per giudicare i suoi fedeli.

– Un professore. Era quasi scoppiata una guerra religiosa. Aveva dichiarato con autorità che la nuova congregazione non poteva nemmeno definirsi cristiana! Mi sembra di ricordare che la questione ruotasse intorno alla Trinità. La congregazione sosteneva che Padre, Figlio e Spirito Santo fossero un'unica figura, e questo è in contrasto con...

– Ma cosa c'entrava questo con la famiglia Bredesen? – lo interruppe impaziente Henrik.

– Li chiamerei... vittime di guerra!

Gabriel batté un pugno sul tavolo facendo tintinnare le tazze.

– Sí, – disse con enfasi. – Ecco quello che erano. I predicatori itineranti, o come li vogliamo definire, se la sono svignata con la coda tra le gambe, lasciandosi alle spalle alcune famiglie che avevano creduto in loro. Quasi tutte quelle famiglie sono rientrate a far parte delle vecchie comunità di fedeli a cui appartenevano in origine. Invece Anders e Asta Berthine no.

– Perché non volevano, o perché non gli è stato permesso?

Gabriel rifletté.

– Entrambe le cose, penso. Ma anche loro erano cambiati. Siamo vicini di casa da piú di sessant'anni e un tempo questo angolo di strada era un vero paradiso. Dopo quel putiferio...

Agitò la mano.

– Erano cambiati completamente. Erano diventati scettici. Quasi ostili. All'epoca erano nati solo i primi due figli. Piú tardi sono arrivati gli altri due. Nessuno di loro andava a scuola, ma ricevevano un'istruzione domiciliare. Veri e propri teppisti, se posso permettermi di dirlo. Poi è arrivata come la manna Vilde Karoline. Molti anni dopo.

– Nel 1999, – disse Henrik.

– Qualcosa del genere, sí. Era un angelo. Ogni tanto avevo la sensazione che i genitori pensassero davvero che lo fosse. Con Vilde Karoline l'atmosfera là era cambiata.

Indicò la finestra della cucina.

– I soldi erano sempre pochi. La schiena di Anders era peggiorata e per questo non poteva occuparsi come si deve dei lavori di manutenzione della casa. Che ha continuato a cadere a pezzi. Ma l'atmosfera...

Alzò la tazza e si scolò il caffè rimasto.

– Era diventata molto piú positiva, – riprese, prima di asciugarsi la bocca con la manica della camicia. – Persino i ragazzi rigavano dritto. Adoravano la sorella, tutti e quattro. Credo comunque che nessuno di loro avesse un legame molto stretto con i genitori. Non vedevano l'ora di andarsene e, come ho già detto, vengono a trovarli di rado. A differenza della loro amatissima sorellina.

Henrik svuotò a sua volta la tazza.

Aveva fatto un viaggio inutile. Gabriel Viken era un vecchio simpatico e il suo caffè era un portento, ma non era per lui che era andato fin là. Henrik era alla ricerca di risposte che gli spiegassero perché una donna come Vilde avesse scelto di togliersi la vita. Evidentemente la soluzione non era lí. Erano in molti a crescere nell'indigenza materiale e tutto stava a indicare che fosse stata una bambina amata e desiderata. Che la madre si fosse mostrata ostile e recalcitrante quando Henrik aveva cercato di parlarle, riflettendoci sopra, non era una cosa né strana né sorprendente. I Bredesen erano ancora in lutto e, a quanto pareva, non avevano neppure una vita facile.

Si alzò.

– Devo andare. Purtroppo Oslo non è dietro l'angolo.

– Immagino, – commentò Gabriel, e lo seguí nel piccolo ingresso.

Accompagnato purtroppo anche da Freddy.

– Potrei avere il suo numero di telefono? – gli chiese Gabriel.

Henrik non capiva a cosa gli sarebbe servito, ma aveva fretta di andarsene. Glielo snocciolò due volte mentre il vecchio prendeva nota su un giornale con una penna che aveva nella tasca della camicia.

– Vilde ha frequentato una scuola normale? – domandò Henrik allacciandosi le stringhe degli scarponcini.

– Cosa?

– Mi ha detto che i fratelli facevano lezione a casa. E Vilde?

– No...

Gabriel, con l'indice puntato sulla guancia, guardò di sbieco verso il soffitto. A Henrik fece venire in mente un folletto.

– Non credo che siano andati a scuola, dopo la nascita di Ville. E nemmeno lei quando è diventata abbastanza grande. Era davvero un angelo, quella bambina.

– Era... – Henrik si alzò in piedi e per un soffio non sbatté la testa contro il lampadario dal paralume scozzese, – era credente? Vilde?

Gabriel ridacchiò.

– Ma certo! Non poteva essere diversamente, in quella famiglia. Ho l'impressione che su questo tema ci fossero delle divergenze con i ragazzi. Non erano altrettanto interessati a...

– Come fa a saperlo? Che Vilde era credente?

A Gabriel apparve una ruga sopra la radice del naso. Con aria scettica fece un passo indietro e inclinò la testa.

– Ha detto di essere un suo amico.

– Sí, ma non abbiamo mai parlato molto di...

– Allora non poteva essere un amico stretto. Se non conosceva il legame che Vilde aveva con Dio. Chi è lei, in realtà?

– Sono...

Henrik si infilò il berretto, pentendosene perché la fronte gli si imperlò subito di sudore. Oltretutto quel maledetto cane aveva ricominciato a mostrare interesse per una gamba dei suoi pantaloni.

– Vilde si è tolta la vita, – gli sfuggí di bocca. – Non è stato un incidente.

Come spaventato, Gabriel Viken arretrò fino alla porta chiusa della cucina. E aveva l'aria di esserlo davvero, spaventato. A bocca aperta appoggiò le mani sulla porta alle sue spalle. Henrik rimase immobile.

– Cosa? – disse alla fine il vecchio con gli occhi umidi.

Lui annuí e ripeté: – Si è tolta la vita. E dal momento che la conoscevo, volevo capire perché. A me sembrava esattamente come l'ha descritta lei. Felice e amata. Luminosa e piena di gioia di vivere. Cosí...

– Il necrologio, – esclamò Gabriel, la voce era ancora piú roca di prima. – Non hanno pubblicato nessun necrologio. Da nessuna parte. È stata sepolta nel silenzio piú totale. Mi sono chiesto come mai.

Henrik era pentito di quello che aveva fatto. Non aveva il diritto di raccontare la verità sulla morte di Vilde a un perfetto sconosciuto. Quando realizzò che forse aveva violato il segreto professionale, il calore di quel piccolo ingresso divenne insopportabile. Dovette trattenersi per non dare un calcio al mostriciattolo grigio che ora aveva cominciato ad abbaiare.

– Devo andare, – disse cercando di aprire la porta d'ingresso.

Era bloccata.

– Ne è sicuro? – sentí che gli diceva Gabriel.

– Potrebbe darmi una mano? – rispose Henrik. Gli si era spezzata la voce.

– Suicidio, – mormorò Gabriel senza dar segno di volerlo aiutare con la porta. – Figuriamoci...

Finalmente la porta cedette. Henrik boccheggiò all'impatto con l'aria di febbraio, gelida e umida. Riuscí a malapena a mantenere l'equilibrio mentre incespicava giú per le scale.

– Si sbaglia, – disse Gabriel ad alta voce. Henrik, che era già a quattro metri di distanza, stava attraversando il giardino buio, pieno di fanghiglia e neve. – Il suicidio è impensabile. Il suicidio è bandito in quella famiglia. Quello e un paio di altre cose. Si sbaglia. Dovrebbe riferirlo alla polizia!

Henrik non si voltò.

Salí in macchina ansimando e fu solo quando stava per imboccare la E18 che si pentí di non aver posto un'ultima domanda a Gabriel. Diede un pugno lieve sul volante, ma non trovò la forza di tornare indietro per fare chiarezza su ciò che avrebbe continuato a chiedersi per tutto il tragitto fino a Oslo.

E per alcuni giorni successivi.

Martedí 1 marzo

La primavera avrebbe tardato ad arrivare, se continuava cosí. La temperatura oscillava intorno allo zero e una nebbia gelida aveva ammantato Oslo di brina. Gli alberi in Egon Olsens allé sembravano agghindati per un matrimonio e i cristalli di ghiaccio brillavano persino al crepuscolo. Era bello, almeno quando uno se ne stava seduto al caldo a guardare fuori.

Erano le sette e mezzo del mattino. Marius Blaaberg aveva ottenuto sia il tesserino sia quello che gli serviva per accedere alla centrale e agli strumenti che un agente di polizia aveva a disposizione in Norvegia. A tal riguardo, la diligente Astrid Seimoe al piano superiore si era dimostrata estremamente efficiente.

Per il resto non succedeva granché.

In un certo senso Marius aveva l'impressione che le persone di quella sezione lavorassero in modo sistematico e mirato. Aveva stretto la mano a numerosi nuovi colleghi. Tutti gli avevano dedicato un sorriso caloroso, palesemente soddisfatti di avere rinforzi. Prima di correre via. Pareva che nessuno avesse bisogno di lui. Alcuni si erano scusati dicendo che stavano attraversando un periodo difficile, che c'erano molte assenze per malattia ed era in atto una sorta di riorganizzazione interna. Eppure qualcuno avrebbe dovuto trovare il tempo di inserirlo nell'ambiente. Aveva scoperto per puro caso di non essere stato neppure convocato a una riunione che si era tenuta in mattinata. Nessuno si era preso la briga di chiedergli se volesse pranzare con loro. A quanto pareva, tutti sentivano la mancanza di quel Gammelgård, il commissario capo a casa con il long Covid, molto piú di quanto lui avesse capito il giorno prima.

Ora Marius era seduto nell'ufficio temporaneo che gli era stato assegnato e che in realtà apparteneva a un altro. L'atmosfera vagamente personale creata dalle piante e dalle tende cucite a mano lo metteva a disagio, amplificando in lui l'impressione di essere un intruso.

Arrivando dalla ricca provincia di Bærum e avendo la pelle scura, per lui era stato un notevole cambiamento finire in un paesino sperduto dell'altopiano del Finnmark. Venire a Oslo era come tornare a casa. Ci aveva abitato per il periodo degli studi e molti dei suoi compagni di corso erano stati dislocati nei diversi commissariati della capitale.

Forse avrebbe dovuto chiedere di essere assegnato a uno di quelli.

Scegliere di nuovo un percorso alternativo per raggiungere l'obiettivo finale: diventare un investigatore criminale della Kripos.

Tamburellò le dita sulla scrivania. Prese una penna dalla tazza accanto alla tastiera. La esaminò e la rimise al suo posto, stando attento a sistemarla esattamente come l'aveva lasciata il vero titolare dell'ufficio.

Il cartoncino che conteneva la strana denuncia era ancora lí sul suo tavolo. L'aprí e la lesse per la quarta volta. Continuava a sembrargli a dir poco singolare. La presunta parte in causa era una donna, nata nel 1989. Trentatre anni, quindi. Il nome era insolito.

Anisette.

Come quel liquore imbevibile, al gusto di anice. Il cognome, per contro, era molto comune, aveva firmato la denuncia come Anisette Johansen. Senza pensarci Marius aprí Instagram sul cellulare. Con un nome cosí insolito avrebbe dovuto trovarla facilmente.

Infatti.

La foto del profilo era un po' sfocata. Anche se il suo primo nome era originale, pareva per il resto del tutto comune.

Capelli biondi.

E occhi azzurri, a quanto poteva dedurre. Il profilo era privato, cosa che impediva a Marius di sapere cosa ci fosse pubblicato. Lesse comunque che c'erano 102 post e che Anisette aveva 801 follower. Anche quello, nella media. Stava per inviarle una richiesta di amicizia, ma all'ultimo si trattenne. Dopotutto, aveva davanti a sé una denuncia, presentata e firmata da Anisette Johansen, per cui lui andava formalmente considerato come l'investigatore a cui era stato affidato il caso.

Ammesso che lo si potesse definire tale.

Notò che la bio della donna conteneva un link VSCO. Anche lui usava quell'app per l'editing delle immagini, ma sapeva che molti sceglievano di condividere le loro foto Instagram su VSCO. Senza testo, per la precisione: funzionava piú come un servizio semplificato di condivisione di immagini. Non era necessario costruirsi una rete di follower e non si ricevevano like. Però le foto potevano essere condivise da altri.

Il bello era che gli account VSCO erano aperti.

Ci cliccò sopra.

Anisette Johansen diventava sempre piú comune. Appariva in quasi tutte le foto, spesso insieme ad altri. Marius poté andare a ritroso nel tempo e nelle varie stagioni: Anisette e gli amici sugli sci, in giro per il parco di Frogner tra gli alberi dal fogliame autunnale, Anisette e un'amica in bikini sul bordo di una piscina. Entrambe erano abbronzate e accanto all'amica c'era uno spritz. Tra le foto ordinarie che ritraevano la vita di una trentenne-e-piú, ce n'erano alcune scattate su quello che doveva essere il suo posto di lavoro. Indossava una divisa, un completo verde chiaro che faceva venire in mente un operatore sanitario.

Dentista, pensò Marius quando trovò una foto che doveva essere stata eseguita da un professionista. Era piú nitida e la luce era migliore. Anisette era in piedi accanto a una poltrona odontoiatrica collegata a un riunito provvisto di trapani, aspira-saliva e altri strumenti. La poltrona era vuota e Anisette non indossava né mascherina né guanti. Il suo sorriso era invece piú smagliante e piú bianco rispetto alle altre immagini che aveva visto. Nella parte inferiore della foto compariva un testo: «Appartieni alla generazione-zero-carie? La nostra igienista dentale Anisette ti aspetta per un controllo annuale! Tariffe speciali per gli studenti e nessun tempo d'attesa».

Marius aveva ragione. Era una pubblicità. Se non ci fossero state altre foto piú amatoriali dove compariva con la stessa divisa e in altre situazioni, avrebbe potuto trattarsi di un lavoro come comparsa. Una specie di modella.

Ma non lo era, concluse Marius uscendo dall'app.

Era un'igienista dentale.

Con passatempi del tutto normali.

Non era una pazza, almeno a quanto poteva giudicare.

Eppure, si considerava una sorta di Vergine Maria.

Era rimasta incinta, riportava la denuncia, ma a detta della parte lesa non poteva essere vero. Non aveva avuto rapporti sessuali nel periodo in cui, secondo il medico, era avvenuta la fecondazione. Per niente. Non nei tre mesi antecedenti, né nel mese e mezzo successivo. Non era stata neppure violentata né aveva subito abusi di alcun tipo, tuttavia qualcuno l'aveva messa incinta.

Voleva che la polizia indagasse.

Marius si accorse che stava ridacchiando.

Dopo aver riflettuto meglio sulla situazione della donna, tornò bruscamente serio. Doveva aver avuto rapporti sessuali involontari. Di sicuro da ubriaca. Forse era una di quelle persone che sempre piú spesso assumevano senza saperlo le droghe che venivano somministrate di nascosto nei drink in un momento di distrazione. A una festa o qualcosa del genere. Calcolò che in quell'arco di tempo era in vigore il lockdown, per cui i locali erano chiusi. Questo voleva dire che un episodio del genere doveva essere avvenuto nel corso di un evento privato. Non sembrava molto probabile. E se la donna avesse soltanto commesso una sciocchezza di cui si era pentita, la soluzione piú semplice sarebbe stata prendere una pillola del giorno dopo e dimenticare quella triste storia. Invece, si era rivolta alla polizia.

Doveva comunque essere convinta di dire la verità.

Se fosse stata violentata mentre era incosciente, non avrebbe sentito nulla, né durante né dopo l'atto. Nessun dolore, nessuna ferita. Nessun livido né segno fisico o mentale a riprova che un uomo l'avesse scopata.

Nulla, a parte un bimbo che stava crescendo.

– Merda, – sussurrò Marius Blaaberg.

Il pensiero che qualcuno potesse stuprare il corpo di un'altra persona era disgustoso. Ripugnante, però non c'era nulla su cui indagare. La presunta vittima non aveva indicato sospettati, né aveva citato occasioni in cui qualcuno potesse aver abusato di lei. Anzi, negava strenuamente che le fosse accaduta una cosa del genere.

Quel caso sarebbe stato archiviato non appena fosse stato esaminato in fretta e furia da un giurista della polizia.

Con ogni probabilità, perché «non risulta provato nessun illecito penale». E poi sarebbe stato dimenticato da tutti tranne da chi aveva subito violenza.

– Merda, – ripeté Marius tra sé e sé. Decise che avrebbe parlato con l'igienista dentale Anisette Johansen.

L'uomo che la domenica prima era andato a Grimstad in cerca di una tomba era molto determinato.

– Sí, ne sono sicuro. Al cento per cento.

Era seduto su una Bmw X5, parcheggiata dentro un garage chiuso di una proprietà in Baglerfaret, in una zona residenziale della parte orientale di Oslo. Al volante c'era un uomo molto piú anziano che tamburellava con le dita della mano destra sulla console centrale del cruscotto.

– Eri sicurissimo anche su Mikkel, – replicò quest'ultimo. – E non avevi molte ragioni per esserlo. Per dirla in maniera gentile.

Cadde il silenzio. Dal momento che indossava ancora il giaccone, il piú giovane avvertiva sempre di piú il calore che riempiva l'abitacolo.

– Per dirla in maniera *molto* gentile, – ripeté il piú anziano. – È sempre in custodia cautelare?

Il piú giovane annuí timidamente mentre abbassava lo sguardo sulle mani.

– Sí. È riuscito a mandarmi un messaggio su... uno dei miei telefoni prima che la polizia gli requisisse il cellulare. Ma non sa quasi niente. Per noi non rappresenta una minaccia. Non conosce i nomi. E ricordati che sono stato io a coinvolgere Bjørnstjerne. È stato il migliore. Il piú intelligente. Il piú astuto. A parte noi due, chiaro. Mikkel si è mostrato abbastanza stupido da non scegliersi nemmeno un nome in codice decente, ma questa volta sono sicuro. Sicuro come lo ero con Bjørnstjerne. In tutta la sua vita

Henrik Holme ha usato l'uccello giusto per pisciare. È cresciuto con una vecchia arpia come madre ed è un tipo sveglio. Niente fratelli, niente famiglia. Lo conosco come le mie tasche. È lui quello che ci serve.

– È un poliziotto, – commentò scettico l'altro.

– Lo hanno sospeso. Per un caso alla MeToo che è pura invenzione.

– Sono scettico.

– Ora che Mikkel non c'è piú, siamo solo in undici. Dobbiamo essere in dodici.

Si contorse sul sedile cercando di abbassare la cerniera della giacca a vento.

– Va bene, – disse l'uomo al volante.

L'altro lo guardò stupito.

– Va bene?

– Sí. Ma per adesso non coinvolgerlo in nessun modo. In nulla. È già una brutta storia che quella maledetta ragazza sia stata seppellita e non cremata. Per un po' dobbiamo volare basso.

– Perché dovremmo…

– Dobbiamo prendere tempo. Vale soprattutto per *te*.

– Okay, – disse il piú giovane prima di scendere dall'auto insieme all'altro.

– E ricordati, – riprese il piú anziano dopo che entrambi ebbero richiuso le portiere. Si guardarono da sopra il tetto della macchina. – Se gli spifferi anche la benché minima cosa, ti ammazzo.

Scomparve da una porta laterale senza aggiungere altro. Il piú giovane rimase immobile dov'era. Si rese conto che forse quella minaccia andava presa alla lettera.

Giovedí 3 marzo

Ebba Braut e Henrik Holme erano amici da due anni esatti. Tuttavia, non erano mai stati l'una a casa dell'altro. Nulla di strano: la famiglia Wilhelmsen era l'unico vero punto in comune che avevano. Si erano sentiti al telefono, di solito per questioni pratiche, e si erano anche scambiati messaggi, ma le loro vite erano cosí diverse che, in assenza di Hanne Wilhelmsen, avevano poco da dirsi.

Ci era voluto del tempo perché Ebba si rendesse conto delle qualità di Henrik. Quando lo aveva conosciuto, aveva pensato che fosse un po' ritardato, ma poi aveva cambiato idea.

Henrik era sveglio. Non molto scafato, ma intelligente e colto. A volte addirittura saggio. Inoltre era la persona piú gentile che lei avesse mai incontrato. Troppo buono e benevolo, specie quando Hanne lo prendeva in giro. Al limite del bullismo, il che accadeva sempre piú spesso.

Ferma all'incrocio tra Markveien e Korsgata a Grünerløkka, Ebba stava contando, partendo dal basso, i piani della facciata di fronte a lei. Non era sicura che fosse una buona idea.

Ma doveva parlare con qualcuno.

Era arrabbiata con Hanne. O forse piú che altro disillusa, a pensarci bene. Era in grado di sopportare qualche battutina a cena, però la domanda se fosse incinta le aveva fatto perdere le staffe. Non che Hanne sapesse la verità, ma non avrebbe dovuto scherzare su certe cose, e comunque ultimamente si era comportata in modo insopportabile in parecchie occasioni.

Ebba non aveva fratelli e non aveva piú contatti con i genitori da tempo, da prima che la pandemia sconvolgesse il mondo. Aveva però molti amici. Da qualche giorno rimaneva sveglia la notte cercando di capire con chi avrebbe potuto confidarsi. Si addormentava alle quattro del mattino convinta che nessuno di loro l'avrebbe presa sul serio.

Non le avrebbero creduto. Se una donna era incinta senza sapere chi fosse il padre, poteva significare una sola cosa. E lei non voleva che le appioppassero quella nomea.

Vide accendersi la luce in una delle stanze che dovevano appartenere all'alloggio di Henrik. Tuttavia indugiò ancora.

Aveva studiato piú di cinque anni per diventare teologa. Il dogma di Gesú come figlio di Dio, concepito da una donna immacolata, era uno dei pilastri del cristianesimo. La verginità di Maria era qualcosa che aveva accettato implicitamente quando aveva scelto di studiare teologia. Una verità, in un certo senso, paragonabile al fatto che la Terra era rotonda e ruotava intorno al sole.

Alcune cose *erano* cosí e basta.

Non era stata una studentessa modello e durante la sua carriera ecclesiastica si era comportata anche peggio.

Eppure aveva conservato una certa fede e adesso era pure arrabbiata con Dio. Se era vero che, piú di duemila anni dopo aver creato il Figlio dell'Uomo, Lui l'aveva resa incinta, allora avrebbe potuto mandarle un arcangelo, maledizione, a spiegarle tutto.

Si mise a ridacchiare, ma rendendosi conto che in realtà stava piangendo.

– Smettila, – sibilò a sé stessa.

Senza averlo deciso per davvero, si diresse veloce verso l'androne, dove i campanelli erano in gran parte contrassegnati da variopinti pezzetti di carta appiccicati con del nastro adesivo. Henrik, invece, aveva fatto tutto per bene: il suo nome era inciso su una targhetta di plastica, inserita alla perfezione all'altezza del pulsante giusto. Ebba ci appoggiò un dito e premette a lungo.

– Chi è? – risuonò una voce dalla piastra di metallo perforato.

– Henrik, sono io. Ebba. Ho bisogno di parlarti.

Seguí un silenzio totale, poi una serie di crepitii. Infine, di nuovo: – Chi è?

– Sono Ebba! – gridò lei. – Fammi entrare, per favore!

– Secondo piano, – disse Henrik.

Dopo un gracchio e un *clic* le fu possibile aprire il pesante portone. Pochi secondi dopo si trovò col fiato corto davanti all'appartamento di Henrik.

– Ciao, – esordí lui, che le aveva già aperto l'uscio. – Sei tu?

– Lasciami entrare. Ti prego.

Henrik si scostò ed Ebba entrò senza dire una parola, poi si tolse il cappotto di lana e si sfilò le scarpe da ginnastica. Erano scure di umidità.

– Ho un asciugascarpe, – disse lui, premuroso. – Dammele, gli facciamo fare un giro d'aria calda. Cosí non avrai freddo quando te ne vai.

– Fregatene, – replicò lei, e proseguí verso la porta aperta del soggiorno.

Ebbe l'impressione di fare un viaggio nel tempo. La stanza era piena di piante. Diversi tipi, lei non ne conosceva i nomi, ma alcune erano uguali a quelle che avevano le donne anziane nei film. Le sembrò che una fosse un'ortensia. Si fermò davanti a un piccolo salotto vicino alla finestra e pensò che tutto quanto sarebbe potuto appartenere a sua nonna. Se ne avesse avuta una.

Poi scoppiò a piangere.

Singhiozzava, le lacrime cadevano copiose, le colava il naso. Sussultando, si coprí il viso con i palmi.

Dopo un attimo sentí una mano calda sulla schiena, che cominciò a muoversi accarezzandola piano. Su e giú. Su e giú. Ebba non si ritrasse. Era come se si fosse rotta una guarnizione e non potesse fare altro che piangere.

– Cosa... cosa... cosa è successo?

La voce di Henrik era flebile, come se temesse che lei se ne sarebbe andata se lui avesse aperto bocca. Invece, Ebba si voltò e gli posò la testa sulla spalla, mentre continuava a nascondersi dietro i palmi.

Henrik la abbracciò.

Ebba non riusciva a riprendersi. Piangeva senza sosta.

La bocca di Henrik era vicino al suo orecchio quando le sussurrò: – Penso che tu abbia bisogno di una tazza di tè. Ora ti faccio accomodare qui sul divano...

Dopo essersi staccato delicatamente, la prese piano per le braccia. Ebba si lasciò condurre all'indietro di due passi, poi sprofondò su un sofà vecchio e instabile. Henrik le sistemò una coperta di lana a quadri sulle gambe.

– Grazie, – mormorò lei, asciugandosi gli occhi con la manica del maglione.

– Non farlo, – le disse subito lui. – Ti irriti la pelle. Aspetta un attimo.

Sparí come un fulmine per riapparire pochi secondi dopo con un fazzoletto di cotone bianco, stirato e leggerissimo.

– Tieni. Metto su il tè.

Ebba avrebbe preferito un bel bicchiere di vino.

Le venne in mente che non poteva bere alcolici e probabilmente Henrik non ne aveva in casa. Se lo conosceva bene come credeva.

– Il tè va benissimo, – rispose tamponandosi gli occhi con il fazzoletto.

Sapeva di detersivo. O di qualcos'altro di pulito.

Si sentiva pesante come il piombo. Anche solo portarsi le mani al viso le pareva una fatica indicibile e tremava di freddo nonostante la coperta.

– Se hai intenzione di restare un po', – le disse Henrik dalla cucina, l'appartamento era cosí piccolo che non aveva bisogno di gridare, – posso accendere la stufa a legna. Cerco di risparmiare sulla corrente. Mi dispiace.

Di colpo la sua testa spuntò sulla porta.

– Non sentirti sotto pressione, capito? Rimani quanto vuoi. Vado a prenderti un piumone?

– No, grazie.

Ebba si sforzò di respirare con regolarità. Le scorrevano ancora le lacrime sulle guance, ma non singhiozzava piú. Dopo quattro o cinque respiri profondi e controllati riuscí a ritrovare una sorta di calma. Si sentí sopraffare dalla stanchezza, e cercò di riprendersi guardandosi intorno.

La libreria di Henrik sembrava fatta in casa. La distanza tra i supporti verticali era eccessiva e le mensole si incurvano al centro verso il basso. I libri erano troppo pesanti e ammassati.

Vecchi libri.

Solo vecchi libri.

Lo si vedeva in particolare dal dorso: erano senza copertina. Alcuni dorsi erano di pelle, altri di tela o di cartone. Ebba si tolse la coperta di dosso, si alzò faticosamente dal divano e si avvicinò noncurante alla libreria.

– Sei qui? – disse Henrik quando uscí dalla cucina con una tazza per mano.

– Non leggi proprio libri nuovi? – gli chiese Ebba, tornando verso il divano.

– Sí. Ma costano. Preferisco prenderli in prestito in biblioteca.

Indicò con la testa la piccola filiale della Deichman in Schous plass, poi andò a prendere un piattino per le bustine di tè, un vasetto di miele e due cucchiaini.

– Grazie alla casa editrice godo di sconti piuttosto consistenti, – disse Ebba piano, si portò la tazza alle labbra e soffiò. – Ricordatelo se ti viene voglia di qualcosa di nuovo. Comunque, hai dei testi davvero ottimi. Non intendevo in quel senso.

Sollevò appena la tazza per indicare.

– Grazie, – rispose Henrik, che accennò a un inchino prima di sedersi sulla poltrona di fronte a lei.

Si fece silenzio. Un silenzio piacevole, percepiva Ebba, cosí stanca che avrebbe voluto solo dormire. Lí. Sul divano di Henrik. Subito.

Chiuse gli occhi. Sentí giungere dalle scale risate di bambini e passi veloci.

– Cosa posso fare per te? – le chiese Henrik alla fine.

– Non lo so, – disse Ebba.

Non lo sapeva davvero.

– Sono stata violentata.

Non piangeva piú. Henrik aveva smesso di respirare, notò lei. Passò un minuto. Ne passarono almeno due. Ebba aprí gli occhi e fissò il vapore che si levava dalla tazza. Avrebbe dovuto togliere la bustina di tè. Henrik continuò a non dire nulla, ma quando Ebba infine alzò lo sguardo, vide che era piú pallido di quando era arrivata.

– Credo, – gli sussurrò.

– Credi? Non sai se sei stata violentata?

La voce gli cedette, come a un quattordicenne.

Sollevato il sedere, Ebba tirò fuori un pezzo di carta dalla tasca posteriore dei pantaloni. Lo lisciò e glielo porse. Henrik lo guardò a lungo e alla fine lei dovette agitare la mano per farglielo prendere. Lui lo stirò e se lo appoggiò sulla coscia.

– Un'ecografia, – disse piatto. – Di cosa? Non è certo...

Pareva frastornato: avvicinò le immagini agli occhi, inclinò la testa e ruotò il foglio.

– Un feto di sette settimane, – spiegò Ebba. – L'ho fatta ieri.

– Non vedo nessun feto, soltanto...

– È grande come un fagiolo.

Henrik strizzò le palpebre e avvicinò ulteriormente le foto.

– Non vedo nessun fagiolo.

Alzò lo sguardo e aggiunse in fretta: – Ma non importa. Ti credo. Questo...

Posò la striscia di carta sul tavolino.

– ... quindi è il tuo... eh...

Ebba non rispose. Si limitò a fare un cenno con la testa.

– Ah, – disse Henrik.

Bevvero il tè mentre entrambi cercavano di evitare di guardare l'ecografia. Henrik sedeva rigido sulla sedia, con le gambe unite e le mani strette intorno alla tazza. Sembrava terrorizzato.

– Il problema è, – fece Ebba, riuscendo finalmente a cominciare, – che da due anni non ho rapporti sessuali con nessuno. Da prima della pandemia.

Da bianco il viso di Henrik diventò paonazzo. Il pomo di Adamo prese a ballargli su e giú. Quando posò la tazza sul tavolino, tremava.

– Ecco, – commentò in un singhiozzo.

– Ma non sono stupida, – continuò Ebba.

– No, – disse Henrik. – Non sei stupida.

– Nemmeno tu.

I loro sguardi si incrociarono. Per parecchi secondi, silenziosi. Il rossore di Henrik stava svanendo. Le mani non gli tremavano piú cosí tanto quando prese di nuovo la tazza e bevve. Si appoggiò allo schienale e accavallò le gambe mentre diceva: – Quindi l'hai dedotto tu di essere stata violentata? Dato che non ricordi di aver subito nessuno stupro, intendo. E nessun... rapporto sessuale.

Ebba annuí.

– E parti dalla definizione giuridica di stupro, esatto? Non una piú... popolare?

– Cioè?

Ebba rimase sorpresa dalla durezza della propria voce.

– Articolo 291, primo comma, lettera b, del Codice penale, – se ne uscí Henrik, cosí in fretta che Ebba non capí bene. Lui appoggiò la tazza e alzò le mani affusolate in un gesto preventivo. – Mi riferivo solo a quello. Che è reato avere rapporti sessuali con qualcuno che si trova in stato di incoscienza o per altri motivi è incapace di opporre resistenza.

Ebba sentí gli occhi gonfiarsi un'altra volta di lacrime.

– È stupro anche quello! – quasi gridò Henrik. – Altrettanto grave, è come usare violenza!

– *Peggio*, – replicò Ebba, stupita dal proprio tono aspro.

– Certo, – annuí vivacemente Henrik. – Molto peggio!

– Tu non lo puoi sapere.

– No. Certo che no.

Ebba non aveva piú lacrime. Invece avvertí una sgradevole pressione al petto. Dovette respirare a bocca aperta e iniziò a iperventilare.

– Se fossi stata violentata, – disse con fatica, – avrei potuto ricevere aiuto. Conforto. Andare alla polizia. Tutti quelli che conosco si sarebbero presi cura di me e... io sono...

Si colpí il ventre con il palmo delle mani.

Forte.

– Qualcuno mi ha rubato! È cosí che mi sento. E non so chi. Né come. Né quando, dove…

Fu sopraffatta dalla nausea.

Doveva essere evidente, perché Henrik fu in baleno accanto a lei con un secchio, su cui riuscí per un soffio a chinarsi.

– Ebba.

– Devo andare, – disse lei, prima di premersi il fazzoletto sulla bocca e raddrizzarsi.

– Non farlo.

– Sí, invece.

– Dove? Dove vuoi andare?

– Non lo so.

– Almeno sdraiati un attimo.

Aveva un'aria sempre piú disperata.

– Dobbiamo trovare qualcuno che possa aiutarti, – aggiunse.

Ebba si sentí ridere. Eppure non c'era nulla di divertente.

– E chi? – sibilò lei accennando un conato. – La polizia? Mi pare già di vedere la reazione. Hai sentito quello che ho detto. Non ho idea di come sia successo! Chi dovrei denunciare? *Il bambino*?

Si colpí di nuovo con troppa violenza sotto l'ombelico, questa volta con il pugno.

– Per… *trespassing*? Come si dice in norvegese?

– Violazione di domicilio, – suggerí Henrik. Pareva terrorizzato, ormai. – No. Non puoi denunciare… il bambino.

– *Lo capisco da me, grazie*! Ma tu cosa avresti fatto? Se alla centrale ti fossi trovato tra le mani un caso del genere?

L'interpellato non rispose. Non si mosse. Ebba si alzò.

– Scusami. Non sarei dovuta venire.

– Un medico, – propose Henrik disperato. – Ti ha visto un medico?

– Ma no, – rispose Ebba con espressione ironica mentre prendeva l'ecografia. – Questa l'ho fatta io, con l'ecografo che casualmente ho a casa.

In tre passi fu nell'ingresso. Il cappotto pesava piú del solito e le scarpe da ginnastica fradice quando ci infilò i piedi senza slacciarle. Prima di andarsene, si voltò verso Henrik e gli disse: – Scusa. Non volevo scaricarti addosso tutto questo. Mi dispiace essere venuta qui e…

Non trovava le parole giuste per descrivere il proprio comportamento.

– È che sono cosí disperata. Ma ne uscirò, Henrik. Ho ancora cinque settimane di tempo per capire cosa fare. Dimentica questa faccenda. Tanto non puoi fare niente.

– Sí, invece! Puoi…

– Ciao.

Ebba aprí la porta e uscí sul pianerottolo. Nell'attimo in cui fu sul terzo gradino, sbirciò indietro, in su, verso Henrik.

Lo vide sulla soglia di casa, impacciato, la sagoma che si stagliava nella luce del lampadario. Il volto era al buio, mentre un bagliore giallo e intenso gli circondava la testa.

– Sei cosí gentile, – disse Ebba a voce bassa. – Sei una persona buona e gentile, e meriti molto piú di quello che ricevi.

Poi continuò a scendere le scale. Non aveva idea di dove andare.

Lunedí 7 marzo

– Sei rientrata presto, Ida.

Quando la figlia apparve in cucina, non era ancora l'una. Hanne si era appena preparata una frittata e aveva davanti a sé un piatto quasi vuoto e l'iPad.

– Abbiamo l'ora di studio individuale, – replicò Ida scontrosa.

– In questi ultimi due anni sono diventate tante, – sorrise Hanne. – Hai già pranzato?

Ida non rispose. Aprí il frigorifero.

– Sono stufa marcia, – ringhiò a bassa voce.

– Di cosa?

– Di tutto.

– Mica di tutto tutto?

– Sí, invece!

Ida batté un piede per terra e chiuse il frigorifero con tanta violenza che lo sportello si riaprí.

– Vedi di darti una calmata, – commentò Hanne.

– Scusa, – borbottò la figlia, che andò a sedersi sul lato opposto dell'isola e si prese la testa fra le mani.

Hanne cercò di nascondere un sorriso: Ida somigliava a lei quando aveva quattro anni e non otteneva quello che voleva.

– Non può essere cosí terribile, – disse.

– Sí. Non so cosa studiare.

– Ah no? Pensavo che volessi fare Lettere.

– Mm.

Fece una smorfia.

– Penso che mi prenderò un anno sabbatico. *Backpacking*. L'Asia. Insieme a Stine e Ingeborg. Vogliamo vedere il mondo, dopo due anni di prigionia.

Dopo aver deglutito rumorosamente, Hanne aprí la bocca per dire qualcosa.

Il cellulare emise un *pling*. La notifica di un messaggio illuminò lo schermo. Lo prese irritata e lo aprí.

Henrik, ovviamente. Doveva essere il quarto messaggio che le mandava nell'arco di due giorni.

«Hanne, DEVO parlarti. Sono successe un mucchio di cose e credo di essere sulle tracce di qualcosa di terribile. Non posso parlarne con nessuno al lavoro, anche lí sono successi eventi strani, ma posso spiegarti tutto. Per favore, Hanne. Permettimi di venire da te. Solo per un'ora? Henrik».

– Il giro del mondo con lo zaino, – disse Hanne adagio, cercando di mantenere un tono di voce neutro. – In un'Asia post pandemica. Okay. In Asia, dove?

Rispose a Henrik muovendo i pollici: «Adesso piantala. Non ho né tempo né voglia di parlarti. Per colpa tua Nefis è ancora incazzata con me. Ho già abbastanza da fare qui a casa per rimettere tutto in sesto».

– Indonesia, – disse Ida. – Malesia. Forse il Vietnam. E poi vorremmo proseguire per l'Australia.

– L'Australia! – esclamò Hanne entusiasta, mentre appoggiava il telefonino. – Buona idea! Perché non andate direttamente là? L'Australia è un Paese enorme, vedreste qualcosa di nuovo per mesi.

– Costa tantissimo, – obiettò Ida. – Vedremo.

– O potresti iniziare subito l'università, – suggerí Hanne.

Arrivò un'altra notifica.

«Parlo sul serio, Hanne, DEVI trovare del tempo da dedicarmi adesso. Sei la mia migliore amica e la piú importante. Per favore. Posso venire in qualsiasi momento del giorno e della notte. Henrik».

– No. Ho deciso. A proposito, vogliamo seguire un corso a Bali per prendere il brevetto da sub. Lí costa pochissimo. Basta un fine settimana per potersi immergere fino a venti metri!

Seduta con il cellulare in mano, Hanne si immaginò la figlia a venti metri di profondità con un istruttore sciatto e raffazzonato che lavorava in un chiosco su qualche spiaggia dell'Indonesia.

I pollici scorrevano veloci: «Adesso basta! Ti ho detto di no!»

Poi premette invia mentre si sforzava di sorridere alla figlia.

– Vorrei approfondire la questione, Ida. Dobbiamo parlarne, mamma, tu e io.

– Ho piú di diciotto anni, – dichiarò compiaciuta Ida. – Faccio quello che voglio, Hammo, e non appena avrò abbastanza soldi, andrò in Asia.

Il cellulare emise di nuovo un *pling*.

«Vaffanculo!» scrisse Hanne con rabbia repressa come reazione all'ennesimo messaggio di Henrik. Per fortuna Ida era già sparita.

Martedí 8 marzo

– A proposito, – disse l'agente Marius Blaaberg sorridendo. – Auguri.

Anisette Johansen occupava la sedia riservata agli ospiti presente nel piccolo ufficio che Marius sembrava aver ereditato per sempre. Accudiva le piante tutti i giorni e aveva cominciato a sentirsi a casa.

– Ehm... Cosa?

La natura era stata generosa con lei per quanto riguardava l'aspetto fisico, di cui Anisette era attenta a prendersi cura. Aveva un trucco leggero che le donava molto e andava dal parrucchiere abbastanza spesso per evitare che si vedesse la ricrescita dei capelli biondi. I denti erano dritti e bianchi.

– La giornata della donna, – spiegò Marius. – Oggi è l'8 marzo.

– Ah, ecco. Grazie.

– Dovrei essere io a ringraziare lei, – rispose lui, versando dell'acqua in un bicchiere che spinse sul lato opposto della scrivania. – Mi spiace che il suo caso abbia dovuto attendere qualche settimana.

– Qualche settimana non è poi cosí tanto per un caso che coinvolge la polizia. A quanto ho letto sui giornali. Come ho già anticipato al telefono, potete tranquillamente dimenticare tutta la questione. Continuo a non capire la necessità di questo... interrogatorio.

Anisette Johansen aveva mostrato la propria irritazione fin dal momento in cui Marius l'aveva chiamata il martedí prima. Era già decisa a ritirare la denuncia. Quando Marius aveva osato chiederle perché avesse cambiato idea, si era messa a piangere al telefono.

E aveva riagganciato.

Quando l'aveva richiamata alcuni minuti dopo, aveva avuto il tempo di riprendersi e in poche parole gli aveva ripetuto che non voleva piú alcuna indagine e lo aveva pregato di non contattarla piú.

Tuttavia, tre anni come unico rappresentante sotto i cinquanta in una stazione di polizia nel Finnmark avevano insegnato a Marius Blaaberg che la tenacia paga. Il suo capo lassú, che, nonostante la recente introduzione di nuovi titoli, veniva chiamato «lo sceriffo», aveva preso la parola quando Marius, con in mano un piattino con una fetta di torta alla panna, si stava congedando per sempre da Karasjok. Lo sceriffo aveva dichiarato solennemente che il ragazzo era un gran lavoratore, dal cervello fino e il cuore d'oro e che, se un giorno fosse voluto tornare al villaggio, il posto era assicurato. Le altre sei persone presenti alla festa di commiato avevano applaudito con vigore.

Del resto Marius non aveva altro da fare, cosí aveva ritelefonato ad Anisette Johansen.

Doveva aver detto qualcosa di azzeccato durante quella conversazione, perché alla fine lei aveva acconsentito a passare in centrale prima di ritirare la denuncia.

– In fondo si tratta di un caso grave, – le disse. – Ci ho riflettuto molto. E non ci piace trascurare...

– Riguarda me, – lo interruppe lei. – Decido io.

Annuendo Marius uní la punta delle dita in modo da formare una tenda e appoggiò i gomiti sul tavolo.

– Certo, – disse gentile. – Ma mi sono reso conto che un'esperienza del genere…

Indicò con la testa lo schermo del computer: prima che arrivasse la parte lesa, aveva infilato in un cassetto la cartellina contenente un unico foglio.

– … deve essere stata davvero spaventosa. E molto difficile da capire. Dato che il Codice penale considera reato anche sfruttare lo stato di incoscienza di una persona per estorcere rapporti sessuali, ho pensato che potesse valere la pena ascoltarla. Se ricorda…

– Non sono stata stuprata. Non ho fatto sesso nel periodo in questione. Nessuno ha avuto rapporti sessuali con me.

– Ma…

– Ne sono sicura. Al cento per cento.

Marius aprí la bocca per dire qualcosa, ma senza riuscirci.

– Ho una cara amica che è stata violentata, – attaccò lei ad alta voce. – Da un amico dopo una festa. L'aggressore è stato assolto, però sono convinta che la mia amica dica la verità. In altre parole, so bene cosa succede prima, durante e soprattutto dopo uno stupro. Sono a conoscenza dell'esistenza delle droghe da party. Degli abusi durante il sonno. Delle violenze sessuali. Sono abbastanza grande da…

Si chinò verso di lui. Un alito di profumo gli sfiorò piacevolmente l'olfatto. Gli occhi della donna erano verde ghiaccio. Il colore era quasi accecante, dovevano essere lenti a contatto colorate.

– … sapermi prendere cura di me stessa, – completò decisa. – E so di averlo fatto. Non mi sono messa in una situazione dove qualcuno avrebbe potuto approfittare di me. Non mi sono mai svegliata confusa, dolorante, ferita o con altri segni che dimostrassero che qualcuno aveva abusato di me. Bevo alcolici, ma in quantità molto moderate.

Si alzò.

Marius rimase seduto.

– Ho abortito, – aggiunse con tono secco. – E ho deciso di incapsulare tutta questa... *orribile* storia e nasconderla in un posto dove spero di non trovarla mai piú.

– Se non ha avuto rapporti sessuali consenzienti, *deve* essere stata violentata, – disse Marius pacato. – La prova del nove è che è rimasta incinta.

Anisette Johansen alzò la voce: – Sí. Ma adesso non piú. Le tremava tutto il corpo come se fosse stata colpita da una grave ipotermia. Indicò il monitor di Marius e disse con una voce quasi stridula: – Tutto questo finisce nell'oblio. Capito? Ero cosí disperata quando il medico ha confermato la gravidanza che sono andata subito alla polizia. È stata una stupidaggine. Ritiro la denuncia.

Dopo essersi avvolta meglio nel cappotto, si allacciò la cintura, raccolse la borsetta e se la infilò sotto il braccio. Aprí la porta e fece per uscire. Marius non disse nulla. All'improvviso la donna si voltò.

– Mi sono confidata con una cara amica –. Le tremava anche la voce. – Quella che era stata violentata. Che all'epoca avevo sostenuto e aiutato. Sa come ha reagito?

Con incredulità, pensò Marius senza dire nulla.

– Non mi ha creduto, – dichiarò Anisette Johansen. – Come lei. Nessuno mi crede. L'unica cosa che posso fare è cancellare questa parte della mia vita. Eliminarla.

È impossibile, pensò Marius, ma continuò a rimanere in silenzio.

La porta si chiuse con violenza alle spalle di Anisette Johansen quando, girati i tacchi, se ne andò.

Giovedí 10 marzo

Il fotografo dilettante che stava montando il cavalletto si trovava esattamente nel posto dove intendeva continuare a trascorrere la sua esistenza. In tutti i sensi. Diceva *Tors'au* quando parlava del quartiere dove abitava, tifava per lo Skeid e non poteva immaginarsi un luogo migliore dove vivere. Anche Torshov era centrale come Grünerløkka, ma si trovava in una posizione piú alta e ariosa. Era piú tranquillo, in un certo senso, pur essendo in città.

L'uomo abitava nella stessa casa da sessantotto anni, un trilocale in Agathe Grøndahls gate che non aveva mai lasciato e dove era stato con i genitori fino alla loro morte. Dopo la cresima, all'età di sedici anni, era andato a fare da apprendista da Strøm-Larsen in Vogts gate. Lí, nella migliore macelleria di Oslo, aveva conseguito il diploma di maestro salumiere. Un buon lavoro fino a quando era andato in pensione l'anno prima. Visto che era divorziato e i figli si erano trasferiti ormai da tempo, ora poteva dedicarsi alla fotografia.

Gli capitava di passeggiare nei boschi per fare qualche scatto, ma era ancora e sempre un uomo di città. Edifici e persone, asfalto, graffiti e immondizia: ad attrarlo era l'elemento umano. Aveva vinto due volte il premio con la miglior «Foto del mese» su Digital-FOTO, una l'aveva scattata durante una partita dello Skeid e si intitolava

Estasi. Era stata persino acquistata dalla Federazione calcio norvegese.

Sarebbe stato bello pubblicare un libro tutto suo.

Forse non per una grande casa editrice, ma un vicino lavorava in una di quelle piccole aziende locali che aiutavano a pubblicare libri in proprio. Sarebbe stato costoso, visto che lui avrebbe dovuto coprire di tasca sua i costi di produzione, ma a suo avviso ne valeva la pena.

Il libro si sarebbe chiamato *Torshov, nostro tutto l'anno*. Aveva menzionato ai vecchi colleghi di Strøm-Larsen i suoi progetti e il proprietario gli aveva detto che avrebbero potuto esporlo e venderlo in negozio tra i salumi della Norvegia occidentale e la carne di manzo giapponese.

Aveva immortalato lo stesso tema in innumerevoli scatti: la vista dal chiostro della musica che si trovava nel cuore del parco di Torshov. Nei giorni di bel tempo e nelle serate buie, il centro di Oslo sembrava prolungarsi maestoso fino in fondo al parco. Piú in là c'era il fiordo, con le sue isole e il traffico navale: se il vento soffiava forte da sud, si sentivano le sirene delle navi.

Ora c'era un tempaccio.

Ma stavolta al fotografo non interessava la vista, interessava il padiglione in sé. Dal suo appartamento aveva notato che nell'arco dell'ultima ora la pioggia pomeridiana si era trasformata in una nebbia fitta e minacciosa. I colori erano scomparsi. Poiché gli alberi erano ancora spogli per via dell'inverno, forse sarebbe riuscito a catturare il momento che attendeva da tanto.

Di solito la simmetria non lo entusiasmava. Tuttavia, l'area intorno al padiglione era stata progettata in modo che quella piccola struttura si trovasse al centro esatto di una doppia fila di alberi piantati allo scopo. Piazzato il cavalletto e impostata la fotocamera correttamente, l'uomo non poté fare a meno di sorridere.

La nebbia era cosí fitta che la città sottostante era scomparsa. Dietro al padiglione si intravedevano gli alberi in fondo al parco, ma per il resto tutto era grigio. Nell'inquadratura, la doppia fila di piante sembrava quasi minacciosa. Quando l'uomo spostò il treppiede qualche metro indietro, i due lampioni rimasero nascosti ciascuno da un albero. La luce che emanavano formava una striscia magica in fondo all'immagine: l'insieme era quasi perfetto.

Se non fosse stato per la gente.

Scattò un paio di foto e le esaminò sul display.

Un gruppo di ragazzi che litigavano e una vecchia signora con un pechinese rovinavano tutto.

Era un uomo paziente, il fotografo, e dentro lo zaino aveva un thermos di caffè.

Venti minuti dopo la possibilità di vivere un istante privo di persone non si era ancora presentata. Era pur sempre un parco cittadino, quindi c'era un viavai continuo. Cominciò a chiedersi se non fosse il caso di fare qualcosa. Chiedere alla gente di spostarsi, magari. Erano le sei meno un quarto. Tra venti minuti sarebbe stato troppo buio. Iniziò a saltellare per il freddo, mentre stava per perdere le speranze. Certo, nell'editare le foto avrebbe potuto eliminare le persone, ma nel suo libro sarebbe stata una forma di imbroglio.

Adesso!

Non c'era nessuno. In preda allo stupore appoggiò a casaccio la tazza e premette il telecomando per lo scatto remoto. Era eccitato, ma temeva che potesse arrivare qualcuno, quindi aspettò di guardare il risultato finché non si fu assicurato molte esposizioni. Forse una ventina di foto dopo, comparvero due uomini a rovinare l'inquadratura. Il fotografo imprecò.

I due là davanti stavano litigando. Uno si era seduto sulla panchina, l'altro era in piedi di fronte a lui e gesticolava. In effetti non sbraitavano, forse erano solo infervorati dalla discussione? Comunque, la posizione in cui stavano non era male. Questa volta l'uomo avvicinò l'occhio al mirino e scattò tre foto.

Quando tornò a casa, non riuscí quasi a trattenere l'entusiasmo per essere riuscito a catturare il soggetto a cui dava la caccia da cosí tanto tempo.

L'immagine dove non c'era anima viva era decisamente la migliore.

Venerdí 11 marzo

Per avere settantadue anni la donna era insolitamente agile. Era snella, piccola di statura e le piaceva essere descritta come *petite*. Gli indumenti da passeggio che usava avevano visto tempi migliori, ma erano puliti e ben tenuti. Li metteva sempre quando andava a spasso con il suo bassotto, sia in montagna che in città. Faceva ancora abbastanza freddo, per questo portava dei capi di lana sotto la giacca a vento impermeabile. All'ultimo momento, quando era uscita di casa, aveva preso anche un berretto.

Era stata una bella idea.

Un vento gelido soffiava da nord-est, quindi si era accontentata di fare un giretto nel parco di Frogner. Non poteva piú camminare veloce come avrebbe voluto: la piccola Fanny, che aveva dodici anni, soffriva di problemi alle anche. Tuttavia il veterinario le aveva consigliato di continuare a portarla fuori tre volte al giorno. Passeggiate, cibo e coccole rappresentavano l'esistenza di Fanny. Secondo l'atletica donna che stava tornando a casa proprio in quel momento, se il cane non avesse piú mostrato alcuna voglia di uscire, sarebbe stato meglio sopprimerlo. Viveva a Heggeli, in una villa decisamente troppo grande. I figli insistevano perché la vendesse fin da quando era rimasta vedova due anni prima. Avrebbe dovuto prendere qualcosa di piú semplice, come un appartamento su un unico piano. Li capiva, ma Fanny doveva poter scorrazzare fino alla fine dei suoi giorni nel suo meraviglioso giardino.

Poi lei avrebbe pensato a trasferirsi.

Fanny aveva problemi intestinali. Faceva freddo, a star ferma ad aspettare che il cane facesse i suoi bisogni. Ormai erano già le dieci e mezza di sera. Purtroppo l'area cani era stata temporaneamente chiusa dal comune. Stavano costruendo la metropolitana di Fornebu e l'intera zona era stata recintata per estrarre la terra dal sottosuolo. C'era sempre rumore, era brutto e i padroni di cani erano stati privati di uno dei pochissimi spazi mirati rimasti in città. A dire il vero, ne era stato designato un altro per permettere ai quattrozampe di sgambare liberi durante il periodo di costruzione, era piú in là, verso Madserud allé, ma non era la stessa cosa. Non c'erano le stesse persone, in un certo senso, e il piacere di fare due chiacchiere mentre i cani correvano e giocavano era scomparso.

La donna si chinò sugli escrementi.

Sarebbe stato piú allettante lasciarli lí, erano cosí molli che sarebbero spariti alla prima pioggia. D'altra parte: i padroni di cani ne raccoglievano le deiezioni, in quella parte della città. Fine. Arricciando il naso, cercò di raccattare piú che poteva di quella poltiglia marrone-verdastra nel sacchettino di plastica rossa che si era infilata sulla mano. Puzzava, anche quando lo richiuse in fretta facendo un doppio nodo ai manici.

A dieci metri di distanza c'era un container aperto.

Vi si avviò con passo abbastanza rapido da permettere a Fanny di seguirla. Con la mano sinistra lanciò il sacchetto sopra il bordo. Si rese conto con un attimo di ritardo che nel volo era seguito anche il suo braccialetto con i charms. Gemette. Era il regalo che il suo defunto marito le aveva fatto dopo la prima notte di nozze e la cosa a cui teneva di piú in assoluto. La chiusura non funzionava bene e avrebbero dovuto farla riparare. Era quasi sul punto di mettersi a piangere.

Doveva chiamare quelli del comune.

Le sarebbe costato un bel po', ma di sicuro avrebbero potuto aiutarla.

Le venne in mente che forse avrebbe dovuto rivolgersi a una ditta di costruzioni. Per quanto le sembrava di ricordare dai giornali, c'erano numerose imprese coinvolte in quel controverso progetto miliardario e sul container non era riportato nessun logo. Il bordo era troppo alto perché potesse guardare dentro: forse il contenuto le avrebbe fornito un indizio su chi contattare.

Sul lato corto di quell'enorme scatola metallica c'erano due casse di legno vuote e dall'aspetto solido. Una la mise in verticale, l'altra la lasciò distesa in modo da formare una specie di scala. Legò Fanny al palo di un cartello.

Salí con cautela sul primo gradino.

La struttura teneva. Con attenzione ancora maggiore si issò sulla cassa piú alta e afferrò il bordo del container con entrambe le mani.

Lo shock di ciò che vide la fece sobbalzare cosí forte che perse l'equilibrio. Per parecchi secondi rimase aggrappata al container cercando invano di stabilizzare la cassa disposta in verticale, che si rovesciò, ma non prima che la donna avesse avuto modo di registrare involontariamente molti dettagli della vista orribile che l'aveva terrorizzata. Nel momento in cui cadde a terra avvertí un dolore lancinante, poi piú nulla. Quando guardò, vide che la caviglia era rotta. Il piede aveva una strana angolazione rispetto alla gamba. Il sangue le aveva già inzuppato i pantaloni da trekking celesti.

Fanny piagnucolava e guaiva.

La donna tirò fuori il cellulare e chiamò il figlio maggiore. Quando lui rispose, dopo appena due squilli, gli parlò con calma e chiarezza: – Carl, devi venire in Monolitveien, vicino all'area cani. Quello vecchio. Lí c'è un grande container verde, sono dietro. Mentre sei per strada, chiama un'ambulanza. Mi sono rotta una caviglia, ho una frattura esposta. Devi prenderti cura di Fanny, non mi faccio portare via finché non sei arrivato qua e la prendi con te. Devi anche telefonare alla polizia. Dentro il container c'è il corpo di un uomo nudo, è morto.

Si fece un tale silenzio all'altro capo che ripeté il nome con voce tagliente.

– Carl! Mi senti?

– Ehm… sí, mamma. Ma… Sí, sto arrivando, ma…

Sentí i suoi passi rapidi. I suoi respiri pesanti.

– Come fai a sapere… come fai a sapere che è morto?

La settantaduenne replicò impaziente: – Ho lavorato come medico in ospedale per quarantatre anni, Carl! Riconosco un cadavere quando lo vedo. Ed è proprio quello che ho fatto. Un cadavere con la testa fracassata. Un uomo con le spalle strette, di statura media, probabilmente sulla trentina. Adesso chiama! Prima l'ambulanza, poi la polizia.

Fece una smorfia. Il dolore era ricomparso.

Proprio come sapeva che sarebbe successo.

Sabato 12 marzo

– C'è uno che dice di essere della polizia, – esclamò Ida. – Ti deve parlare.

Aveva aperto il portone del palazzo con il citofono.

– Sarà Henrik in vena di scherzare, – commentò sconsolata Hanne Wilhelmsen, che non aveva ancora finito di fare colazione. – In questi ultimi giorni è stato molto insistente. Vuole a tutti i costi venire qui a parlare con me. Non molla. Quel ragazzo deve imparare quando è il momento giusto e quando non lo è.

Nefis sospirò in maniera ostentata.

– Non gli hai ancora chiesto scusa?

– Sí, via sms.

– Fammi vedere!

Tese la mano indicando il cellulare di Hanne, che era sul tavolo. Per fortuna in quel momento suonarono di nuovo e Hanne fu veloce ad agguantarlo e appoggiarselo sulle ginocchia, poi si infilò in bocca l'ultimo pezzo di uno *scone* appena sfornato e si allontanò dalla cucina, spingendo la seria a rotelle e masticando.

– A proposito, non è da Henrik scherzare, – gridò dal soggiorno. – Non ha il minimo senso dell'umorismo.

Quando aprí la porta, in effetti c'era un poliziotto. Dalle mostrine vide che era un agente scelto. Era solo e sembrava a disagio. Dopo essersi presentato, esitò un attimo prima di porgere la mano, come se non fosse sicuro che la normale cortesia andasse usata anche con le persone affette da disabilità motorie.

Hanne gliela strinse, ma gliela lasciò andare cosí in fretta che lui rimase per un istante con la mano tesa e vuota.

– Posso entrare? – chiese. Ora dava l'impressione di essere piú a suo agio.

– Di cosa si tratta? – disse Hanne.

Nefis uscí nel corridoio.

– Si accomodi! – lo invitò gentilmente.

L'agente varcò la soglia. Guardò prima l'una poi l'altra con aria interrogativa.

– Nefis è mia moglie, – disse Hanne. – Parli pure.

– Da quanto ci risulta, l'ispettore Henrik Holme del distretto di polizia di Oslo è un amico di famiglia? – esordí, con gli occhi su Hanne.

– Be', non userei esattamente questa definizione, – rispose lei.

– Sí, – intervenne Nefis decisa. – Henrik è un caro amico di famiglia. A cui vogliamo molto bene, tutte noi.

– Nel suo fascicolo è stata indicata come il suo congiunto piú prossimo, – dichiarò il poliziotto a Hanne.

– Cosa? Io? Wow. Non me l'ha mai detto.

Rise, scoraggiata.

– Di che si tratta? – domandò Nefis. Hanne avvertí una punta di preoccupazione nella sua voce.

– Mi dispiace moltissimo, – disse il poliziotto, e pareva sincero. – Purtroppo l'ispettore Henrik Holme è morto. Il suo corpo è stato ritrovato ieri in tarda serata. È stato assassinato.

Seconda parte
La caccia

Sabato 12 e domenica 13 marzo

Nefis aveva visto i messaggi intercorsi tra Hanne e Henrik.

L'aveva preteso.

Il poliziotto se n'era andato lasciandosi alle spalle una famiglia in frantumi.

Nefis era furiosa.

Quel mattino di marzo del 2022 era diventata un'altra persona. Una donna totalmente diversa, irriconoscibile. Quando Hanne si era rifiutata di consegnarle il cellulare, Nefis si era alzata minacciosa e glielo aveva strappato di mano. Con forza. Con violenza. Aveva lasciato dei graffi profondi sul braccio della moglie, che non aveva avuto via di scampo, seduta su una carrozzina e paralizzata dalla vita in giú.

Nefis conosceva il pin, tra di loro era sempre regnata la massima fiducia.

Aveva letto le suppliche disperate d'aiuto di Henrik, le aveva lette ad alta voce, sempre piú forte. Aveva letto le risposte sprezzanti di Hanne distorcendo la voce, come se le sputasse. Ida piangeva e si era tappata le orecchie quando Nefis era arrivata all'ultimo messaggio in assoluto che Hanne aveva inviato al suo amico di lunga data Henrik Holme: «Vaffanculo».

Adesso era sola e nella casa regnava un silenzio inquietante.

Per quasi vent'anni l'appartamento in Kruses gate aveva rappresentato tutto il mondo di Hanne: un'esistenza di trecento metri quadrati. Abbastanza grande, abbastanza caldo e abbastanza sicuro. Ora era una prigione.

Una cella d'isolamento.

In un paio di occasioni doveva essersi addormentata. Sulla sedia, ne dedusse, perché solo quando si fece domenica sera si rese conto di avere ancora gli stessi vestiti che indossava il sabato mattina. Sporca, senza mangiare né bere, si era trascinata senza meta da una parete all'altra della casa e verso la porta d'ingresso e ritorno, in balia di una paura, una sofferenza e un malessere che era certa stessero per ucciderla. Il cuore batteva troppo veloce. Le faceva male la testa e nelle gambe paralizzate avvertiva ogni tanto un bruciante dolore fantasma. Inoltre, sembrava che qualcuno le avesse stretto una cinghia intorno al petto e l'avesse tirata con tutta la forza di cui era capace.

A tratti aveva pianto.

A tratti aveva urlato.

Ogni tanto, soprattutto il primo giorno, era andata su Internet per leggere le notizie riguardanti l'omicidio di Henrik. Ce n'erano a profusione, ma bastavano pochi secondi di lettura a farle baluginare le lettere davanti agli occhi, ed era riuscita a cogliere soltanto frammenti di ciò che si sapeva fino a quel momento dell'assassinio.

Aveva anche iniziato a scrivere una lettera a Nefis, le parve di ricordare quando la domenica si trasformò in lunedí. Era cosí disidratata che per la prima volta in quasi due giorni bevve qualcosa. L'acqua le fece venire la nausea, ma il mal di testa si attenuò un pochino.

La lettera era patetica.

Come se una lettera potesse cambiare qualcosa.

Non c'era nulla in grado di farlo. Le parole che aveva

mandato a Henrik erano lí per l'eternità. Tutto quello che Hanne aveva detto e compiuto in tanti anni, tutto ciò che era stata, era inciso nella pietra. I sorrisi, i sospiri e le piccole correzioni di Nefis non erano stati affettuosi, come lei credeva, ma sconsolati. Almeno negli ultimi anni. Sempre piú taglienti, capiva ora. Piú irritati. Piú arrabbiati.

Per poi prendere la porta per sempre.

Anche Henrik non c'era piú.

Hanne Wilhelmsen non era piú nessuno.

Glielo aveva detto Nefis, gliel'aveva urlato con il cellulare in mano e senza pensare che Ida non avrebbe dovuto sentire: «Non sei piú nessuno, Hanne! Vivi nell'illusione di essere ancora una *divinità onnipotente*, la piú scaltra e intelligente. Come se intorno a te splendesse un'aureola in eterno. Invece non sei *nessuno*, Hanne! Neanche per me».

Poi se n'era andata con Ida.

Nefis aveva portato Ida con sé. Henrik era morto. Hanne aveva perso tutti. Il tempo era trascorso a scatti per quasi due giorni, dolorosamente, ma per il resto era rimasto come sclerotizzato. Quando all'alba del lunedí mattina collassò sul divano, fu colpita da un'altra fatalità: per la prima volta da quando era uscita dalla Scuola di polizia quasi quarant'anni prima, non conosceva piú nessuno nel palazzo anonimo e logoro che ospitava la centrale di Oslo.

L'èra di Hanne Wilhelmsen era finita.

Lunedí 14 marzo

La primavera brillava per la sua assenza. La fattoria Aaletjønn nel Vestfold aveva superato un inverno povero di neve, ma il gelo notturno continuava a persistere fino alla mattina tardi. L'uomo che viveva nella piccola proprietà non vedeva l'ora di cominciare i lavori all'aperto che contrassegnavano quella stagione.

Non aveva molta terra coltivabile. Quando Aasmund Aaletjønn era bambino, i genitori si erano limitati a qualche ettaro di grano, oltre a undici mucche e a un paio di maiali. Ormai il campo era ridotto a un prato incolto, dove aveva lasciato crescere un paio di betulleti. Il bosco, che si era esteso a mano a mano che aumentavano i soldi per acquistare sempre piú terreni circostanti, lo dava da gestire a manodopera assunta allo scopo. Eppure, di cose da fare ce n'erano abbastanza. La serra lo riforniva di verdure per otto o nove mesi all'anno. Anche le riparazioni e la manutenzione erano importanti: Aasmund Aaletjønn era un uomo meticoloso verso sé stesso e ciò che lo riguardava.

In quel momento, in piedi sulla scala di pietra della casa padronale, stava osservando il cortile. Tentennò, cosa insolita per lui. Un contadino doveva affrontare ogni tipo di tempo. La porta della stalla si era stortata durante l'inverno, probabilmente bisognava cambiare le cerniere. Il vento che soffiava da nord era tagliente.

Riempí i polmoni di quell'aria gelida.

No, la porta poteva aspettare. Rientrò.

Il calore gli fece bene. Ne aveva di faccende da sbrigare pure al chiuso. Aveva un laboratorio intero in grado di tenerlo occupato: c'era di tutto, dagli attrezzi per intagliare il legno a quelli per la tessitura. Era troppo presto per scrivere nuove poesie. Negli ultimi giorni gli si erano affollate nella mente e in piú occasioni aveva preso la penna e si era seduto alla scrivania; da lí poteva godere la vista delle colline e degli alberi, tra cui si scorgeva a malapena il lago. Ma era troppo presto.

Prima doveva uscire *La rupe della stirpe*. Doveva trattenersi. Le parole sarebbero rimaste dentro di lui finché non si fosse sentito pronto a metterle nero su bianco, e questo avrebbe richiesto mesi. Scrivere richiedeva equilibrio nella vita, e lui era troppo inquieto. Troppo teso. Troppo eccitato, felice e ansioso.

In cucina si preparò un altro caffè. L'acidità di stomaco gli chiedeva di soprassedere, ma cedette alla tentazione. Quando, di lí a qualche minuto, la costosa macchina da caffè gli preparò un cappuccino, prese la tazza e tornò in soggiorno.

La foto dentro la cornice d'argento era di nuovo al suo posto. Sorrideva ogni volta che la guardava. Restò per un po' a fissarla da lontano. I lineamenti del giovane erano familiari e al tempo stesso completamente nuovi: era come vedere parti di sé stesso ricomposte nel viso di un altro, un mosaico magico. Si avvicinò e aprí il cassetto sotto la fotografia. La busta che aveva nascosto quando era passata Ebba Braut era ancora lí. Posata la tazza, tirò fuori il foglio che c'era dentro.

Provò il solito, grande calore.

Doveva rimanere segreto, almeno per ora. Lo capiva e avrebbe mantenuto la promessa. Era comunque fantastico e sarebbe arrivato anche il suo momento. Doveva solo avere pazienza.

Prima tutto questo. Poi Ebba Braut.

E *La rupe della stirpe* poteva dirsi conclusa.

Aasmund Aaletjønn non avrebbe potuto essere piú soddisfatto. Prese l'iPad per chiedere alla Storkhøj di invitarlo a Oslo. Il piú presto possibile.

Hanne Wilhelmsen sembrava morta.

L'impressione che cosí fosse era tanto vivida che Ebba Braut si spaventò.

Corse al divano, su cui Hanne giaceva riversa come una bambola di stracci abbandonata. La testa penzolava oltre il bordo, le braccia erano spalancate. Una gamba paralizzata pendeva all'esterno in una posizione strana. Accovacciandosi vicino a lei, Ebba cercò in parte di spingere, in parte di sollevare Hanne in modo da farle assumere una posizione piú confortevole.

– Hanne, – sussurrò, prima di ricordarsi che in casa non c'era nessun altro di cui dover tenere conto.

– Hanne! – gridò. L'odore di sudore e stress che emanava quel corpo trascurato era molto sgradevole. – Svegliati!

Gli occhi si spalancarono di scatto e Hanne sferrò d'istinto un colpo con la mano.

Ebba si abbassò per evitarlo.

– Sono solo io. Non puoi startene qui cosí.

– Come sei entrata? – le chiese l'altra ancora assonnata, asciugandosi la saliva con la manica del maglioncino.

– È stata Ida a darmi le chiavi. È preoccupata. Molto. Ma Nefis non vuole lasciarla venire qua. Immaginava di sicuro che ti avrebbe trovato in queste condizioni... Quindi eccomi.

– Ah. Che ore sono?

– Le sette e mezzo. Di sera.
– Che giorno è?
– Lunedí.
– Henrik è morto.
– Sí, – disse Ebba con voce sommessa.
– Nefis mi ha lasciato. Ida mi odia.
– Ida non ti odia. Ti ama e mi ha chiesto di aiutarti.

Hanne si girò verso l'interno del divano. Si raggomitolò in posizione fetale tirando con le mani le ginocchia al petto. Il viso scomparve in un cuscino.

Di colpo, si era fatta piccolissima.

Hanne faceva parte della vita di Ebba solo da due anni, inoltre aveva il doppio della sua età. Tuttavia, era diventata per lei una persona necessaria e importante: mezza amica, mezzo mentore, nonché il fulcro di un gruppetto che si riuniva regolarmente in Kruses gate per godere di una singolare forma di compagnia.

Hanne era chiusa e allo stesso tempo troppo aperta. Poteva essere silenziosa e riservata, ma anche talmente cruda e diretta che Ebba si era chiesta spesso come facesse Nefis a sopportarlo. Fino a quando non tornava a essere sé stessa: colta, divertente e molto interessata ai suoi interlocutori.

Hanne era la persona piú affascinante che Ebba avesse mai incontrato, e ora piangeva.

Era strano vederla cosí.

Se ne stava lí, immobile, in posizione fetale, silenziosissima. Solo dai movimenti spastici del busto Ebba capí che in effetti stava piangendo.

Non sapeva cosa fare.

Si sollevò per sedersi sul tavolino. Posò una mano sulla spalla di Hanne. Era magra e ossuta. Forse quella era la prima volta che si toccavano, pensò. In ogni caso, non si erano mai scambiate gesti fisici d'affetto. Nemmeno un abbraccio, a quanto ricordava. La pandemia aveva creato un guscio intorno a tutti loro e Hanne non era certo una persona che invitasse alle effusioni. Un movimento rapido e quasi impercettibile d'insofferenza da parte sua le fece ritrarre la mano.

– Hanne, – sospirò Ebba.

E si raddrizzò.

– Puzzi. Ora vedi di darti una regolata.

Spostò un poco il tavolino con i polpacci mentre si tirava su e avvicinò la sedia a rotelle al divano.

– Non voglio, – giunse in sordina da Hanne, che aveva ancora la testa affondata in un cuscino.

– Datti una mossa, – ribadí Ebba ad alta voce. – Non sei la prima al mondo che viene lasciata. E non sarai sicuramente l'ultima. Anche gli altri hanno problemi. Non c'è bisogno di citare la guerra in Ucraina. Limitiamoci a Oslo. Sei speciale sotto molti aspetti, ma non in questo caso.

Hanne non fece segno di volersi alzare, ma i sussulti stavano scemando.

– Siediti su quella sedia a rotelle! – le intimò Ebba. – E vai a lavarti. Sono piú forte di te e sto benone. Sarebbe imbarazzante per entrambe se dovessi entrare con te nella doccia. Però lo faccio, chiaro? Ricorrerò alla forza, Hanne, se non ti tiri su subito e non ti fiondi in quel...!

Esitò per un momento e usò una parola che di solito evitava: – ... bagno *del cazzo*!

– Levati, – disse Hanne.

Ebba si scostò.

E restò immobile. Per quella che le sembrò un'eternità.

Hanne si alzò a fatica dal divano. Era sempre stata pallida, ma ora il suo viso era cadaverico. Le rughe sottili davano l'impressione che la pelle si fosse crepata come una porcellana. Ebba rimase di nuovo colpita dai suoi occhi, cosí insoliti: grandi e di un azzurro ghiaccio, con l'iride contornata da un cerchio nero. La sclera era veramente bianca, non sbiadita, non di un beige chiaro come per la maggior parte delle persone sopra i cinquant'anni. Una striscia sopra gli zigomi era rossastra per via delle lacrime e questo contribuiva a dare a quegli occhi cosí chiari un'espressione vitrea.

Dopo aver avvicinato la carrozzina, Hanne usò le braccia per spostarcisi sopra. Mentre arretrava ancora di qualche passo, Ebba le mostrò il palmo delle mani per assicurarle che non l'avrebbe aiutata.

Hanne cominciò a spingere.

Percorsa metà stanza, si fermò, le spalle girate.

– Hai bisogno di aiuto? – le domandò Ebba.

Hanne scosse la testa e chiese: – Dove sono Nefis e Ida?

– Stanno bene. Viste le circostanze. Nefis è arrabbiata, Ida è triste. Si sistemerà tutto.

– Ma dove sono?

– Qui a Oslo, – disse Ebba. – Va tutto bene, Hanne.

Di nuovo calò il silenzio, Hanne rimase ferma dov'era.

– La polizia, – esclamò all'improvviso.

– Be'?

– Adesso lí non conosco piú nessuno.

– Okay.

– Allora sarà difficile.

– Cosa?

– Scoprire chi ha ucciso Henrik.

Ebba esitò prima di chiedere: – In che senso?

– Ora l'intera centrale è in azione, – rispose Hanne, girando in parte la sedia a rotelle verso Ebba. – Uno di loro è stato ucciso. Stanno raccogliendo informazioni, dati e...

Si coprí gli occhi con la mano e sospirò prima di continuare: – Tutto quanto, l'intero processo, a partire dal momento in cui il corpo è stato ritrovato nel container al parco di Frogner. La polizia sta indagando, e per farlo parte da lí e va a ritroso. Ma guardando in avanti, per cosí dire.

Ebba annuí e si strinse nelle spalle allo stesso tempo.

– Noi due non faremo cosí, – dichiarò Hanne.

– Ah, sí? Ehm... Noi due?

– Sí. Cominceremo da sabato 26 febbraio.

– Perché?

– Perché, – disse Hanne lentamente, alzando il viso e fissando nel vuoto oltre la spalla di Ebba e fuori dalla finestra, – per Henrik era una data molto importante.

– Okay. Posso chiederti cosa è successo a Henrik quel sabato sera?

– Puoi.

– E cosa è successo? – domandò Ebba quando la pausa si fece lunga.

– Quella sera Henrik credeva di aver trovato un amico.

– Sí, è vero. La sera prima della cena qui.

A Ebba venne la nausea al pensiero di quel piatto, ma proseguí: – Ricordo che aveva accennato a una cosa del genere. E allora?

– Non credo che avesse trovato un amico. Credo che si fosse fatto un nemico. O almeno qualcuno che voleva fargli del male.

Girò di nuovo la sedia a rotelle verso il bagno e si avviò in quella direzione.

– E se ho ragione, – riprese, parlando piú forte, – quel che ha detto Nefis è vero. Sono io la responsabile della morte di Henrik.

Ebba provò un brivido, senza capire a cosa si riferisse Hanne. Non disse nulla. Quando la sedia a rotelle arrivò di fronte alla porta che dava sulla zona notte, Hanne si fermò di nuovo. Girò la testa e catturò lo sguardo di Ebba.

– Grazie, – disse. – Grazie mille per essere passata. Non lo dimenticherò mai.

Il giovane che viveva nell'appartamento ricavato dal seminterrato di una casa in Baglerfaret a Ryen, Oslo, si stava facendo la doccia mentre si divertiva a sfidare la propria mente con quesiti vari. Era un fiero membro del Mensa. Il suo Qi era stato misurato e corrispondeva a 132, ma l'universo aveva deciso di ostacolarlo sin dalla nascita.

La scuola, ad esempio, era stata un vero e proprio vicolo cieco.

Niente di strano, il sistema scolastico norvegese aveva un solo obiettivo: nessuno doveva sentirsi un fallito. Cosa che, a sua volta, portava gran parte delle persone a esserlo. O almeno persone come lui. Gli individui dotati di un'enorme capacità intellettuale erano costantemente discriminati, in un sistema progettato per esaltare la mediocrità.

A dodici anni era stato preso in carico dai servizi sociali. Con la benedizione del padre. Se sua madre fosse stata viva, avrebbe di sicuro combattuto contro il sistema. Dopotutto, non aveva fatto niente di peggio di molti suoi coetanei. Qualche atto vandalico, un po' di droga. Niente risse, era piccolo di statura, ma dopo che erano stati sparati dei colpi a scuola il giorno del suo dodicesimo compleanno, suo padre, la scuola e il sistema ne avevano avuto abbastanza.

Era potuto tornare a casa a quattordici anni.

Nel bagaglio si portava una diagnosi di disturbo da deficit dell'attenzione e iperattività e un accesso costante al Ritalin. La medicina, che in teoria suo padre avrebbe dovuto dosare per lui, non l'aveva mai presa. Venduta in centro, garantiva un bel guadagno. Era riuscito a prendersi un diploma di maturità mentre risolveva test di intelligenza e imparava l'informatica. Era diventato molto bravo in entrambe le cose, senza mai finire in guai troppo seri.

Non lo beccavano piú.

Per tre volte aveva provato a lavorare nel campo della tecnologia dell'informazione. Per tre volte era stato licenziato poco dopo. Senza che ne capisse il motivo, visto che di informatica ne sapeva piú di tutti quelli delle varie aziende messi insieme. Nell'ultimo anno aveva frequentato la BI, l'università commerciale, giusto per potersi definire studente ancora per un po'.

Uscí dalla doccia, l'acqua calda stava per finire. Il padre gli si parò di colpo davanti.

– Che cazzo! – sbottò il figlio adirato.

– Fanculo! – gli rispose il padre. – Non puoi chiudere la porta a chiave?

– Questo bagno è il mio!

– Questa casa è mia! Non ho piú carta igienica.

Il giovane agguantò un asciugamano da una scaletta appoggiata al muro che fungeva da attaccapanni. Se lo avvolse velocemente intorno alla vita.

– Be'? Esci!

– Cos'è quello?

La voce del padre era gelida mentre indicava la spalla del figlio.

– Cosa?

– Quello. Il tatuaggio di cui vedo la punta.

– Niente, – mormorò il figlio, prendendo una maglietta sporca appesa sul lavandino.

Non fece in tempo a indossarla che il padre gliel'aveva strappata di mano, poi, con una velocità fulminea, lo afferrò e voltò. La testa del figlio era bloccata come in una morsa.

– Ahi! Lasciami andare!

– Che… *che cazzo sarebbe*?

Il padre non voleva credere a ciò che vedeva.

Il tatuaggio, in alto a sinistra sulla schiena del figlio, non era molto grande, forse dodici centimetri per dodici. Tuttavia, era stato eseguito con una tale perizia che ogni dettaglio era in evidenza. Ritraeva dodici cavalli in cerchio con le teste rivolte verso l'esterno, che scalpitavano con le narici frementi. Ciascuno aveva una catena che lo teneva legato a una donna nuda e senza volto tramite degli uncini conficcati nelle gambe, nelle braccia e nel petto. Lei si librava impotente al centro, con i capelli sciolti e fluenti e un braccio che stava per staccarsi dal resto del corpo.

La testa del giovane andò a sbattere contro le piastrelle sul muro.

– *Ti ha dato completamente di volta il cervello?* Quando l'hai fatto?

– L'anno scorso. In... in autunno.

– Dove?

– Calmati...

Gemette, cercando invano di liberarsi dalla presa.

– Ero in Svezia, – disse a fatica. – Lontano da Oslo.

– Svezia? Ti riferisci a quel regno in culo ai lupi di cui nessuno in Norvegia ha mai sentito parlare? Sei...

Un altro tonfo sulle piastrelle.

– *Sei impazzito?* Qualcuno l'ha visto?

Non ottenne risposta. Dopo averlo scollato dalla parete, gli fece lo sgambetto: il figlio cadde a terra e lí rimase, ansimante e toccandosi la testa. L'asciugamano gli era scivolato via.

– Quel tatuaggio deve sparire, – sibilò il padre. – Il piú presto possibile. Ma nel frattempo, ora che si è incasinato tutto...

Adesso era lui a toccarsi la testa.

– ... *da schifo*, te ne starai buono. Buono buonino. Cioè te ne starai chiuso in casa. Cioè qui dentro.

Indicò un punto tra i suoi piedi.

– Devo starmene rintanato in bagno? – gemette il ragazzo dal pavimento.

– No! Idiota. Qui nel tuo appartamento. Rimarrai qui finché non avrò trovato un modo discreto per rimuovere quel tatuaggio.

Mentre saliva le scale che portavano alla zona principale della casa, gridò un ultimo avvertimento: – E stai *lontano* da Internet. Da ogni sua parte!

Si era fatto molto tardi e Hanne Wilhelmsen aveva dormito quattro ore.

Ebba Braut sedeva sveglia nell'ampio soggiorno in Kruses gate, in un alloggio che fino a poco tempo prima era stato un rifugio. Uno Shangri-La, un asilo amichevole e accogliente, lontano da tutto ciò che costituiva il resto della sua esistenza. Nel silenzio della notte, le sembrava di sentire l'eco delle conversazioni a tavola. La trinità, Nefis, Ida e Hanne. Piú Henrik e Ebba: due estranei che erano diventati parte associata della famiglia in quel magnifico appartamento che ora era troppo, troppo grande.

Era cosí agitata che non riusciva a dormire.

Era ovviamente triste per Henrik e scioccata dal modo in cui era morto. Era un uomo che lei apprezzava molto e al quale forse, in un certo senso, voleva anche bene. Col tempo aveva iniziato ad ammirarlo. Il giovedí prima, quando era andata da lui perché non sapeva con chi altro parlare, era stato un angelo con lei.

Però non erano amici intimi.

Sabato mattina aveva letto dell'omicidio di un poliziotto su Internet. Il nome non era stato ancora reso noto, ma quando erano stati rivelati la professione e il luogo di lavoro, lei aveva avuto un brutto presentimento. Non sapeva perché, nella polizia di Oslo dovevano lavorare migliaia di persone. Le probabilità che potesse trattarsi di Henrik erano basse. Ciononostante, in preda all'ansia, aveva chiamato Hanne. Che non aveva risposto. Nel pomeriggio, quando ai telegiornali erano emersi altri dettagli che avevano avuto l'unico effetto di aumentare la sua angoscia, aveva telefonato a Nefis.

Quest'ultima aveva confermato le sue paure, ma era stata stranamente laconica. Quasi distaccata, cosa che Ebba aveva imputato al dolore. Solo quando Ida l'aveva contattata, il lunedí pomeriggio, era venuta a sapere che Hanne era sola.

Nessuno al mondo poteva essere solo come lei.

Ebba aveva spesso pensato che la famiglia in Kruses gate fosse invulnerabile. Avrebbe dovuto usare piú discernimento. Non esistevano garanzie quando si trattava di legami familiari, lo sapeva bene.

Quel senso di comunità era stato cosí singolare, strano e bello. Cosí inarrivabile, in un certo senso. Nonostante il caratteraccio di Hanne c'era un equilibrio nella relazione tra lei e Nefis: si completavano a vicenda. E le era capitato di notare che Nefis, pensando di non essere vista, rivolgeva a Hanne uno sguardo pieno di un amore che Ebba si sognava di provare.

Yin e yang.

Che adesso erano nel caos.

Ebba chiuse gli occhi e si sdraiò sul divano. Si coprí con una coperta di lana, forse sarebbe riuscita comunque a prendere sonno. La camera degli ospiti era sempre pronta, ci aveva già pernottato un paio di volte, ma ora come ora non sarebbe riuscita a addormentarsi in un letto. Una leggera nausea la tormentava in continuazione, meglio stare con la testa e la parte superiore del corpo appoggiate su un bracciolo del divano e tre cuscini.

Nefis e Ida se la sarebbero cavata entrambe.

Hanne invece era a malapena in grado di vivere in maniera autonoma.

Poteva prepararsi da mangiare nella cucina adattata alle circostanze, ma non dava l'impressione di occuparsi di altre faccende domestiche. Spesso era circondata da libri sparsi ovunque, ma Ebba non l'aveva mai vista rimetterli a posto nella libreria che copriva un'intera parete del soggiorno dal pavimento al soffitto. Le apparecchiature che c'erano in bagno, di cui Ebba aveva solo sentito parlare, le permettevano di prendersi cura della propria igiene personale. Poteva farsi consegnare a domicilio la spesa e altre cose. Però non era in grado di vivere senza Nefis. Non aveva che lei e Ida.

Hanne aveva puntato tutto su una vita senza amici, e aveva perso.

– Sono qui, – sussurrò Ebba nella semioscurità.

Si infilò furtivamente la mano sotto il maglione e l'appoggiò sulla pancia, appena sotto l'ombelico. Era troppo presto per sentire qualcosa, ovvio, eppure le parve di accarezzare un piccolo rigonfiamento estraneo. Un nuovo arco, una curva che la faceva rabbrividire quando ci metteva sopra il palmo e avvertiva una pulsazione nei polpastrelli.

Sarebbe potuto diventare un bambino. Il suo.

E di qualcun altro. Di uno sconosciuto.

Doveva sbarazzarsene. Era costretta. Via.

– Ebba.

Sobbalzò con tale violenza che le venne il torcicollo quando si alzò di scatto. Hanne era seduta sulla sua sedia a rotelle, una sagoma che si stagliava contro la luce del corridoio da cui proveniva.

– Dobbiamo metterci al lavoro, – le disse.

– Eh?

Era ancora confusa, forse si era addormentata comunque. Si strofinò il collo e sbadigliò.

– Ho dormito abbastanza, – dichiarò Hanne.

– Io no.

– Sei giovane. Non è un problema. Dobbiamo lavorare.

– A cosa?

– A trovare un assassino.

– Ehm...

– Mi devi aiutare, Ebba. Non ce la posso fare senza l'assistenza di qualcuno in grado di camminare. Qualcuno in grado di cavarsela fuori di qui.

Si era avvicinata. Profumava di fresco, indossava abiti puliti e aveva i capelli bagnati.

– Mi sono fatta un'altra doccia, – disse, poi si diresse verso una delle poltrone.

Ebba non l'aveva mai vista seduta lí, invece Hanne ci si spostò aiutandosi con le braccia, poi batté due volte le mani. Le numerose lampade del soggiorno si accesero. Batté le mani una terza volta e l'intensità della luce si abbassò.

– Dobbiamo cominciare da...

– Hanne, – l'interruppe Ebba scostando la coperta. – Sono incinta.

– Congratulazioni, – commentò l'altra apatica.

– Non ho idea di chi sia.

– Cose che capitano anche alle persone migliori. Niente di cui vergognarsi.

– Non intendevo in questo senso. Non lo so davvero.

Hanne non disse niente, ma inclinò leggermente la testa. La bocca le si contrasse appena e gli occhi si strinsero fino a diventare due fessure. Forse ora capiva quanto fosse stato inappropriato lo stupido commento con cui se ne era uscita durante quella cena disastrosa. L'ascoltò davvero. Concentrata come solo Hanne Wilhelmsen sapeva concentrarsi, ed Ebba le confidò la storia di una fecondazione che non poteva essere vera. Eppure lo era.

Le parlò dell'angoscia di aver perso completamente il controllo del proprio corpo. Dell'umiliazione e della vergogna che provava perché non aveva idea di come fosse successo. Le parlò senza sosta della paura, della disperazione e soprattutto della rabbia. E della frustrazione di non avere nessuno contro cui sfogarla.

Le raccontò della visita che aveva fatto a Henrik.

Di quanto fosse stato gentile.

E di essersene comunque andata.

Quando finí, tornò il silenzio. Hanne non aveva posto una sola domanda mentre Ebba parlava. Non sembrava incredula. Né scettica. E non aveva cercato di consolarla, nemmeno quando Ebba era scoppiata in lacrime, ed era accaduto spesso. Seduta nella stessa posizione, Hanne rimase ad ascoltare il racconto di qualcosa che era impossibile.

Fuori aveva appena cominciato ad albeggiare e la nausea mattutina si faceva sentire sul serio.

– Bene, – commentò Hanne alla fine, raddrizzandosi sulla poltrona. – Abbiamo due misteri da risolvere. Meglio cominciare subito.

Martedí 15 marzo

Il primo dirigente del distretto di polizia di Oslo, Sebastian Kviteseid, si precipitò nell'ufficio del capo della polizia dopo aver bussato una sola volta sullo stipite della porta. Senza aspettare una risposta.

– Cosa diavolo mi tocca sentire? – sibilò, prima di sedersi senza essere stato invitato a farlo. – Dobbiamo affidare *ad altri* il caso Holme?

– È possibile, – rispose pacata la sua superiore.

– A che scopo?

Kviteseid cercò di catturare lo sguardo della donna, che invece fissava fuori dalla finestra come se il suo arrivo non la riguardasse.

Non gli era mai andato giú del tutto che Monica Ballerud fosse diventata capo della polizia di Oslo. Anche lui si era candidato per quell'incarico, certo che sarebbe stato suo. Era piú vecchio di lei, aveva studiato alla Scuola di polizia, aveva conseguito una laurea in Legge e aveva piú esperienza. Godeva addirittura di maggior simpatia tra i ranghi inferiori.

Aveva perso.

Ormai in Norvegia le cose funzionavano cosí. Due mesi dopo aveva fatto domanda per il posto di capo dell'Unità comune di intelligence e investigazioni della polizia di Oslo, con la responsabilità di circa quattrocentocinquanta dipendenti.

Non c'erano donne che ambivano a occupare quella posizione.

L'aveva ottenuta.

– Non starai parlando sul serio, – esclamò incredulo.

– Henrik lavorava da noi. Addirittura, nella tua sezione.

– *Bah!*

L'uomo scacciò il commento con un gesto della mano prima di continuare: – Questo non significa che ci sia un conflitto di interessi! Non è affatto automatico nominare un sostituto solo perché...

– Non è automatico, giusto. Ma sono sempre obbligata a valutare i singoli casi in base sia all'articolo 6, terzo comma del regolamento sull'operato della polizia, sia all'articolo 55, secondo comma del codice di procedura penale.

– Sí, certo, dobbiamo indagare su ogni caso in modo imparziale e oggettivo. Ed è quello che stiamo facendo!

– Come ho detto, Henrik Holme lavorava qui, è inevitabile che contribuisca a indebolire in qualche modo la capacità di essere oggettivi. O meglio, potrebbe essere percepito cosí dalla comunità, che è la cosa piú importante.

Sebastian Kviteseid sbuffò indignato.

– Nessuno ha mai sostenuto che una manovra del genere sia necessaria! Almeno da quanto ne so.

Il capo della polizia scosse la testa.

– Fino a ora, no. Ma dobbiamo essere proattivi. La richiesta arriverà sicuramente da qualcuno. Pensiamo solo al clamore che potrebbero sollevare giornali come «VG». Non possiamo permettercelo. E se per assurdo non dovesse accadere, gli avvocati ci sguazzerebbero, se poi ci fosse un processo. Il difensore potrebbe sostenere che siamo stati parziali, troppo zelanti e rapidi nell'agire...

Gesticolava con la mano.

– ... che abbiamo interrogato le persone nel modo sbagliato e cosí via. Perché eravamo troppo presi dal trovare un colpevole.

Sebastian Kviteseid sudava. L'idea che un caso di cosí grande rilievo finisse nelle mani dei colleghi dei distretti di polizia Est o Sud-Est era insopportabile. Senza contare che non possedevano neppure il livello di competenza del personale che lui aveva a disposizione.

– Avrei potuto capire se fosse stato il contrario, – disse. – D'accordo, non avremmo potuto indagare sul caso Holme se fosse stato lui a commettere un reato. Allora saremmo stati sospettati di nascondere, manipolare, trascurare deliberatamente, tirarla per le lunghe...

Ora era lui a muovere la mano.

– ... per farlo assolvere. Ma non adesso. Anzi, abbiamo un incentivo ben piú forte per risolvere questo caso rispetto a chiunque altro. Era uno dei nostri!

– Cosa che potrebbe condurre a una visione ristretta o limitata, – obiettò Monica Ballerud, abbozzando un sorriso. – Che, come sappiamo, non possiamo permetterci. Troppo zelo nel trovare un colpevole è dannoso quanto troppo poco. Inoltre, durante le indagini potrebbe emergere che Holme era coinvolto in qualche crimine, e a quel punto toccherebbe comunque ad altri subentrare. Non mi sorprenderei se ci sospettassero di proteggere la reputazione di un collega defunto.

– Ma... ma...

Sebastian Kviteseid si piegò in avanti e appoggiò le mani sul tavolo.

– Henrik Holme non godeva di grande popolarità, – disse a bassa voce. – Un tipo strano. Un bravo poliziotto, ma ho l'impressione che fosse... autistico, o qualcosa del genere. Non aveva amici tra di noi. Tra l'altro, era stato sospeso. Per una storia alla MeToo a cui non credo piú di tanto.

– Appunto, – annuí il capo della polizia. – È una questione che devo prendere in considerazione. Holme era nel bel mezzo di una diatriba sul lavoro. A proposito, in norvegese non si usa piú il termine autistico, ma si parla di persona affetta da disturbi dello spettro. Non credo che lo fosse, era solo uno molto sui generis. Nulla di illegale.

– Cazzo, Monica... – Si passò la mano sui capelli radi. – Non toglierci il caso!

– Entra pure! – disse lei ad alta voce.

Una donna con un abitino a fiori, decisamente in contrasto con la pioggia gelida che picchiava contro i vetri, entrò portando un vassoio con due tazze di caffè e un thermos.

– No, grazie, – disse Sebastian Kviteseid acido.

– Io volentieri, – disse il capo della polizia sorridendo alla donna, che appoggiò tutto sulla scrivania. – A proposito, complimenti per il vestito!

– Grazie, – rispose lei prima di scomparire di nuovo.

Monica Ballerud si versò del caffè.

– Vi darò qualche giorno, – riprese, gli occhi fissi sul liquido nero. – Sarà utile alle indagini non trasferirle adesso, nella fase iniziale in cui ci troviamo. Come hai detto tu, finora nessuno ha sollevato obiezioni sul fatto che ne abbiamo noi la responsabilità, e in pratica Holme non aveva famiglia. Sua madre soffre di una grave forma di demenza. Resta solo la sua amica Hanne Wilhelmsen, ma è probabile che i suoi interessi coincidano con i tuoi.

Il rapido sorriso che gli lanciò da sopra la tazza non fu ricambiato.

– Non sapevo che quella strega fosse ancora viva, – mormorò Kviteseid, in maniera appena percettibile.

– Desidererà di sicuro che il caso rimanga di nostra competenza, – commentò lei ignorandolo, poi bevve con cautela un sorso di caffè. – Allora rimaniamo d'accordo cosí. Per qualche giorno. Poi chiederò al procuratore generale di nominare un sostituto. Il distretto Est, penso.

– Grazie, – disse il primo dirigente, si alzò e marciò fuori dall'ufficio. *Grazie al cazzo*.

– Fuori c'è uno con due piante sotto il braccio, – gridò Ebba dall'ingresso. – Due piante in vaso e un sacco nero della spazzatura. Devo aprire?

– No, – le rispose Hanne urlando a sua volta.

Ebba studiò l'uomo che aveva suonato il campanello. Lo schermo del videocitofono della famiglia Wilhelmsen era piuttosto grande e lei si avvicinò per osservare meglio il tipo. La telecamera era posizionata un pochino troppo in alto e aveva un angolo di visione molto ampio. Comunque poté almeno constatare che si trattava di un giovane dalla pelle scura. Forse era un fattorino che consegnava fiori. D'altra parte, era insolito inviare piante in vaso con un corriere, e i regali erano sempre confezionati.

– Cosa avrebbe fatto Nefis? – mormorò. Poi premette il pulsante.

Vide aprirsi il portone di sotto. L'uomo entrò.

– Ho aperto, – gridò. – Potrebbe essere importante.

Dopo soli trenta secondi risuonarono.

Hanne, che l'aveva raggiunta, fissava apatica la porta. Ebba l'aprí.

– Salve, – esordí l'uomo. – Mi chiamo Marius. È lei Hanne Wilhelmsen?

– No, – rispose Ebba.

Nel tentativo di togliersi il berretto, Marius fu sul punto di far cadere una delle piante. Era enorme e dozzinale, pensò Ebba mentre la salvava dal finire per terra.

Il berretto sparí nella tasca del cappotto del proprietario.

– Ovvio che non è lei, – le disse con un mezzo sorriso.

Ebba, che non aveva mai visto un uomo cosí bello, si scostò per farlo passare. Lui accettò l'invito, entrò e fece un cenno del capo verso la sedia a rotelle.

– Le mie condoglianze.

– Grazie. Chi sei?

– Come ho detto, mi chiamo Marius. Marius Blaaberg. Agente di polizia. Recentemente ho iniziato a lavorare alla centrale, e da un paio di settimane mi hanno assegnato l'ufficio di Henrik Holme. Aveva alcuni oggetti personali, tra cui queste piante e...

Si guardò intorno, dopodiché si avvicinò con cautela a una stretta cassettiera di quercia accanto agli armadi.

– Posso metterla qui?

Hanne annuí. Lui appoggiò la pianta.

– Una *zamiaculcas*, – continuò a voce bassa. – Di sicuro lo saprà già, ma resiste a quasi tutto. Luce e buio. Siccità e umidità. Vive d'aria e amore.

Ebba scaricò il fardello che teneva tra le mani accanto all'altra pianta. Le foglie si allungavano quasi fino al soffitto.

– Con la *monstera*, invece, – spiegò Marius, – bisogna essere piú gentili. È consigliabile spruzzare le foglie di tanto in tanto, magari con l'acqua dell'asciugatrice, che non ha calcare. Doveva essere bravo con le piante.

Guardò prima Ebba e poi Hanne accennando a un sorriso.

– Henrik Holme. Quando ho saputo che lei era la sua parente piú stretta...

Gli occhi erano fissi su Hanne.

– … mi è sembrato naturale che le avesse lei. Soprattutto quando ho saputo del suo testamento.

Hanne rimase immobile e in silenzio.

– Bene, – intervenne Ebba. – Grazie mille.

– Stavo per dimenticare questo, – disse Marius sollevando il sacco della spazzatura dal pavimento.

Non era pieno ed evidentemente neppure pesante. Dopo averlo aperto, Marius guardò dentro.

– Sono solo piccole cose. Un portapenne e la statuetta di un elefante. Un portachiavi con un paio di chiavi. Nessuna è di una porta o un armadietto della centrale, chiaro. Un bel poster di un narvalo, che purtroppo si è strappato. Un quadrifoglio pressato e laminato su un cartoncino rosso con scritto a mano: «Per il mio tesoro, ti auguro tanta fortuna e felicità nella vita, la tua mamma». Davvero bello. Anche se non gli è stato di grande aiuto, mi verrebbe da dire.

Sbirciò nel sacco.

– Cose cosí, – concluse.

Rialzò gli occhi e posò con delicatezza il sacco di fianco al mobile di quercia prima di dirigersi verso la porta d'ingresso.

– Ora vado. Di nuovo, le mie condoglianze.

– Aspetta, – disse Hanne.

Marius si fermò.

Lei si schiarí la voce.

– Vorrei sapere cosa intendi per «testamento».

– Eh… So solo che si parla di un testamento. Che è stato trovato a casa sua. La polizia… ehm… abbiamo ispezionato l'appartamento con molta attenzione. A quanto pare… nel testamento la nomina sua erede.

– Me.

– Sí. Non so cosa possedesse, o perché...

– Chiariscimi un altro punto.

– Certo! Se posso.

– Hai detto che occupi l'ufficio di Henrik da un paio di settimane.

– Sí...

Ebba capí dallo sguardo che stava contando a ritroso nel tempo.

– Due settimane e un giorno, – precisò.

– Perché? Dov'è stato Henrik in quel periodo? È morto solo la settimana scorsa.

Marius sembrava confuso e imbarazzato.

– Pensavo che... Dato che lei è la sua parente piú stretta, ero sicuro che lo sapesse.

– Sapere cosa? – chiese Ebba.

– Che era stato sospeso.

– Sospeso? – ripeté Ebba. – *Sospeso?* Henrik? Per quale motivo?

Con una smorfia Marius Blaaberg si passò una mano tra i capelli corti. Prese fiato come per dire qualcosa, ma scosse la testa, ci riprovò.

– Si è trattato sicuramente di un errore, – disse veloce. – Quasi tutti concordano sul fatto che sia stato solo un incidente.

– Che cosa? – chiese Hanne con voce tagliente.

– La storia che...

Mentre guardava Hanne, i suoi occhi si riempirono di qualcosa che Ebba interpretò come paura.

– Hanne non è pericolosa, – commentò. – Almeno non per te. Ora dicci il motivo per cui Henrik era stato sospeso.

– Un... un... episodio MeToo.

Il silenzio che calò di colpo nell'ingresso era cosí totale che si sentirono le ruote oltremodo silenziose della sedia a rotelle muoversi sul parquet quando Hanne si avvicinò a Marius. Si fermò, le bloccò e disse: – MeToo? Henrik?

– In realtà si chiamano molestie sessuali.

– Henrik. Molestie sessuali.

Hanne emise dei suoni come se si fosse rimessa a piangere. Con le corde vocali che emettevano un rumore monotono e sommesso e gli occhi umidi, si piegò in avanti sulla sedia. Il suono fu interrotto di colpo da una serie di piccoli singhiozzi e, quando Ebba si chinò per vedere se doveva batterle sulla schiena, capí che in realtà Hanne stava ridendo. Una risata strana e brutta. Ma rideva. E continuò a lungo.

Alla fine si asciugò le lacrime con il pollice mentre fissava il giovane poliziotto.

– Sei vaccinato? – gli chiese.

Marius annuí.

– Due volte.

– Bene. Hai tempo di entrare sul serio in casa? Devo saperne di piú. Ebba può prepararci il caffè.

Stringendosi nelle spalle, lui esclamò sollevato: – Volentieri!

Due ore dopo Marius Blaaberg avvertiva una punta di rimorso per non aver declinato l'invito e non essersene andato.

Il giovane malconcio in Baglerfaret non aveva rispettato l'ordine del padre di restare in casa. Impossibile. C'erano ancora un paio di cose che gli aveva tenuto nascoste, anche se il vecchio non doveva aver letto attentamente la Convenzione di Ginevra.

Non sapeva cosa fare.

Ma doveva fare qualcosa.

Andarsene in giro con gli occhiali da sole con quel tempo era stupido.

Eppure aveva preso i primi a portata di mano. Erano grandi, con lenti curve che arrivavano quasi alle orecchie. In quel modo gli nascondevano il gonfiore causato da un bell'ematoma blu e il taglio a un sopracciglio. Forse avrebbe dovuto farsi dare dei punti.

Oltre a studiare, lavorava al Torshov Sport dieci ore alla settimana. Vendeva attrezzature da calcio e ogni genere di merchandising dello Skeid. Negli ultimi tempi gli avevano assegnato piú ore di lavoro, e a lui andava bene. Non metteva piede all'università da prima di Natale e non avrebbe mai superato l'esame.

Adesso non voleva pensarci.

Assolutamente no.

Invece, camminò per diversi isolati alla ricerca di un uomo specifico.

Il vecchio con la macchina fotografica di solito gironzolava per il quartiere. Una volta si era piazzato proprio nel bel mezzo di Vogts gate con il suo cavalletto, tra i binari, e per un pelo non era stato investito da due tram che stavano arrivando in contemporanea. Non dava l'impressione di avere qualche lacuna mentale, ma mostrava un entusiasmo eccessivo. Era un tipo allegro e gentile: parlava animatamente con i passanti come se nel quartiere fossero tutti suoi amici intimi.

Centro.

Il fotografo era di nuovo lí.

Nel parco di Torshov.

Sotto quel diluvio gelido, l'uomo si era posizionato vicino alla piccola area giochi a nord-est. Il parco era quasi deserto, cosa per niente strana. Erano solo le due del pomeriggio e i bambini erano perlopiú all'asilo. Oltretutto pioveva di traverso.

Comunque un bimbo c'era, su un'altalena.

Indossava una tuta imbottita, gli stivaletti foderati della Cherrox e un berretto blu con la scritta «Lego». Un adulto lo spingeva da dietro.

– Ancora! – gridava lui. – Piú forte, papà!

Il tipo con gli occhiali da sole si fermò a cento metri di distanza e tirò fuori il cellulare. Con la testa china sul telefono, seguiva la scena di fronte a lui da sopra il bordo degli occhiali scuri.

La macchina fotografica era coperta da uno strano congegno a forma di ombrello. Probabilmente era collegata allo smartphone, visto che il fotografo non utilizzava né il mirino né il display della fotocamera e guardava invece di continuo il cellulare. Infine, spostò di poco il cavalletto e sorrise.

Per fortuna lo shooting finí prima che il giovane con gli occhiali da sole morisse congelato. Era fradicio nonostante il giubbotto impermeabile e batteva i denti. Movimento che gli procurava dolore, visto che gli ballava un molare.

Il fotografo ce la stava mettendo tutta per far funzionare una penna nonostante la pioggia. Doveva essere difficile scrivere sul foglio che stava mostrando al padre del bambino. I due uomini ridacchiarono. Poi forse rinunciarono, ma non aveva importanza. Quel che contava era che il vecchio impacchettasse la sua attrezzatura e si incamminasse.

Non doveva andare lontano.

In effetti doveva solo attraversare la strada che delimitava il parco a nord. Gli alti edifici di mattoni gialli in Agathe Grøndahls gate perimetravano un grande cortile interno. Quasi come un parco, sapeva il giovane. Il fotografo aprí con la chiave il portone contrassegnato con i numeri 34, 36, 38 e 40.

– Merda, – borbottò chi lo stava seguendo, prima di togliersi gli occhiali.

C'erano quattro androni tra cui scegliere, su tre piani. Era impossibile sapere quanti appartamenti ci fossero per ogni ingresso. Se ce ne fossero stati due, equivaleva a ventiquattro potenziali indirizzi.

Ora nevischiava. Il giovane si rimise gli occhiali da sole e cercò di stringersi meglio il giubbotto intorno al corpo. Non fece che peggiorare la situazione, era bagnato fino all'osso.

Le carte che i due uomini avevano cercato di firmare nell'area giochi facevano presagire che si fosse trattato di un servizio su commissione. O che il fotografo voleva avere il permesso di usare l'immagine del bambino. Forse entrambe le opzioni gli avrebbero fornito informazioni sufficienti per trovare l'indirizzo esatto su Google. Magari «Fotografo Agathe Grøndahls gate» sarebbe bastato.

Si mise a correre per riuscire a prendere il tram per il centro. Doveva essere a casa prima che suo padre tornasse dal lavoro. Ma certo che poteva googlare. Corse piú veloce.

Aveva un'idea sempre piú chiara di come avrebbe usato quelle informazioni.

Seduto nel vecchio ufficio di Henrik, Marius Blaaberg aveva cercato su Internet il nome di Hanne Wilhelmsen. Per sicurezza aveva usato il suo cellulare.

Ora sapeva che era nata nel 1960, cinque anni prima che venisse al mondo sua madre. Aveva lavorato nella polizia di Oslo fino a diventare ispettore capo, ma era stata costretta a lasciare il servizio quando era stata ferita durante un arresto nei boschi del Nordmarka all'inizio del 2000.

– E questo è quanto, – commentò sottovoce.

Abbastanza sorpreso.

L'assenza di Hanne Wilhelmsen su Internet non corrispondeva al brusio che imperversava negli ultimi giorni alla centrale. Sembrava che non ci fosse piú nessuno che la conoscesse davvero. Tuttavia, durante la pausa pranzo, i colleghi piú anziani avevano condiviso un paio di storie che lo avevano impressionato molto. Le avevano raccontate con una certa ritrosia, però. Arricciando il naso o stringendosi nelle spalle: era evidente che, all'epoca, Hanne Wilhelmsen era piú ammirata che amata. Quel pasticcione di ispettore capo che lo aveva accolto il suo primo giorno alla centrale era stato l'unico a dichiarare che in Grønlandsleiret 44 non si era mai visto nessuno del calibro di Hanne Wilhelmsen. Aveva anche dichiarato ad alta voce che era merito della Wilhelmsen, e solo suo, se due anni prima era stato risolto il mistero della donna sfigurata ritrovata cadavere in una Mercedes nella parte ovest di Oslo.

Solo due anni prima? si chiese Marius.

Forse faceva l'investigatrice privata o qualcosa del genere.

Sui social comunque non c'era.

Neanche su Facebook.

Aprí una lattina di Red Bull senza zucchero e si appoggiò allo schienale della sedia da ufficio. L'anidride carbonica contenuta nella bibita gli solleticò il labbro superiore mentre ne beveva un sorso generoso.

C'era qualcosa di raffinato nelle domande che Hanne Wilhelmsen gli aveva fatto.

Nel modo in cui gliele aveva poste.

Da manuale: proprio come andava eseguito un interrogatorio, ma lui personalmente non aveva ancora raggiunto un tale grado di dimestichezza. Non che durante i suoi tre anni sull'altopiano del Finnmark avesse avuto molte occasioni di condurne uno, era il piú giovane e doveva accontentarsi dei casi piú noiosi. Guida in stato di ebbrezza di un gatto delle nevi e cose simili. Di regola i sospettati non ricordavano nulla. Nessun metodo di interrogatorio al mondo avrebbe cavato loro un che di sensato su cosa fosse successo davvero.

E poi lo sguardo.

Hanne Wilhelmsen riusciva non solo a guardarlo dentro, ma a scandagliarlo fino in fondo. Era quella la sensazione che aveva percepito, in parte sgradevole ma in parte, in un certo senso, stuzzicante. E questo l'aveva indotto a parlare troppo. Davvero troppo. Ora Hanne Wilhelmsen era relativamente aggiornata sulle indagini, per quanto il mantra che la polizia ripeteva in tutte le interviste fosse il solito «non possiamo commentare le indagini in corso, ma stiamo seguendo diverse piste».

Non andava bene.

Marius aveva ancora un po' paura di Hanne. Quella paura ce l'aveva dentro, e sapeva il perché. Avrebbe dovuto starle alla larga. Allo stesso tempo provava un'attrazione verso quella donna strana, di mezz'età, seduta su una sedia a rotelle. Le prime due settimane abbondanti alla centrale erano state di una noia infinita. Se sollevava la possibilità di essere assegnato a svolgere qualche compito utile, c'era sempre qualcuno pronto a respingere la proposta perché doveva «aspettare che rientrasse Gammelgård». Però nessuno sapeva dirgli quando sarebbe tornato.

Due ore in Kruses gate gli avevano insegnato di piú ed erano state piú eccitanti di tre anni a Karasjok e quattordici giorni alla centrale.

Inoltre, aveva conosciuto Ebba Braut.

– Eb-ba Bra-ut, – sussurrò, ponendo l'accento su ogni sillaba.

Bel nome. Ragazza carina.

Avrebbe dovuto stare lontano da entrambe, pensò, scolandosi in una volta il resto della Red Bull. Schiacciò la lattina con la mano sinistra. Gli occhi erano fissi sull'unica foto che aveva trovato di Hanne Wilhelmsen su Internet. Era molto vecchia ed era stata pubblicata insieme a un articolo sul mondo delle moto a Tyrigrava. In quell'immagine aveva i capelli biondo scuro ed era appoggiata a un chopper, una Harley Davidson. Indossava abiti di pelle e sul sellino della moto c'era un casco nero opaco con la visiera alzata. Accanto a lei c'era un uomo incredibilmente alto con la testa rasata. Teneva il braccio intorno alle sue spalle e rideva.

Serissima, Hanne Wilhelmsen guardava dritto nell'obiettivo.

Quello sguardo avrebbe svelato la vera natura di Marius.

Tutti i sacrifici che i suoi genitori avevano fatto per lui sarebbero risultati sprecati. I soldi. I turni di lavoro. I tanti traslochi, prima negli Stati Uniti e alla fine in Norvegia: sarebbe stato tutto inutile.

Doveva tenersi alla larga sia da Hanne che da Ebba.

Se ci sarebbe riuscito, era un'altra cosa.

Ma doveva provarci, che lo avessero invitato a tornare o no.

– L'ho cercato su Google, – borbottò Hanne Wilhelmsen cercando di reprimere uno sbadiglio.

Con l'aiuto di Ebba aveva trasferito l'ufficio nel soggiorno. Ora, su ciascun lato del tavolo da pranzo c'era un iMac. Hanne aveva creato un account ospite sul piú vecchio dei due. Lungo la parete c'era anche la grande lavagna di sughero che non usava da un po'. Per il momento era vuota. Sul tavolo erano sparsi documenti e materiale che avevano stampato. I libri su cui Hanne aveva trascorso piú tempo nelle ultime settimane erano ammassati in un angolo. Ebba avrebbe voluto rimetterli a posto nella libreria, ma Hanne aveva protestato.

– Chi hai googlato? – chiese Ebba, che uscí dalla cucina masticando una fetta di pane e formaggio. – Marius Blaaberg?

Hanne annuí.

– C'è qualcosa di strano in quel ragazzo, – dichiarò.

– Strano? Ma va'! È un figo. Sí, proprio carino. Vuoi?

Le porse un piatto con un'altra fetta di pane e Jarlsberg.

Hanne scosse la testa.

– Sono d'accordo, è carino. Sí, bello.

– Non c'è nulla di sospetto in questo.

– No, ma il fatto che non pubblichi foto di sé sui social mi lascia abbastanza basita. Con quell'aspetto, voglio dire. E con i vestiti che indossa. Potrebbe fare il fotomodello. Secondo te quanti anni ha?

– Venticinque. Ventotto?

– Esatto. È su tutti i social. Quasi non ha follower, e non è una sorpresa. Non ha quasi mai pubblicato post o immagini. Persino quella del profilo è insignificante. Indossa un berretto da baseball e un paio di giganteschi occhiali da sole scuri.

Ebba controllò a sua volta sul suo cellulare.

– Mm, – annuí. – È un po' strano. Ma non succede con le persone particolarmente belle? Che si stufano?

Hanne la guardò con le sopracciglia alzate.

– Nessuno si stanca di essere bello. A proposito, hai notato come parla?

– Come parla?

– Sí. Parla un norvegese eccellente, ma con un leggero accento di sottofondo. Qualcosa con le erre e con un tono discendente quasi impercettibile alla fine delle frasi.

– Eh?

Ebba si lasciò cadere due sedie piú in là rispetto ad Hanne.

– Oggi mi sono presa un «giorno di studio», – disse, posando la fetta di pane per disegnare le virgolette con le dita. – Ma domani devo andare al lavoro come sempre.

Hanne sentí un brivido lungo la schiena. Un'ondata di panico la fece inspirare due volte di fila. Poi appoggiò le mani sulla tastiera e girò la testa, distogliendo gli occhi da Ebba.

– Non puoi prendere ferie?

Una voce le si era insediata nella testa. Era quella di Nefis.

Pensi solo a te stessa!

– Per favore, – aggiunse.

– No, – disse Ebba. – Non in questo periodo dell'anno. Abbiamo molto da fare in vista dell'autunno e del nuovo catalogo. Periodo impegnativo. Però posso venire qui ogni tanto dopo il lavoro. Se ne ho la forza. In questo periodo sono cosí *incomprensibilmente* stanca. O... comprensibilmente stanca. Posso prenderla?

Indicò la fetta di pane e formaggio che Hanne non voleva.

– Il tardo pomeriggio è l'unico momento in cui non ho la nausea, – mormorò. – E allora devo mangiare.

– Serviti pure. Non puoi metterti in malattia? In fondo sei in una situazione piuttosto... difficile?

Ebba masticò adagio, senza rispondere.

– Per quanto riguarda il suo modo di parlare, – replicò invece. – Cosa intendevi dire?

Dopo essersi riappoggiata allo schienale della sedia a rotelle, con una mano Hanne tracciò una curva immaginaria: – L'intonazione di Marius scende dove, nel caso di altri norvegesi, salirebbe un pochino. Ha anche usato parole ed espressioni che non sono tipiche della sua età. «Recentemente», invece di «poco tempo fa». «Vista l'occasione». Chi parla cosí a venticinque anni? Uno avrebbe detto «per questo».

– Da quando sei diventata una linguista?

– È come se avesse imparato il norvegese da persone adulte.

Ebba alzò gli occhi al cielo.

– Non è quello che facciamo tutti?

– Inoltre, il suo linguaggio corrisponde al *bokmål* standard, – continuò Hanne impassibile. – Nessuna cadenza particolare, nonostante sia di Bærum. Vive in Åros Fjordvei. A Nedre Høvik. Villa sul mare, come si vede su Google Maps. Piú *posh* e di Bærum di cosí si muore. Dovrebbe avere un socioletto piú marcato, secondo me. Piú in linea con il suo modo di vestire.

Ebba appoggiò la fetta mangiata a metà.

Finí di masticare.

– Hanne, – disse.

– Sí?

– Dopo la breve visita di Marius sappiamo che in pratica la polizia è al punto di partenza. E che il cellulare di Henrik è scomparso. Non sono riusciti a trovare nemmeno il portatile. Marius non sapeva nulla della grande serata che Henrik aveva trascorso il 26 febbraio, il che significa che la polizia non è....

Si interruppe. Un sorriso le sfiorò il viso quando, alzando gli occhi dal piatto, aggiunse: – Sei davvero brava a far in modo che le persone ti rivelino delle cose senza rendersene conto, Hanne. Questo bisogna riconoscertelo. Ma il punto adesso è che...

Deglutí e si sciolse la coda di cavallo per poi rifarla piú stretta.

– Possiamo lanciarci la palla e confrontarci quando parliamo della caccia all'assassino o agli assassini di Henrik, ci sto, – riprese infine. – Però sai che non ce la faremo, vero? Lo sai che questo sarà solo una sorta di passatempo in un momento difficile per entrambe?

– Abbiamo risolto il caso de *Il manoscritto*.

– Allora avevamo Henrik!

Spalancando le braccia, Ebba piegò la testa all'indietro in maniera ostentata.

– Avevamo un poliziotto dalla nostra parte! Uno che aveva a disposizione banche dati che ora ci possiamo solo sognare, fonti a cui non abbiamo accesso, e...

– Sono stata io a risolvere il caso, in pratica.

Ebba gemette. Poi, con la testa tra le braccia, si allungò sul tavolo come una bimba arrabbiata.

– Hanne, – disse scoraggiata.

Hanne stava per perdere anche Ebba. Lo sapeva. Tra un'ora o due Ebba se ne sarebbe andata e sarebbe stata via per qualche giorno. Forse settimane. Aveva i suoi problemi da risolvere. Era stufa di lei, come Nefis e come probabilmente Henrik quando era stato ucciso dopo aver implorato un aiuto che lei era stata troppo arrogante per concedergli.

Era stata troppo certa, troppo sicura.

Ora invece tutto era incerto e insicuro.

– Quanto tempo ha il tuo feto? – chiese a bassa voce.

Ebba raddrizzò piano la schiena.

– Esatto, – aggiunse Hanne.

– Non lo so, – sussurrò Ebba. Si schiarí la gola. – È impossibile dirlo. Il mio ciclo mestruale è un casino. Colpa del vaccino, suppongo. Ma secondo l'ecografia la fecondazione è avvenuta il 13 gennaio circa. Non sarà possibile stabilire una data precisa per il parto fino alla diciottesima settimana. Penso. Ma non ci arriverò. Credo.

Hanne calcolò a mente.

– Sono nove settimane, – dichiarò. – Ne hai solo tre per decidere.

Ebba annuí appena. Le tremava il labbro inferiore.

– Il 13 gennaio, – disse Hanne. – Cos'hai fatto?

– Non ne ho idea! – rispose Ebba, di colpo irosa. – Comunque, non ero con un uomo! E neppure a una festa.

Ci rifletté per qualche secondo, prese il cellulare e digitò fino a quando trovò veloce quella che cercava.

Rimase seduta con il telefono in mano e il respiro sempre piú rapido.

– Sono rimasta a casa da sola tutta la settimana, – disse, con voce cosí bassa che Hanne non riuscí a sentire bene le sue parole.

– Cosa?

Ebba alzò lo sguardo.

– Sono rimasta isolata in casa da lunedí 9 a giovedí 19 gennaio. Ero malata. Covid. Sono stata malissimo per quattro, cinque giorni, male quelli dopo. Una mia amica che è medico mi ha detto in seguito che avrei dovuto farmi ricoverare. Almeno per un paio di giorni, per idratarmi. Io, stupida, non ero nemmeno andata dal dottore.

– Quindi non solo manca un uomo in questa storia, – concluse Hanne. – Ma sei rimasta incinta senza vedere l'ombra di un'altra persona.

Guardò di sottecchi il soffitto. Strizzò gli occhi.

– Bene, – disse alla fine. – Iniziamo da qui. Dobbiamo risolvere questo enigma. Puoi prenderti almeno un altro giorno libero?

Mercoledí 16 marzo

Quindici poliziotti stanchi e uno fresco e riposato erano seduti in una delle sale riunioni della centrale, ognuno con la rispettiva tazza di caffè. Erano appena le sette del mattino, ma la sera prima alcuni avevano staccato solo a mezzanotte inoltrata. Due non chiudevano occhio da ventiquattro ore.

Marius Blaaberg aveva dormito le sue nove ore ed era l'unico lí dentro a bere acqua.

Odin Gammelgård era finalmente tornato. Un sospiro di sollievo si era levato in tutta la sezione quando si era saputo che il commissario capo si era trascinato al lavoro molto prima che il periodo di malattia fosse finito.

– Date le circostanze, – aveva borbottato a quelli che, sorpresi e felici, l'avevano accolto con entusiasmo, – non potevo rimanermene a letto.

In piedi a un'estremità della stanza, davanti a una lavagna bianca, sembrava aver bisogno di una lunga permanenza in sanatorio. Quando respirava, emetteva dei piccoli sibili. I pantaloni gli stavano cosí larghi che ci volevano un paio di bretelle per tenerli su. Da tempo aveva le borse sotto gli occhi, ma adesso erano cosí marcate e grandi che parevano un paio di tasche rovesciate che gli ricadevano sugli zigomi.

– Silenzio, – disse tranquillo.

Il brusio e il tintinnio delle tazze cessarono di colpo.

– Sono venuto in ufficio ieri sera, – riprese tossendo. – E ho passato in rassegna il caso insieme al qui presente Herman.

Fece un cenno in direzione di un ispettore capo piú giovane e atletico, con i capelli rossi e la barba.

– Pare tutto piú o meno sotto controllo. Al momento è stato appurato che il decesso è avvenuto nella notte tra venerdí e sabato scorso. Per ora sussistono alcuni margini d'errore. Non sappiamo se il cadavere sia rimasto nel container per quasi ventiquattr'ore. È possibile, visto che per qualche motivo quel giorno il cantiere che occupa l'area cani non ha lavorato. Le indagini tecniche sono in pieno svolgimento.

Tolto il cappuccio a un pennarello rosso, premette con forza la punta sulla lavagna.

– Stiamo raccogliendo informazioni dalle varie società che si occupano della riscossione dei pedaggi cittadini, dalle telecamere dislocate in centro, da...

Ogni volta che esponeva quello che era stato messo in moto, picchiettava la punta del pennarello sulla superficie bianca. Dopo essere arrivato a nove puntini rossi, rimise il cappuccio.

– Però, gente, sappiamo pochissimo di Henrik Holme.

Alcuni abbassarono gli occhi. Altri ne approfittarono per nascondere il viso nella tazza.

– Quindi... ragazzi e ragazze.

La voce era calma, cupa e roca.

– Henrik Holme lavorava qui da piú di dieci anni. Non c'è davvero nessuno che lo conoscesse?

Nessuno si sentí chiamato a rispondere.

– Non abbiamo trovato il cellulare, – continuò Gammelgård scuotendo piano la testa. – A che punto siamo con i tabulati telefonici?

– Ci stiamo lavorando, – rispose il poliziotto dai capelli rossi. – Penso che la Telia ce li fornirà entro la fine della settimana. Abbiamo ovviamente chiesto anche le informazioni sulle stazioni base. Per poter tracciare i suoi movimenti.

– Se siamo fortunati, – commentò Gammelgård. – Il suo computer, quello privato, è scomparso. Abbiamo qualche teoria al riguardo?

Nessuno aprí bocca.

– L'utilizzo della carta di credito, – continuò Gammelgård. – Cosa dice?

– Ci stiamo muovendo.

– Ah. Ci stiamo muovendo.

Fu colto da un violento attacco di tosse.

Nessuno parlò. Il commissario capo si appoggiò al bordo del tavolo con una mano e continuò a tossire nell'incavo del gomito. Alla fine si raddrizzò e, dopo essersi passato la manica della camicia sotto il naso, si raschiò la gola un'ultima volta.

– Di sicuro avrete sentito dire che il long Covid può influire sulle capacità cognitive del paziente. Vi posso rassicurare dicendo che non è il mio caso. Risolvo il cruciverba dell'«Aftenposten» alla stessa velocità di prima.

Fece una breve pausa, presumibilmente in attesa di qualche risata che non arrivò.

– Tuttavia, – riprese, – vi prego di tenere conto del fatto che sono piú stanco del normale, mi addormento come niente e...

Deglutí.

– ... perdo le staffe piú in fretta di prima. Molto piú in fretta. Cosa che mi riporta a una domanda.

Deglutí di nuovo. Abbassò lo sguardo. Si mise a giocherellare con l'accendino.

Marius lo vide imporporarsi in viso, mentre le borse sotto gli occhi diventavano quasi blu.

– *Nessuno di voi* sa dirmi qualcosa di personale sull'ispettore Holme? – esclamò stizzito. – Cosa gli piaceva fare? Che amici aveva? Come…

Gammelgård si interruppe per lasciar correre lo sguardo sulla stanza.

– Andava molto a piedi, – disse una poliziotta. – Amava camminare. A lungo, mi dava l'impressione.

– Ah. Dopo dieci anni che lavoravate insieme sapete che gli piaceva camminare. Appunto.

– E poi non si atteneva al regolamento, – intervenne il rosso, prima di sbadigliare senza coprirsi la bocca. – A casa sua sono stati trovati i documenti cartacei di sei casi. Se li era stampati.

– Quali casi?

– Uno era del tutto privo di interesse. Un caso palese di suicidio. Una ragazza. Risale a qualche settimana fa. Si chiamava Vilde Karoline Bredesen. Tragico, ma cosí ovvio che è già stato archiviato. Che cosa ci volesse fare Holme, non ne ho idea.

– E gli altri?

Gammelgård sollevò la tazza di caffè e guardò l'investigatore da sopra il bordo.

– *Cold cases*. Un omicidio, due stupri e due casi di persone scomparse. Questi ultimi riguardano richiedenti asilo e risalgono a un paio di anni fa. L'omicidio e gli stupri vanno dai cinque ai dieci anni fa. Forse Holme voleva fare l'eroe che li avrebbe risolti mentre era stato sospeso. Che ne so?

Si strinse nelle spalle.

– Fatto sta che portarsi a casa dei documenti del genere rappresenta una chiara violazione delle regole, – aggiunse.

– Okay, – disse Odin Gammelgård. – Escludi il caso archiviato di suicidio, se è cosí ovvio. Indaga sugli altri cinque e controlla se ci sono stati sviluppi. Nuovi elementi, nuove scoperte, anche solo se è stata fatta una richiesta telefonica. Scopri perché se li era portati a casa.

Tossí di nuovo, violentemente.

– Allora, sappiamo che Holme camminava molto, – disse quando riprese il controllo. – E che, contro le regole, si era portato via dei casi. Ma non c'è nessuno qui... Non c'è anima viva...

Tutti fissarono il tavolo. Ora il commissario capo stava gridando.

– *... che possa dirmi qualcosa su chi fosse davvero il nostro collega Henrik Holme?*

A Marius ronzavano le orecchie. Non doveva dire nulla. Doveva restare muto e immobile e fare il pivellino, soprattutto in quel momento, quando gli altri erano stati messi in imbarazzo.

Alzò la mano.

Gammelgård lo guardò con gli occhi stretti, poi emise un grugnito che Marius interpretò come un invito a prendere la parola.

– Henrik Holme era bravo con le piante, – disse a bassa voce.

Un agente seduto quasi in fondo al tavolo alzò lo sguardo esclamando con fervore: – È vero! Nel suo appartamento c'erano molte piante in vaso. Non che me ne intenda, ma sembravano tenute bene. Molto verdi, ecco.

Gli occhi di Gammelgård erano sempre fissi su Marius.

– E tu chi sei? – gli domandò.

– Marius Blaaberg. Agente. Adesso dovrei diventare agente scelto, visto che...

Dopo un rapido sorriso ricominciò da capo: – Ho cominciato qui poco piú di due settimane fa. So anche che Holme amava i Lego. L'ho scoperto cercandolo su Google.

– Non era sui social, – protestò uno dei presenti.

– No, – rispose Marius, – ma visitava spesso un paio di siti dedicati agli adulti che costruiscono con i Lego. Inoltre amava leggere. Possedeva libri molto vecchi, perlopiú, ma...

L'agente che aveva partecipato alla perquisizione dell'appartamento del defunto annuí.

– Ma Henrik andava in biblioteca, – continuò Marius. – Era molto gentile. Empatico. Per esempio, devolveva tutti i mesi un decimo del suo stipendio a fin di bene alla Kirkens Bymisjon. E in effetti aveva degli amici. Buoni amici. So...

– Lo chiami per nome, – lo interruppe Gammelgård. – Da quanto lo conoscevi?

– Be'... insomma... Non l'ho mai incontrato.

Marius non avrebbe dovuto prendere la parola. Si sentí arrossire, fortuna che nessuno poteva accorgersene.

– È che ieri, quindi dopo che... è morto, ho pensato di... Ecco, di andare a casa di Hanne Wilhelmsen.

Un mormorio collettivo si diffuse per la stanza.

– Ah, sí? – esclamò Gammelgård. – Su ordine di chi?

– Di nessuno, – rispose Marius mortificato.

– Cos'è che hai detto?

– Di nessuno! Ma nell'ufficio che sto usando c'erano alcuni suoi oggetti personali e ho pensato che...

Gammelgård si coprí gli occhi con una mano. Con l'altra compí un gesto che zittí subito Marius. Poi abbassò le braccia e riportò gli occhi sui presenti.

– Continuate a occuparvi di quello che stavate facendo, – disse con voce stanca. – Suppongo che siamo consapevoli del fatto che potrebbe essere nominato un sostituto che subentri nella gestione e conduzione delle indagini. Vediamo di svolgere al meglio le ricerche preliminari in modo da facilitare il compito ai nostri colleghi del distretto Est.

– Certo, negli ultimi anni hanno fatto un lavoro straordinario, – commentò con sarcasmo il rosso mentre si alzava. – Quelli di Follo e Lillestrøm sono stati proprio bravi con i vari casi di omicidio e scomparsa.

Qualcuno rise con cautela.

Marius stava per lasciare la stanza.

– Tu! – disse il commissario capo Gammelgård.

Marius si voltò.

– Sí, tu. Vieni con me.

Merda, pensò Marius. *Merda, merda, merda.*

Non avrebbe dovuto aprire bocca.

D'altra parte: almeno ora sarebbe successo qualcosa.

Nonostante fosse mattina, Hanne Wilhelmsen era ancora distesa sul divano. Non era mai capitato prima. Del resto non si era mai sentita cosí stanca dai tempi in cui era stata ricoverata tre mesi all'ospedale di Sunnaas per la riabilitazione dopo la ferita d'arma da fuoco che l'aveva resa paralitica.

– Ho l'osmio nel sangue, – disse sbadigliando.

– Sarebbe? – chiese Ebba, appena tornata dal bagno.

– È il piú pesante di tutti gli elementi chimici. Piú o meno il doppio del peso del piombo. Non riesco a muovermi.

– Allora non farlo. Ora devo andare. Sono già in ritardo.

– No! Resta!

Ebba esitò. Hanne si tirò su a sedere.

– Non riesco a credere che Henrik sia stato sospeso, – aggiunse veloce mentre si allungava a prendere un bicchiere d'acqua sul tavolino. – In centrale sono proprio una manica di imbecilli. Henrik. Molestie sessuali! Non era capace di fare del male neanche a uno scarafaggio. Mi sarebbero bastati al massimo tre minuti per convincere la presunta vittima che si trattava di un malinteso. Henrik era solo un uomo gentile a cui purtroppo toccava vivere nel celibato.

Si afflosciò di nuovo sul divano e chiuse gli occhi.

Stava quasi per addormentarsi.

– Hai mai pensato che Henrik fosse una specie di *incel*? – domandò all'improvviso Ebba, che si era seduta su una poltrona.

Hanne si raddrizzò di nuovo.

– Gli incel diffondono su Internet l'odio verso le donne, nonché fantasie violente, – sbuffò. – E sono responsabili di numerose sparatorie di massa negli Stati Uniti. No. Henrik non era un incel.

Dopo aver appoggiato irritata il bicchiere sul tavolino, si toccò le tempie con le dita.

– Mal di testa, – mugugnò.

– Gli incel possono essere molte cose, – obiettò Ebba. – In realtà significa solo essere involontariamente celibi. Siamo d'accordo che Henrik lo era, no?

– Gli uomini che non riescono ad avere una donna, – mormorò Hanne strofinandosi tre dita sulle tempie. – Questa è solo una delle definizioni possibili.

– Gli uomini che non *scopano*, – la corresse Ebba.

– Non parlare cosí. Sei una pastora.

– *Scopare* non è una parolaccia tanto forte, – disse Ebba. – E io non sono una pastora. E il problema piú grande in assoluto di Henrik era che non aveva mai potuto scopare.

– Basta.

– Era un incel, Hanne. Lo *era*. Un incel molto gentile e premuroso.

– Questo è un ossimoro.

Con un sospiro Ebba fece un pallido sorriso.

– Sí, ma solo perché ci siamo abituati a sentire le storie piú orribili su uomini cosí. Sono abbastanza sicura che alcuni dei miei amici maschi non battono granché chiodo. Ma non vanno in giro a sparare alla gente per questo. Non odiano le donne. Gli incel soffrono spesso piú di disprezzo per sé stessi che di odio verso gli altri. Quando ci pensi, Hanne, concorderai sul fatto che Henrik non avesse molta autostima?

– Non parlare male dei morti. Specie di Henrik.

– Non è quello che sto facendo.

– Sí, invece. Sono stata sui loro siti web. So tutto su NEETs, Chad, Stacy, BlackPill, RedPill, la teoria dell'80/20 e...

Ebba rimase a bocca aperta. Guardava Hanne senza capire, mentre lei continuava: – Gli incel sono convinti che il venti per cento degli uomini si accaparri l'ottanta per cento del sesso esistente. Quei forum online non sono roba da mammolette. Lí trovi davvero odio! Verso le donne, ovvio, ma spesso anche verso ebrei, neri e chi piú ne ha piú ne metta. Il disprezzo di sé stessi non è proprio un elemento di spicco, per dirla cosí.

– Sei *stata* sui loro forum? – disse Ebba sbalordita. – Ma basta entrarci?

– Be', alcuni sono aperti, almeno in parte. Su Reddit, ad esempio. Con altri è peggio. Ho creato profili falsi.

Si passò le dita tra i capelli.

Ebba sapeva che Hanne aveva account su quasi tutti i social. Puntualmente sotto falso nome. L'aveva scoperto l'ennesima volta in cui Hanne aveva saputo fornire dettagli precisi a proposito di una conversazione che si era tenuta su Facebook. Quando Ebba l'aveva messa con le spalle al muro, lei si era difesa dichiarando di essere solo un'osservatrice e che non era vietato avere profili falsi.

– Mi hanno bannato dai primi due forum incel a cui ho provato ad accedere. Non ero abbastanza brava a interpretare la parte, neppure il mio linguaggio era all'altezza. Ma poi ho letto...

Si spostò di peso sulla sedia a rotelle e andò alla libreria. Le ci vollero pochi secondi per trovare un libro di colore rosso acceso, che consegnò a Ebba.

– ... questo. È stato scritto da un medico svedese, Stefan Krakowski. Ha tentato anche lui di fare la stessa cosa. A scopo di ricerca. Dopo averlo letto, sono riuscita a rimanere in un forum nordamericano per un paio di mesi. Prima di essere buttata fuori pure da lí.

Ebba diede un'occhiata al libro e notò che il sottotitolo era in lingua originale.

– Meglio cosí, – aggiunse Hanne a bassa voce. – Sono... terribili. Le discussioni, le persone...

Rabbrividí.

– Alcuni incel sono persone di talento, è questo il peggio. E, a quanto pare, il loro numero è in aumento.

Ebba ci capiva ben poco. Benché Hanne sapesse molto su tante cose, il motivo per cui aveva una conoscenza cosí approfondita del movimento incel superava di gran lunga la sua comprensione.

Sbirciò prima il libro, poi lei.

– Ma *perché*, Hanne? Perché diavolo hai voluto approfondire l'argomento?

Hanne aveva di nuovo lo sguardo perso nel vuoto.

– Perché hai colpito nel segno, – sussurrò, deglutendo rumorosamente. – Henrik è un ossimoro. Era un'unica, grande contraddizione.

Ebba si rese conto di respirare a stento.

– Un uomo buono e gentile, – riprese Hanne alla fine, – che si sentiva molto, molto frustrato per colpa della sua mancanza di successo con le donne. Un incel dal cuore d'oro. Ero cosí spaventata...

Lo sguardo di Hanne tornò a fuoco. Fissò Ebba mentre ammetteva con voce sommessa: – Ero terrorizzata.

– Da cosa?

– Che Henrik potesse finire in un ambiente del genere. Specie durante la pandemia, in un periodo di maggiore solitudine e isolamento. Sotto molti aspetti era il prototipo dell'uomo che può farsi trascinare in uno stato di miseria e infelicità. A volte pareva... *tormentato* dalla mancanza di sesso e intimità.

Si guardò intorno. Poi si coprí gli occhi con una mano per alcuni secondi.

– Henrik era alla costante ricerca di un senso di appartenenza, – aggiunse. – E io non sono stata abbastanza brava da darglielo. Non sono brava in niente, a quanto sembra.

Distolse lo sguardo. Ebba sedeva immobile.

– Secondo te, – disse Hanne, – potrei averlo spinto a entrare in qualcosa che non era in grado di gestire? Pareva cosí disperato nei suoi messaggi. Mi supplicava di aiutarlo, e penso che forse...

– I messaggi? Quali...

– Questi.

Hanne ripescò lo scambio di sms che aveva fatto esplodere Nefis e l'aveva convinta ad andarsene. Poi passò il cellulare a Ebba.

– Non voglio, – protestò d'istinto quest'ultima, arretrando.

– Devi, – rispose Hanne. – Nefis ritiene che io sia responsabile di quello che è successo. Della morte di Henrik. Tu cosa ne pensi?

Ebba prese riluttante il telefonino.

Lesse.

E glielo restituí.

– A essere sincera non saprei, – disse piano. – Come sai, ho i miei problemi da affrontare.

Ora fu lei a distogliere lo sguardo. Non aggiunse altro. Non c'era piú niente da dire.

In Baglerfaret il giovane sapeva che suo padre era tornato dal lavoro. Al suo arrivo gli pneumatici scricchiolarono sulla ghiaia del vialetto; il portone del garage avrebbe dovuto essere oliato. Sentí il rumore di passi che giungeva da sopra. Passi decisi, pesanti, che purtroppo si stavano avvicinando alle scale.

Era riuscito a rincasare per tempo dal suo giro di pattugliamento a Torshov. Si era fatto una doccia, si era cambiato e aveva messo i vestiti bagnati in un sacco di plastica nera, che ora era infilato sotto la panca della sauna, nella parte piú interna del seminterrato. Doveva ricordarsi di appenderli ad asciugare quella notte stessa dopo che suo padre si era coricato.

– Sono dovuto andare fino a quella cazzo di Jessheim, – sentí il padre lamentarsi mentre scendeva nell'appartamento. – Spogliati.

– Mi devo spogliare?

– Sí. Basta dalla vita in su.

Il figlio obbedí mentre il padre ripuliva il tavolo da pranzo che c'era davanti al cucinino in un angolo della stanza.

– Sdraiati lí sopra, – gli disse prima di rovistare in un sacchetto che aveva con sé.

– Perché?

– Sai quanto tempo ci vuole per rimuovere un tatuaggio in maniera normale?

– No, non ho intenzione di…

– Settimane, – lo interruppe il padre. – Bisogna ricorrere a piú sedute con il laser e il risultato non è garantito. E il peggio... Sdraiati!

Il figlio si sdraiò lentamente sulla schiena.

– Cosa vuoi fare? – gemette.

– Il peggio è che qualcuno potrebbe vedere questa schifezza. Girati.

– Non voglio.

– Girati. Sono dovuto andare fino a Jessheim per comprarla. L'ho trovata online su Finn e al venditore ho fatto credere di essere un portatore sano. Ho messo i soldi nella cassetta delle lettere. Lui li ha presi, e quando sono tornato ho tirato fuori questa. In altre parole non mi ha mai visto. Prendere le dovute precauzioni. Agire con cautela. Quello che avresti dovuto imparare a fare.

Estrasse dal sacchetto un piccolo apparecchio. Il figlio lo riconobbe subito, era una macchinetta per tatuaggi.

– Ma tu non sai tatuare, – si lamentò.

– No. Non importa. Girati. *Girati!*

Il padre appoggiò il braccio sinistro sopra la nuca del figlio, che si sentiva inchiodato al tavolo. Gli faceva male la testa. Ma nulla era paragonabile al dolore intenso che provò non appena il padre si mise all'opera. Con la mano destra diede inizio a un lavoro di tatuaggio che dopo soli dieci minuti costrinse il figlio a infilarsi uno straccio in bocca con l'ordine di darsi una regolata.

Il tutto durò piú di due ore.

Il ragazzo aveva l'impressione di essere svenuto piú volte. Forse per via del dolore prolungato e insopportabile, forse per la costante pressione sul collo che impediva al sangue di affluire al cervello. In ogni caso, perse i sensi quando tentò di alzarsi. Il padre era già scomparso quando lui riuscí ad appoggiare saldamente i piedi per terra.

Barcollando, andò in bagno.

Quando, contorcendosi, riuscí a sollevare la spalla sinistra, vide il risultato dello scempio. Dove la mattina c'era la riproduzione raffinata di dodici cavalli focosi che facevano a pezzi una donna, ora c'era un orribile quadrato nero dai bordi irregolari.

Aveva la schiena rovinata per sempre. Cominciò a singhiozzare.

A Grimstad, Gabriel Viken era quasi al suo terzo thermos di caffè della giornata.

Era molto, perfino per i suoi standard.

Sedeva al tavolo della cucina, dove solo poco piú di due settimane prima aveva avuto il piacere di conversare con quel giovanotto di Oslo. Si chiamava Henrik Holme, ma non gli aveva neppure accennato che lavorasse nella polizia.

Era stata una delusione, sia per lui che per Freddy. Il cane mugolava nel sonno, sdraiato nella sua cesta accanto alla stufa a legna, che Gabriel continuava ad accendere ogni mattina verso le sei. Di legna ne aveva piú che a sufficienza. Con i prezzi dell'elettricità in perpetuo aumento, preferiva starsene in cucina tutto il giorno. A Natale i figli e nipoti gli avevano regalato un grande iPad. Un regalo troppo bello, sicuro per compensare il fatto che venivano a trovarlo di rado. Niente di strano, avevano molto da fare e nessuno di loro viveva nella Norvegia meridionale. L'iPad funzionava bene anche come tv, cosí a Gabriel bastava scaldare il bagno e la cucina.

Henrik Holme gli aveva mentito spudoratamente.

Aveva mentito!

In preda all'indignazione Gabriel aggiunse una zolletta in piú e girò il cucchiaino con vigore eccessivo. Del caffè traboccò sul piattino e fu costretto a riversarlo nella tazza.

Ora quell'uomo era morto.

Che strano. Tutto quanto, sí! Poco tempo dopo che Vilde Karoline era morta era venuto fino a Grimstad a ficcanasare sulla sua infanzia, poi era rimasto ucciso. Assassinato, per la precisione, e sui giornali, nelle vaghe descrizioni del cadavere, si poteva leggere molto tra le righe. A Grimstad nessuno credeva piú all'incidente mormorato dai genitori di Vilde Karoline. Qualcuno conosceva qualcun altro che conosceva qualcun altro ancora che aveva letto qualcosa su questi social e sembrava che quanto aveva detto Henrik Holme fosse vero. Vilde Karoline si era tolta la vita.

Gabriel alzò lo sguardo e lanciò un'occhiata verso la casa dei Bredesen.

Era come se fosse sprofondata ulteriormente. Come se, in un certo senso, si fosse chiusa ancora di piú intorno ai suoi due abitanti via via che girava una voce dopo l'altra. Ora si sussurrava persino che Vilde fosse incinta quando era morta. Il colmo del tetto pareva oscillare minaccioso, come un vecchio ronzino diretto al macello. Man mano che la luce primaverile avanzava e le giornate si allungavano, era sempre piú evidente che i pannelli di legno che rivestivano la casa non avevano solo bisogno di essere raschiati e dipinti, ma andavano sostituiti. Magari nel corso dell'anno, pensò Gabriel, scuotendo partecipe la testa.

Quella della gravidanza era solo una diceria.

Le dicerie erano un condimento della vita quotidiana a cui lui non aveva mai detto di no, ma andavano prese con le molle. Vilde Karoline non era il tipo da rimanere incinta fuori dal matrimonio. I suoi genitori sarebbero morti di crepacuore, senza dubbio. Anche se negli anni Ottanta si erano lasciati irretire da quella strana setta, erano fondamentalisti fino al midollo. Gabriel si atteneva alla propria fede, non era questo. Ma dall'alba dei tempi i giovani trovavano il modo di divertirsi un po' prima che il prete dicesse la sua. Per Gabriel non si trattava di un peccato così grande; il suo primogenito era nato, bello e sano, cinque mesi dopo che lui e Agathe si erano sposati, e nessuno dei due aveva mai tenuto la testa bassa davanti alla gente per quel motivo.

Neanche nel 1962.

E ora? Sessant'anni dopo?

Scosse di nuovo la testa.

Freddy si era svegliato. Ora dormiva piú pesantemente e per periodi sempre piú lunghi. Gabriel dovette aiutarlo a salirgli in grembo, dove una volta saltava da solo.

– Bello il mio tesoro, – sussurrò all'orecchio del cane. – Amore di papà.

Henrik Holme gli era sembrato un bravo ragazzo. Cortese e gentile, così beneducato che non gli aveva nemmeno pisciato sulla recinzione, per quanto non ce la facesse piú.

Che fosse stato ucciso poco dopo era davvero una strana coincidenza.

Gabriel teneva il braccio sinistro intorno a Freddy. Con la mano destra ripescò l'articolo piú recente che l'«Aftenposten» aveva pubblicato sull'omicidio del poliziotto e lo rilesse.

– Adesso dobbiamo riflettere a fondo, – disse sottovoce al cane. – Henrik doveva avere un motivo per non dirmi che era un poliziotto. Forse cercava di risparmiare alla famiglia qualcosa di peggio del suicidio e di una presunta gravidanza.

Strinse con piú forza Freddy a sé e guardò fuori dalla finestra senza puntare l'attenzione su nulla. Forse Vilde Karoline era coinvolta in qualcosa di criminale? Impensabile. Forse lo era Henrik Holme? Piú Gabriel rifletteva sulla visita così gradita di quel giovane, piú gli pareva strano il suo comportamento.

Comunque era stato educato e il suo sguardo era buono.

Due ragazzi freschi e sani che si conoscevano. Entrambi morti nel giro di poche settimane, entrambi in modo drammatico. Il secondo cercava informazioni che riguardavano la prima, poi era stato ucciso.

– Tutta questa storia mi manda in confusione – disse frustrato a Freddy. Lo appoggiò a terra e si alzò rigido. – Andiamo a fare una passeggiata?

L'entusiasmo sfrenato di un tempo al sentire la parola «passeggiata» si era ridotto a uno scodinzolio. Però il cane si diresse verso la porta, dove restò tranquillo in attesa.

Gabriel rimase immobile. Guardò di nuovo la casa dei Bredesen.

Di sicuro volevano essere lasciati in pace.

Trovare una sorta di tranquillità nella catastrofe.

D'altro canto, pensò di nuovo Gabriel.

Visto che Henrik era venuto in incognito, in un certo senso, non era scontato che i suoi colleghi della polizia a Oslo sapessero che era stato lí. Probabile che non fosse neppure importante. Casualità.

Però il poliziotto che la sera prima avevano intervistato al telegiornale lo aveva detto chiaro e tondo: se qualcuno era in possesso di informazioni che riguardavano il caso, doveva assolutamente contattare la polizia.

E di informazioni Gabriel ne aveva.

Si staccò da quei pensieri, gli ronzavano solo per la testa. Aprí lo sportello della stufa e infilò un ceppo tra le braci, richiuse per bene e andò nell'ingresso. Infilò il collare fatto in casa a Freddy, si mise un vecchio giaccone cerato e un paio di guanti di pelle, poi aprí la porta.

Quella sera sarebbe uscito senza berretto: il tempo era piú mite.

Dopo, in merito alla questione di chiamare la polizia, ci avrebbe dormito sopra.

Qualcosa era cambiato.

Quando lunedí sera Ebba aveva trovato Hanne quasi svenuta dalla disperazione e disidratata, qualcosa di fragile aveva cominciato a sgretolarsi tra di loro. Nell'istante in cui, un giorno e mezzo dopo, aveva letto l'ultima conversazione intercorsa tra Hanne e Henrik, qualcosa si era rotto sul serio.

La cieca ammirazione per lei, forse.

E anche un po' di rispetto: con gli amici, quel tipo di linguaggio non si usava a prescindere. Tra loro due si era creato un grande imbarazzo quando Hanne aveva lasciato che Ebba leggesse i messaggi. Non era tenuta a farlo. A priori Ebba non ne sapeva nulla e non capiva perché non fossero stati cancellati prima che Nefis li vedesse.

Hanne aveva insistito.

Sembrava una penitenza. Una punizione autoinflitta. O forse era piuttosto il risultato di una brama di catarsi, come se il perdono di Ebba fosse l'unica cosa a cui, in assenza di Nefis e Henrik, Hanne potesse anelare.

Non c'era nessun perdono che Ebba si sentisse di concedere. Le ultime parole che lei stessa aveva detto a Henrik le ruotarono pesanti nella testa per tutta la mattina: «Sei cosí gentile. Sei una persona buona e gentile, e meriti molto piú di quello che ricevi».

Parole con cui era possibile convivere.

«Vaffanculo» non era proprio la stessa cosa.

Ora Hanne e Ebba erano sul medesimo piano.

O almeno quasi, ma era una sensazione molto sgradevole.

Nonostante questo, Ebba non se ne andò. Mandò un messaggio al caporedattore per dirgli che avrebbe lavorato da casa un altro giorno e ricevette un semplice pollice in su come risposta. Aveva preso in prestito degli abiti puliti, e di articoli da toeletta ce n'erano a sufficienza in quel grande appartamento.

Il silenzio che era sceso dopo che Ebba aveva visto gli sms era stato spiacevole. Imbarazzante e insolito.

Quindici minuti dopo, Hanne era tornata al suo Mac come se niente fosse.

Ebba non riusciva mai a raccapezzarsi quando si trattava di quella donna.

Non capiva cosa avesse in testa. Un momento mostrava una vulnerabilità e una disperazione sconosciute. In quello successivo era la stessa di sempre: doveva risolvere un caso di omicidio e il mistero della gravidanza di Ebba. Con le sue forze, solo con un aiuto da parte di un'amica.

L'ultima che aveva.

Senza Henrik, Hanne non aveva nessuna possibilità di risolvere nulla, questo Ebba lo sapeva. Era ovvio. Ma se pensare a qualcosa del genere poteva aiutarla a superare quei primi, terribili giorni senza Nefis, allora forse era meglio cosí.

Basta che funzioni, pensò lei, che nel corso della giornata era riuscita a sbrigare un mucchio di lavoro di routine sull'iMac. Abbastanza singolare, dato che la sua mente vagava in tutte le direzioni. Non aveva idea di cosa combinasse Hanne, seduta dall'altra parte del tavolo.

Ma di sicuro qualcosa combinava.

Era rimasta incollata al computer per otto ore. Erano quasi le sei e un quarto. A volte fissava a lungo lo schermo, a volte le dita correvano sulla tastiera cosí veloci e cosí a lungo che sembrava stesse partecipando a una gara. Ogni tanto indossava le cuffie, con la mano destra sul mouse e il mento appoggiato sulla mano sinistra. In quei momenti pareva quasi che stesse giocando a qualcosa.

Si erano a malapena scambiate una parola quando il cellulare di Hanne si mise a squillare.

Hanne sobbalzò ed Ebba lesse chiaramente la delusione dipinta sul suo volto nell'istante in cui realizzò che a chiamare non era Nefis e nemmeno Ida.

– Sí, – disse secca.

Pausa.

– Ah. Come se fosse un interrogatorio?

Silenzio.

– Allora deve venire lui qui.

Nuova breve pausa.

– Domani quando volete, purché mi avvisiate almeno un'ora prima.

Interrotta la chiamata, posò il cellulare e si riconcentrò sullo schermo.

– Chi era? – chiese Ebba, irritata dal silenzio di Hanne.

– Marius Blaaberg.

– Cosa voleva?

– Convocarmi per un interrogatorio. A quanto pare, c'è un ispettore capo che insiste. Marius era quasi imbarazzato.

Ancora una volta pareva piú interessata a qualcosa che aveva trovato su Internet.

– E poi? – disse Ebba infastidita.

– Se la polizia vuole parlare con me, allora la polizia deve venire qui.

Ebba si piegò di lato per vedere il volto di Hanne dietro lo schermo. Era serissima.

– Dopotutto sono disabile, – disse. – Inoltre ora come ora ho cose piú importanti da fare.

Arretrò con la carrozzina, quindi si riavvicinò al tavolo ma piú a sinistra, in modo da avere un contatto visivo con Ebba.

– Ne dobbiamo parlare, – proseguí. – Prima o poi. Dobbiamo scoprire come sono andate le cose.

– No.

– Sí.

– Non ce la faccio.

Sapeva di essere incinta da tre settimane. Il pensiero del bambino continuava a macinarle nella testa quando era sveglia. Le aveva anche causato degli incubi. A parte il medico, ne aveva parlato solo con due persone, Henrik e Hanne, ma non era mai riuscita a trovare la forza di spingersi oltre la conclusione che le era successo qualcosa di impossibile.

Non era in grado di approcciarsi all'idea che qualcuno avesse abusato di lei. Il suo corpo si contraeva al pensiero, la nausea aumentava e le venivano dei crampi all'altezza del diaframma.

Aveva fatto quattro nuovi test di gravidanza sperando in un errore. Erano tutti positivi. Forse l'ecografia mostrava solo qualcosa che somigliava a un fagiolo, ma il medico aveva potuto confermare con certezza che era un embrione.

Non serviva a nulla fuggire dai fatti nudi e crudi.

A un certo punto doveva andare avanti. Hanne aveva ragione: doveva cercare di capire cos'era successo. Quando vide dal lato opposto del tavolo quell'espressione caratteristica, con gli occhi socchiusi e la bocca contratta, capí che era arrivato il momento.

– Non so se ce la faccio, – disse piano.

– Devi, – rispose Hanne.

– No. Posso prendere un appuntamento dal medico domani e chiudere la questione. Dimenticare tutto.

– È quello che vuoi?

– Non lo so. Non ho idea di cosa voglio. Sono confusa. Mi rifiuto di avere un bambino senza sapere come è stato concepito. O con chi l'ho fatto. Eppure...

Deglutí. Sbarrò gli occhi.

– Eppure, è il seme di un bambino vero. Il mio. Il mio bambino.

– Cerchiamo di tracciare una linea temporale piú precisa di questa storia, – disse Hanne con calma.

Ebba non rispose.

– Eri malata, – iniziò l'altra. – E hai vissuto in un isolamento completo.

Ebba annuí.

– Quanto stavi male?

– Parecchio. Sono contenta di essermi vaccinata. Perché è stato davvero terribile. Peggio che per tutti quelli che conosco.

– Perché non sei andata dal medico?

– Riuscivo a malapena a stare in piedi! E poi...

Chiuse il laptop.

– Cosa può fare un medico di base contro il Covid? O finisci in ospedale o rimani a casa ad aspettare che ti passi. Ho scelto la seconda opzione.

– Come hai fatto a procurarti da mangiare?

– Non ho quasi toccato cibo.

– Per... per dieci giorni? Hai detto che sei stata in casa da sola dal 9 al 19 gennaio. Sono dieci giorni, Ebba. Devi pur aver mangiato qualcosa.

– Sí, sí. Ho ordinato alcuni generi alimentari. E una delle ultime sere ricordo di aver usato Wolt. Mi sono fatta portare del cibo già pronto. Sushi? No. Quesadilla! Volevo qualcosa di saporito. Il che si è rivelato inutile, visto che avevo perso il senso dell'olfatto e del gusto.

– Puoi controllare la cronologia dei tuoi ordini?

Ebba trovò l'account su Oda.no.

– Ho ordinato da mangiare il 10, il 12 e il 15 gennaio, – disse con gli occhi fissi sullo schermo. – Pane, uova...

Avvertí un conato di vomito, nelle ultime settimane aveva sviluppato un'avversione totale per le uova. Le veniva la nausea solo a guardare la foto di una gallina.

– ... Cowboy-Cola, cioè con lo zucchero, succo di mela, acqua minerale...

Si tolse l'elastico dai capelli senza rifarsi la coda di cavallo.

– ... patatine, – mormorò. – Patatine? Ma se non le mangio mai. Forse pensavo di aver bisogno di sale?

– Ti dispiace fare uno screenshot e mandarmelo?

Ebba annuí. Fu una questione di secondi.

– Non hai comprato alcolici? – le domandò Hanne. – Per esempio della birra.

– No! Stavo proprio male. Perché, tu la bevi quando sei malata?

– Non bevo birra.

– Ma sí che la bevi. Ogni tanto. Inoltre non potevo comprare nulla che richiedesse un documento d'identità. Avevo scritto sull'account che ero portatrice del virus e che quindi dovevano lasciarmi la roba davanti alla porta di casa.

Hanne inclinò la testa.

– Hai ritirato subito i sacchetti?

– In che senso?

– Il rider deve pur suonare il campanello al pianterreno per farsi aprire. Poi lascia la spesa davanti alla porta. Hai aperto e l'hai presa subito?

Sospirando Ebba si grattò l'occhio destro con l'indice.

– Immagino di sí.

– Immagini o lo sai?

– Non me lo ricordo! Ero uno straccio, te l'ho detto. Avevo spostato il materasso sul pavimento perché non ce la facevo a salire e scendere la scala a pioli per raggiungere il soppalco ogni volta che dovevo andare in bagno. A proposito, non capisco perché insisti tanto con il cibo, la birra, le patatine e... *bah!*

Fece una smorfia e afferrò la bottiglia d'acqua accanto alla tastiera.

– Se escludiamo la possibilità dell'intervento di Dio Onnipotente in questa fecondazione, – disse Hanne tranquilla, – e credo che sia il caso di farlo, per concepire un bambino serve uno spermatozoo.

– Sí, certo, – replicò Ebba e bevve. – E un ovulo.

– Esatto. L'ovulo era il tuo, quindi la sua provenienza la conosciamo. Quello che dobbiamo capire è da dove è saltato fuori lo spermatozoo.

Ebba provò un'intensa repulsione per la situazione in cui si trovava. La gravidanza era sua. I problemi che ne derivavano pure. Era stata una sciocchezza confidarsi con Hanne. Lei avrebbe dovuto capire che non sarebbe stata capace di lasciare insoluto un tale mistero.

– Lasciami stare, – mugugnò, nascondendosi tra i capelli che le ricadevano sul viso. – Di certo quello spermatozoo non è arrivato a me attraverso i sacchetti di plastica della Oda.

Hanne non rispose. Ebba chiuse gli occhi. Era stanca morta, ma dubitava che sarebbe riuscita a dormire. Invece si appisolò, e si svegliò di soprassalto quando sentí Hanne chiederle: – Posso vedere le tue chiavi?

– Eh... Cosa hai detto?

– Le chiavi di casa. Posso vederle?

– Perché? Quella della vostra porta che mi ha prestato Ida?

– No. Le tue. Dell'appartamento a Sankthanshaugen.

Ebba era troppo sfinita per protestare, cosí tirò fuori le chiavi dal borsone che teneva accanto alla sedia.

– Quella blu è del portone, – spiegò. – Quella rossa è della porta di casa. Al primo piano. L'ultima è la chiave della cantina. A proposito, non ho un appartamento! È un minuscolo monolocale dove sto per impazzire.

Hanne prese il mazzo di chiavi, che erano tenute insieme da un anello attaccato a un libricino aperto in ottone. Afferrò la chiave rossa e se la portò vicinissima agli occhi per studiarla. Poi la annusò. L'assaggiò anche con la punta della lingua.

– Cosa stai facendo? – esclamò Ebba.

Agguantato il cellulare, Hanne accese la funzione torcia, poi, tenendo di nuovo la chiave vicino a un occhio, la illuminò mentre chiudeva l'altro.

– No, – commentò, come parlando a sé stessa.

– No, cosa?

– Non è numerata? – disse Hanne con aria interrogativa. – Con questa puoi andare da qualsiasi fabbro o ferramenta e farti fare un duplicato. Di solito, quando si tratta di palazzine, le chiavi non sono numerate? Da ordinare tramite l'amministratore? O almeno, qui è cosí.

– Di sicuro, ma era troppo costoso. Ci sono molti affittuari nel palazzo e la gente perde le chiavi di continuo. Una nuova costava quasi mille corone. E poi c'è un grande turn over, quindi molte vengono smarrite. Duplicare queste costa meno di cento corone.

Indicò con la testa il mazzo, che Hanne aveva posato.

– Come vedi, la chiave del portone è numerata.

Hanne rimase assorta nei propri pensieri. Dopo alcuni secondi tornò davanti all'iMac. Dai movimenti delle mani sembrava che stesse inserendo alcune parole, leggesse, ne inserisse altre. Leggesse di nuovo. Tutto a un ritmo frenetico.

Il cellulare di Ebba emise un suono.

Lei lo prese e aprí il messaggio.

«Ciao Ebba, Aasmund e io siamo al Theatercaféen che ti aspettiamo. Stai arrivando? David».

– No. *No, no, no!*

– Che succede? – borbottò Hanne senza togliere le dita dalla tastiera.

– Devo correre! In questo momento dovrei essere a cena con un autore molto importante e il capo della narrativa!

Si diede un colpo in testa mentre si alzava.

– *Come ho fatto a dimenticarmelo?*

– Hai già abbastanza cose a cui pensare, – disse Hanne. – Scordati pure l'appuntamento.

– No, devo...

Ebba era indecisa se prendere in prestito dei vestiti e prepararsi lí, o scusarsi per un ulteriore ritardo e correre a casa a cambiarsi.

– Che ore sono? – gemette.

– Le sei e venticinque.

– Avrei dovuto essere lí alle sei! Me lo avevano comunicato lunedí! *No!*

– Lascia perdere. Avresti bisogno di lavarti i capelli. E poi hai addosso i miei vestiti. Che, a essere onesti, sono un po'...

Tenendo la mano davanti a sé, Hanne la fece oscillare.

Ebba si guardò. Indossava dei jeans che non riusciva ad abbottonare in vita e un maglione che aveva visto tempi migliori. Inoltre, le maniche erano troppo corte.

– Posso prendere in prestito qualcosa di Nefis? – chiese, pentendosene subito.

– Non posso prestarteli, – rispose Hanne sconsolata.

– Questo lo capisci. Ti ho permesso di metterti i mie perché non li uso piú. Manda un messaggio dicendo che sei malata. È quasi vero.

– Si tratta di Aasmund Aaletjønn! – sbottò Ebba, che stava per scoppiare in lacrime. – È uno dei nostri scrittori piú prestigiosi.

Hanne si strinse nelle spalle e riprese a lavorare.

Ebba si sentí mancare. Non presentarsi a una cena concordata con un autore era inaccettabile di per sé. Il fatto che l'ospite fosse un celebre poeta che aveva appena consegnato un manoscritto nuovo ed eccellente non faceva che peggiorare la situazione. Non presentarsi senza averne dato preavviso era inconcepibile.

Dovette appoggiarsi allo schienale della sedia.

La nausea era insopportabile.

Si risedette lentamente. Prese il cellulare e digitò un messaggio: «Mi spiace moltissimo, David, ma mi sono ammalata. Avrei dovuto avvertirti prima, ma ho sperato fino all'ultimo di potervi incontrare. Penso sia un virus intestinale ed è molto contagioso. SCUSA! Cari saluti a te e Aasmund, Ebba B».

Si costrinse ad aspettare la risposta.

Tutta rigida sulla sedia, attese per cinque minuti. Hanne continuava imperterrita a sbrigare le sue cose, come se Ebba non fosse piú in quella stanza. David doveva essere arrabbiato. O almeno molto irritato, dato che non rispose. In ogni caso, non aveva senso restare lí, quindi Ebba si alzò, mise le sue cose nel borsone e si diresse verso l'ingresso.

– Dove vai? – chiese Hanne con voce tagliante.

– A casa. A lavarmi i capelli. Hai detto tu che ne avevo bisogno. Dormo là.

– Aspetta.

Ebba si girò a metà.

– Credi... – disse Hanne piano. Aveva tolto le mani dalla tastiera e si stava muovendo di lato per allontanarsi dallo schermo.

– Credo cosa? – domandò Ebba quando l'altra esitò.

– Credi che Nefis tornerà mai da me?

La sua voce era flebile, quasi come quella di una bambina. Ebba si voltò completamente e fece finta di riflettere sulla risposta.

– No, – disse forte. – Non credo proprio.

Un poeta trova parole ovunque.

Anche sulla tristissima metropolitana per Vestli, dove Aasmund Aaletjønn, sazio e deluso, sedeva quasi da solo in un vagone. Il fatto che Ebba Braut non si fosse presentata a cena era stato un brutto colpo. Se lei lo avesse avvisato il giorno prima della sua assenza, non si sarebbe messo in viaggio dal Vestfold.

Ma forse non era ancora malata.

Di solito, a Oslo ci veniva in macchina. In quelle rare occasioni, la casa editrice pagava sempre il salatissimo parcheggio. Stavolta, però, era andato in auto solo fino a Sandefjord. Da lí aveva preso il treno per la capitale, si era installato come al solito al *Continental* e aveva incontrato David Eriksen per un aperitivo al bar del rinomato hotel a cinque stelle. Avevano finito per ordinare due gintonic ciascuno, in attesa che comparisse Ebba Braut.

Erano le nove e mezza e, se non fosse stato perché Aasmund Aaletjønn aveva ricevuto una risposta immediata al messaggio inviato mezz'ora prima, tutto il viaggio sarebbe stato un completo fallimento.

Almeno ora ne sarebbe venuto fuori qualcosa di positivo.

Non aveva idea del motivo per cui dovevano incontrarsi a Kalbakken, da un kebabbaro in periferia. I giovani se ne uscivano con tante cose strane, forse soprattutto quelli di Oslo. Di certo Aasmund non avrebbe ordinato nessun kebab, si era gustato un'ottima cena composta da tre portate: asparagi bianchi, merluzzo e formaggi squisiti.

Però un paio di birrette se le sarebbe bevute.

La cosa piú importante era incontrare il ragazzo.

Il figlio.

Provò una grande gioia al solo pensiero di quella parola e per un attimo dimenticò la poesia su cui stava rimuginando.

Era presto, ovviamente. Troppo presto, sapeva di dover pubblicare *La rupe della stirpe* prima di potersi cimentare con qualcosa di nuovo. Eppure, non era riuscito a resistere alle frasi che si facevano strada nella sua mente. Aveva trovato il ritmo qualche giorno prima, ma la poesia era tutt'altro che pronta. Andava curata, concimata e riscritta piú volte.

Quella poesia era un regalo.

Ma non per il figlio, quindi piegò il foglio e se lo infilò nella tasca della giacca, dove aggiunse anche la Mont Blanc dopo averle messo il cappuccio.

Era arrivato a destinazione, scese. Google gli disse che mancavano 483 metri alla *Bislett Kebab House*. Un nome strano per un posto a Kalbakken, ma neppure quello aveva importanza. Percorse il mezzo chilometro in pochi minuti e, non appena lo vide, provò un brivido di gioia.

– Ciao, – disse quando raggiunse il giovane e il suo grande monopattino elettrico.

Il figlio gli tese la mano proprio nell'attimo in cui Aasmund stava per abbracciarlo, come si fa tra due uomini. Non avendo il tempo di tornare sui suoi passi, il tutto si trasformò in un momento imbarazzante che per fortuna fu interrotto dal sorriso del ragazzo, che esclamò: – Che bello vederti!

Aasmund sorrise di riflesso, poi sbirciò il negozio di kebab. Non sembrava molto allettante. L'insegna quasi accecava, e dai vetri si vedeva che neppure l'illuminazione all'interno invitava a creare un'atmosfera intima e accogliente intorno al tavolo.

– Entriamo? – chiese, facendo un cenno verso la porta. – Fa freddo!

– Purtroppo non ho tempo.

– Cosa?

– Hai già mangiato, vero?

– Sí, ma potremmo berci un paio di birre, o...

– Non hanno la licenza per somministrare gli alcolici. Vendono solo bibite.

– Ma...

– C'è un bancomat laggiú.

Indicò a nord.

– E ho davvero bisogno di soldi. Gli studi sono cosí impegnativi che non posso lavorare quanto vorrei. E dovrei.

Distogliendo lo sguardo, giocherellò con il manubrio del monopattino.

– Cos'è successo? – domandò Aasmund preoccupato.

L'occhio del ragazzo era quasi incollato. Anche se dava le spalle alla luce del *Bislett Kebab*, nella semioscurità si vedeva il grosso livido. Sopra l'arcata sopraccigliare dell'altro occhio aveva un taglio che doveva essere profondo. C'era una crosta e la ferita si apriva a un'estremità.

– Sono caduto con questo, – disse in fretta il ragazzo, scuotendo appena il monopattino. – Non è niente.

– Hai già bisogno di soldi?

– Sí. Grazie per l'ultima volta, ma è diventato tutto cosí caro.

Aasmund Aaletjønn misurò suo figlio con lo sguardo. Erano alti uguali. Da giovane, aveva avuto gli stessi capelli scuri. E quella rosa in mezzo alla fronte che impediva qualsiasi pettinatura. Sorrise.

– Certo che ti aiuto. Però in un bancomat posso prelevare al massimo diecimila corone al giorno.

– Novemila e novecento. Ma per ora bastano.

Rimasero in silenzio. Il kebab che facevano in quel posto doveva andare per la maggiore perché, da quando era arrivato, era un viavai di gente che entrava e usciva. Non si sedeva nessuno, era di sicuro un locale che puntava sul take-away.

– Allora andiamo!

Diede al figlio una leggera pacca sulla spalla e si incamminò. Al bancomat prelevò l'importo massimo, che era proprio di novemila e novecento corone. Le banconote erano nuovissime. Crepitavano mentre le piegava, tenendole tra indice e medio.

– È per il passeggino? – chiese, sfoderando un sorriso.

– Sí. Forse. O... Sí. Il passeggino.

Il giovane prese i soldi e se li infilò nella tasca posteriore.

– Quando lo potrò raccontare? – gli domandò Aasmund.

– Sai... le donne sono piú prudenti. Devono passare i primi tre mesi. In modo da essere piú sicuri. Che nulla vada storto.

– Ma dovrebbero essere già trascorsi, no? È...

– Aspetta, – lo interruppe il giovane. – Non manca molto. Te lo farò sapere. Abbiamo cosí tante beghe da risolvere. Con la legge, e forse ci sarà un processo. Grazie per i soldi.

Strinse il manubrio con entrambe le mani e si allontanò. Aasmund Aaletjønn rimase a guardarlo. In parte deluso, in parte eccitato. E molto infreddolito.

L'indomani, dopo l'incontro con David, sarebbe passato dalla Storkhøj. Se Ebba si era ripresa, voleva incontrarla. In fondo era la sua nuova redattrice, un compito molto esclusivo.

Il pensiero contribuí a migliorargli l'umore.

Un taxi si fermò sul marciapiede davanti a lui. Tre ragazze scesero ridendo e chiacchierando. Aasmund si chinò e guardò il taxista con espressione interrogativa. Questo annuí e indicò dietro di sé con il pollice. Salito al caldo, Aasmund gli disse dove andare.

Prendere un taxi da lí fino in centro sarebbe costato un occhio della testa. Non aveva importanza, tanto si sarebbe fatto rimborsare dalla Storkhøj.

Era il minimo.

Giovedí 17 marzo

A prescindere dall'età e dal continuo cambiare fragranze, trucchi e abiti vintage presi in prestito da altri, Ida emanava sempre lo stesso odore.

– Come quando eri appena nata, – mormorò Hanne. – Quel profumo non cambia mai.

Erano anni che non se ne stavano sedute cosí. Tutte e due sulla sedia a rotelle.

– Scricchiola, – ridacchiò Ida con la testa nell'incavo del collo di Hanne. – Tra un po' si rompe.

– Fregatene, – rispose lei.

Non voleva lasciar andare la figlia. Non voleva.

– Hammo! Si sta rompendo!

Ida si alzò. Hanne fu costretta a malincuore a mollare la presa.

– Sono cosí felice che sei qui, – le disse. – Come stai?

Ida non rispose, cominciò invece a fiutare l'aria circostante.

– Hai fatto le pulizie, – esclamò incredula. – E... hai messo in ordine!

Hanne Wilhelmsen si era alzata prestissimo. Dopo cinque ore di sonno si sentiva sorprendentemente riposata e si era dedicata a una cosa di cui non si occupava quasi mai.

I lavori domestici.

Un breve sms che aveva ricevuto la sera precedente diceva che Ida sarebbe passata prima della scuola.

Adesso era tutto a posto, persino nel suo studio.

Era sparita ogni traccia della pandemia.

Il cestino della spazzatura era vuoto, i monitor erano perfettamente allineati e dislocati sull'ampio tavolo che andava da parete a parete ed era largo un metro e mezzo. Ora c'era piú spazio, dato che due schermi erano stati trasferiti in soggiorno. Prima del sorgere del sole, Hanne aveva girato per l'intero appartamento armata di aspirapolvere, secchio e panno per la polvere. Alla fine aveva cambiato le lenzuola ovunque, tranne che nella stanza degli ospiti.

– Ti sei fatta l'ufficio qui dentro? – le domandò Ida, indicando il tavolo da pranzo. – Come mai? E perché per due?

– Ebba è rimasta qui un paio di giorni. Aveva le tue chiavi. Come sei entrata?

– La mamma ne ha due mazzi, – rispose Ida, sedendosi vicino ai libri che Hanne aveva appena disposto per bene in due pile. – Forse hai esagerato un po' con il detersivo per i pavimenti, dall'odore sembra di essere in un prato di fiori sintetico. E devi imparare a rimettere a posto questi volumi quando li hai finiti.

– Con i libri che valgono non si finisce mai.

Ida si spostò all'estremità del tavolo.

– Comunque sei stata brava. Deve essere stato pesante per te, pulire seduta sulla carrozzina. La mamma pensa che sia il momento di far venire qualcuno che stia dietro alla casa. La pandemia è finita, Hammo, che tu lo voglia o no. Sí, cioè... è quello che *pensava* la mamma. Prima di sabato, ecco.

Sul volto le passò un'ombra e abbassò lo sguardo.

– Come stai? – ripeté Hanne, avvicinandosi.

Ida si strinse nelle spalle.

– Insomma, – si affrettò a dire. – *Arte sami della lavorazione dell'argento*? Ma dài?

Preso il libro piú grande dal fondo della pila, passò la mano sulla copertina. Scosse la testa con un mezzo sorriso.

– E la mamma che pensava fossi conciata da sbatter via. Se Ebba non l'avesse tranquillizzata, non mi avrebbe permesso di vederti.

– Sono felice che tu sia venuta. E che ti abbia dato il permesso.

– Ho diciotto anni. Faccio quello che voglio. Incel?

Prese il libro e lesse ad alta voce il sottotitolo in svedese: – *Celibato involontario e ruolo maschile in crisi*. Ehm… Ma si può sapere cosa state combinando tu ed Ebba?

Hanne glielo prese e lo rimise al suo posto.

– Dove abitate? – osò chiedere.

– Per ora in albergo. Al *Grand Hotel*. A quanto sembra, ci trasferiremo in uno di quei… residence qui a Frogner. Questo fine settimana. Qualcosa del genere. La mamma ha accumulato milioni di giorni di recupero che potrebbe prendere dopo la pandemia, ma non possiamo…

Fissò Hanne.

– Non possiamo andare da nessuna parte finché Henrik non è stato sepolto. O cremato. Sai quando sarà? Non abbiamo visto necrologi. Non dovresti pensarci tu a organizzare il funerale? Visto che ti considerava la persona a lui piú vicina? Sua madre vive nel suo mondo e…

Hanne deglutí.

– Prima, la polizia deve aver finito con lui.

Il pensiero del funerale non l'aveva sfiorata minimamente. Tantomeno quello del necrologio. Non aveva idea di quale impresa di pompe funebri avrebbe dovuto usare. Nemmeno cosa avrebbe voluto Henrik: sepoltura o cremazione. Non sapeva neanche dove si trovasse il suo corpo, ma al riguardo non era cosí difficile fare supposizioni.

– Ve lo farò sapere, – disse, sforzandosi di sorridere. – Ho tutto sotto controllo.

– Vedi di non scrivere un necrologio di quelli tristi.

– I necrologi di solito lo sono.

– Sí, ma non uno di quelli che mettono per le persone sole. Dobbiamo scrivere «il nostro caro» o qualcosa del genere. «Il nostro amato Henrik»? Qualcosa di bello. È terribile quando sopra il nome del defunto non c'è nulla. Dobbiamo usare un fiore o un uccello, forse, al posto della croce. Intendo dire, in cima. Henrik era ateo. E poi, dove sono elencati i congiunti deve comparire al primo posto Hjørdis.

Tracciò delle linee immaginarie con il pollice e l'indice.

–Hjørdis?

– Sí. La mamma di Henrik, lo sai.

Hanne non ne sapeva nulla, ma annuí.

– E noi tre, – continuò Ida. – Mamma, tu e io, magari anche Ebba. Henrik non aveva molti parenti, ma aveva noi.

All'improvviso gli occhi le si riempirono di lacrime e si mise a piangere. Si asciugò con il dorso della mano e sorrise come per scusarsi.

– No, – disse Hanne. – Non aveva molti parenti, né conoscenti. Ebba e io ne abbiamo parlato. In un certo senso era una specie di… una specie di incel.

Tirando su con il naso, Ida annuí e sfiorò il libro, che adesso era in fondo a una delle pile.

– Forse? Non ha mai avuto una ragazza, e dire che era cosí gentile. Credo che molte di queste persone sole lo siano. E tristi. Sotto molti aspetti Henrik era infelice. E goffo, ma mai cattivo. Ti ricordi quando mi sono spuntate le tette?

Ora rideva attraverso le lacrime.

– Non sapeva piú dove guardare. Arrossiva ogni volta che entravo nella stanza.

Hanne se lo ricordava fin troppo bene.

– La cosa mi spaventava un po', – disse sorridendo. – Ma non piú di tanto. In giro, Ida, ci sono lupi peggiori. Sono loro a farmi paura. Quando leggo cosa riescono a dire sulle donne certi uomini, a fare alle ragazze... uomini giovani... sí, gruppi interi...

– In un'altra sezione a scuola c'è un tipo cosí, – dichiarò Ida, ora seria. – Un fan di Andrew Tate, ovviamente. Durante un dibattito prima delle ultime elezioni scolastiche è riuscito a dire che le ragazze andrebbero violentate prima di poter fare l'esame di maturità, cosí la smettono di urlare se...

– Non lo voglio sapere, – la interruppe Hanne tappandosi le orecchie.

– Certo che è davvero strano, – commentò Ida a bassa voce. – Si lamentano del fatto che non li vogliamo, ma si comportano in modo terribile. Dicono cose orribili su di noi. Ci odiano. Pensano che vogliamo solo i maschi belli e attraenti, quando in realtà sarebbe già d'aiuto se si... facessero la doccia. E fossero gentili. Interessanti. Premurosi. Mostrassero affetto. Avessero senso dell'umorismo. Amassero gli animali e la vita all'aria aperta. Per me sarebbe meraviglioso. E leggessero addirittura dei libri...

– Mi sembrano già un po' troppe pretese!

Hanne sorrise. Ida guardò il cellulare e si alzò.

– Devo andare. Se no faccio tardi a scuola.

Lanciò un'ultima occhiata alla pila di libri.

– *Fiabe norvegesi*, – lesse Ida, indicando. – Lí sí che troviamo la quintessenza sul modo di vedere le donne! In quei racconti noi ragazze siamo o principesse meravigliose o regine malvagie. O streghe. Una sorta di modello

Madonna-puttana. Perché mi leggevi quelle fiabe quando ero piccola? Sono spaventose e crudeli.

– Cultura generale, – rispose Hanne. – E comunque, molte sono interessanti. Le adoravi.

– Adoravo che tu leggessi per me, – la corresse Ida. – Potevano anche essere i volantini della Oslo Noleggio Gru. Vedi di organizzare al piú presto tutto per il funerale.

Si piegò in avanti e abbracciò la madre.

Poi rimase immobile per un attimo, esitante. Si guardò intorno leccandosi le labbra.

– Che c'è? – disse Hanne tranquilla.

– La mamma si chiedeva... – iniziò Ida, e, dopo aver inspirato, ricominciò. – Be', ecco, non intendo fare da messaggera tra voi due.

– Certo che no. Se la mamma mi vuole chiedere qualcosa, può venire qui. O chiamarmi.

Ida aveva di nuovo un'aria imbarazzata.

– Ma... è che in realtà ce lo stiamo chiedendo entrambe. Sia la mamma che io.

– Chiedi pure, – disse Hanne con un sorriso.

– Be', insomma... i messaggi che ti ha mandato Henrik.

– Sí.

– Li hai fatti vedere alla polizia? Dovresti: perché ha scritto che era sulle tracce di qualcosa di terribile? Potrebbe essere collegato all'omicidio, no?

– Eccome, – annuí Hanne.

– Li hai fatti vedere alla polizia?

– Li ho segnalati, – mentí lei. – E in effetti oggi mi interrogano. Vengono qui, per semplificarmi le cose.

Almeno l'ultima parte corrispondeva piú o meno alla verità.

– Benissimo, Hammo!

Ida sorrise, sollevata.
– Devo scappare.
– Torna presto. Sii super gentile.
E salutami la mamma, pensò.

L'avvocato Mons Haugli aveva sulle spalle quasi venticinque anni di esperienza, di cui otto trascorsi come difensore d'ufficio presso il tribunale di Oslo e la Corte d'Appello di Borgarting.

Nessun aspetto dell'essere umano gli era estraneo.

Era passato molto tempo dall'epoca in cui lasciava che i reati commessi dai suoi clienti lo turbassero. Quando era giovane e viveva nell'illusione che in tutti albergasse una persona buona e vulnerabile, indipendentemente da ciò che avevano commesso, aveva problemi di sonno e gli erano venute delle ulcere allo stomaco prima ancora dei trentacinque anni. Mons Haugli era nato con un'indole solare e, per mantenere la gioia di vivere, era stato costretto a erigere un muro professionale tra sé e coloro che doveva difendere. E i crimini che venivano loro attribuiti. Colpa o innocenza diventavano irrilevanti. Lui era solo uno degli ingranaggi della macchina della giustizia. Un garante della legalità. Aveva il compito di mettere in discussione le prove, porre l'enfasi su ogni ragionevole dubbio e cercare di presentare il suo cliente sotto la miglior luce possibile.

Ed era quello che faceva.

Di solito senza rimorsi.

Questa volta era dura.

Mikkel Revebo era un cliente antipatico. Il reato che aveva commesso era tanto ordinario quanto odioso, e di per sé non aveva niente che potesse impressionare il suo avvocato. Era peggio invece il suo aspetto. Il cliché di un delinquente: pareva ritagliato da un film di gangster di quart'ordine. Nonostante avesse almeno l'età dalla sua, venticinque anni, era sciatto e tutt'altro che attraente. Doveva avere qualcosa agli occhi. Continuava a battere le palpebre e i contorni erano sempre rossi. Era magro e dinoccolato, mentre i capelli erano cosí unti da sembrare bagnati.

Dopo essere stato arrestato, non aveva aperto bocca. Né con la polizia, né con il legale che avevano nominato. La collega aveva dovuto gettare la spugna dopo il primo incontro. Al suo posto Mikkel Revebo voleva Mons Haugli.

Fino a quel momento lui non aveva capito perché. L'avvocatessa era esperta come pochi, nonché nota all'opinione pubblica. Mons Haugli era un lavoratore indefesso, uno che scandagliava i fondali del sistema giudiziario e di solito pescava i casi che gli altri preferivano evitare. All'esterno, però, pochi sapevano chi era. Mikkel Revebo non voleva comunicare neppure con lui, anche se almeno accettava la sua presenza. Mons Haugli era andato due volte a fargli visita mentre era in custodia cautelare e aveva avuto un incontro precedente con lui nel seminterrato del tribunale, mezz'ora prima dell'udienza di convalida della custodia cautelare.

Il ragazzo non aveva detto una parola.

Nessun problema per Mons Haugli: con calma gli aveva spiegato che il pubblico ministero intendeva chiedere altre due settimane, con divieto di accedere a ogni forma di comunicazione e ricevere visite. Era stato addotto il rischio di distruzione e inquinamento delle prove, principalmente perché Revebo si rifiutava di parlare.

Il giovane non aveva battuto ciglio. Né aveva degnato il suo legale di uno sguardo. L'unico segno che aveva capito la situazione era stata un'alzata di spalle, poi si era fatto condurre nella piccola stanza del tribunale senza difficoltà.

La legale della polizia era una veterana che sorrise e fece un cenno di saluto a Mons Haugli mentre si accomodavano ai lati opposti della sala. Le erano venuti i capelli grigi. Stava chiacchierando con l'usciere, che aveva appena riempito d'acqua tutti i bicchieri. Poi Mikkel Revebo venne portato in aula da due poliziotte. Si sedette di malavoglia accanto al suo avvocato.

– *Alzati!* – gli sussurrò Mons Haugli quando la giudice entrò dalla stanza sul retro e andò a sedersi al suo posto.

Era in là con la gravidanza e gemette quando si lasciò cadere sulla sedia.

Mikkel Revebo non si era alzato. La giudice lo guardò, aprí la bocca, ma si trattenne. Invece scosse la testa e cominciò a espletare le formalità del caso. Quando alzò lo sguardo dallo schermo che aveva davanti a sé e cercò un contatto visivo con l'imputato, quest'ultimo batté il pugno sul tavolo.

– *Non riconosco questo tribunale!* – proclamò ad alta voce.

L'avvocato Mons Haugli si guardò intorno, insolitamente spaventato, e di colpo capí perché il giovane in custodia cautelare aveva richiesto un nuovo avvocato.

– Adesso sí che si balla.

Herman Båtan, l'ispettore capo dai capelli color carota, irruppe nell'ufficio di Odin Gammelgård.

– Abbiamo ottenuto gli estratti conto di Henrik Holme. E altro ancora!

Si sedette e spinse una pila di documenti verso il collega. Gammelgård li prese e inforcò un paio di occhiali.

– Okay. Ci dicono qualcosa di interessante?

– Altroché.

Herman Bråtan intrecciò le dita sulla nuca e piegò la testa da un lato all'altro.

– Persona oculata, Henrik Holme. Spendeva poco. Ma è successo qualcosa lunedí 28 febbraio. Il venerdí prima aveva appreso della sospensione e lunedí ha noleggiato una macchina da Rent-A-Wreck. Non si sa dove sia andato, ma l'ha restituita sul tardi quella sera stessa. Fuori dall'orario d'ufficio, ma come concordato. Ho appena parlato con il responsabile. Il contachilometri indicava che ne aveva macinata di strada.

– Cioè?

– Cinquecentosessanta chilometri circa.

Gammelgård aggrottò la fronte.

– In un solo giorno?

– Sí. O meglio, in un pomeriggio e sera. Ha ritirato la macchina verso le tre e mezza.

– Cosa dice il Gps?

– Nessun Gps. Una vecchia Skoda Fabia. È quello il motivo per cui l'autonoleggio si chiama Rent-A-Wreck.

– Mm. Dove si arriva dopo aver percorso... duecentottanta chilometri? Deve pur aver fatto andata e ritorno.

– O girato in cerchio. O magari è andato avanti e indietro nello stesso posto per molte volte.

– Sí, certo, – confermò Gammelgård, tossendo. – Ma se teniamo conto dell'ipotesi piú probabile, dove finiamo dopo aver percorso quella distanza?

– A Rendalen se è andato a nord.

Herman Bråtan tirò fuori un foglio dalla tasca posteriore e, dopo averlo aperto, lo distese davanti al collega.

– A Lærdal se è andato a nord-ovest, – proseguí indicando la cartina.

– A Grimstad a sud, – concluse Odin Gammelgård.
– Piú o meno. Lungo l'E18.
– Esatto. Come fai a saperlo?
– Ho una casa al mare.

Bråtan annuí disinteressato, lisciò il foglio e indicò la Svezia.

– È arrivato a Kungälv lungo l'E6, o quasi a Karlskoga, se ha preso l'E18 verso ovest. Mi metto subito al lavoro per reperire i dati dei vari caselli. Abbiamo una targa da cui partire, quindi non dovrebbe essere difficile scoprire la direzione che ha preso.

– Bene, – annuí Gammelgård. – È bello avere finalmente in mano qualcosa di concreto, anche se il viaggio potrebbe non entrarci nulla con l'omicidio.

Herman Bråtan riprese il foglio, lo piegò e se lo rimise in tasca.

– Piú interessanti sono i dati di comunicazione, – disse, chinandosi sulla scrivania per recuperare le carte.

Sfogliò l'estratto conto, poi si soffermò su un tabulato telefonico che aveva tirato fuori dalla pila prima di girarlo verso il collega.

– Henrik Holme non era di certo un chiacchierone, – disse con un sorrisetto. – Potevano passare giorni senza che usasse il cellulare. In un paio di casi, piú di una settimana.

Gammelgård grugní insoddisfatto.

– Già, a quanto pare qui dentro nessuno gli ha mai rivolto l'attenzione. Terribile.

– Hanne Wilhelmsen è la persona con cui ha comunicato di piú, – continuò Bråtan senza curarsi del rimprovero. – Specie nei giorni da giovedí 3 a lunedí 7 marzo. Si sono scambiati molti piú messaggi del solito. Tra i numeri fissi a ritroso nel tempo ci sono quelli di altre due persone che fanno parte dello stesso nucleo familiare. Ida e Nefis Wilhelmsen. Penso che siano la moglie e la figlia.

– Figlia e moglie, – borbottò Gammelgård.

– Per il resto Holme aveva contatti solo con la casa di riposo del suo paese natale e altre istituzioni ed enti pubblici. E con una certa... Ebba Braut. Una donna piú giovane. Lavora in una casa editrice. È con lei che aveva collaborato due anni fa per risolvere quel caso. A quanto sembra, sono rimasti in contatto. Di tanto in tanto, almeno. Ma qui...

Indicò un numero che aveva inviato un messaggio a Henrik Holme alle 21.32 di venerdí 25 febbraio.

– Questo, – disse prima di alzare gli occhi facendo una pausa a effetto, – è stato inviato dal cellulare di una bambina di cinque anni residente in Ekebergskrenten.

– Cosa?

– Mi hai sentito. Si chiama Elise Faremo e frequenta l'asilo Vårveien. Ha cinque fratelli, tutti figli di Hans e Karianne Faremo. Lui lavora al comune, lei è docente alla Vid, un'università scientifica privata. Insegna etica.

– Hai ...

Gammelgård prese la tazza. Il caffè era ormai freddo, ma ne bevve un paio di sorsi, che mandò giú con una smorfia.

– Hai parlato con loro? I genitori?

– Non io, ma il tipo nuovo, Marius, ha parlato al volo con il padre. Ovviamente il cellulare è registrato a suo nome, ma è Elise che lo usa. Hanno sei figli e lei è la piú piccola. Ho avuto l'impressione che il telefono in questione sia passato via via dal figlio piú grande a quello successivo. A mio avviso è troppo giovane per avere un cellulare suo, però...

Si strinse nelle spalle.

– Il padre era al lavoro, ma ha promesso di indagare quando tornerà a casa. E se guardi qui...

L'indice si mosse fra tre segnalazioni riportate sul foglio.
– È arrivato un messaggio dal telefono della piccola Elise quel venerdí, e altri due messaggi il sabato. A tutti è stato risposto. Da Henrik, presumo, o almeno le risposte sono state inviate dal suo cellulare. Poi, non c'è piú stata alcuna comunicazione da e a quel numero.

Sfogliò.

– *Questo* numero, invece, – riprese puntando con il dito, ma senza staccare gli occhi da Gammelgård, – con cui Henrik Holme ha interagito diverse volte fino a un paio di giorni prima che venisse trovato morto, è di un telefono registrato a nome di Bjørg Torunn Andersen.

Fece di nuovo una pausa mentre guardava il collega.

– E chi sarebbe? – brontolò Odin Gammelgård.

– Ha novantasette anni e vive nella casa di riposo Ammerudlunden.

Nell'ufficio si fece silenzio. Gammelgård si strofinò il naso.

– Nell'ultima ora ho cercato di scoprire di piú su di lei, – disse alla fine Herman Bråtan, – ma mi sono scontrato con un muro per via del segreto professionale. Il responsabile del reparto ha lasciato trapelare qualcosa quando ho fatto un po' la voce grossa. Mi ha detto che negli ultimi sei mesi la donna è diventata completamente demente.

– Mm, – fece Gammelgård. – Risulta che qualcuno di questi cellulari sia stato rubato? O gli abbonamenti interrotti? In seguito, intendo dire?

– Per quanto ne sappiamo al momento, no. Ma ci stiamo lavorando. È comunque strano, che Holme fosse in contatto con bambine e anziani, dietro deve esserci qualcos'altro.

– Concordo, – disse Odin Gammelgård pensieroso. – Dobbiamo…

Bussarono. Prima che uno dei due avesse avuto il tempo di rispondere, la porta si aprí ed entrò Sebastian Kviteseid. Rimase in piedi con la mano sulla maniglia.

– Il distretto Est subentra al nostro posto, – comunicò in breve. – Il procuratore generale ha nominato un sostituto e saranno loro a occuparsi dell'indagine sull'omicidio di Henrik Holme.

– *Cazzo!* – esclamò Herman Bråtan.

– Puoi dirlo forte, – replicò asciutto il commissario capo. – Anche se non era inaspettato. Vi ricordo che abbiamo il dovere di trasferire il caso nella maniera piú veloce e accurata possibile. Mettetevi all'opera. Subito.

– *Proprio* quando cominciava a succedere qualcosa, – sbottò Herman Bråtan frustrato mentre si toccava la testa, ma il superiore si era già chiuso la porta alle spalle.

Ebba Braut non era passata in ufficio. Avrebbe rischiato di imbattersi in Aasmund Aaletjønn, e non le andava. Non perché fosse peggio di altri autori, anzi, ma perché non aveva l'energia per mostrarsi cosí entusiasta verso di lui e il suo manoscritto come sapeva si sarebbe aspettato.

Quando si era svegliata, verso le cinque, aveva mandato un messaggio al caporedattore e a David dicendo di essere ancora malata. Poi aveva dormito fino a quasi le undici.

Adesso stava andando in un caffè in Adamstuen, con il laptop nella borsa. Voleva lavorare, ma il monolocale le era diventato insopportabile. Non era piú possibile mantenere un minimo d'ordine. Non aveva riportato il materasso sul soppalco e la minuscola lavastoviglie, per cui in realtà non c'era spazio, si era rotta. C'erano bicchieri e piatti sporchi dappertutto.

Doveva trovare un altro posto, ma non aveva né la forza né i soldi sufficienti.

La primavera almeno dava segni di risveglio. Il cielo era blu, ma il sole non era ancora abbastanza alto da arrivare a illuminare con tutta la sua forza il piano stradale. E però, nella brezza leggera che faceva danzare intorno ai suoi piedi le foglie dell'anno prima e la spazzatura dell'inverno, erano insite chiare promesse di tempi migliori.

Era ora.

Le persone apparivano addirittura piú allegre con quel tempo. Alzavano gli occhi e si guardavano intorno. Si sorridevano a vicenda tenendo in mano il bicchiere da asporto con il caffè. Persino dai passeggini si levavano gorgheggi felici. Solo i ciclisti continuavano a comportarsi come sempre alla stregua di selvaggi, zigzagando tra i veicoli e di solito passando con il rosso.

Ebba voleva attraversare Sankthanshaugen passando dal parco. Almeno lassú sarebbe arrivato il sole. In cima alla collinetta si sedette su una panchina, piegò la testa all'indietro e chiuse gli occhi. Il rumore del traffico in lontananza e il cinguettio degli uccelli si mescolarono al brusio costante della città. Si assopí.

Fu risvegliata dal passare dei bambini di un asilo.

Quattordici nanetti con le pettorine arancioni. Sei erano cosí piccoli che sedevano su un carrello, spinto da un uomo in sovrappeso che sbuffava e sudava cosí tanto che il cranio nudo brillava nella forte luce solare.

Due o tre anni, pensò Ebba.

Com'erano carini.

Sí, tanto carini. Un bimbo un po' piú alto degli altri, con gli occhi castani e il moccio rinsecchito sotto il naso, si liberò dalla donna che lo teneva per mano e corse verso Ebba.

– Ieri ci hanno regalato un cane, – le disse eccitato. – Si chiama Fabian.

Lei sorrise.

– Bel nome, – rispose. – Lo puoi usare sia per le persone che per gli animali.

Il piccolo venne richiamato e lei rimase seduta a osservare il gruppo che si allontanava adagio, in una cacofonia di canzoni, balbettii e risate, prima di sparire verso nord.

Il suo bambino sarebbe nato in ottobre.

Se glielo avessero permesso.

Se Ebba glielo avesse permesso. Un bambino d'autunno.

Un meraviglioso figlio autunnale.

Che non avrebbe avuto posto all'asilo perché era nato troppo in là nell'anno. Un bambino che lei non avrebbe saputo dove mettere poiché fisicamente non c'era spazio per due in quel maledetto monolocale. Un bambino che avrebbe dovuto crescere da sola: un figlio senza padre e senza nemmeno dei nonni che si prendessero cura di lui.

Un bambino che avrebbe avuto per tutta la vita domande cui nessuno avrebbe saputo rispondere.

Nel momento in cui si stava avvicinando alla decisione che, a dire il vero, aveva preso parecchie settimane prima, si bloccò.

Hanne Wilhelmsen aveva leccato la sua chiave.

Ebba non aveva capito perché, anzi, si era persino irritata. In un certo senso, ne era rimasta disgustata. Lei e Hanne avevano passato in rassegna il periodo in cui era stata malata, quasi giorno per giorno. Avevano scoperto cosa si era fatta recapitare a domicilio e cosa aveva mangiato. Come si sentiva, soprattutto quando stava malissimo.

Ma Hanne aveva anche esaminato con attenzione la chiave.

L'aveva leccata.

Ebba continuava a non capire il motivo, ma il pensiero di quell'episodio gliene aveva riportato di colpo alla mente uno del tutto diverso.

In un luogo del tutto diverso, e in un periodo un po' diverso.

Si alzò. Benché il sole inondasse Oslo di luce e tepore primaverile per la prima volta da un'eternità, si sentiva congelare. Si mise a correre verso casa.

Marius Blaaberg aveva fatto come gli era stato chiesto e con adeguato preavviso aveva avvertito Hanne Wilhelmsen che la polizia si sarebbe presentata da lei a mezzogiorno.

Il commissario capo era puntuale.

Hanne gli aprí personalmente la porta, senza esitazione. Prima o poi doveva parlare con la polizia. Tanto valeva liquidare la faccenda e quel giorno era piú adatto che mai. L'appartamento era impeccabile.

L'uomo che le tese la mano sembrava sfatto.

Il viso era tirato e, a giudicare dai vestiti, era evidente che aveva perso molti chili molto in fretta. Avrebbe dovuto rasarsi i capelli: i pochi ciuffi che gli restavano erano come incollati al cranio. Il cuoio capelluto era rosa e pieno di macchie piú scure.

Ma il sorriso era caloroso.

La stretta di mano era salda e piacevole, e lo sguardo diretto.

– Odin Gammelgård, – disse. – Commissario capo. Non ti ricordi di me, vero?

– Ehm… no?

Hanne dovette controllarsi per non chiedergli se fosse malato. Arretrò con la sedia a rotelle.

Purtroppo il poliziotto lo prese come un invito e la seguí fino a quando lei non fu davanti alla porta chiusa del soggiorno. Non poteva continuare a retrocedere senza che diventasse imbarazzante.

– Accomodati pure, – gli disse cercando di trattenere il respiro mentre lui le passava accanto per varcare la soglia. – Siediti dove vuoi.

In modo cortese si era tolto le scarpe prima di entrare. Aveva una vecchia borsa portadocumenti di cuoio sotto il braccio. Hanne aspettò che si fosse seduto per scegliersi un posto.

Tra di loro c'erano almeno quattro metri di distanza.

– Non sono un portatore di virus, – le disse il visitatore, tranquillo. – Non sto bene.

– Allora non dovresti essere in malattia?

– Lo sono. Ma ho sentito il dovere di trascinarmi alla centrale per dare il mio contributo a questo... caso di omicidio. Henrik Holme era uno dei nostri. Ora, comunque, le indagini sono state affidate a un altro distretto, quindi posso tornarmene a letto.

– Ah, – disse Hanne. – Era abbastanza prevedibile. Est o Sudest?

– Est, – le rispose lui. Era sicura di averlo visto scuotere la testa.

Il commissario capo sedeva con la schiena dritta e le mani sulle cosce. Con la destra giocherellava con un filo allentato dell'orlo dei pantaloni.

– Non ti ricordi proprio di me, – disse sorridendo.

– No, devo ammetterlo. Ma da quanto mi ha riferito Marius Blaaberg, sei venuto per...

– Ho frequentato la Scuola di polizia quattro anni dopo di te e Billy T. Poi sono entrato subito in quello che all'epoca chiamavamo commissariato di Oslo. Nella sezione Reati minori. All'epoca voi eravate già abbastanza scafati e indagavate su omicidi e stupri. Io invece mi occupavo di multe per infrazioni stradali e qualche caso di contrabbando di alcolici. E devo dire...

Diede l'impressione di pesare le parole.

– Vi ammiravo molto, – riprese con enfasi. – Non ero l'unico. E per quanto ti riguarda...

Quando sorrideva, gli occhi scomparivano tra le palpebre gonfie e le borse pronunciate sopra gli zigomi. Doveva essere piú giovane di lei, ma pareva un settantenne. O anche piú vecchio.

– Ero cosí innamorato!

Rise. I denti erano stranamente ben curati, considerando il suo aspetto generale.

– Giravano voci, ovvio, su di te e la tua donna, ma avevo sperato fino all'ultimo che fossero malelingue. Credevo piuttosto che l'ostacolo da aggirare fosse Billy T. Mi ero procurato una moto e il resto. Non una Harley, perché non me la potevo permettere. Una Honda di dodici anni che mi era costata soldi, tempo e problemi. Solo per somigliare a voi. Forse per diventare vostro amico. Una volta...

Alzò il braccio con l'indice sollevato e si piegò in avanti. Inclinò la testa e ridacchiò prima di continuare: – Seguivo sempre te e Billy T. Una sera, di primavera o autunno, le condizioni di guida erano perfette. Avevate appena finito il turno e vi stavate dirigendo al parcheggio su a Frognerseteren, da dove si vede tutta la città. Il sole stava tramontando e si erano accese le luci. Era bellissimo.

A Hanne venne la pelle d'oca.

– Ricordo quella sera, – gli disse a voce bassa.

– Davvero?

Odin Gammelgård si illuminò.

– Ero a circa duecento metri da te e stavo per raggiungerti e parlarti. Ma poi non ne ho avuto il coraggio.

Hanne scandagliò la mente alla ricerca di qualche ricordo del commissario capo, invano.

– Ma senti un po' cosa sto dicendo, – commentò lui dandosi una pacca sulle cosce. – In realtà sono qui solo per darti questa.

Prese la borsa di cuoio, se l'appoggiò sulle ginocchia e l'aprí.

– Non dovevi interrogarmi? – chiese Hanne, con aria scettica.

– No, – le rispose Gammelgård prima di estrarre una busta formato A4 dalla borsa. – Abbiamo dovuto rinunciare al caso. Immagino che salterà fuori una richiesta da Lillestrøm o Ski. Quando arriverà il momento. Tieni...

Si alzò dalla poltrona con un piccolo gemito e andò da lei con la busta, poi tornò subito a sedersi. Hanne l'aprí e tirò fuori due fogli pinzati insieme.

– Il testamento, – disse apatica. – Avevo sentito che esisteva qualcosa del genere.

– Sí. Ho chiesto a uno dei nostri giovani giuristi di dare un'occhiata. Pare che sia a posto. I requisiti formali risultano soddisfatti e tu erediti tutto ciò che Henrik Holme possedeva. Che forse non è molto? Un agente di polizia single e senza famiglia alla sua età?

Hanne non rispose. Fece scorrere gli occhi sui fogli. Anche a lei sembrava tutto in ordine. Due testimoni con lo stesso indirizzo di Henrik, saranno stati dei vicini. Firme nei posti giusti.

– Ha un appartamento, – borbottò Hanne. – Non so se è ipotecato.

– Allora la mia missione è compiuta, – disse Odin Gammelgård alzandosi. – Dovresti consultare un avvocato per chiedere come devi procedere con il testamento. Per renderlo esecutivo, intendo. Immagino che dovrai passare dal governatore della contea e dall'Agenzia delle entrate e chissà cos'altro per procedere alla liquidazione dell'eredità. A proposito...

Frugò nella tasca dei pantaloni, da cui estrasse due chiavi lucide agganciate a un portachiavi economico in plastica rossa. Con discrezione le posò sul tavolino invece di darle a lei.

– Marius Blaaberg ha detto che probabilmente avevi delle vecchie chiavi dell'appartamento, ma la serratura è stata cambiata.

– L'appartamento è sigillato? – chiese Hanne.

– Non che io sappia. Non è una scena del crimine ed è stato ispezionato a fondo. Spero che non abbiano lasciato troppo disordine. In vista del funerale hai bisogno di andarci a prendere qualcosa?

– Ehm...

Hanne alzò una mano per bloccarlo visto che stava per dirigersi verso l'ingresso.

– Come vedi, – esordí guardandosi le gambe, – gli edifici senza ascensore sono una sfida, per me. Posso chiederti...

Esitò. Il pensiero di essere portata su di peso per due piani le era insopportabile. Ma bisognava farlo. Doveva vedere l'appartamento di Henrik. Ebba era giovane e atletica, ma non ce l'avrebbe mai fatta da sola.

Aveva *bisogno* di aiuto e non conosceva nessuno.

Neppure Odin Gammelgård sarebbe stato in grado di arrivare da solo al secondo piano.

– Lascia stare, – aggiunse subito, sorridendo.

– Ti serve una mano, – le rispose lui, ricambiando il sorriso. – Posso chiedere a Marius Blaaberg. Davvero un bravo ragazzo. Troverà di sicuro anche qualcun altro, cosí ti faranno arrivare in quell'appartamento in un attimo. Quando?

– Stasera? E Marius basta e avanza. C'è un... Ho già un'altra persona a cui chiedere.

– Okay. Gli dirò di chiamarti.

Hanne lo seguí quando lui si rimise in movimento. Ferma sulla soglia, aspettò in silenzio che si mettesse le scarpe e si infilasse uno spolverino grigio.

– Sta arrivando la primavera, – commentò Gammelgård, aprendo la porta di casa. – A proposito...

Richiuse la porta, parve riflettere.

– Non che sia piú affar mio, ma dai tabulati telefonici di Holme risulta che tra voi due c'è stato uno scambio di sms particolarmente... frenetico dal 3 al 7 marzo. Posso chiederti se fosse dovuto a qualcosa di particolare? È molto diverso dal modo in cui comunicavate di solito.

Hanne sostenne il suo sguardo. Non batté ciglio, ma sorrise in un modo che sperava venisse accolto bene.

– Roba di compleanno, – mentí. – Nefis, mia moglie, compie gli anni tra poco. Volevamo organizzare una festa a sorpresa.

– Okay. Come ho detto, saranno tutte cose di cui si occuperanno d'ora in poi i colleghi del distretto Est. Di sicuro si faranno vivi.

Aprí di nuovo la porta, per poi chiuderla una seconda volta e guardarla con la testa inclinata.

– È stato terribile venire a sapere della fine di Billy T.

Fece schioccare le labbra e scosse tristemente la testa.

– Voi due eravate culo e camicia.

Hanne provò di colpo un forte disagio. Billy T. si era tolto la vita molti anni prima e lei aveva speso tantissime energie per cercare di relegarlo in fondo alla memoria.

– Ma ora devo andare, – disse Gammelgård che aprí di poco la porta per poi richiuderla.

– Sembro il tenente Colombo, – ridacchiò. – Non lo faccio apposta. Volevo solo dire che...

Di colpo, si fece serio in viso. Si passò la mano libera sul mento.

– Mi dispiace che Henrik sia stato cosí trascurato dai suoi colleghi, – mormorò. – Avrei dovuto accorgermene. Ma sai...

Tossí con violenza, con il pugno premuto sulla bocca.

– Non è facile essere soli, – aggiunse prima di tossire ancora di piú. – Me lo ricordo bene dai tempi in cui ero nuovo nella polizia. Grazie per essere stata per lui una buona amica. È confortante pensare che almeno avesse qualcuno.

Hanne rimase in silenzio.

Odin Gammelgård prese la borsa dal pavimento e infine, con un cenno di saluto, sparí.

Hanne andò in cucina. Trovati sul suo iPhone i numeri di telefono di Marius Blaaberg, Ebba, Ida e Nefis, li annotò su un pezzo di carta. Aveva sempre preferito memorizzare ogni cosa su un'unità locale. Non si era mai collegata a iCloud, né in generale ad altri dispositivi di archiviazione al di fuori del suo controllo.

Soluzioni del genere erano per gli ingenui inguaribili.

Dal cassetto dove tenevano di tutto recuperò una forbice e un ago. Fece in modo di estrarre la sim dal cellulare, che tagliò in minuscoli pezzetti prima di buttarli nel lavello e far scorrere l'acqua. Poi prese un batticarne, mise il telefono su un tagliere e lo colpí fino a ridurlo in frantumi, dopodiché una pentola d'acqua e lasciò bollire i resti per dieci minuti. Infine scolò e rovesciò i pezzi in un sacchetto di plastica, che infilò in quello dell'indifferenziata. Lo annodò, uscí dall'appartamento, scese con l'ascensore fino al vano per la raccolta temporanea della spazzatura e gettò il sacchetto nel cassonetto verde. Era giovedí. Sapeva che gli addetti del comune sarebbero passati a ritirare i rifiuti di lí a un'ora o due.

Dall'archivio che aveva nello studio prese una busta con il logo della Telenor. La strappò ed estrasse una sim gemella che inserí in un iPhone 8 perfettamente funzionante che aveva sostituito con un modello piú recente nel 2019. Nell'armadio c'erano altri due telefoni, ma doveva ricordarsi di ordinare una nuova sim gemella.

Era la seconda volta in sette anni che doveva distruggere un telefono, mantenendo però lo stesso numero, ed era impossibile sapere quando sarebbe stato necessario ripetere l'operazione.

I messaggi tra Henrik e Hanne erano spariti per sempre.

A meno che qualcuno non avesse il cellulare di Henrik.

A Grimstad Gabriel Viken era stato dal veterinario, dove aveva detto addio al suo migliore amico.

Quella mattina il piccolo, vecchio Freddy si era svegliato a malapena. Aveva sollevato la testa dalla cuccia vicino alla stufa quando il padrone si era presentato per preparare il primo quantitativo di caffè della giornata. Sembrava quasi che al suo arrivo Freddy avesse sospirato di gratitudine: un'emissione soddisfatta d'aria per ringraziarlo di aver trascorso insieme oltre tredici anni di vita. Poi il respiro si era trasformato in una serie di piccoli singulti rauchi. Quando Gabriel, disperato, lo aveva tirato su, Freddy si era fatto la pipí addosso: era da quando aveva tre mesi che non capitava.

Gabriel aveva continuato a piangere senza sosta.

Il veterinario lo aveva lasciato solo con il cane che si spegneva. Qualcuno aveva acceso una candela, anche se il sole inondava quella stanza sterile, con poster di scheletri di animali appesi alle pareti. Il viaggio di Freddy non era durato molto, ma Gabriel lo aveva preso in braccio quando gli occhi erano diventati opachi e la lingua gli era uscita, pallida e penzoloni, dalla bocca. Lo aveva stretto a sé e gli aveva sussurrato parole piene d'amore nell'orecchio ancora morbido come il velluto. Cosí era rimasto seduto dov'era per un'ora, consapevole del fatto che Freddy era l'ultimo di una lunga serie di Freddy. Gabriel aveva avuto il suo primo cane all'età di dieci anni nei giorni di pace del 1945, un bastardino che non avrebbe mai potuto tenere se i genitori non fossero stati cosí felici per la fine della guerra. Freddy, il bassotto, era l'ottavo cane che Gabriel aveva amato.

Era troppo vecchio per iniziare con un nuovo cucciolo. Sarebbe sopravvissuto a lui e Gabriel non voleva che un amico fedele subisse quella sorte.

La casa era cosí vuota quando tornò.

Cosí silenziosa.

Per una volta si concesse il piacere di correggere il caffè con un goccetto dell'ottimo cognac che teneva nascosto in fondo alla pendola nel salotto bello. La bottiglia era un regalo del figlio maggiore e il liquore durava da sei anni.

Si sentí riscaldare.

Si era fatto pomeriggio e Gabriel ne versò un altro goccetto nella seconda tazza. L'aroma di zucchero, alcol e caffè lo tranquillizzò e bevve a sorsi piccoli e frequenti. Era seduto al suo solito posto accanto alla finestra della cucina, con la vista sul giardino, la via e la casa della famiglia Bredesen.

Anders era fuori.

Il padre di Vilde Karoline. Gabriel non lo vedeva dalla morte della ragazza. Asta Berthine, invece, osava uscire ogni tanto. La si scorgeva vicino alla cassetta delle lettere una volta alla settimana o giú di lí, e mentre tornava dal negozio con i sacchetti della spesa. In tal caso era spesso tardi, di solito verso le dieci di sera, poco prima dell'orario di chiusura della Coop. Di sicuro preferiva essere lasciata in pace.

L'uomo stava ripulendo il prato dalle foglie secche dell'anno prima.

Era rigido nei movimenti, anche se era molto piú giovane di Gabriel. La schiena lo tormentava da molti anni, ma ora sembrava ulteriormente peggiorato. Dritto come un palo, non riusciva a imprimere la forza necessaria quando muoveva il rastrello. Oltretutto, era presto per iniziare i lavori di primavera nel giardino. Tra un mese o giú di lí, il terreno sarebbe stato piú asciutto e l'erba sarebbe rinata.

Gabriel si alzò.

Senza riflettere, prese il guinzaglio di Freddy. Solo quando arrivò alla porta d'ingresso e stava per infilarsi gli stivali, si rese conto che non ci sarebbero state piú passeggiate con il cane che gli gironzolava tra le gambe. Dovette asciugarsi di nuovo gli occhi. Inspirò a fondo e aprí.

Anders Bredesen era ancora fuori.

Gabriel si avvicinò al cancelletto del giardino, che emise un flebile cigolio quando lo aprí. Anders gli lanciò un'occhiata.

– Salve, – disse Gabriel serio mentre si portava la mano destra alla fronte a mo' di saluto. – Non è un po' presto per ripulire il prato? Ma se vuoi, vado a prendere un rastrello e ti aiuto.

Per sottolineare la sua disponibilità, ne afferrò uno appoggiato al palo del cancello e attraversò la strada. Anders aveva posato il suo attrezzo ed era in procinto di rientrare in casa.

– Volevo solo farvi le mie condoglianze per Vilde Karoline, – disse Gabriel ad alta voce. – Una tragedia.

Anders rallentò l'andatura.

– Il funerale si è svolto in forma privata, – continuò Gabriel. – Ma spero che abbiate trovato i fiori che avevo lasciato davanti alla porta.

Indicò.

– Tulipani, – disse abbozzando un sorriso. – Mia moglie, Agathe, probabilmente avrebbe disapprovato la scelta dei fiori per un'occasione del genere. Ma Vilde Karoline adorava i tulipani. Una primavera, avrà avuto quattro o cinque anni, ha raccolto...

Anders si avvicinò di alcuni passi.

– ... tutti i tulipani che c'erano nell'aiuola di Agathe, – continuò Gabriel, ridacchiando prima di aggiungere: – Ma senza lo stelo! Solo le corolle, di tutti i fiori. Come puoi ben immaginare, mi ero... arrabbiato un po'. Ma Agathe? Aveva battuto le mani esclamando: «Gliel'ho dato io il permesso, gliel'ho dato io il permesso!»

Il padre di Vilde Karoline si era fermato a cinque o sei metri di distanza.

– Agathe voleva cosí bene a quella bambina, – disse Gabriel. – Noi abbiamo solo figli maschi, e Vilde Karo...

– Per favore, non parlare di lei, – esclamò Anders.

– No...

Gabriel strascicò la parola.

– Non volevo essere invadente. Ma tutti noi le volevamo bene, ed è un grande dolore per il vicinato che...

Anders, che stava tornando verso la porta d'ingresso, si voltò di scatto. Fece cinque passi rigidi verso Gabriel.

– Vilde Karoline era una *sacrilega*, – disse con rabbia repressa. – E nessuno deve citare il suo nome in nostra presenza.

Si girò di nuovo e s'incamminò verso casa.
– Sacrilega? – sussurrò Gabriel, senza capire. – Vilde Karoline? La ragazza piú dolce di Grimstad?

Era come se la mano della morte si fosse abbattuta anche sull'appartamento.
Ebba Braut era stata da Henrik esattamente due settimane prima. Anche se l'arredamento le era sembrato antiquato e datato, l'atmosfera che vi regnava era accogliente. L'appartamento era caldo, abitato e pieno di piante verdi. Ora la maggior parte stava per appassire e le foglie pendevano flosce. L'ortensia era già morta. Inoltre faceva freddo. Forse la polizia aveva abbassato il riscaldamento dopo aver ispezionato la casa alla ricerca di possibili indizi su cosa o chi aveva causato la morte di Henrik.
Sul tavolino del soggiorno c'era una tazza di caffè mezza piena. Il contenuto aggiungeva una punta d'amaro all'odore dolciastro proveniente dal portafrutta sul davanzale della finestra. C'erano due mele piuttosto raggrinzite e alcuni mandarini che stavano diventando grigio-verdastri.
Per il resto era tutto in ordine.
– È impossibile notare che la polizia è stata qui, – commentò parlando nel vuoto.
– Cerchiamo sempre di lasciare un posto piú o meno com'era quando siamo arrivati, – disse Marius Blaaberg, un po' affannato. – Ed è stato subito evidente che questa non è la scena del crimine. Gli agenti hanno solo cercato quel che poteva indicarci di cosa si stava occupando Henrik. Con chi era stato negli ultimi tempi. Cose del genere. Ma puoi vedere da alcuni segni qua e là che hanno rilevato le impronte digitali.
All'inizio avevano provato a portare Hanne Wilhelmsen su per le scale incrociando le braccia a mo' di seggiolino.

Non era andata bene. Hanne si era arrabbiata cosí tanto che ci avevano rinunciato dopo tre gradini. Quando Marius aveva tentato di capire perché se la fosse presa tanto, Hanne si era lamentata che le faceva un male cane essere trasportata in quel modo. Una stupidaggine bella e buona, secondo lui.

Il contatto fisico non solo la irritava, ma la rendeva irascibile.

Ebba non l'aveva mai vista in quello stato. Per essere portata in quel modo, Hanne aveva dovuto mettere un braccio intorno al collo suo e di Marius. I loro volti si erano avvicinati moltissimo, cosa che Hanne si sforzava di evitare inclinandosi all'indietro e guardando il soffitto. Cosí facendo aveva dovuto aggrapparsi ancora meglio agli altri due per non cadere per le scale.

Per lei era insopportabile.

Anche se aveva già abbastanza preoccupazioni di suo, Ebba, stando lí nel soggiorno di Henrik, prese a riflettere seriamente su cosa avesse reso Hanne Wilhelmsen iperallergica nei confronti delle persone.

Seduta sulla sua carrozzina vicino alla porta tra l'ingresso e il soggiorno, quest'ultima aveva un'aria inviperita, ma almeno taceva. Marius si era offerto di portarla su da solo, in braccio come una sposa, però la proposta non era stata nemmeno presa in considerazione. Alla fine, Marius aveva dovuto trascinare la sedia a rotelle all'indietro, gradino per gradino, con Hanne seduta sopra. Le ruote erano cosí grandi che era possibile riprendere fiato solo su ogni pianerottolo. Ebba aveva cercato di aiutarlo spingendo.

Anche quella soluzione non era stata molto apprezzata.

Come avrebbero fatto a riportarla giú, era un mistero.

Un pensiero allettante era quello di lasciarla lí e che si arrangiasse da sola.

– Non avete trovato il computer, giusto? – chiese Hanne.

– No, – rispose Marius. – Per quanto ne so. Stai cercando qualcos'altro? Qualcosa di specifico, intendo?

– Stiamo cercando tutto ciò che è diverso. Qualsiasi mutamento.

– Hai detto che non sei mai stata qui. E nemmeno io. Quindi come facciamo a sapere cosa è eventualmente cambiato?

– Conoscevo Henrik. Lo conoscevo bene. Venire qui per me è molto diverso che per te.

Spinse la sedia a rotelle verso una porta che doveva essere quella della camera da letto. Ebba si fermò, poi andò in cucina.

Era proprio lí che aveva studiato la libreria fatta da Henrik mentre lui preparava il tè. Quel giorno tutti i libri erano assiepati sugli scaffali.

Ora invece ce n'erano due sul tavolo.

Quando li vide, sul momento Ebba non ci capí nulla.

Erano uno sopra l'altro, con i dorsi rivolti verso di lei.

Quello sotto era una versione rilegata in pelle delle *Fiabe norvegesi* raccolte da Asbjørnsen e Moe. Era sicura di averlo visto nella libreria l'ultima volta che era stata in quell'appartamento.

Il libro sopra era un'impossibilità.

– Qualcosa non va? – le chiese gentilmente Marius, mettendole una mano sulla spalla.

– *Sssh*, – sussurrò lei.

– Vedi di respirare!

Ebba si avvicinò al tavolo della cucina. Non toccò i libri, ma gridò forte: – Hanne! Vieni qui!

Non ricevendo alcuna risposta, prese il libro. Era rilegato con grande raffinatezza e perizia, la copertina di cartone era rivestita di tela sul dorso e per metà della parte anteriore e posteriore. Il tessuto era bordeaux, mentre il cartone era di una tonalità piú chiara dello stesso colore. Quasi un rosa antico.

Titolo e nome dell'autore erano impressi a caratteri dorati.

Le tremavano le mani quando lo aprí.

Aveva ragione.

– Hanne! – urlò con quanto fiato aveva in gola. – *Hanne!*

Quest'ultima arrivò spingendo la sedia a rotelle.

– Cos'è tutto questo baccano! – commentò scocciata. – Non siamo mica in una *reggia*.

– Guarda, – le disse Ebba, alzando il libro davanti a lei.

– Be'? – disse Hanne, strizzando gli occhi.

– Si intitola *La rupe della stirpe* ed è una raccolta di poesie scritta da Aasmund Aaletjønn.

– Lo vedo da me, – replicò Hanne, irritata. – Aaletjønn è un poeta famoso. E allora? Henrik leggeva molto!

– Sí, – riprese Ebba. – Ma questa raccolta di poesie non dovrebbe essere qui. Né tantomeno essere rilegata.

Hanne stava per girare la carrozzina quando le parole di Ebba la costrinsero a fermarsi di colpo.

– Sono la redattrice di questa raccolta. Non sarà pubblicata prima dell'8 settembre.

Marius, che era entrato in cucina, le tolse con delicatezza il volume dalle mani. Dopo aver inspirato a fondo con la bocca aperta, Ebba scosse la testa e aggiunse: – Questo libro non esiste!

«Ciao, ha telefonato un tizio che abita nella Norvegia meridionale dicendo che deve parlare con qualcuno che conosceva Henrik Holme. È vergognoso, lo so, ma qui alla centrale nessuno lo frequentava. Visto che hai ereditato il suo ufficio, mi faresti la cortesia di chiamarlo? Continua a insistere. Gli ho già spiegato che le indagini sono state affidate al distretto Est, ma non molla. Ti andrebbe?»

– «Visto che hai ereditato il suo ufficio», – borbottò Marius Blaaberg tra sé e sé mentre leggeva la mail. – Forse sarebbe meglio dire «visto che sei un novellino, posso ordinarti di fare qualsiasi cosa»...

Era passato dalla centrale dopo lo strano episodio nell'appartamento di Henrik Holme a Grünerløkka. Era stato un incubo portare su Hanne Wilhelmsen, e ancora peggio farla scendere. Nemmeno Marius era molto incline al contatto fisico con gli estranei, ma anche l'isteria aveva dei limiti.

Come era salita, era comunque scesa.

Marius aveva in programma di andare al cinema con degli amici alle otto e mezzo. Tornare prima a Høvik voleva dire aprire la porta di casa e ripartire, tanto valeva impiegare l'attesa al lavoro.

Era stato Herman Bråtan a mandargli la mail.

Marius esitò.

L'uomo che gli aveva chiesto di contattare si chiamava Gabriel Viken. Il numero di telefono era incluso nella mail. Marius guardò l'orologio. Aveva tre quarti d'ora a disposizione prima di andare in centro e arrivare in tempo per lo spettacolo.

Non aveva mai incontrato Henrik Holme.

Ma era stato nel suo appartamento.

Il giorno prima, durante la riunione generale del mattino, era stato in effetti l'unico a saper dire qualcosa su di lui.

Inoltre, conosceva qualcuno che conosceva il poliziotto defunto.

Oddio, *conosceva*... Era comunque stato con quelle persone.

Aveva parlato con Ebba e Hanne. Piú volte.

Almeno due.

Preso il cellulare, compose il numero che Herman Bråtan gli aveva inviato. Ci fu solo uno squillo.

– Gabriel Viken, – rispose una ruvida voce maschile.

– Salve! Mi chiamo Marius Blaaberg e chiamo dal distretto di polizia di Oslo.

– Finalmente! Vi ho telefonato tre volte!

– Sí, giusto. Da quanto ho capito, voleva parlare con qualcuno che conosceva Henrik Holme. Però non siamo piú noi qui a Oslo a condurre le indagini...

– Lo so.

L'uomo sembrava impaziente, quasi irritato.

La voce faceva pensare a una persona anziana. Continuò: – *Lei* conosceva Henrik Holme?

– Mah, – Marius strascicò la parola. – Sono stato a casa sua.

– Bene. Sapeva che poco piú di due settimane fa, lunedí, è venuto a Grimstad?

L'anziano parlava a voce troppo alta. Forse aveva problemi d'udito.

– Lunedí 28 febbraio? – gridò Marius nel microfono mentre sbirciava di traverso il calendario del supermercato Rema 1000 che Henrik aveva appeso alla parete. – Due settimane e mezzo fa?

– Non c'è bisogno di urlare, – disse l'uomo altrettanto forte. – Ci sento benissimo. Comunque, sí, quel lunedí.

Marius si alzò a metà e, staccato il calendario, lo appoggiò davanti a sé. Con una penna cerchiò il 28 febbraio. Era il giorno in cui aveva iniziato a lavorare alla centrale e si era trasferito nell'ufficio di Holme. Tre giorni dopo che l'ispettore era stato sospeso.

– Era venuto apposta da lei? – gli domandò mentre tirava fuori un bloc-notes da un cassetto.

– Sí. O meglio, era venuto a trovare me e Freddy, ma non era quello il motivo per cui era qui.

– Eh... okay. Qual era?

– Era venuto per fare le condoglianze ai miei vicini.

– Ah. Quindi li conosceva?

– No. Per niente. Ma sosteneva di conoscere Vilde Karoline. La figlia. Che è morta.

Marius si strinse la radice del naso e chiuse gli occhi. Quel nome gli risultava familiare.

– Okay, – rispose, in mancanza di qualcosa di meglio da dire.

– *Sosteneva* di conoscerla. Di essere un suo amico. Ma dubito che fosse vero. Abbiamo parlato a lungo, aveva bisogno di andare in bagno e ha usato il mio. Gli ho offerto caffè e biscotti. I Bredesen lo hanno ignorato, nonostante avesse fatto tutti quei chilometri.

Marius aveva messo il telefono in vivavoce e si era rivolto verso il computer. Stava cercando Vilde Karoline Bredesen.

– Si è suicidata, – disse piano.

– È quello che dicono!

– Scusi. Non stavo parlando con lei. Ma cosa...

In quel momento gli venne in mente. Durante la riunione generale del mattino prima, Herman Bråtan aveva menzionato la documentazione di sei casi trovata nell'appartamento di Henrik. Cinque *cold cases* e il recente suicidio di Vilde Karoline Bredesen.

Si sentí avvampare e continuò a digitare per approfondire i dettagli relativi al caso.

Archiviato.

La decisione era stata presa lunedí 28 febbraio alle 10.43 da un giurista della polizia. I risultati degli esami tossicologici e altri elementi erano stati inviati dall'Istituto di medicina legale via posta elettronica due ore dopo. La mail era crittografata e Marius non aveva il codice.

Qualcuno aveva commesso un errore.

Il caso era stato archiviato prima che si avessero a disposizione le informazioni necessarie.

Che si trattasse di suicidio era anche troppo palese.

– ... molto sospetto, – sentí dire a Gabriel Viken all'altro capo.

– Ehm... scusi, ho perso per un attimo il filo. Diceva?

– Ho detto che prima Vilde Karoline si è tolta la vita. Poi arriva questo Henrik Holme, che non dice di essere un poliziotto, scava e fa domande sull'intera famiglia Bredesen. Poi passano solo un paio di settimane e viene ucciso. Due giovani sani con la vita davanti a sé, uno interessato all'altra, forse si conoscevano pure, e all'improvviso...

Marius udí lo schiocco delle dita.

– ... entrambi sono morti in circostanze drammatiche. Lo definirei *molto* sospetto.

Marius si scoprí ad annuire.

– Adesso devo annotare tutte le generalità necessarie, – disse. – Gabriel Viken. Recapito?

L'anziano gli forní sia l'indirizzo che la data di nascita. Aveva ottantasette anni, calcolò Marius rapidamente.

– Ha nominato un'altra persona, – continuò Marius mentre scriveva. – Un certo... Freddy?

– Il mio cane. È morto oggi. Dopo una vita lunga e soddisfacente. Comunque, una cosa molto triste, come può immaginare.

– Le mie condoglianze. Ma grazie per averci contattato. Inoltrerò le informazioni al distretto di polizia che si occupa del caso, e loro si faranno di sicuro sentire a breve.

Marius aveva alzato la mano e allungato l'indice per interrompere la conversazione quando Gabriel disse all'improvviso: – Forse era incinta.

– Cosa?

Ritirò la mano e si chinò verso il cellulare.

– Girano voci che Vilde Karoline fosse incinta, – sussurrò quasi Gabriel. – Non bisogna sempre credere alle dicerie, ma forse c'è un fondo di verità. Una gravidanza potrebbe essere stato il motivo per cui ha deciso di togliersi la vita, penso.

L'anziano fece schioccare la lingua.

– Sono molto religiosi.

– Chi?

– I Bredesen. O almeno la madre, il padre e Vilde Karoline.

– E loro sarebbero i suoi vicini, giusto?

– Sí! Altrimenti non avrei incontrato il giovane poliziotto. E non saprei nulla della famiglia di Vilde Karoline. Oggi, quando volevo aiutare Anders, be'... Anders Bredesen, intendo, il padre... è stato incredibilmente scontroso. Ha detto... ha detto...

Marius si avvicinò ancora di piú al telefono.

– Ha detto che Vilde Karoline aveva commesso... un *sacrilegio*.

Calò di nuovo il silenzio. Marius non sapeva cosa dire. I suoi pensieri correvano da una parte all'altra. Si raddrizzò e fissò il documento redatto dal medico legale che avrebbe tanto voluto aprire.

– Secondo lei cosa intendeva dire? – gli domandò Gabriel Viken.

– Non ne ho idea, – rispose Marius. – Non ne ho davvero idea.

– Aasmund Aaletjønn dice di non capirci nulla, – dichiarò Ebba quando, tornata dal bagno, si lasciò cadere su una poltrona in Kruses gate.

Hanne non alzò gli occhi dal libro che teneva sulle ginocchia. Era avvolto nella pellicola di plastica che aveva trovato nella cucina di Henrik. Con la scusa che fuori pioveva: un'opera cosí pregevole doveva essere trattata con particolare cura. Poi lo aveva infilato in una borsa della spesa, insieme alla copia di *Fiabe norvegesi*. Li avrebbe portati in Kruses gate.

Marius era un po' perplesso. Secondo lui sarebbe stato il caso di avvertire i colleghi del distretto di polizia Est. Hanne aveva cestinato la proposta con un'alzata di spalle. *La rupe della stirpe* non era rilevante per l'indagine d'omicidio, quello glielo poteva assicurare. Era una curiosità editoriale, interessante solo per Ebba. E forse per Hanne.

Nulla di importante per la polizia.

Oltretutto, in base al testamento, il libro ora le apparteneva.

C'era davvero qualcosa di strano in Marius Blaaberg. Qualcosa che Hanne non riusciva a cogliere. Era sveglio e intelligente, ed era chiaramente affascinato sia da Ebba che da lei. Soprattutto da Ebba, a cui mandava occhiate indagatrici ogni volta che pensava che nessuno se ne accorgesse. Verso di lei era molto piú incerto: pareva quasi spaventato. Sorrisi e disponibilità a dare una mano a parte. L'aver accettato che Hanne sminuisse il significato dell'esistenza di una versione rilegata de *La rupe della stirpe* era un errore che quel poliziotto sembrava troppo intelligente da commettere.

Poteva anche essere il risultato di una sorta di servilità ansiosa.

C'era qualcosa in quel ragazzo, ma la combinazione di paura e fascino le sarebbe potuta tornare utile.

Come lo era stata con tante altre persone nel corso della sua vita.

– Terra chiama Hanne! – sentí, e alzò gli occhi.

– Cosa?

– Aasmund afferma di non saperne nulla.

Indicò il libro.

– Non può essere vero, – replico Hanne. – Aasmund Aaletjønn è il proprietario del manoscritto. Immagino che sia cosí, giusto? Non come due anni fa, quando l'intera produzione letteraria di una scrittrice era una frode?

Ebba si toccò la testa.

– No! Nulla fa pensare che Aasmund non sia chi dice di essere. Un piccolo contadino, nonché premiato poeta. La raccolta di poesie è sua. Senza dubbio.

– E alla Storkhøj ce ne sono solo tre copie? – continuò Hanne. – Una conservata in una sorta di archivio, che è l'originale. Quella che ti ha consegnato lui quando sei andata alla sua fattoria.

– Sí, – confermò Ebba. – Poi ne ha una anche David Eriksen.

Dopo averci pensato sopra per un attimo, aggiunse: – E c'è pure quella del caporedattore. Me la stavo dimenticando. Ma non si tratta di libri, solo di manoscritti su fogli sciolti. Quattro esemplari in totale. E di sicuro Aasmund ne avrà qualche copia. Ma nega di aver dato il manoscritto a qualcun altro, oltre a me.

– Mente.

Ebba si avvicinò a Hanne e le prese *La rupe della stirpe*. Tenendolo con entrambe le mani, lo alzò davanti a sé con le braccia tese. Il formato era piú grande di quello che avrebbe scelto la Storkhøj. La plastica risultava fredda e leggermente appiccicosa sulle dita.

– Perché mai dovrebbe farlo? – domandò.

– Non lo so. Ma se sta dicendo la verità, qualcuno deve aver rubato il manoscritto e averne fatto un'edizione rilegata con sopra il suo nome. Non è molto logico.

– Magari qualcuno a lui caro voleva fargli una sorpresa con un'edizione di lusso?

– In tal caso, quel qualcuno si sarebbe dovuto procurare il manoscritto senza essere notato. Se c'è qualcosa che ho imparato due anni fa, è che gli scrittori sono molto particolari quando si tratta del loro materiale. Ogni genere di capricci, cambiamenti d'umore e segreti.

– Non tutti, – obiettò Ebba. – Ho due giallisti nella mia scuderia...

Si interruppe prima di scoppiare a ridere.

– Oltre a te! Siamo sempre disposti a pubblicare il tuo libro!

– No! – replicò Hanne in maniera netta. – Continua.

– Uno di loro mi manda nuovi brani del manoscritto ogni tre settimane o giú di lí. Quando il libro è terminato, ci sono quattro o cinque persone alla Storkhøj che saprebbero mettere insieme un'opera intera con ciò che è arrivato via mail nell'arco di sei mesi.

– Mi hai parlato della solennità con cui ti è stato consegnato questo libro, scritto su fogli di carta spessa, – commentò Hanne. – Sei dovuta andare fino nel Vestfold per prendere il manoscritto. Tenuto insieme da vecchi nastri intessuti a mano! Qui parliamo di un poeta, mica di uno che scrive gialli.

Ebba non rispose. Sollevò il libro in controluce e lo ispezionò piú da vicino.

– Bello, – mormorò.

– La rilegatura è stata eseguita a mano, – annuí Hanne. – Siamo d'accordo su questo?

– Sí. E anche bene. Oltretutto sulla copertina non compare il nome di nessuna casa editrice. Quando ho aperto il libro a casa di Henrik, ricordo di aver notato che non c'era nemmeno il colophon.

– Il colophon? La pagina dove sono riportate le informazioni tecniche, giusto? Copyright e simili?

– Sí. Manca. Ma per essere sicura che il libro sia stato rilegato a mano, devo aprirlo e dargli un'occhiata piú da vicino. All'interno. Ma qui puoi vedere...

Tenendo il pacchetto di fronte a Hanne, indicò la giuntura tra dorso e copertina, che era visibile attraverso la plastica.

– La rilegatura è stata eseguita artigianalmente. Lo si vede dalla tecnica di cucitura e dal tipo di legatura.

– Sarebbe?

– Fregatene, – disse Ebba con impazienza. – Fidati di me. Inoltre, se osservi la tela...

– Cioè?

– È il tessuto che può essere usato per rivestire il dorso dei libri. A volte viene applicato lungo l'intera copertina. Altre volte invece, si usa solo per metà, come in questo caso. Si tratta di una cosiddetta mezza rilegatura. Elegante. Dà un'aria esclusiva. È costosa. Ora si usa poco. E qui...

Con il dito seguí il bordo del tessuto bordeaux fino al cartone piú chiaro.

– Ci sono delle piccole irregolarità qui, – commentò. – Fili microscopici sciolti.

Spostò il dito.

– E qui... e qui... indica la presenza di bolle d'aria nella colla.

Hanne alzò gli occhi.

– Il poeta è tipo da intendersene di rilegatura di libri?

– Sí… Sí. Eccome! In casa ha una specie di laboratorio. Ne va fiero. Intarsia il legno, se ne intende di tessitura e chissà cos'altro. Lavora anche a maglia.

Ci pensò.

– Però non ho visto strumenti da rilegatura.

– Hai idea di cosa serve?

– Sí.

– Come lo sai?

– Ho seguito un corso. Online. Durante la pandemia. In realtà non è cosí difficile. Basta avere una cucitrice per cucire insieme i fogli che suddivisi in fascicoli formano il corpo del libro. Di solito. E poi…

Scosse la mano per interrompersi da sola.

– La risposta è che non serve molta attrezzatura. Là non ho visto cucitrici, che mi ricordi, ma alcune stanno tranquillamente in un armadio. Studiando il libro piú da vicino, posso vedere se le pagine sono stampate seguendo un formato o se il rilegatore ha…

– Cos'è un formato?

– Hanne! Non possiamo fare un corso sull'anatomia del libro!

– Ma ti aiuterebbe se spacchettassimo il libro e tu lo esaminassi piú da vicino?

– Ehm… Sí. A proposito, perché è avvolto in questo modo?

– Un attimo, – disse Hanne, prima di scomparire dentro il suo studio. – Non toccarlo.

Tornò dopo pochi secondi con un piccolo vasetto di vetro. Ne svitò il coperchio mentre lo teneva in equilibrio su un ginocchio. Acceso un fiammifero, prelevò dal vasetto un pizzico di una polvere che sembrava talco e tenne le dita trenta centimetri sopra la fiammella.

Poi lasciò cadere la polvere.

Una fiammata vigorosa fece gridare Ebba dallo spavento.
– Ahi, – esclamò Hanne.
– Cosa cavolo... Ti sei scottata?
– Sí. Ma non importa. Ora vedrai come faceva Sherlock Holmes a rilevare le impronte digitali. Come ai vecchi tempi.

Marius Blaaberg non riuscí ad andare al cinema. Rimase invece seduto nel suo ufficio in Grønlandsleiret 44 a scrivere una relazione.

Per tre ore.

Era difficile rendere la conversazione appena intercorsa in modo che risultasse rilevante ai fini delle indagini sull'omicidio di Henrik Holme. Che Holme fosse andato a Grimstad era certo un'informazione utile che avrebbe risparmiato molto lavoro ai colleghi del distretto Est.

Il problema era il resto del racconto.

Un vecchio con un cane, che poi era morto, vicini molto religiosi e voci su una possibile gravidanza che correvano in quella piccola città. Un caso già archiviato e dettagli forse importanti arrivati in seguito. Senza che Marius avesse la minima idea se c'entrassero con il caso o meno.

Gli risultava sempre oscuro il motivo per cui Henrik fosse rimasto a casa di Gabriel Viken. L'ispettore doveva andare in bagno, ma da lí a trattenersi per il caffè ce n'era e Marius non riusciva a trovare il nesso.

Per non parlare del sacrilegio.

E poi, Henrik non aveva detto di essere della polizia.

Forse non lo era?

Non in quel contesto?

Poteva anche darsi che in effetti Henrik conoscesse Vilde Karoline Bredesen e avesse detto la verità a Gabriel

Viken: era amico della morta e voleva porgere le condoglianze alla famiglia.

Percorrendo cinquecentosessanta chilometri tra pomeriggio e sera?

Erano quasi le undici e alla centrale regnava il silenzio. Marius aveva già bevuto due caffè acidi del distributore automatico e stava per arrendersi. Ma non poteva. Aprí di nuovo un documento vuoto sul computer. Vi inserí tutti i riferimenti e il numero di identificazione relativo al caso Holme prima di continuare:

> Oggetto: viaggio compiuto dal defunto ispettore Henrik Holme il 28 febbraio di quest'anno, al volante di un'auto presa a noleggio alla Rent-A-Wreck.
>
> Oggi, tra le ore 19.17 e le ore 19.23, il sottoscritto ha sostenuto una conversazione telefonica con Gabriel Viken, nato il 07.01.35, residente in Tollerveien 3 a Grimstad. Viken ha riferito che l'ispettore Holme gli aveva fatto visita, per circa un'ora, la sera del suddetto lunedí intorno alle 20. Holme gli aveva dichiarato che lo scopo di quel viaggio era esprimere le sue condoglianze ai genitori di Vilde Karoline Bredesen, vicini di casa di Viken. V. K. Bredesen si era tolta la vita il 2 febbraio di quest'anno. In base a quanto dichiarato, i genitori si erano mostrati ostili alla visita di Holme. Allego il numero di identificazione e altre informazioni utili, tra cui l'istituzione di un caso da parte della polizia del distretto di Oslo dopo la morte di VKB, archiviato lo stesso giorno della visita di Holmes a Grimstad.

Lesse tutto con attenzione.

Sembrava un rapporto assolutamente insulso.

E forse lo era.

Ma il racconto di Gabriel no.

Era piuttosto stuzzicante, con le sue deviazioni e quei particolari interessanti. Marius aprí la prima bozza che aveva scritto, con le informazioni fornite da Gabriel mescolate alla rinfusa. Erano due pagine. Le rilesse, poi premette il pulsante di stampa e cancellò le altre versioni tranne l'ultima, che era la piú formale. La concluse secondo tutti i crismi, prima di inviarla all'indirizzo che era stato comunicato alla sezione quando si trattava di inoltrare qualunque materiale riguardasse il caso Holme. La mandò anche a Herman Bråtan. Infine si infilò il giaccone e passò dalla stanza dove c'erano le stampanti per ritirare la copia che aveva appena richiesto.

La piegò e la infilò nella tasca posteriore dei pantaloni. Mentre correva per prendere l'autobus successivo per Høvik, si chiese quale scusa avrebbe potuto inventarsi per rivedere Ebba Braut.

Forse in tasca ne aveva una.

Ebba Braut aveva accettato l'offerta di Hanne di passare la notte da lei. Il solo pensare al suo monolocale la deprimeva e in Kruses gate aveva una camera da letto molto piú grande del suo intero, maledetto bugigattolo.

Quella mattina, mentre era seduta al parco di Sankthanshaugen, le era venuto in mente qualcosa. Qualcosa di importante, che desiderava discutere con Hanne. Quando aveva ricevuto lo strano sms in cui Hanne le aveva chiesto di incontrarsi in Korsgata davanti all'appartamento di Henrik, aveva pensato che ne avrebbe avuto l'opportunità. Invece c'era anche Marius Blaaberg.

Lui le piaceva.

Le piaceva molto, ma era incinta.

E stanca morta.

E aveva sempre la nausea.

Depositata Hanne di nuovo in strada, Marius se n'era andato. Hanne le aveva comandato di prendere un taxi con lei ed Ebba non aveva osato fare altro che obbedire. Per tutto il tragitto era rimasta in silenzio.

Hanne si arrabbiava. Era capace di chiudersi completamente in sé stessa, di barricarsi dentro il suo mutismo. Di fare, addirittura, la parte dell'offesa, quando, secondo lei, il mondo le remava contro. Ma che fosse capace di dare di matto, Ebba lo aveva scoperto con certezza solo in quel momento.

– Da tenere a mente, – mormorò tra sé e sé mentre leggeva, seduta sul letto nella stanza degli ospiti in Kruses gate. – Non toccare mai quella donna.

Una volta a casa, Hanne si era concentrata su *La rupe della stirpe*. In maniera monomaniacale. In un certo senso era comprensibile: a Ebba stessa era venuto il mal di testa a furia di provare a capire come potesse esistere un esemplare del genere. Come e perché quel libro fosse finito proprio nelle mani di Henrik era ancora piú inspiegabile. Ma rilevare addirittura le impronte digitali che c'erano sopra le pareva esagerato.

Non aveva mai avuto occasione di nominare la festa a cui aveva partecipato nel periodo in cui era vietato riunire piú di dieci persone in un'abitazione privata. Era poco prima di Natale, c'erano sicuramente cinquanta ospiti nella grande villa a Grefsen e le sue chiavi erano scomparse. Hanne le aveva leccate un paio di mesi dopo ed Ebba pensava di sapere perché.

Sbadigliò. Erano quasi le tre del mattino.

Forse l'indomani. Avrebbero potuto parlare della festa e delle chiavi il giorno dopo. Di come erano sparite, per poi ricomparire in un posto dove Ebba non era mai stata.

L'indomani.

Chiuse l'esemplare di *Fiabe norvegesi* che avevano trovato nell'appartamento di Henrik e che aveva portato a letto con sé. Mentre stava per posarlo sul comodino, il pesante volume rilegato in pelle finí per terra. Con un gemito Ebba si sporse oltre il bordo del letto. Il libro era caduto sul dorso e si era aperto.

Su una pagina dove qualcuno aveva scritto qualcosa.

Ebba sollevò il libro senza chiuderlo e si mise comoda.

Le parole erano in rosso.

Alcune righe erano state messe tra parentesi e, accanto, c'era scritto in bella calligrafia: «Tatuaggio di Fridtjof!!!»

Ebba lesse il testo selezionato.

«"Tu stessa hai deciso la condanna e adesso tu stessa la subirai", proclamò il re. E cosí la vecchia regina cattiva fu legata a dodici cavalli indomabili, che ne staccarono ognuno una parte».

La mente di Ebba si bloccò. Erano cosí tante le domande che scaturivano da quel libro che le era impossibile metterle in ordine. Chi era Fridtjof, chi aveva incorniciato il testo, che cosa era tatuato su chi e quale significato poteva avere tutto ciò? Ebba continuò a rileggere quelle frasi finché le lettere non le ballarono davanti agli occhi.

Tatuaggio.

Questo Fridtjof si era tatuato il testo o aveva fatto in modo di dare una rappresentazione grafica a quella scena grottesca e misogina, dove una donna veniva squartata da cavalli furiosi?

Chiuse delicatamente il libro dopo aver annotato il numero di pagina. Appoggiò la raccolta sul comodino, badando bene che non cadesse, e si premette gli indici sulle tempie. Abbassò le palpebre.

Ed ebbe Henrik davanti a sé.

La testa troppo grossa sul collo lungo. Le spalle striminzite. I suoi occhi, grandi e grigi, dalle belle ciglia che nessuno aveva mai notato guardandolo con affetto. Il sorriso, sempre interrogativo e di solito incerto: Henrik se lo concedeva solo per fugaci attimi di gioia e non aveva mai il coraggio di mantenerlo, perché gli mancava la sicurezza in sé stesso. Sentí le sue carezze sulla schiena mentre cercava di consolarla: lei non aveva nessun altro al mondo a cui rivolgersi. Era un uomo che offriva tè ed empatia, una persona di un'altra epoca. Quando lo aveva visto per l'ultima volta, aveva come un'aureola intorno alla testa, creata dalla luce del suo lampadario.

– In che guaio ti sei cacciato? – bisbigliò. – Perché non hai chiesto aiuto, Henrik?

Poi le venne in mente che era proprio ciò che aveva fatto. Aveva supplicato e implorato, ed era stato respinto. Ebba sentí l'ira crescere dentro di lei. Picchiare il pugno sul cuscino non le sarebbe servito, aveva trattenuto la rabbia troppo a lungo. Quando Ebba l'aveva trovata, Hanne era distrutta. Era cosí piccola e vulnerabile rispetto al solito che lei non si era permessa di perdere le staffe. Nemmeno quando aveva letto i messaggi. Voleva essere gentile con un'amica in difficoltà.

Non avrebbe dovuto.

Hanne non se lo meritava. Non meritava nulla.

Aveva tradito Henrik nella maniera peggiore. Forse Nefis aveva esagerato quando aveva dichiarato che Hanne era responsabile della sua morte, ma c'era un fondo di verità in quelle parole.

E molto consistente.

Se solo Hanne gli avesse risposto!

Se gli avesse chiesto di venire, se avesse parlato con lui, se lo avesse aiutato!

Hanne avrebbe dovuto guidarlo, come era abituato lui. Avrebbe dovuto mostrargli che gli voleva bene, come pensava lui.

Con uno scatto Ebba scostò il piumone. Non voleva piú stare lí. Non voleva piú fare l'investigatrice. Tanto per Hanne era solo un modo per far passare il tempo. Un diversivo mentale ed emotivo per sopportare il pensiero di essere rimasta sola al mondo. Che Nefis non la voleva piú.

Non erano problemi di Ebba.

Henrik era morto, era un evento tragico e triste, ma lei non ne voleva piú sapere. Se ne sarebbero occupate le forze dell'ordine, era il compito a cui erano preposte: lei aveva altre preoccupazioni. Stava per prendere una delle decisioni piú importanti della sua vita e non voleva lasciarsi coinvolgere da tatuaggi spaventosi, omicidi o impronte digitali rilevate su libri che in realtà non sarebbero dovuti esistere.

Quando pensò a *La rupe della stirpe*, si irrigidí.

Si era vestita e aveva messo tutte le sue cose nel borsone.

Che ci fosse una copia rilegata di un libro inedito non erano affari suoi. A rifletterci. Lei era la redattrice. Era la responsabile. Ci pensò per un attimo.

No.

Voleva dimenticare tutto. Fregarsene dell'intero libro. Forse Aasmund aveva mentito dicendo di non sapere nulla di quell'esemplare, ma in tal caso la scelta era sua. Era lui il proprietario del manoscritto, quindi poteva farne ciò che voleva.

Rifece il letto con movimenti bruschi.

Si caricò il borsone in spalla e aprí con cautela la porta.

L'ultima cosa che voleva era che Hanne si svegliasse.

Voleva solo andarsene. Inosservata.

Hanne Wilhelmsen aveva quasi smesso di dormire. Ogni tanto arrivava forse a cinque ore di sonno, ma di solito si svegliava, piena di adrenalina, un'ora dopo essersi addormentata.

Non che le importasse piú di tanto.

Gli incubi erano peggiori della vita stessa. Che era già abbastanza brutta.

Si era alzata di nuovo non appena in camera di Ebba si era fatto silenzio. Ora era seduta al tavolo da pranzo nel soggiorno, come tante notti prima. Davanti a lei c'era *La rupe della stirpe*, aperto su una poesia intitolata *Dolore notturno nel fienile di mio padre*.

Ebba la adorava.

A Hanne non piaceva e chiuse il libro.

Lo spostò per prendere invece il foglio plastificato con le impronte digitali che aveva rilevato dalla copertina della raccolta di poesie. Ebba era rimasta impressionata non poco quando lei, usando del licopodio in polvere, carta adesiva, un pennello per il trucco e del cartoncino grigio, aveva ricavato quattro impronte diverse e piuttosto nitide dalla copertina del libro. Il licopodio, o per la precisione le sue spore, se l'era procurato per aiutare Ida con un progetto scolastico in prima superiore. Lo si poteva acquistare facilmente e legalmente online e veniva utilizzato perlopiú da illusionisti e insegnanti di scienze naturali. Il pennello lo aveva trovato fra i trucchi di Nefis. Il resto dell'attrezzatura necessaria per rilevare le impronte erano cose che aveva nello studio.

Una era di Ebba, avevano appurato. Un'altra doveva appartenere a Henrik, ma non potevano saperlo senza confrontarla. Di chi fossero le ultime due, non avevano idea. Ebba aveva insistito affinché consegnassero il libro e le impronte alla polizia. Per fortuna si era accontentata delle rassicurazioni di Hanne, la quale le aveva garantito che la Scientifica aveva provveduto a rilevare quelle presenti nel resto dell'appartamento. E che perdipiú le impronte digitali erano piuttosto obsolete.

Oggigiorno contava il Dna.

Sciocchezze, naturalmente, ma Ebba le aveva creduto.

– *Cui bono*, – disse Hanne tra sé e sé mentre le studiava. A chi sarebbe mai servito quello che stava facendo. Almeno in quel modo riusciva a far passare le giornate, però Ebba aveva ragione. Senza Henrik, lei era solo un'investigatrice privata, invalida e abbandonata a sé stessa, e il tempo stringeva sempre piú.

Tutto e tutti l'avevano abbandonata.

Guardò l'orologio, per la decima volta in un'ora.

Aveva bisogno di un nuovo Henrik.

Ma piú di tutto aveva bisogno che tornasse Nefis.

Per farla tornare, doveva resistere. Per resistere, doveva avere un caso da risolvere.

Lo aveva detto la stessa Nefis, dopo la terribile lite avvenuta un paio di settimane prima, quando aveva sbattuto la porta ponendo fine alla loro vita coniugale e si era portata via Ida: *Hai bisogno di un caso, Hanne*.

Ora un caso c'era, e lei aveva bisogno di un nuovo Henrik.

Quando capí di chi avrebbe potuto servirsi, prese il cellulare. Scrisse rapidamente un messaggio, che inviò nonostante fossero le tre del mattino.

– Sei qui?

Con un sussulto Hanne alzò lo sguardo. Ebba era uscita dall'ala riservata agli ospiti. Era vestita e aveva con sé il borsone.

– Sí. Ma perché sei in piedi? Stai per…

– Vado a casa.

– Perché? È notte fonda e…

– Non ce la faccio piú.

– Cosa?

– Questa… questa…

Indicò prima il vasetto con il licopodio, poi il foglio

plastificato con quattro impronte digitali che si trovavano davanti a Hanne.

– Questa parodia di un'indagine.

– Paro...

– Sí. L'altro giorno hai detto, ad esempio, che avresti scoperto chi era l'uomo con cui Henrik si era incontrato la sera prima della sfortunata cena qui da te. Che poteva trattarsi di un nemico, non di un amico. Come credeva Henrik. Che forse era la chiave di questo enigma. Di quanto ti sei avvicinata alla soluzione?

Hanne non rispose.

– Esatto, – esultò Ebba. – Non ti sei avvicinata neppure di un millimetro! Perché non hai un Henrik. Non puoi controllare gli estratti conto bancari per vedere dove si trovava Henrik quella sera. Non hai accesso ai dati di comunicazione. Non hai proprio nulla, Hanne, a parte un esubero di tempo.

Inspirò rapidamente prima di continuare: – Mi stai usando, Hanne. Proprio come usavi Henrik. Quando ti faceva comodo. Ma non ti sei mai preoccupata per lui. Non hai neanche iniziato a pensare al funerale. Non hai pensato al tipo di cerimonia. Non hai nemmeno scritto un necrologio. Hanne!

Alzò gli occhi al cielo, storcendo la bocca.

Hanne si sentí gelare. Allontano da sé *La rupe della stirpe* e si tirò giú le maniche della maglia.

– Mi sono rimaste solo un paio di settimane per decidere, – riprese Ebba toccandosi la pancia. – Ma per te conta poco o niente. Non parli mai del mio grande mistero finché non lo faccio io. Invece...

Indicò di nuovo la polvere di licopodio.

– ... giochi a fare Topolino. O qualcosa del genere. Me ne vado.

Se ne andò. Verso l'ingresso.

Hanne avrebbe voluto dire qualcosa. Ma non c'era nulla da dire.

– A proposito, – aggiunse Ebba girandosi di scatto. – Sul comodino nella camera degli ospiti c'è la copia di *Fiabe norvegesi* di Henrik. Cerca quella intitolata *Le dodici anatre selvatiche*. Qualcuno ci ha scritto un appunto che...

Ebba assunse un'espressione che Hanne non le aveva mai visto.

– ... sicuramente interesserà la tua piccola agenzia privata.

Scomparve.

Rimasta sola, Hanne guardò ancora una volta l'orologio.

Erano quasi le tre e non aveva senso tenere d'occhio il tempo solo per constatare che passava.

Il tempo guarisce tutte le ferite, cosí dicevano.

A Hanne non pareva affatto che fosse vero.

Venerdí 18 marzo

– Eccoti qui!

L'ispettore capo Herman Bråtan gli fece un cenno con le dita mentre Marius passava davanti alla porta aperta del suo ufficio.

– Entra!

Marius obbedí. Herman Bråtan gli indicò una delle sedie e Marius si sedette.

– Grazie per aver chiamato ieri quel tizio, – esordí Bråtan cordiale. – Hai risparmiato un sacco di lavoro ai ragazzi...

Agitò appena la mano in direzione di un punto che forse indicava la vecchia contea di Akershus.

– ... che non hanno dovuto recuperare i dati dei passaggi ai caselli. Quindi, è andato a Grimstad. Henrik Holme.

– Sí, – annuí Marius.

– Il tipo laggiú era...

Herman ruotò l'indice all'altezza della tempia.

– No, – rispose lui. – Mi è sembrato in gamba. Però anziano, certo. Ha raccontato un po' a pizzichi e bocconi, ma a mio avviso è perfettamente lucido. Sarebbe interessante vedere quali informazioni sono contenute nel rapporto che...

– Non è piú di nostra competenza.

– Non sto parlando dell'omicidio di Holme, ma della ragazza che si è suicidata. Vilde Karoline Bredesen. Il caso è stato archiviato, ma i risultati relativi agli esami del sangue sono arrivati subito dopo. Sono crittografati, e pensavo che...

Herman Bråtan pareva non ascoltarlo piú. Invece, si era voltato verso il computer. Le sue dita correvano veloci sulla tastiera.

– Mm, – disse, indicando lo schermo. – Nulla che possa mettere in discussione l'archiviazione!

Evidentemente l'ispettore capo possedeva il codice per sbloccare la crittografia. Mosse il dito lungo lo schermo mentre riassumeva: – Nessuna presenza di medicinali né di altre sostanze. Nessuna malattia registrabile...

Si chinò in avanti, avvicinandosi ancora di piú allo schermo.

– Una donna sana, – dichiarò. – Era persino incinta.

Marius deglutí. Le voci che giravano a Grimstad erano vere.

– Strano che una donna incinta si uccida, – commentò.

– Niente affatto. Le persone si tolgono la vita anche se hanno bambini piccoli che dipendono da loro. Terribile, ma vero. Un feto rappresenta un ostacolo emotivo minore rispetto a un bambino già nato.

– Non si uccidono i propri figli suicidandosi, – obiettò Marius. – Se però sei incinta, sí. In un certo senso.

– Hai letto la documentazione del caso? – domandò l'ispettore capo irritato mentre cliccava sui file. – La porta era chiusa dall'interno. Catena di sicurezza. Quarto piano. Niente balconi. Né segni di effrazione.

Tamburellò con l'indice sullo schermo.

– C'era pure una lettera d'addio scritta a mano! Verificata da un perito grafologo. Abbiamo già abbastanza da fare qui in centrale senza sprecare tempo sulle cose ovvie. Caso chiuso.

– Ma… – tentò di obiettare Marius. – Henrik Holme ha cercato di incontrare i genitori della ragazza mentre era sospeso. Aveva una copia del suo fascicolo a casa. Forse sospettava qualcosa?

– Che cosa, esattamente?

– Che… che forse non fosse…

– Cazzo, ora vedi di ascoltare: è stato un suicidio. Non ho idea di cosa stesse combinando quell'originale di Henrik Holme. A proposito, e molto piú interessante: hai risolto la faccenda dei cellulari? La bambina e la vecchia alla casa di riposo?

– Sí, – annuí Marius.

Forse Vilde Karoline era stata costretta sotto minaccia a suicidarsi, pensò.

– E cosa hai scoperto?

– La bambina ha perso il telefono la penultima settimana di febbraio. Non appena la madre se n'è accorta, sabato 26 febbraio, lo ha bloccato. Elise aveva paura di dire che non era stata capace di starci attenta. Da parte sua la madre sapeva che il marito si sarebbe arrabbiato, quindi non glielo ha detto quando l'ha scoperto.

– Ah! Il telefono aveva una password?

Marius annuí.

– Un pin a sei cifre che è passato di fratello in fratello insieme al cellulare. E che Elise aveva scritto su un foglietto tenuto dentro la custodia trasparente.

Herman Bråtan se ne uscí con una breve risata senza gioia.

– Come procurarsi un telefono usa e getta in un Paese come la Norvegia dove non esistono, – disse scuotendo la testa. – Rubandolo a un bambino. O a una vecchia, immagino?

Marius annuí ancora.

– Bjørg Torunn Andersen, che risiede alla casa di riposo Ammerudlunden, aveva un vecchio iPhone. Quando ha iniziato a soffrire di demenza, i nipoti hanno disattivato il pin d'accesso. Per un po' è andato tutto bene, ma poi è peggiorato tanto da non essere piú in grado di usarlo. Gliel'hanno lasciato lo stesso. Le dava una specie di sicurezza, mi ha detto un nipote quando sono riuscito a contattarlo.

– Hanno mantenuto l'abbonamento? Solo per darle di conforto, diciamo?

– La signora usava sempre una scheda prepagata. Per i figli e i nipoti era comodo cosí. Sopra c'erano quasi cinquecento corone prima che bloccassero il telefono su nostra richiesta.

– Oddio, – esclamò Herman Bråtan, strofinandosi una mano sul viso. – Significa che qualcuno è entrato e si è appropriato di un cellulare funzionante?

– A quanto pare.

– Sarebbe il caso di scoprire chi sono i parenti delle altre persone che si trovano alla Ammerudlunden. Cosí da...

Con un sospiro intrecciò le mani sulla nuca.

– Non ci riguarda. Non dobbiamo dimenticarcelo. Hai inoltrato queste informazioni a Lillestrøm?

– Ehm... sono i colleghi di Lillestrøm che...

– Alcuni sono lí. La maggior parte, credo. Altri a Ski, immagino. Il punto è: hai mandato queste informazioni al distretto di polizia Est?

– Sí.

– Bene. Allora non dobbiamo dilungarci oltre.

– Ma... Riguardo a quello che ha detto il vecchio a Grimstad, pensavo che forse...

Herman Bråtan alzò di colpo la mano destra. I suoi occhi si assottigliarono.

Marius tacque e tornò nel suo ufficio.

Ida Wilhelmsen aveva iniziato a prendere strade secondarie per tornare a casa.

Al momento, «casa» era il *Grand Hotel*, che lei detestava intensamente. Solo una stanza per fare tutto, nessun posto dove stare sola. O dove far venire gli amici. Non riusciva a capire perché non poteva vivere con Hammo, neanche adesso che aveva constatato di persona che Hammo non si stava lasciando morire. Come credeva invece la mamma.

O sperava, pensò Ida, provando un lampo di rabbia.

Fin dall'adolescenza, sapeva che era piú Hammo a dipendere dalla mamma che il contrario. Non ci voleva un genio per arrivarci: la mamma aveva amici, un lavoro e un sacco di soldi.

Hammo se ne stava in casa ed era un tipo strano.

Ma si erano sempre chiamate Nucleo, loro tre.

Le piú importanti al mondo.

«*Nucleus in perpetuum!*» diceva sempre Hammo quando a cena brindavano con l'acqua e Ida, che era piccola, rispondeva entusiasta: «*Nulleus in pelpettum!*»

Alla faccia dell'eternità.

Ida soffriva per la morte di Henrik, per la scissione del Nucleo e perché non poteva vivere a casa. Era arrabbiata, frustrata, triste e furiosa perché nessuna delle sue madri aveva pensato che i festeggiamenti dell'ultimo anno del liceo sarebbero stati rovinati da quello stupido divorzio.

Se avessero divorziato.

La mamma non ne voleva parlare, era solo acida, scontrosa e autoritaria.

Irriconoscibile.

Hammo era uguale a prima.

L'aveva persino lasciata sedere sulle sue ginocchia mentre era in sedia a rotelle.

Ida voleva tornare a casa sua. Aveva diciotto anni, quasi diciannove, ormai era adulta ed era sicura al cento per cento che Hammo l'avrebbe voluta con lei.

La mamma aveva detto di no quando Ida l'aveva chiamata un'ora prima e glielo aveva chiesto. No a lettere maiuscole. L'appartamento era *suo*, aveva sottolineato con fermezza, e Ida poteva essere grande quanto voleva, ma era la mamma a decidere chi avrebbe abitato in Kruses gate.

Era come se volesse punire Hammo, usando Ida come munizione. Che cosa infantile, da non crederci.

Almeno il bel tempo del giorno prima si era mantenuto.

Era arrivata al parco di Torshov. Non ci era mai stata. Era cresciuta a Frogner, in mezzo ad aree verdi piú grandi e maestose. Però questo era carino. Una collina strana, tortuosa e ripida, in un certo senso, e il parco dava l'impressione di essere stato creato in fasi diverse. Ci mise meno di un quarto d'ora per girarlo. In un angolo c'era un piccolo parco giochi. In un altro, sei cani giocavano liberi in un'area recintata, accanto a qualcosa che in estate poteva essere uno stagno. Verso sud, l'area digradava lungo una scala per poi finire in qualche modo nel nulla.

In cima alla collina era bello.

In fondo a un doppio viale alberato, perfettamente simmetrico, c'era un padiglione della musica.

Ida era salita sulla collina dal lato sud, dove il sole cercava di sciogliere gli ultimi resti di ghiaccio e neve sporca. Entrò nel padiglione e da lí guardò la città.

La luce era cosí forte che dovette strizzare gli occhi.

Oslo era cosí bella.

Cosí caotica, brutta e bellissima, con il fiordo che brillava sullo sfondo. Ida inspirò a fondo, era come se l'aria sapesse di primavera. Rimase lí a lungo, senza pensare, con il sole in faccia.

Il cellulare emise un segnale acustico.

Messaggio della mamma.

«Se vuoi, stasera possiamo mangiare al Dinner. Vieni al Grand prima delle sei ♥».

Quel cuoricino poteva anche risparmiarselo.

Ida non le rispose, ma si voltò e scese le scale verso nord. Quasi alla fine del viale sembrava che ci fosse una sorta di mostra. Vide molti supporti che somigliavano a treppiedi. Si avvicinò. Un uomo di una certa età era seduto su una panchina con un grande thermos ai piedi e una tazza in mano, intorno a lui erano disposti otto cavalletti. Su cui c'erano delle fotografie senza cornice. Erano incollate su pannelli sottili.

Erano belle.

– Ciao! – disse l'uomo allegramente. – Posso offrire un caffè alla signorina?

– No, grazie, – rispose Ida, sorridendo. – Sono in vendita?

– Certo! Il ricavato va agli Skeidoksene.

– Mm, – disse Ida, annuendo.

Lo Skeid era una squadra di calcio, fin lí ci arrivava. Forse gli Skeidoksene erano la tifoseria. O qualcosa del genere.

– Quella è magnifica, – commentò Ida, indicando una delle immagini. – Dà una specie di…

Si guardò intorno.

– … meta-sensazione. Lo stesso luogo, orario diverso. E condizioni meteorologiche molto differenti.

– Vero? – annuí il vecchio, alzandosi. – Ho aspettato a lungo l'atmosfera giusta.

– È in bianco e nero? – chiese Ida, chinandosi per vedere piú da vicino.

– No, – rispose l'uomo, e indicò una striscia luminosa quasi in fondo all'immagine.

Era leggermente verdognola. Anche il cielo nella foto aveva una lieve sfumatura di blu in tutto quel grigio.

– È una foto a colori e non ho manipolato nulla. Sarebbe imbrogliare, secondo me. Secondo te qual è la migliore?

Accanto all'immagine che aveva indicato, ce n'era un'altra che a prima vista appariva identica. Il padiglione della musica in cui lei era appena stata era l'elemento principale in entrambe. I viali erano altrettanto minacciosi. Lo sfondo era denso di nebbia. Lo sguardo di Ida corse tra le due fotografie. E trovò una differenza.

In una non c'era anima viva.

Nell'altra c'era un uomo seduto sulla panchina tra i primi due alberi sul lato destro. Una seconda figura, in piedi di fronte a lui, gesticolava con il busto un po' inclinato in avanti. Era un uomo.

– Forse questa? – disse Ida indicando le sagome. – Quelle persone sembrano spezzare il rigore della simmetria. Però...

Fece un passo indietro.

– No, quella dove non c'è nessuno è la migliore.

L'uomo ridacchiò.

– Concordo. Sei sicura di non volere un caffè?

– Forse uno *piccolo*, – disse Ida prima di avvicinarsi di nuovo alle immagini.

Si piegò per studiare gli uomini. Poi avvertí una vampata di calore, seguita da un brivido di freddo. Domandò: – Ehm... scusi... ehm... conosce quelle persone?

– No, erano lí per caso. È stato difficile scattare una foto senza che ci fosse gente che rovinava il soggetto. Ma quando sono spuntati quei due, li ho fotografati. Senza chiedere, a dire il vero, ma avrebbero protestato se avessero avuto obiezioni. Mi hanno visto, stavo proprio al centro del viale con il mio cavalletto.

Aveva tirato fuori un bicchiere di carta dalla borsa della fotocamera. Lo riempí a metà di caffè dal thermos e glielo porse.

– Del resto, da una simile distanza non sono riconoscibili, – aggiunse. – È troppo buio. Non sei d'accordo?

Ida osservò la foto con ancora piú attenzione.

– Quando è stata scattata? – chiese.

– Mm...

L'uomo teneva un caffè in ciascuna mano.

Ida non distolse lo sguardo dalla figura sulla panchina.

– Giovedí scorso, – rispose lui titubante. – O... sí. Giovedí scorso. Il 10 marzo. Verso le sei, se non ricordo male. Ho fatto appena in tempo a catturare le ultime luci del giorno, con tutta quella nebbia.

Ida si raddrizzò lentamente.

– Potrei avere il suo numero di telefono?

– Certo. Ma perché, se posso chiedere?

Ida lanciò un'occhiata a un bigliettino sotto la fotografia. Tremila corone.

– Vorrei comprare questa foto, ma non ho abbastanza soldi.

– Pensi che sia troppo cara?

Sembrava triste, quasi imbarazzato. Ida prese il caffè.

– No! – disse. – Per niente. Ma vado alle superiori e non ho molti soldi sul conto. Non posso trasferire con il cellulare una somma cosí grande.

Guardò di nuovo la foto.

Lí seduto c'era Henrik.

Sulla panchina di quel parco.

E uno sconosciuto gli stava parlando, apparentemente arrabbiato. Ed era successo il giorno prima che Henrik venisse trovato morto in un container vicino al parco di Frogner.

Doveva chiamare la polizia.

O Hammo. Sentiva la sua voce ronzarle nella testa: «Se ti dovesse capitare di vivere una brutta esperienza, di essere coinvolta in qualcosa di illegale, o se c'è qualcosa che ti terrorizza, vieni da me. Non andare dalla polizia, non parlare con nessun altro. Vieni da me. Subito».

Ida aveva solo dieci anni quando aveva ricevuto quel monito per la prima volta.

– Posso tenertela da parte fino a domani, – disse il fotografo. Aveva un'aria molto soddisfatta. – Ce ne sono solo tre esemplari, avrai il certificato e del materiale informativo.

Tirò fuori un biglietto da visita dalla tasca interna della giacca e glielo porse.

– Fammi chiamare da tuo padre o tua madre, – aggiunse allegro. – Risolveremo tutto senza problemi.

Per cortesia Ida bevve un sorso di caffè.

– Grazie, – disse guardando il biglietto prima di infilarlo sotto la custodia del cellulare. – Aaron Moltemyr? Bel nome! Va bene se faccio solo una foto della... foto?

– Certo!

Ida fece quattro scatti con l'iPhone, due dei quali a distanza molto ravvicinata degli uomini sulla panchina. Si accorse che l'orologio segnava le cinque passate.

– Devo scappare. Grazie per il caffè. E mi tenga da parte la foto!

– Sarà fatto, – le rispose lui facendole un cenno di saluto con la mano mentre lei correva verso Vogts gate a prendere un tram per il centro.

Erano le sei di sera quando Odin Gammelgård entrò nel soggiorno di Hanne Wilhelmsen. In fondo all'armadio era riuscito a scovare un paio di pantaloni e una camicia che non gli cascavano. Nella mano destra teneva un mazzo di fiori, che adesso gli creava un certo imbarazzo. Di solito lo si dava alla padrona di casa appena arrivati, ma dopo avergli aperto la porta Hanne aveva appoggiato entrambe le mani sulle ruote della carrozzina. I fiori le avrebbero impedito di muoversi.

– Aiutami a metterli in un vaso, – gli disse dirigendosi verso un'altra stanza. – Come vedi, al momento sto usando il tavolo da pranzo per lavorare. Sto ristrutturando lo studio. Ci sediamo in cucina, okay?

Odin Gammelgård notò che il posto di lavoro provvisorio era predisposto per due, ma non fece commenti.

– Benissimo, – le rispose seguendola. – Molto piú piacevole.

Era la cucina privata piú imponente che avesse mai visto. Era piú o meno rettangolare, superava di sicuro i trenta metri quadrati di superficie e la parete di fondo era dominata da una finestra larga tre metri. Il davanzale era profondo, con un paio di cuscini voluminosi su cui sedersi. Quasi un divano. All'esterno, nel cortile sul retro, un albero gigantesco e ancora spoglio proteggeva da occhi indiscreti. In un angolo c'era una piccola porta vecchio stile: doveva essere l'ingresso di servizio di una volta, ora fungeva probabilmente da uscita di sicurezza.

Lungo tutta una parete gli arredi erano montati ad altezza normale, ma accanto al camino c'erano i fornelli, un lavello e un ripiano di un metro posti a un'altezza piú adatta a una persona che si muoveva su una sedia a rotelle.

Al centro della stanza c'era un'isola che a un'estremità si abbassava di dieci, quindici centimetri trasformandosi in un tavolo da pranzo per quattro.

Si sentiva un profumino di qualcosa.

– Sono felice che tu sia potuto venire con un preavviso cosí breve, – disse Hanne Wilhelmsen. – E mi scuso per averti mandato un messaggio nel cuore della notte. Ti ho svegliato?

– No. Ero sveglio. Lo sono spesso a quell'ora.

Lei gli sorrise.

– È l'età.

Prese un vaso da un mobiletto e glielo porse indicando il lavello. Lui obbedí, ma era indeciso se togliere o meno il filo verde che teneva legati i fiori.

– Quando l'hai riempito d'acqua, metti tutto il mazzo dentro il vaso, – disse Hanne. – Lascia pure il filo. Magari potresti aggiungere la polverina, cosí durano di piú? A proposito, ti devi accontentare. Non sono la cuoca di casa. Pasta e fagioli*. Semplice, ma buona.

Odin non aveva ancora rilevato segni della presenza di altre persone. Non sapeva bene cosa aspettarsi: l'invito arrivato alle due e cinquanta del mattino era stato tanto conciso quanto strano. La tavola era apparecchiata solo per due, e lui non sapeva se sentirsi deluso o sollevato.

Qualcuno voleva parlare con Hanne, vide. Il suo cellulare era sul ripiano piú basso della cucina. Era in modalità silenziosa, ma vibrò appena e lo schermo si accese. Odin posò il vaso con i fiori sul bancone. Notò che Hanne esitava un attimo prima di girare risoluta il telefono e invitarlo a sedersi.

– Serviti pure, – gli disse cordialmente posando una pentola sul tavolo. – Sono cosí contenta che sei venuto. A essere sincera, da quando sei stato qui ieri, non ho fatto altro che lambiccarmi il cervello. Imbarazzante non ricordarmi di te. Ma poi stanotte ho cercato tra alcune vecchie carte e, non ci crederai, ma guarda cos'ho trovato.

* In italiano nel testo [*N. d. T.*].

Odin si serví mentre lei tirava fuori una foto da una delle tasche laterali della sedia a rotelle. Dopo averle dato una rapida occhiata, Hanne sorrise e l'appoggiò tra di loro, rivolta verso di lui.

– Questa sono io, – disse indicando sé stessa. – Questo è Billy T. E qui...

La mano era sottile e un anello d'oro bianco tempestato di diamanti brillava alla luce dei lampadari a sospensione posizionati sopra il ripiano della cucina.

– Sono io! – esclamò Odin cercando di trattenere la tosse. – Io e la mia Honda GL 1000 Goldwing del '75. Almeno, un pezzetto.

– Una moto terrificante! – dichiarò Hanne, ridendo. – Ovvio che non riuscivi a starci dietro!

– L'avevo comprata per una miseria, – replicò Odin, fingendosi offeso, mentre prendeva la foto per guardarla. – Un raduno di biker al Tyrigrava?

– Sí. Un servizio che avevano pubblicato su «Vi Menn», credo. Billy T. era diventato amico del fotografo e si era assicurato alcune copie della rivista. Deve essere stato lui a darmi questa foto.

Si fece silenzio.

Odin continuava a guardare l'immagine.

Hanne era al centro, una delle due sole donne presenti nel gruppo formato da una quindicina di motociclisti. Era appoggiata alla sua Harley, con le braccia incrociate e una gamba sopra l'altra. Tutti sorridevano o ridevano. Tranne lei. Odin si vide immortalato a destra della foto.

– Accidenti, – borbottò. – Quanto eravamo giovani.

– Mi sono ricordata di te quando l'ho vista, – disse Hanne, servendosi dalla pentola.– Billy T. ti chiamava Ventosa. Io non ti ho mai chiamato in nessun modo. Non credo che io e te abbiamo mai parlato. Ma ti ricordo adesso. Eri l'unico con la moto bordeaux. Buon per te che in questa foto quasi non si vede!

Il cellulare ronzò nuovamente.

Per quanto si sforzasse di far finta di niente, non ci riusciva del tutto.

– Un po' di vino? – gli chiese, sollevando una bottiglia di Barbera appena stappata.

– Non dico di no!

Hanne ne versò a entrambi.

In quel momento Odin dovette tossire, non c'era via di scampo. Si voltò e appoggiò la bocca nell'incavo del gomito.

– Scusa, – le disse con le lacrime agli occhi. – Penso che dovresti rispondere a quella chiamata. Potrebbe essere importante.

Hanne rimase immobile a fissarlo per qualche secondo.

Lui la fissò a sua volta.

Quanto erano invecchiati.

Eppure, gli occhi di lei erano identici a quelli che aveva alla fine degli anni Ottanta, quando lui si era comprato una Goldwing incidentata per potersi avvicinare a colei che allora era il piú grande amore della sua vita.

– Se mi scusi, – gli disse. – Allora rispondo. È mia figlia.

– Ci mancherebbe, – le rispose lui, gli occhi sul piatto.

– Mangia pure, nel frattempo, – lo esortò Hanne, che andò a prendere il cellulare.

Il piatto era una specie di ibrido tra una zuppa e uno stufato. Odin non lo conosceva per niente, benché cucinasse la pasta abbastanza spesso: aveva divorziato cinque anni prima, quindi aveva sviluppato un certo repertorio gastronomico.

Quando si serví, nel mestolo non vide neppure un pezzetto di carne.

– Ciao, tesoro, – sentí dire Hanne con voce attutita.

Fagioli, constatò Odin. Un mucchio di fagioli. Continuò a frugare nella pentola.

– Calmati, – la sentí aggiungere, ancora piú piano.

Assaggiò l'ibrido. Era buono.

Sua figlia aveva molte cose da raccontare. Odin mangiò. Spezzò un tozzo di pane rustico che c'era nel cestino accanto alla pentola. Era caldo del forno.

– Grazie, bambina mia.

Hanne teneva premuto il cellulare tra la guancia e la spalla mentre si dirigeva verso la porta del soggiorno.

– Mandami subito quelle foto.

Si fermò sulla soglia.

– Sí, lo chiamo. Appena possibile. Promesso.

La conversazione era finita e Hanne rimase a fissare il telefono per alcuni istanti. Poi lo infilò in una tasca laterale della carrozzina e tornò al tavolo.

Già il giorno prima, quando era passato a consegnarle il testamento di Henrik Holme, era rimasto colpito dal suo pallore. Bianca, con una pelle che non sembrava per niente quella di chi trascorre molto tempo all'aperto. Le rughe del viso erano sottili come i fili di una ragnatela. Non erano accentuate dal vento e dal clima come accadeva a molte sue coetanee.

Ora Hanne aveva una striscia rossa sugli zigomi.

– È buonissimo, – le disse.

– Scusa, – mormorò lei riprendendo il suo posto.

– Qualcosa non va?

– No, tranquillo.

Odin si serví ancora. Lei aveva a malapena toccato cibo.

– Mi chiedevo perché sono stato invitato, – esordí. – A cena e in generale. È successo un po' tutto all'improvviso, ecco.

Hanne fece una smorfia, atteggiando un sorriso indifferente.

– Ieri mi ha fatto piacere rivedere un vecchio collega, – rispose, stringendosi nelle spalle. – Cosí uno pensa che sarebbe bello fare due chiacchiere, ma poi...

Ruotò la mano in aria.

– ... il tempo passa e non succede niente. Dato che tu sei in malattia e io faccio quello che voglio, ho pensato che...

– Mi stai prendendo in giro, – intervenne Odin benevolo, servendosi un'altra porzione. – Ricordati che sono nella polizia da molto piú tempo di te. Non cercare di far fessa una vecchia volpe.

Avrebbe giurato che il rossore sotto gli occhi di lei fosse aumentato.

– E quindi? – gli chiese disinvolta.

– Sono passati piú di vent'anni da quando sei stata ferita e ci hai lasciato. Da allora hai aiutato a risolvere un mucchio di casi.

– Esagerato.

– Okay. Diciamo parecchi. E negli ultimi otto-dieci anni...

Si portò il cucchiaio alla bocca mugugnando soddisfatto.

– ... hai avuto a che fare con Henrik Holme, – concluse con la bocca piena.

– Cosa vuoi dire?

– Esattamente quello che ho detto, – le rispose con un sorriso, prima di pulirsi la bocca con un tovagliolo. – Henrik Holme faceva da *liaison*. Tra te e noi. E ora non c'è piú. La morte di Henrik Holme rappresenta una grande perdita personale per te e la tua famiglia, ma per te in particolare...

Dopo aver piegato il tovagliolo, lo puntò verso di lei.

– Il suo decesso equivale per te alla fine di una collaborazione di cui avete beneficiato entrambi. E anche noi della polizia.

Hanne aveva appena assaggiato la pasta e fagioli. Odin stava invece pensando se fosse troppo sfacciato servirsi ancora. Non provava un tale appetito da secoli.

– Henrik si prendeva delle libertà, – continuò. – Per aiutarti, intendo. Ho lasciato correre, ma non credere nemmeno per un attimo che io non registrassi le volte in cui si portava via degli incartamenti per mostrarteli, cercava informazioni che non avresti potuto ottenere in un altro modo e...

Si appoggiò allo schienale della sedia e catturò il suo sguardo.

– Mi fidavo di quel ragazzo. E mi fidavo di te. Il che si è rivelato giustificato. Però non puoi aspettarti che...

Il cellulare ronzò di nuovo.

Lei non batté ciglio, ma lo fissò dritto negli occhi costringendolo ad abbassare lo sguardo.

– Non sono un nuovo Henrik, – riprese lui a bassa voce, passando un pezzo di pane sul piatto. – Ricopro una carica da dirigente. Devo attenermi alle regole. Perlopiú.

Sorrise veloce, si infilò il pane in bocca, masticò e si schiarí la gola.

– Forse hai preso in considerazione persino Marius Blaaberg, – aggiunse. – Che hai già incontrato.

– Troppo giovane, – lo interruppe Hanne. – Giovane e inesperto.

– Anche Holme era giovane. Specie quando avete iniziato a collaborare. Ammetti di aver pensato a Blaaberg.

Le sorrise. Hanne era serissima.

– Henrik era speciale, – gli disse. – Unico.

– Sí. Sono d'accordo. Il nocciolo della questione è che...

Si schiarí con forza la voce per impedire un attacco di tosse.

– ... non avrai un nuovo Henrik. Né me, né Blaaberg. I tempi sono cambiati. La polizia ha sempre piú i fari puntati addosso. Dobbiamo modernizzarci di pari passo con il resto della società, e lo stiamo facendo. Non c'è spazio per investigatori privati cocciuti come te, capaci di arrivare a poliziotti che in realtà non dovrebbero parlarti.

– Come se non parlassero con i giornalisti! La polizia non fa altro che lasciar trapelare informazioni alla stampa!

Odin fece un profondo sospiro.

– Sí, è vero. Ma è un problema su cui non posso intervenire piú di tanto. Posso invece tenere a distanza te.

Il cellulare ronzò di nuovo dalla tasca laterale.

– Che...

Hanne imprecò sottovoce, poi, dopo aver spinto all'indietro e di lato la sedia a rotelle, prese il telefono e disse: – Soltanto un attimo, tesoro.

Sparí in soggiorno, sbattendosi la porta alle spalle.

Il commissario capo Odin Gammelgård sospirò e sbirciò nella pentola. C'era ancora della pasta e fagioli e, rimasto solo, la finí. Hanne era la padrona di casa piú scortese con cui avesse mai cenato, pensò.

Ma sapeva cucinare, quello sí.

Aaron Moltemyr, appassionato fotografo dilettante, in cinque ore di bel tempo aveva venduto foto per un totale di quindicimila corone. In realtà diciottomila, se lo avessero contattato i genitori di quella simpatica ragazzina per comprare l'immagine che le avrebbe tenuto da parte fino al giorno dopo.

Una bella sommetta, e per fortuna nessuno era venuto a creare problemi di ordine burocratico per via della sua mostra improvvisata nel parco pubblico.

Gli Skeidoksene, il club non ufficiale dei tifosi dello Skeid, non avrebbero ricevuto tutti i soldi. C'era un limite alla generosità: si sarebbe tenuto almeno diecimila corone. Quei soldi, senza tasse e dritti in tasca, sarebbero stati un graditissimo supplemento alla pensione. Aaron Moltemyr aveva fatto qualche ricerca su Google per capire se entrate del genere andassero dichiarate. Senza averci capito un granché. A quanto pareva, dipendeva da molti fattori, per esempio quanto guadagnava, con quale frequenza vendeva qualcosa e cento altre cose di cui in realtà non gli importava molto.

Per lui la fotografia era un passatempo, poco ma sicuro. In linea di principio le entrate derivate da hobby erano esentasse, e in ogni caso ne aveva già pagate abbastanza durante la sua lunga vita da dipendente.

Quando le foto furono accuratamente impilate in una capiente valigia e i cavalletti legati con delle cinghie, rimase a guardare il cellulare. Era sull'applicazione Vipps e aveva scritto l'importo che intendeva inviare online alla tifoseria, cinquemila corone.

Forse erano un po' troppe.

Ridusse la cifra a quattromila corone e le trasferí.

Soddisfatto, cominciò a spostare le sue cose a tappe, erano troppe per portarle via tutte insieme. La settimana successiva sarebbe andato in giro con la macchina a consegnare le foto vendute. Una doveva recapitarla addirittura a Drammen, ma in fondo sarebbe stato un piacevole diversivo.

Iniziò a trasferire la valigia di dieci metri, poi tornò indietro per i cavalletti. A quel punto ripeté l'operazione fino a quando non si trovò davanti alla porta di casa, che stava a soli duecento metri circa di distanza.

Dal momento che le foto erano la cosa piú importante, lasciò i cavalletti vicino alla porta mentre trascinava la valigia al piano di sopra.

Lo vide subito.

– Che mi venisse un colpo, – mormorò.

Qualcuno era entrato in casa, forzando la serratura Yale. La porta era socchiusa, il telaio era scheggiato.

– *Che mi venisse un colpo*, – ripeté, stavolta piú forte, e con un diavolo per capello entrò in casa senza pensare che dentro ci potesse essere ancora qualcuno.

Non si fermò, anche se il telefono squillava.

Per fortuna Odin Gammelgård non se n'era andato. Avrebbe potuto dileguarsi uscendo dalla vecchia entrata della cucina.

Era quello che avrebbe fatto la maggior parte della gente: Hanne era stata via per quasi venti minuti. Di cui due trascorsi davanti alla porta per darsi un tono, prima di aprirla e fare il suo ingresso.

– Sono mortificata, – gli disse. – Mi sono comportata malissimo. Stiamo attraversando una sorta di… crisi familiare. Diciottenni. Sai com'è.

– Concentrati quasi solo su sé stessi, – sorrise Odin. – Tra un paio d'anni sarà adulta. Dovremmo tornare al vecchio sistema di quando si diventava maggiorenni. C'è una differenza enorme tra i diciottenni e chi ha superato i venti.

Hanne ricambiò il sorriso, ma non rispose.

Ida era stata tutt'altro che difficile. Anzi, le aveva raccontato una storia e inviato alcune foto che avrebbero dovuto essere affidate subito alla polizia. Quando l'aveva chiamata la prima volta, Hanne era stata tentata di buttare fuori il commissario capo e chiamare il fotografo dilettante Aaron Moltemyr a Torshov.

Non poteva farlo.

Continuava a nutrire la speranza di procurarsi un nuovo Henrik.

Odin Gammelgård sembrava una brava persona. Acuto, intuitivo e molto gentile. Di esperienza ne aveva a iosa, cosí tanta da portarne i segni nel fisico. Nella foto scattata al Tyrigrava era un bell'uomo, con i capelli biondi, arruffati dal casco. Il sorriso era ampio e il corpo slanciato: pareva felice. Quella notte lo aveva cercato su Google. Come agente di polizia era praticamente invisibile. Non era di quelli che parlavano a sproposito con la stampa, ed era un bene. Il suo profilo Facebook era privato, quindi Hanne non aveva trovato altro che una foto e, a giudicare da quella, era un appassionato pescatore sportivo.

O forse era piú corretto dire che lo era stato.

– Comunque la pasta e fagioli era squisita, – le disse lui appoggiando le mani sul tavolo. – Mi piacerebbe avere la ricetta.

Quando Ida, impaziente, aveva chiamato una seconda volta per domandarle come fosse andata la conversazione con Aaron Moltemyr, Hanne non aveva piú potuto aspettare. Odin si era già rifiutato di aiutarla, oltretutto prima ancora che lei avesse avuto l'opportunità di chiedere. La tentazione era stata troppo forte.

Aveva chiamato il fotografo.

L'uomo era fuori dalla grazia di Dio e la telefonata era andata per le lunghe.

Si era comportata in modo inaccettabile nei confronti del suo ospite.

– Cos'hai che non va, Odin? – gli domandò gentile, avvicinando la sedia al tavolo.

– Long Covid, dicono i medici. Stavo cosí male quando mi sono ammalato otto mesi fa che mi hanno dovuto ricoverare all'ospedale di Ullevål per quattro giorni. Nonostante i vaccini. Non mi sono ancora ripreso da allora.

Si strofinò il viso con una mano.

– Ma a essere sincero non ne sono sicuro. Ho cercato di informarmi leggendo qua e là e circolano pareri discordi su questo tipo di diagnosi. Forse sono solo esausto. Sfinito. Ho cinquantotto anni, qualche anno fa sarei potuto andare in pensione. Ora mi tocca lavorare almeno un altro paio di anni.

Guardò Hanne. Le borse sotto gli occhi erano cosí marcate da riempire il suo sguardo di una stanchezza generale. Di tristezza, quasi, una malinconia sottolineata dalle spalle curve.

– Te lo ricordi come un fardello? – le chiese. – Essere un poliziotto?

– Sí e no. Verso la fine, forse. Probabilmente ne avevo abbastanza, e poi sono stata ferita.

– Ne avevi abbastanza del lavoro, o di tutti i destini con cui abbiamo a che fare?

– Entrambe le cose.

– In realtà penso che...

Si voltò di nuovo per tossire.

– Sono i destini a distruggermi, – disse infine. – Quelli delle vittime. Dei parenti. Anche quelli dei criminali. Forse siamo troppo vecchi, entrambi. E ora che Henrik è morto... Dovresti smettere con quest'attività.

Si guardò intorno, come se fosse nel quartier generale di Hanne.

– Come è morto? – chiese lei.

– Cosa?
– Come è morto Henrik?
– È stato ucciso.
– Sí. Ma come? La persona responsabile dei contatti con i congiunti che mi ha appioppato la polizia non mi fornisce nessuna informazione.
– Ed è giusto cosí. I dettagli non devono venir fuori. Potrebbe compromettere le indagini.
– Picchiato a morte, dicono i giornali. Ma può significare tante cose. Per favore, Odin. Devo saperlo.
– Devi?
Hanne non rispose.
– Sí, è stato picchiato a morte, – confermò Odin in un sussurro. – Gli hanno spaccato la testa. È morto all'istante, a quello che sappiamo ora. È stato assalito con tutta probabilità da dietro. Ma questo deve rimanere tra noi.
– Che arma?
– Le indagini preliminari suggeriscono una mazza da baseball. O un pesante pezzo di legno. Sono stati trovati dei frammenti nelle lesioni causate dalle fratture. Presto sapremo di che tipo di legno si tratta, e forse avremo piú risposte.
Ora parlava cosí piano che le parole si trasformavano qua e là in un sussurro.
– Sul «Nettavisen» c'era scritto che è stato trovato nudo, – disse Hanne.
Odin annuí.
– Ha subito... abusi sessuali?
– Non che io sappia. No...
Scosse deciso la testa. Hanne gli versò altro vino. Odin prese il bicchiere e bevve.
– Suppongo che ci fosse qualcosa nei vestiti che avrebbe potuto fornirci degli indizi. Una cosa del genere. Anche se non è detto che la nudità non abbia altri significati.

– Devo chiederti un favore, – gli disse.

– Ehm… okay? – Lui scosse confuso la testa. – Non riesco a reggere molto nelle mie condizioni, ma se c'è qualcosa che posso fare, allora…

– A Torshov, in Agathe Grøndahls gate, abita un uomo, – gli spiegò Hanne lentamente senza togliergli gli occhi di dosso. – Un pensionato, che fa foto nel tempo libero. È piuttosto bravo, da quanto ho capito, e parte della sua attrezzatura è costosa.

– … sí?

– Si chiama Aaron Moltemyr. Gli ho appena parlato. Per un'altra questione…

Hanne fece un gesto con la mano, come per impedirsi di tormentarlo con delle banalità.

– Qualcuno si è introdotto nel suo appartamento, – disse invece. – Nel pomeriggio. Gli hanno rubato molta attrezzatura. Sta chiamando adesso la polizia, ma sappiamo entrambi che non ci sarà il rumore di nessuna *eooh eooh eooh* nell'immediato…

Odin fece un sorriso di sbieco.

– Ci vorrà del tempo, sí. Non è una priorità, quella. Furto con scasso in un appartamento privato.

– Appunto, – annuí Hanne. – Ma lui sostiene che il valore del bottino possa aggirarsi sulle centocinquantamila corone.

– Mm. Sono soldi, sí. Ma è assicurato, vero?

– Sí. Tuttavia, vorrei…

Dopo aver scostato sia i piatti che la pentola, Hanne infilò la mano nella tasca laterale e tirò fuori un cartoncino grigio plastificato.

– Queste sono… – riprese dopo averlo appoggiato tra di loro.

– … quattro impronte digitali, – completò Odin per lei.

Con un'aria sempre piú confusa, afferrò il foglio. Lo alzò davanti agli occhi.

– Alla vecchia maniera, – borbottò. – Alla vecchissima maniera. Farina di mais? Talco? Spore di pigne?

– Licopodio.

– Ma di che si tratta? Voglio dire, perché me le stai mostrando?

– Voglio... – iniziò Hanne prima di bloccarsi.

Era solo un pensiero. Un'idea improvvisa. Una sorta di istinto che le era sopravvenuto dopo aver parlato con Ida, visto la foto di Henrik scattata da Aaron Moltemyr e sentito parlare dell'effrazione. Il fotografo era fuori di sé dalla rabbia, e disperato per quello che gli era stato rubato. Quel suo lamentarsi e parlare senza sosta aveva dato a Hanne il tempo di riflettere. Di dare vita a una catena di pensieri. Che alla fine l'aveva portata a una teoria spaventosa e intrigante.

Avrebbe dovuto tenerla per sé fino a quando non avesse potuto verificarla. Perdipiú il rischio di coinvolgere Odin Gammelgård era alto: sarebbe potuto andare dai suoi colleghi e spiattellare ogni cosa. Avrebbe potuto cercare di fermarla e non solo con qualche piccolo avvertimento, come si era accontentato di fare fino ad allora.

D'altro canto: non aveva nulla da perdere. Il cuore le batteva a ritmo doppio.

Assolutamente nulla al mondo, perché tutto era già perduto.

– Voglio che tu ti assicuri che venga inviata una pattuglia all'indirizzo di Aaron Moltemyr, – disse veloce. – Voglio che questo furto sia preso sul serio. Che siano preservate le prove. In particolare, le impronte digitali.

Adesso Odin sembrava quasi ostile. O almeno molto irritato. Aprí la bocca piú volte, come se volesse dire qualcosa, ma si fermò ogni volta. Alla fine scosse la testa e disse: – A che servirebbe? Ti rendi conto che la percentuale di successo nei casi di furto nelle abitazioni è bassissima? Le inchieste su questo tipo di crimini richiedono parecchie risorse e producono pochi risultati. Senza contare che di solito le vittime sono assicurate. Su molte effrazioni nemmeno si indaga.

Hanne osò un piccolo sorriso.

– Meno male che nessun politico ti sta ascoltando. I furti nelle abitazioni sono vissuti come una violazione piuttosto grave dell'individuo. La polizia dovrebbe prendere sul serio tutti i crimini. Comunque, il punto qui è che...

– Non mi occupo di reati contro il patrimonio, – replicò Odin deciso. – Ma di violenza, omicidi e altre schifezze del genere. Inoltre sono in malattia. Grazie per la cena.

Dopo essersi alzato tutto rigido, impilò i piatti sporchi e con quelli in una mano e la pentola nell'altra si diresse verso la lavastoviglie.

– Potrebbe essere importante, – disse Hanne dietro di lui. – Quelle impronte possono essere decisive nell'indagine sull'omicidio di Henrik.

Lui rimase fermo con la schiena voltata per alcuni secondi. Infine posò delicatamente il servizio e la pentola sul ripiano, tornò indietro e si sedette. Con le braccia incrociate sul petto, la fissò.

– Se le cose stanno cosí, – disse, – e sei in possesso di informazioni che potrebbero fare luce sull'omicidio di Henrik Holme, allora dovresti contattare al piú presto, e intendo *al piú presto*...

La sua voce non era piú roca.

– ... *i nostri colleghi di Lillestrøm!*

– Non ho informazioni del genere, – replicò Hanne senza battere ciglio. – Ma se ti assicuri di far ispezionare l'appartamento di Aaron Moltemyr, forse le avrò. Almeno se poi si fa il confronto con queste.

Spinse il cartoncino plastificato verso di lui.

– Tralascia pure quella piú a sinistra, – precisò indicandola con il dito. – Appartiene a un'amica, non ha alcuna rilevanza per il caso. Una delle altre è presumibilmente di Henrik, ma non so quale. Devi farla...

– I ladri d'appartamento di solito indossano i guanti, – ribatté lui acido. – E io non *devo* fare nulla.

– *Di solito* indossano i guanti, – annuí Hanne. – Ma se voi, magari contro ogni previsione, trovaste una di queste impronte...

Appoggiò il palmo della mano sul foglio plastificato.

– ... nell'appartamento del fotografo, avrei allora una teoria da condividere.

– Condividila con me adesso. O meglio ancora: presentati alla polizia di Lillestrøm.

– No. È una teoria troppo esile. Ma voi potreste darmi qualcosa su cui lavorare. L'unico favore che vi chiedo in cambio è fornire a un povero pensionato l'assistenza da parte della polizia a cui, in fondo, ha diritto comunque: il furto commesso nel suo appartamento deve essere oggetto d'indagine.

Odin guardò il cartoncino con le impronte.

– Da dove provengono? – le domandò.

– Lo saprai se farai ciò che ti chiedo.

– Sei incredibile.

– Hai appena detto che avevi fiducia in noi. In Henrik e me. Fidati di me anche adesso.

Ci fu silenzio totale. Odin guardava le impronte, Hanne guardava Odin. Sembrava un vecchio segugio con gli occhi tristi e le guance cadenti, ma lei avrebbe giurato che si stava sforzando di trattenere un sorriso.

– Come ho detto, – esclamò lui alla fine, – non mi occupo di reati al patrimonio.

– No. Ma conosci qualcuno che lo fa. Per favore.

Di nuovo silenzio.

– Ci vorrà del tempo, – disse lui.

– Certo, ma in tal caso è ancora piú importante che tutto si metta in moto subito. Questa sera, se possibile, mentre il furto è fresco.

Odin Gammelgård si passò una mano sul mento. Fece schioccare le labbra, scosse la testa. Poi si alzò e, senza aprire bocca, continuò a scrutare il foglio.

– Me ne pentirò, – dichiarò alla fine prendendolo. – Garantito. Mandami quella ricetta, per piacere.

Indicò con la testa la pentola vuota sul ripiano della cucina, poi si incamminò verso la porta senza salutare. Neanche Hanne osò dire nulla, perché in mano il poliziotto aveva ancora il cartoncino grigio plastificato.

In quel momento era l'unica cosa al mondo che contasse.

Sabato 19 marzo

Era passata una settimana.

Alle dieci meno dieci del mattino, erano trascorse esattamente centosessantotto ore da quando Nefis era uscita dall'esistenza di Hanne Wilhelmsen senza farsi piú sentire. Diecimila e ottanta minuti.

Non aveva voglia di calcolare i secondi.

Abituata a trascorrere notti e notti senza chiudere occhio, la mancanza di sonno non rappresentava un grande problema. Era molto piú pesante lottare di continuo per trovare qualcosa da fare, per costringere il cervello a pensare invece di sentire. Per alcuni brevi attimi, come quando la mattina prima era andata a prendere nella camera degli ospiti il libro rilegato in pelle come Ebba le aveva chiesto, dimenticava quanto stava soffrendo. Anche durante la cena con Odin Gammelgård il dolore si era attenuato, trasformandosi in una sorta di sassolino nella scarpa. Un disagio presente, nascosto, ma sopportabile. Quando era in grado di seguire qualche notiziario che parlava dell'invasione russa in Ucraina, riusciva a mantenersi concentrata. Nei momenti in cui si sentiva coinvolta da qualcosa che non aveva a che fare con lei, trovava una sorta di riposo. Non durava mai a lungo.

E tutto peggiorava quando era costretta a confrontarsi di nuovo con il suo stato d'animo.

Non poteva farcela.

Era quello che aveva già pensato una settimana prima, nell'istante in cui la porta si era richiusa alle spalle di Nefis e Ida: la sua vita era finita.

Non era possibile stare sola.

Quando a cavallo del nuovo millennio la sua compagna, Cecilie, era morta di cancro, Hanne era fuggita. Era scappata. Era sparita per tutti, amici e lavoro, andandosi a nascondere dal mondo in un monastero vicino a Verona.

Sei mesi di ascesi e silenzio. Poi aveva incontrato Nefis e aveva riprovato a vivere.

Si guardò intorno nel soggiorno in Kruses gate.

Non poteva andare da nessuna parte. Letteralmente. Non poteva scappare senza l'aiuto di qualcuno.

Tutto diventava sempre piú pesante.

Era invecchiata e non c'erano posti dove andare.

– Ciao, Hammo!

Ida era lí, in soggiorno. Hanne non l'aveva sentita arrivare.

– Ma… stai piangendo?

– No, – le sorrise lei asciugandosi gli occhi. – Non proprio. Sono solo molto stanca. Che bello vederti!

La figlia l'abbracciò. Ancora una volta Ida le si sedette sulle ginocchia, con il viso premuto nell'incavo della gola della madre e le braccia intorno al collo.

– La mamma non sa che sono qui, – sussurrò. – Ma mi manchi. Non capisco perché noi tre non possiamo…

– Non devi avere segreti con la mamma, – disse Hanne.

Ida rise e si raddrizzò.

– Ho segreti da quando avevo otto anni, – commentò. – Tutti ne hanno. Come dici tu, è un bene!

– *Touchée*, – rispose Hanne ricambiando il sorriso. – Hai fatto colazione?

– No. Quando sono uscita, la mamma stava dormendo. Adesso ci siamo trasferite in quel residence. Proprio qui vicino –. Con una smorfia, indicò col pollice sopra la spalla. – Un orrore.

– Sei viziata. È un posto bello e costoso e la mamma è gentile a sceglierne uno cosí. E a permettermi di rimanere qua. Se non sbaglio, non ti piaceva stare al *Grand*.

Dopo essersi alzata con cautela, Ida si piazzò davanti alla madre.

– Avremmo potuto abitare qui tutte e tre. Questo appartamento è cosí grande che non sareste state nemmeno costrette a vedervi! Mamma avrebbe potuto occupare la camera degli ospiti, e poi...

– Sei adulta, – intervenne Hanne, costringendosi a parlare con tono di rimprovero. – Sai ragionare meglio di cosí.

– Hai parlato con il fotografo? – chiese Ida, cambiando argomento. – Ero con la mamma e ieri sera non ho osato richiamarti.

– Sí, – rispose Hanne. Si mosse verso la cucina. – Cosa vuoi?

– Una frittata. Posso prepararmela da sola. Che cosa ti ha detto?

Hanne aveva eliminato ogni traccia della presenza dell'ospite la sera prima. Raggiunta la finestra, si alzò dalla sedia per trasferirsi sul largo davanzale. Tirò le gambe a sé con le mani e si appoggiò ai cuscini.

– Non ti sei mai seduta lí, – commentò Ida scettica. – Cos'ha detto Aaron Moltemyr?

– Non è mai troppo tardi per cominciare a fare cose nuove, – rispose Hanne, sistemando meglio i cuscini. – Lo sentirai da sola. Arriva fra...

Lanciò un'occhiata all'orologio da polso.

– Un minuto, se è puntuale.

– Cosa? Quell'uomo viene qui a...

Suonarono alla porta.

Hanne inarcò le sopracciglia e fece un gesto imperioso con la mano destra. Ida corse ad aprire.

I suoi passi si affievolirono sempre piú e infine sparirono.

Il davanzale era scomodo. Hanne non capiva perché le fosse venuto in mente di andare a sedersi lí. Forse per provare qualcosa di inedito. Sentire qualcosa di nuovo.

Essere diversa da come era.

Si spostò rapida sulla sedia a rotelle. Riuscí a trovare le uova e il latte prima che Ida tornasse, in compagnia di Aaron Moltemyr.

– Accidenti! – esclamò l'uomo, fermandosi subito dopo la soglia. – Che sciccheria!

– Questa è mia madre, – disse Ida indicandola. – Hanne Wilhelmsen. Vi siete sentiti ieri.

– Salve, – fece Hanne. – Grazie per essere venuto. Come vede, mi è difficile muovermi e ci tenevo a parlarle di persona. Ha fame?

– Mangio volentieri un boccone, – rispose Aaron Moltemyr. – Devo ammettere che casa mia non è particolarmente accogliente dopo il furto. Ma confesso che, se sento dire anche solo una parola sulla mancanza di assistenza da parte della polizia nei confronti dei comuni cittadini, allora dovranno vedersela con me! Sono venuti, e come si sono dati da fare! Magnifici. Mi forniranno tutta la documentazione necessaria, cosí non avrò problemi con la compagnia di assicurazioni.

– Ottimo, – rispose Hanne sollevata. – Magari riusciranno a catturare quel delinquente. Si accomodi. Ida, ci pensi tu a preparare da mangiare?

La figlia annuí.

– Si accomodi, – disse Hanne al fotografo, indicando la sedia che aveva usato Odin Gammelgård. – Ha portato le copie che mi aveva promesso?

– Certo, – dichiarò lui, ed estrasse una cartellina A4 dalla borsa fotografica che aveva appoggiato a terra accanto a sé.

Dalla cartellina tirò fuori due foto e le spinse verso Hanne rivolte verso di lei. Una era piuttosto bella. Scattata in cima al parco di Torshov, come le aveva spiegato Ida. Un paesaggio avvolto nella nebbia, cupo, quasi minaccioso, con gli alberi che si protendevano verso un cielo scuro e pesante. In basso a sinistra c'era un uomo seduto su una panchina. Un altro in piedi gesticolava di fronte a lui.

– Ci ho applicato il watermark, – spiegò Aaron, quasi scusandosi. – Ida mi ha detto che lei e suo marito eravate forse interessati ad acquistare una copia autentica, ma sono numerate. Non posso sminuirne il valore economico producendone piú esemplari. Anche se questa è A4. Quella che costa tremila corone è ottanta centimetri per quaranta.

Hanne annuí e prese l'altra.

Era un ingrandimento.

Di un particolare dei due uomini. Proprio come gli aveva chiesto.

– Pregevole qualità tecnica per essere un ingrandimento simile, – commentò a bassa voce, senza distogliere lo sguardo dall'immagine.

Quello seduto era Henrik, nessun dubbio.

– Be', sí. Scattata con...

Si chinò di nuovo verso la borsa per tirare fuori un po' po' di macchina fotografica.

– Canon Eos 1-D X, – disse, palesemente orgoglioso. – Mi ci sono voluti tre anni di sacrifici e risparmi per potermela permettere. Reflex.

– Quindi non è stata rubata.

Hanne non smetteva di guardare Henrik.

– No, siamo matti! Ce l'ho sempre con me.

– Bene, – mugugnò lei. – In concreto, cosa le hanno portato via?

– Tre vecchie fotocamere di sistema piú vecchie e tre hard disk, – cominciò a elencare. – Un MacBook, il modello piú grande. È stata quasi la perdita maggiore perché lí ho tutte le mie foto suddivise con cura in base a un sistema. Sto pensando di pubblicare un libro. E poi un piccolo contenitore con dentro alcune schede di memoria. Schede giuste, non quelle economiche che si comprano da Elkjøp. Le mie costano settemila corone l'una.

– Wow, – esclamò Ida, che stava versando le uova sbattute in una padella. – La mia l'ho pagata trecento corone, credo.

– Ho capito bene? Conoscevate quest'uomo? – domandò Aaron indicando la persona sulla panchina. – Ieri hai accennato qualcosa del genere.

– Mm, sí, è un conoscente. Un buon conoscente. Sta per partire e Ida pensava che sarebbe stato un bel regalo di commiato.

– Che idea gentile!

– Lei è proprio bravo, – disse Hanne, alzando finalmente gli occhi. – Davvero. Vorrei comprare l'originale a pieno formato. Posso tenere questo, giusto?

Prese l'ingrandimento e lo sollevò.

– Sí, certo! L'originale lo preferisce montato su pannello o incorniciato? Il prezzo è lo stesso, ma se vuole il vetro, le devo chiedere mille corone in piú.

– Montato su pannello va benissimo, – rispose Hanne. – Le faccio un bonifico immediato con Vipps. A proposito, quanto è costata la corsa in taxi?

– Duecentonovanta corone, – disse lui, un po' imbarazzato. – Ma posso pagare io.

– No, – rifiutò Hanne. – È impossibile trovare parcheggio qui in zona e sono stata io a chiederle di venire. Raddoppio la somma, sperando che riesca a tornare a casa con lo stesso importo.

Il suono lieve di un tappo che saltava e una breve melodia confermarono che 3580 corone erano state trasferite sul conto dell'uomo. Hanne mise le foto una sopra l'altra. Ida arrivò armata di tovaglioli, piatti e posate. Mentre apparecchiava, Hanne chiese: – Sembrava in qualche modo agitato? Quando ha scattato la foto?

– No...

Strascicò la parola prima di continuare: – L'altro tizio era piú... esuberante? Parlava abbastanza forte, ma non ho sentito cosa dicevano. In realtà ero piú concentrato sulle mie foto. E volevo di tutto cuore che se ne andassero, disturbavano il soggetto.

– Ha sentito se quest'uomo...

Prese la foto che Ida aveva appoggiato sul ripiano della cucina per fare spazio in tavola, e indicò.

– ... ha detto qualcosa in generale?

– Come si chiama? – domandò Aaron Moltemyr.

– Fredrik, – rispose Hanne con noncuranza. – Fredrik ha detto qualcosa?

A Ida cadde un bicchiere che stava per prendere da un pensile. Finí sul ripiano senza rompersi.

– Non che mi ricordi, – rispose titubante il fotografo.

– Ma... – Hanne sbirciò di nuovo la foto. – Se le hanno rubato tutta quell'attrezzatura, come ha fatto a produrre queste copie? – chiese sorpresa. – E come farà con quella che ho appena acquistato?

Aaron posò la mano sulla fotocamera, che era ancora sul tavolo.

– La foto è memorizzata qui. E non mi hanno portato via nessuna delle stampanti. Ne ho due. Sono grandi, sí, sicuramente piú difficili da prendere.

– Ah, ecco, – disse Hanne, immersa nei propri pensieri.

Ida si presentò con la frittata nella padella.

– Che buon profumino, – esclamò Aaron sorridendo.

– Si serva pure, – lo invitò Ida con tono gentile. – Vuole dell'acqua? Latte? O Coca-Cola?

– Coca, grazie.

– Archiviazione, – esclamò Hanne ad alta voce.

– Cosa? – disse Aaron.

– I ladri, o il ladro, hanno rubato i dispostivi dove lei ha salvato le foto.

L'uomo rifletté per un momento.

– Sí. Sí, ma...

– A casa le è rimasto qualcosa per memorizzare? – gli domandò.

L'interpellato ci pensò di nuovo.

– No, in realtà no. A parte il fatto che oggi ci sono tantissime possibilità per salvare i dati. Il cellulare, per esempio. Ma quello l'avevo con me.

– Quindi... sono andate perse tutte le sue vecchie foto? – esclamò Ida.

Aaron scoppiò a ridere.

– No, certo che no. Uso Dropbox! Sono al sicuro sulla nuvola.

Aaron lanciò un'occhiata di sottecchi a Ida, che si era seduta a capotavola.

– Guardate, – aggiunse, tirando fuori l'iPhone dalla tasca dei pantaloni.

Prese a digitare veloce con i pollici. Sulla fronte gli apparve una nuova ruga. Riprovò. Ora era diventato rosso in viso e Hanne notò che gli tremavano le mani.

– C'è qualcosa che non va? – gli chiese Ida iniziando a mangiare.

– Non riesco ad accedere, – rispose Aaron. – Cazzo, non riesco ad accedere al mio account Dropbox!

Hanne gli tese le dita. Titubante, lui le porse il telefono.

– Qual è la password? – borbottò. Lui gliela diede.

Per tre minuti Hanne cercò di entrare nell'account Dropbox del fotografo dilettante. Alla fine ci rinunciò e gli restituí il cellulare.

– È stato hackerato, – constatò. – Come ho sempre sostenuto...

Ora fissava Ida.

– I dati importanti vanno conservati su un dispositivo di memorizzazione separato, *air-gapped*. Che poi bisogna nascondere bene da tutti gli altri. Se si usano sistemi di archiviazione cloud, possono succedere queste cose.

Fece un cenno con la testa verso Aaron, che sembrava sul punto di mettersi a piangere. Hanne si sentiva in imbarazzo per lui. La perdita di dati era una conseguenza che poteva capitare se non si prendeva la sicurezza sul serio. Non era una tragedia, anche se era sicuramente un fastidio. Inoltre, poteva contattare Dropbox: forse sarebbero stati in grado di aiutarlo.

La cosa piú importante era che la foto che le interessava esisteva ancora.

– Che peccato, – disse, mostrando una solidarietà che pareva autentica, poi cominciò a mangiare.

Aasmund Aaletjønn era irrequieto.

Era nel suo laboratorio, nel soggiorno bello, e stava intagliando il manico di un coltello. Dopo qualche minuto appoggiò tutto, si alzò e tornò in cucina. Dalla finestra vide che la pioggia si stava avvicinando da ovest, poi riprese a peregrinare verso il soggiorno.

L'inquietudine che l'aveva assalito dopo la conversazione telefonica avuta la sera prima con Ebba Braut era sgradevole, ma ciò che lo tormentava di piú era il fatto di non riuscire a mettersi in contatto con il ragazzo.

La sera prima l'aveva chiamato piú volte senza ricevere risposta. Si erano messi d'accordo di comunicare solo tramite sms, senza telefonarsi, anche se Aasmund non aveva mai capito il perché. C'entrava la sua ragazza, gli aveva detto il figlio. Al momento lei era ipersensibile e sarebbe stato meglio non stuzzicare la sua curiosità.

Quella però poteva essere definita un'emergenza, quindi Aasmund aveva cercato di contattarlo. Il giorno prima gli aveva inviato un messaggio, che risultava letto. Gli aveva chiesto di chiamarlo. Il ragazzo non lo aveva fatto, cosí quella mattina Aasmund aveva violato il loro accordo e composto il suo numero. Una voce meccanica gli aveva comunicato che il numero non era piú in uso. La cosa l'avrebbe preoccupato molto se non fosse già successo un paio di volte in passato. I piani tariffari della telefonia mobile potevano prevedere limitazioni temporanee, gli aveva detto il ragazzo.

Rimase fermo davanti alla foto. Dopo il loro ultimo incontro, quello breve e strano avvenuto a Kalbakken, ne aveva ripescata una che lo ritraeva da giovane. Nel laboratorio aveva preparato una bella cornice, poi aveva messo le due immagini una accanto all'altra.

Non avrebbe dovuto mentire a Ebba.

La domanda che gli aveva posto sull'esemplare rilegato de *La rupe della stirpe* era arrivata come un fulmine a ciel sereno. Anche se non poteva ancora dire nulla del figlio, né di conseguenza essere onesto sul libro in cui aveva riposto tanto impegno e amore, avrebbe potuto almeno imbastire una storia.

Ma non era uno scrittore, era un poeta.

Lui non inventava, lui coglieva la verità.

Aasmund Aaletjønn era un pessimo bugiardo.

Eppure, aveva mentito sul libro uscendosene con un *no* al quesito di Ebba: un semplice *no* che era suonato, sperava, sorpreso. Per fortuna si erano parlati per telefono e lei non aveva potuto vedere che arrossiva.

Le cornici sulla credenza si abbinavano benissimo. Una in argento che aveva ereditato, l'altra fatta con il legno trovato in uno dei boschetti di betulle che crescevano appena a sud del cortile.

Due discendenti della stirpe Aaletjønn.

La somiglianza tra di loro era impressionante.

L'inquietudine in parte si placò.

Suo figlio esisteva. Era stato lí. Avevano fatto insieme il test del Dna e non c'erano dubbi.

E presto Aasmund Aaletjønn sarebbe diventato nonno.

– Mi puoi aiutare? – le chiese Hanne quando Ida, uscita dalla sua camera dopo essersi cambiata, si sedette al tavolo da pranzo a due sedie di distanza dalla madre.

– Con cosa? – disse senza mostrare nessun entusiasmo.

– Con, ehm... il funerale di Henrik. Non bisogna decidere cosa fare?

– Sí! Ma perché cominci adesso? Non dovevi...

– Mi ha chiamato il responsabile della polizia dei contatti coi parenti. Hanno dato da tempo l'autorizzazione a procedere con le esequie. La salma di Henrik va sepolta. O cremata.

– Non chiamarlo «la salma», – disse Ida con un brivido.

– È quello che è. Adesso.

Hanne sbuffò frustrata e allontanò la tastiera.

– Ho scelto l'agenzia di pompe funebri. La Jølstad. Almeno ne ho sentito parlare. Hanno detto che non ci sono problemi se non vado da loro per prendere...

Agitò le mani.

– ... tutte le decisioni del caso. La bara e cosí via. Vengono loro qui. Oggi pomeriggio.

– Di sabato?

– «Per i servitori della morte i giorni della settimana sono tutti uguali», – commentò Hanne cupa.

Ida non rise, ma domandò invece: – Quando sarà il funerale?

– Entro dieci giorni lavorativi dalla morte, dice la legge. Il che significa al massimo giovedí della prossima settimana. O venerdí? Non sappiamo esattamente quando è stato ucciso.

– Giovedí, – disse Ida pensierosa, ma piú disponibile. – Allora urge pubblicare il necrologio.

– Mah. Non credo che saranno presenti altre persone oltre a Ebba, te e me.

– E la mamma!

– Sí, certo. Comunque non capisco che bisogno c'è di pubblicare un necrologio costoso se siamo in quattro.

– *Scherzi?* E ci saranno di sicuro molti poliziotti!

Hanne aprí un documento vuoto sul Mac.

– Scrivi, – le disse spostando la tastiera di lato.

Ida si alzò e si avvicinò. Tirò lo schermo verso di sé, alzò le mani e dettò a sé stessa: – Al nostro amatissimo Henrik Holme, nato il 3 novembre 1987...

– Oh! Come fai a saperlo?

– Hammo. Ti prego. Era un buon amico di tutte noi e abbiamo festeggiato qui il suo compleanno chissà quante volte. Zitta.

Appena prima di continuare a scrivere, alzò lo sguardo.

– La data di morte, cosa scrivo? 10 o 11 marzo?

– Scrivi l'11. Quando è stato trovato. Non ha importanza.

– Certo che ce l'ha!

– Scrivi l'11.

– ... morto l'11 marzo 2022.

Le dita si fermarono di nuovo.

– Dobbiamo mettere una poesia. Una strofa. O qualche altro bel testo.

– Non è necessario!

– Sí, invece, – insistette Ida mentre rifletteva.

La pausa si prolungò.

– Scrivi solo i nostri nomi, – disse Hanne impaziente dopo che Ida aveva cercato su Internet per piú di un minuto.

Nella profondità del buio, là tra le stelle al centro della solitudine piú grande, i cuori umani sono sempre uniti, lesse mentalmente, mentre la figlia scriveva.

– Bello, – borbottò.

– Hans Børli, – disse Ida. – Secondo me parla sia di Henrik che di noi. Uniti.

Aveva le lacrime agli occhi, notò Hanne. Con delicatezza le posò una mano sulla schiena.

– Il necrologio sarà bellissimo, Ida. Sei molto piú brava tu di me in tante cose. Per fortuna somigli alla mamma.

– Come li elenco, i nomi? Tu e la mamma siete... siete, in un certo senso... Sarebbe strano inserire i vostri come se foste una coppia, no?

– Scrivi i nomi in ordine di età. Partendo dalla piú giovane.

– Ida, Ebba, Nefis e Hanne?

– Sí.

– Ma la madre?

– Non importa. È demente.

– È la madre di Henrik!

– Okay. Scrivi il suo nome in cima e i nostri sotto.

Ida scrisse e salvò il documento.

– Ora devi solo aggiungere data e luogo del funerale dopo che avrai parlato con quelli delle pompe funebri, – dichiarò Ida alzandosi. – Devo andare.

– Va bene, – disse Hanne distratta. Si sentiva a disagio al pensiero del funerale e aveva già iniziato a riflettere su quale scusa inventare per non andarci.

– Hammo?

– Sí.

– Guardami.

Hanne alzò gli occhi.

– Prima, quando il fotografo era qua...

– Sí.

– Mi sono resa conto... – disse con un'espressione che Hanne trovò difficile da interpretare, – sul serio, intendo dire, che tu...

Deglutí e riprese: – Sei bravissima a mentire, Hammo. Lo fai spesso. Dovresti smetterla, se vuoi avere qualche speranza di riconquistare la mamma.

Hjørdis Holme aveva finalmente incontrato il suo creatore e il suo pluriennale peregrinare in una nebbia sempre piú fitta era giunto al termine.

Aveva solo sessantacinque anni quando aveva iniziato a dimenticarsi le cose. A confondere gli appuntamenti. Ad arrabbiarsi a sproposito. Ciononostante la sua esistenza era continuata a ritmi altalenanti mentre abitava da sola nella casetta dove viveva da quando, a trentacinque anni, si era sposata. Fin da bambina, si era sempre sentita dire che non era bella. Che qualcuno la volesse, l'aveva sorpresa a tal punto che aveva accettato subito la proposta di matrimonio, quando era arrivata. Era stato un matrimonio senza gioia. Diventare madre, al contrario, era stata la piú grande felicità della sua vita. Aveva quarant'anni quando era successo e per la prima volta aveva amato un'altra persona.

Era stato il figlio a fare in modo che venisse ricoverata in una casa di riposo. Era tornato a casa per un fine settimana, come faceva spesso, e l'aveva trovata in camicia da notte alla stazione ferroviaria alle tre del mattino.

Con un rotolo di carta igienica in mano come se fosse il biglietto di un treno che non sarebbe mai arrivato.

Henrik era stato il suo unico figlio. Era arrivato tardi, ma come una benedizione, e non avrebbe mai saputo che era morto una settimana prima di lei. Nessuno aveva nemmeno tentato di dirglielo. Hjørdis Holme non si esprimeva piú a parole da quasi due anni.

– Che storia terribile, – commentò l'addetta che, insieme a un collega, stava svuotando la stanza per pulirla in vista dell'arrivo del prossimo ospite, pescato dalla lunga fila comunale di bisognosi di assistenza. – Prima le uccidono il figlio e poi tocca a lei andarsene una settimana dopo.

– Non direi che la sua morte sia stata terribile, – obiettò il piú anziano dei due, un uomo intento a togliere il lenzuolo dal materasso foderato di plastica. – Spero proprio di non finire cosí. Un purgatorio. La morte del figlio sí, è stata terribile. Era un tipo strano, ma molto gentile.

– Cosa ne facciamo delle sue cose?

La donna aveva riempito due scatoloni con gli effetti personali di Hjørdis e li aveva accantonati uno sopra l'altro in un angolo della stanza, vicino a un deambulatore.

– Non aveva parenti. Nessuno!

– C'è qualcosa di valore?

– No. Ciarpame. Un paio di album fotografici, qualche ninnolo e naturalmente dei vestiti. Tre quadri staccati dalle pareti. E poi questo.

Aprí il coperchio di uno scatolone e prese un laptop.

– Mm, – disse l'uomo. – Dove era?

– In una di queste, – disse lei indicando lo scatolone. – Insieme agli album, in fondo all'armadio. Scarico, ho provato ad accenderlo. Era suo?

– Mah. Aveva solo settantacinque anni. Quando è venuta qui non arrivava a settanta e sapeva usare sia la tv che la radio… aveva di sicuro un portatile. È vecchio?

– Che ne so?

Quando l'addetta girò il computer, notò una piccola etichetta attaccata in un angolo.

– Qui c'è scritto «H. Holme»! Hjørdis Holme. O Henrik Holme.

– Ogni tanto, quando veniva a trovarla, le mostrava delle foto e dei piccoli video su un computer, – aggiunse lei. – Che sia del figlio?

– Non può essere del figlio, – replicò l'uomo irritato. – Perché avrebbe dovuto lasciarlo qui?

– Magari se l'è dimenticato!

L'uomo rise.

– Quindi secondo te l'ha messo in una scatola di cartone, sotto alcuni album fotografici, dentro l'armadio della madre demente e poi se l'è scordato!

Anche lei ridacchiò.

– No, hai ragione. Doveva essere della madre, e poi sarà stato lui a riporlo là dentro.

Il laptop scomparve di nuovo nello scatolone.

– Non hai risposto alla mia domanda su cosa dobbiamo farcene di queste cose, – insistette lei guardandosi intorno per l'ultima volta. – Tutto è impacchettato e pronto.

Ma non mi è mai capitato di avere a che fare con qualcuno senza nemmeno un parente.

– Neanche a me, – disse l'uomo. – Adesso prendo gli scatoloni e li porto nel vecchio rifugio antiaereo. Appena ho un attimo di tempo, studierò il da farsi. Nel pomeriggio arriva un nuovo inquilino a occupare questa stanza.

Si chinò in avanti e sentí quanto pesavano gli scatoloni. Non tanto da impedirgli di portarli via insieme. Con un piccolo gemito si rialzò reggendo saldamente quello in basso, mentre con il mento teneva al suo posto quello in alto.

Dieci minuti dopo, quanto rimaneva dei beni terreni di Hjørdis Holme era stato ritirato in un rifugio antiaereo risalente al 1943 che, fin dagli anni Sessanta, veniva utilizzato dal comune come magazzino ufficioso. Dal momento che era adiacente alla casa di riposo, costruita molto piú tardi, la maggior parte degli oggetti conservati all'interno di quel grande spazio umido quattro metri sottoterra proveniva da lí. Quando l'uomo stava per uscirne, si rese conto che lo stanzone era pieno fino all'inverosimile. Forse un po' troppo, qualcuno avrebbe dovuto organizzare una ripulita generale. Accanto alla porta d'ingresso c'era una pila di giornali.

Il primo risaliva al febbraio del 1979.

Il titolo diceva *L'ayatollah Khomeini torna in Iran dopo il suo lungo esilio; la rivoluzione iraniana è un dato di fatto*.

C'era davvero bisogno di mettere ordine, pensò richiudendo a chiave la porta. Forse avrebbe dovuto segnalare il problema a qualcuno.

Piú di tutto avrebbe voluto scappare.

Andare in Thailandia. Forse in America Latina, dove non c'era molto ordine. Dove sarebbe stato facile nascondersi.

Seduto nell'appartamento nel seminterrato in Baglerfaret a Ryen, aveva paura.

La copertura del tatuaggio sulla schiena con altro inchiostro era stata una tortura e il dolore non era ancora cessato. Suo padre doveva aver premuto troppo. All'inizio era colato parecchio sangue da quell'orribile macchia nera, invece adesso da numerose ferite della cute fuoriusciva un liquido schifoso.

Il taglio sopra l'occhio si stava rimarginando. Il livido era diventato giallo e non si notava piú cosí tanto, ma lui continuava a mettersi gli occhiali da sole quando osava uscire.

Come il giorno prima.

– *Merda*, – esclamò ad alta voce. – Merda, merda, merda!

Era uno stupido. Proprio come sosteneva suo padre. Proprio come gli avevano sempre detto tutti, benché avesse un Qi molto al di sopra della media. Sapeva piú lui d'informatica di chiunque altro. Ecco perché riusciva facilmente a trovare lavoro in quel settore. Invece non capiva perché lo licenziassero sempre molto prima della fine del periodo di prova. Ogni volta i capi accennavano a un «esubero di personale» e a «tempi difficili». Ogni maledetta volta.

Strano ma vero, il furto era avvenuto senza intoppi, l'operazione era durata solo qualche minuto. Tutto quello che aveva rubato aveva trovato posto in uno zaino capiente e nessuno gli aveva lanciato neppure un'occhiata quando era uscito dalla palazzina con il cuore in gola e il respiro affannoso.

Fare in modo che il vecchio non potesse accedere al suo account su Dropbox era stato un gioco da ragazzi. Gli era bastata mezz'ora per entrare nel MacBook dell'uomo. E da lí, poteva fare di tutto.

Era stato facile, ma molto molto stupido.

Suo padre glielo diceva sempre. Glielo gridava: «Sei un deficiente! Usa il cervello!»

Non piú tardi di quella mattina gli aveva urlato: «Testa di cazzo! Quando imparerai a pensare prima di fare una cosa?!»

Era saltata la corrente. Nella vecchia villetta unifamiliare non si poteva accendere la jacuzzi dietro il garage senza spegnere prima tutti i termosifoni elettrici del seminterrato. Lui lo sapeva, ma la sua mente era una macina che tritava senza sosta.

Gli era impossibile stare fermo.

Aveva cercato di andare a correre, ma alla prima salita aveva cominciato a boccheggiare. Tornato a casa, in preda alla disperazione aveva preso del Ritalin, ma l'ansia era peggiorata.

Forse perché non lo usava quasi mai.

Era inconcepibile credere che bastasse rubare alcuni dispositivi di archiviazione e bloccare un account Dropbox per far sparire una foto. Aveva reso difficili le cose a quell'uomo, ma non piú di tanto: un po' piú difficili. Il tipo era anziano, ma non stupido. L'attrezzatura che aveva era molto piú sofisticata di quanto si fosse immaginato, ed era quasi impensabile che non avesse protetto le sue foto ricorrendo a piú modalità.

Con ogni probabilità, la foto di lui e Henrik Holme esisteva ancora.

Era stato tutto inutile.

Si alzò e iniziò a picchiare il pugno sulla parete.

– Stupido, – sibilò a denti stretti prima di colpire di nuovo. – Stupido, stupido, stupido.

Gli faceva male la mano. Il cartongesso cedette.

Stupido!

Il colpo fu cosí forte che il dolore alla mano gli salí lungo il collo. Stranamente avvertí una sensazione liberatoria.

– *Razza di deficiente*, – urlò, piú forte di quanto avesse voluto, mentre abbatteva la mano dolorante sul muro, accanto al buco.

– Cos'è questa roba?

Il giovane si voltò di scatto. Suo padre era sulla porta. In una mano aveva un sacco nero della spazzatura. Nell'altra uno zaino, pesante e pieno.

Fu sul punto di svenire.

Il padre non aveva mai messo piede dove c'erano i ripostigli e la sauna. Mai. Aveva sempre ordinato al figlio di portargli quello che gli serviva.

– Vestiti bagnati, – disse il padre con voce piatta, sollevando il sacco. – Vestiti bagnati e puzzolenti. Li ho trovati nella sauna, sotto la panca. Dove ho trovato anche...

Lasciò cadere il sacco con gli indumenti che non erano mai stati appesi ad asciugare dopo l'escursione sotto la pioggia il martedí precedente.

Il padre aprí lo zaino e guardò dentro.

– ... questo. Cos'è?

– Niente.

– *Cos'è questa roba?*

– Attrezzatura fotografica.

– Lo vedo da me. Da dove viene?

Il figlio non rispose. Cercò di mettersi in modo da coprire il buco nel muro, mentre era terrorizzato all'idea che il padre potesse notare il MacBook rubato. Giaceva sul pavimento accanto alla scrivania. Con le iniziali AM incise sulla scocca e ben visibili.

La mano gli faceva un male cane. Aveva la schiena dolorante. La testa gli turbinava come una centrifuga.

– Rispondi.

Il ragazzo abbassò lo sguardo, ma rimase in silenzio.

– Rispondi! Questi sono oggetti costosi e pretendo di sapere da dove vengono!

Il giovane aveva ventisette anni. Non era mai andato via di casa dopo che i servizi sociali avevano smesso di seguirlo. Sapeva cosa lo aspettava.

Si strinse impercettibilmente nelle spalle, serrò i denti. Chinò la testa e contrasse il piú possibile i muscoli addominali. Nell'istante in cui il padre lasciò andare lo zaino e si avvicinò con passo deciso, perse il controllo della vescica. Il padre si fermò di colpo quando vide la macchia scura che si stava allargando veloce sui jeans.

– Sei un maiale, – ringhiò e proseguí.

Il primo colpo era sempre il peggiore. Si abbatté sulla testa del figlio con una tale violenza da farlo crollare a terra come un sacco. Per un secondo o due perse coscienza. Quando riaprí gli occhi, si rese conto che il padre lo aveva girato a pancia in giú e gli aveva bloccato le braccia dietro la schiena. Mentre gli stringeva le mani in una morsa, si mise a tirargliele al massimo verso l'alto.

Il ragazzo gemeva dal dolore.

– Da dove viene l'attrezzatura fotografica? – gli domandò il padre.

– Mi fai male, – ansimò il figlio.

– Da dove viene?

Gli spinse le mani ancora di piú verso la nuca. Era come se le spalle dovessero staccarsi da un momento all'altro.

– Ahia. Per favore.

– Rispondimi!

Perse di nuovo conoscenza. Quando tornò in sé, il padre si era seduto a cavalcioni su di lui. Con le ginocchia gli bloccava le braccia e con le mani gli torceva all'indietro la testa.

– Non devi cacciarti in nessun casino, – gli sussurrò.

La cosa peggiore era la voce bassa. Ora sarebbe arrivato il peggio.

– Devi startene a casa, studiare per gli esami, non incontrare nessuno. Non fare nient'altro se non quello che dico io. D'accordo?

– Sí.

Tirandolo per capelli e orecchie, gli aveva piegato la testa cosí tanto all'indietro che il collo era sul punto di spezzarsi. Non riusciva quasi a emettere suono. Sforzandosi al massimo, gemette: – Uccidimi.

Mollata di colpo la presa, il padre gli avvicinò la bocca all'orecchio: – Lo farei volentieri, – sussurrò. – Se non fosse che la polizia non deve avere nessun motivo per venire a bussare qui. In nessun modo e per nessuna ragione. Chiaro?

– Sí.

L'uomo grande e grosso si alzò.

Il figlio ansimava cercando di riprendere fiato.

Sentiva male ovunque. Gli girava tutto. Il cervello cercò di aggrapparsi a quell'unico pensiero, che gli sfuggí e che lui si sforzò di riacciuffare mentre il padre, raccolto lo zaino, mollava un calcio al sacchetto con i vestiti bagnati e maleodoranti: la polizia non sprecava energie in caso di effrazioni commesse nelle case private.

Neanche una caloria.

Era la sua unica consolazione e, quando finalmente fu solo, scoppiò a piangere.

– Ma non dovresti essere a casa? A riposare e rimetterti in sesto?

L'ispettore capo Herman Bråtan aveva notato che la porta dell'ufficio di Odin Gammelgård era aperta.

– Sono passato solo a prendere alcune cose, – spiegò Odin mentre infilava in uno zainetto un paio di libri che teneva su una mensola in acciaio. – Venire qui per quella breve visita all'inizio della settimana non è stato un toccasana per la salute. Temo che dovrò stare in malattia piú a lungo del previsto.

Scuotendo la testa, Herman schioccò la lingua.

– Mi spiace tantissimo, Odin. Sentiamo la tua mancanza. Davvero. Sotto tanti punti di vista.

Lui sorrise debolmente, poi alzò gli occhi: – A proposito, e *tu* cosa ci fai qui al lavoro? È sabato!

– C'è sempre qualcosa da fare, lo sai. Sempre. E poi ogni tanto è bello staccare dai figli e dalla rottura del fine settimana. Levarsi di torno un po' di cartacce.

Si appoggiò allo stipite della porta e si grattò la testa.

– Forse è stato un bene che il caso Holme sia passato al distretto Est, – dichiarò. – Visto che non ci sei, intendo. Sono indagini impegnative.

– Grazie, – disse Odin, che, dopo aver allacciato lo zaino, si alzò. – Ma penso che ve la sareste cavati alla grande anche senza di me.

Herman non diede segni di volersene andare.

– La cronologia delle sue ricerche risulta vuota, – disse a bassa voce. – Quella di Henrik Holme.

– Il caso non è piú di nostra competenza. Lascia perdere.

– Sí. Ma sono stato io a inviare la richiesta alla Telia per ottenere il suo indirizzo Ip. Quindi le informazioni le hanno inviate a me. Le ho inoltrate subito al distretto Est, e i colleghi di Lillestrøm si sono dati da fare. Hanno contattato sia Google che Microsoft. Ho parlato con uno di loro. Gli interessava soprattutto la cronologia di ricerca. Non esiste, a quanto pare.

– Non esiste?

Odin mise lo zainetto sulla scrivania e vi si appoggiò. Si schiarí la gola nel tentativo di reprimere un attacco di tosse in agguato.

– Sei conciato male!

– Ma no, passa.

Dopo aver deglutito, sbarrò gli occhi e se li asciugò con la manica della camicia.

– Henrik Holme deve aver usato dei programmi che gli permettevano di mantenere nascosta la sua identità su Internet, – disse Herman.

– Sí, – convenne Odin. – Ma, come si diceva, non è affar nostro.

– Però questo significa che era coinvolto in qualcosa di losco.

– Non necessariamente. Era un tipo cauto.

Ci fu silenzio.

Odin non avrebbe voluto essere lí. Il suo unico desiderio era tornare a casa e cercare di dormire piú di due ore di fila.

– È stato un piacere vederti, – disse, quindi prese lo zaino e fece per dirigersi verso la porta.

Invece di andarsene, però, Herman si accomodò sulla sedia degli ospiti e lo guardò.

– Qualcosa deve aver combinato, – insistette. – La gente normale non ricorre a sotterfugi strani né blinda quello che fa su Internet. Lo sappiamo, Odin! Quando si parla di sicurezza informatica, la maggior parte delle persone è piuttosto negligente. Cosa di cui noi della polizia dovremmo essere felici. Mi sarebbe piaciuto sapere…

Le spalle di Odin si curvarono ancora di piú. Lasciò cadere lo zaino per terra prima di sedersi con un sospiro. Estrasse il cellulare dalla tasca, alzò una mano per impedire che Herman Båtan dicesse altro, poi compose un numero. Inserí il vivavoce e appoggiò il telefono davanti a sé.

– Hanne Wilhelmsen, – si sentí rispondere dopo due squilli.

La voce era piatta e poco amichevole.

– Ciao. Sono Odin. Grazie di nuovo per ieri.

– Non c'è di che.

Adesso era un po' piú gentile.

– Grazie per essere venuto. Devo scusarmi per...

– Avrei una domanda su Henrik, – la interruppe. – Come forse già saprai, non abbiamo trovato il suo computer privato, cosí la polizia di Lillestrøm ha dovuto contattare Telia, Google, Microsoft, il diavolo e sua nonna per trovare informazioni utili. Solo che non riescono a cavare un ragno dal buco. Sono qui alla centrale in compagnia dell'ispettore capo Herman Bråtan, che ci sta ascoltando, e mi chiedevo...

– Non troverete niente.

– Eh... No?

– Henrik ha imparato da me. Usava DuckDuckGo come motore di ricerca quando si muoveva in... acque sensibili. E usava Tor come browser. Per nascondere il suo indirizzo Ip.

Herman Bråtan si chinò verso il cellulare.

– Cosa intendi per acque sensibili?

– Immagino che tu sia abbastanza adulto per saperlo da solo, – rispose lei. – A proposito, non vi avevano tolto il caso?

– Sí, – confermò Odin. – Pensavo solo che...

– Da quanto ho capito dai giornali, – lo interruppe lei, – la polizia sospetta che Henrik stesse conducendo una specie di indagine su chissà che. Mentre scontava quella ridicola sospensione. Se la teoria è corretta, avrebbe cercato di proteggersi il piú possibile su Internet. Come ho detto, avrebbe usato DuckDuckGo e Tor.

Nessuno dei due poliziotti fiatò.

– Dovreste assolutamente trovare quel computer, – aggiunse Hanne Wilhelmsen, e Odin intuí nella sua voce una certa malignità quando continuò: – Ma dal momento che in tutta la centrale non c'è un cane che si sia preso la briga di conoscere Henrik, la vedo dura. C'è altro?

– No, – borbottò Odin. – Grazie.

La conversazione venne interrotta.

I due poliziotti si guardarono.

– Perché nessuno ha mai parlato con Hanne Wilhelmsen? – chiese Herman Båtan dopo una pausa lunga e imbarazzante. – Sono passati otto giorni da quando Holme è stato ucciso e abbiamo sempre saputo che...

– ... lei è l'unica che conoscesse davvero quel ragazzo, – completò Odin Gammelgård.

Si alzò piano piano e riprese lo zaino.

– Trasferire il caso dal nostro distretto a un altro è stata una decisione sensata, – disse con voce stanca. – Sotto molti aspetti. Ma quanto è facile, cazzo, che si verifichino ritardi. Che qualcosa sfugga. Che qualcosa... sparisca, in un'operazione del genere.

Si avvicinò alla porta e fece un gesto imperioso con la mano. Herman Båtan si alzò controvoglia e uscí per primo in corridoio.

– Chiamerò il responsabile dell'indagine laggiú, – disse piano, quasi imbarazzato. – E gli consiglierò di convocare Hanne Wilhelmsen. In un battibaleno.

Nonostante i suoi trascorsi, Marius Blaaberg era di animo forte.

O forse era proprio per quello.

Appena nato, era stato abbandonato sotto una panchina in Central Park. La polizia aveva fatto di tutto per trovare la mamma del piccolo, che la stampa aveva subito ribattezzato «The Ravine Baby», dal nome dell'area in cui era stato trovato. C'erano voluti pochi giorni per risalire alla madre: era morta per overdose un'ora prima che la polizia la individuasse. L'interesse pubblico per il bimbo era durato qualche giorno e molti si erano offerti di adottare quella povera creatura.

Comunque, il futuro di un bambino nato da una madre tossicodipendente aveva spaventato la maggioranza delle persone quando avevano avuto il tempo di riflettere meglio sulla situazione, e cosí solo diversi mesi dopo il piccolo dalla pelle scura era stato adottato da una coppia di medici biondi residenti a Brooklyn e di origine norvegese.

L'infanzia era stata impegnativa.

Psicologi e farmaci, interventi chirurgici e ospedalizzazioni. I traslochi e i cambi di scuola erano stati cosí frequenti che Marius non riusciva piú a ricordarseli tutti.

Dopo che i genitori avevano deciso di tornare in Norvegia e stabilirsi nella casa d'infanzia del padre a Høvik, le cose erano migliorate. All'epoca, Marius aveva diciassette anni, ma aveva sempre parlato norvegese con i genitori. Dopo alcuni mesi di superiori erano in pochi a cogliere un vago accento. Ora, dieci anni piú tardi, era un uomo giovane e appagato. Su Internet procedeva con i piedi di piombo e si faceva ancora prendere dal panico quando sui social vedeva comparire vecchi conoscenti dai tempi degli Stati Uniti.

In quel caso ci andava molto cauto.

Per il resto, la vita era nel complesso positiva. Gli anni passati nel Finnmark, lontano da tutti quelli che lo conoscevano da prima, gli avevano fatto bene. Tornato dopo quell'esperienza, si era sentito finalmente una persona adulta.

Un uomo.

Con le donne invece non era tutto rose e fiori.

Non che non mostrassero interesse per lui.

Era un ragazzo di Bærum beneducato, intelligente, attraente e premuroso. Non era quello. Il suo problema era la timidezza di base che lo caratterizzava fin da bambino: la paura costante di essere smascherato. Scoperto.

Di essere preso, in un certo senso, per un impostore.

Aveva molti amici, alcuni davvero buoni. Un paio di compagni della Scuola di polizia gli avevano chiesto gentilmente se fosse gay. Gli piacevano le piante e sapeva cucire, oltretutto non si poteva certo dire che avesse avuto chissà quante storie con delle ragazze. Se lo fosse stato, non avrebbe fatto differenza, gli avevano assicurato, dandogli una pacca cameratesca sulla spalla.

Non era gay.

Era solo timido e aveva paura di permettere a qualcuno di conoscerlo davvero. Ma gli piacevano le donne. Le ragazze. E non aveva mai apprezzato nessuna quanto Ebba Braut.

In quel momento, seduto con una tazza di caffè davanti a *Baker Hansen*, teneva sotto controllo la grande palazzina grigio-marrone sul lato opposto di Ullevålsveien. Da qualche giorno regnava il bel tempo e a Sankthanshaugen era pieno di gente. La panetteria aveva messo sedie e tavolini lungo il marciapiede, davanti a entrambe le vetrate. Marius era arrivato abbastanza presto da assicurarsi un posto al sole del mattino.

Non era sua intenzione fare stalking.

Non sapeva nemmeno se Ebba fosse in casa.

L'indirizzo era comunque corretto e quello era uno di quei sabati oziosi che lui poteva dedicare a ciò che voleva. Si era alzato alle otto e, dopo aver impiegato un'ora a prepararsi e a scegliere cosa indossare, aveva impacchettato il regalo che voleva darle, poi aveva preso l'autobus per la città.

Era già alla quarta tazza di caffè, cosí dovette passare all'acqua minerale se voleva sperare di dormire nelle successive ventiquattro ore.

Il giorno prima aveva pensato che l'unico modo per contattare Ebba fosse tramite Hanne Wilhelmsen. Per Hanne, il rapporto disordinato che aveva scritto e cestinato, ma conservato per sé, sarebbe stato interessante. Aveva l'impressione che tutto ciò che riguardava Henrik Holme gli avrebbe aperto la porta di Kruses gate. Siccome quello che teneva in tasca non era un documento ufficiale, aveva preso seriamente in considerazione l'ipotesi di mettersi in contatto con lei. In tal caso avrebbe dovuto inventarsi qualcosa che inducesse anche Ebba a venire.

Era un piano davvero scadente.

A prescindere dal fatto che la sua nota venisse inclusa o meno nell'incartamento ufficiale, sarebbe stato contro ogni dovere di riservatezza fornire informazioni a Hanne Wilhelmsen su Gabriel Viken di Grimstad.

Doveva contattare Ebba.

La soluzione piú semplice poteva essere la migliore, e in quel momento erano passate due ore e ventitre minuti da quando Marius aspettava sul marciapiede opposto rispetto a casa di Ebba. Aveva fatto in tempo ad ascoltare quattro podcast di fila e teneva gli occhi cosí concentrati sull'ingresso a cinquanta metri da lui che gli stava venendo mal di testa.

Il portone si aprí.

Marius sussultò: stavolta comparve Ebba.

Indossava un paio di pantaloni e un giubbotto, entrambi di jeans, e un maglioncino chiaro; in spalla aveva un borsone da palestra verde scuro. Scarpe da ginnastica e coda di cavallo.

Ebba Braut.

Marius deglutí, si infilò gli auricolari in tasca, si passò le mani tra i capelli e si alzò.

Ebba aveva un'aria determinata quando attraversò Geitmyrsveien e tagliò per il grande spiazzo di cemento che si allungava a sud rispetto al parco. Afferrata al volo la borsa a tracolla e dopo aver guardato velocemente su entrambi i lati, Marius attraversò di corsa Ullevålsveien. Rallentò solo quando fu a una ventina di metri da Ebba. Per un attimo pensò di superarla facendo un ampio giro intorno a lei e andare a sedersi su una panchina quasi in cima alla collina. Sarebbe sembrato piú casuale imbattersi cosí l'uno nell'altra.

Ebba camminava tanto veloce che Marius aveva paura di non riuscire nel suo intento.

Si mise invece a correre per raggiungerla.

Quando fu a tre metri da lei, sentí un nodo in gola. Il cuore che gli martellava. Si fermò. Lei continuò a camminare.

– Ebba! – gridò.

La giovane rallentò, poi si girò a metà.

Le ci volle qualche secondo prima di reagire.

Il sorriso che gli mandò pareva privo di gioia.

– Marius, – disse.

– Ciao! Ero da *Baker Hansen* a prendere un caffè...

Indicò dietro la spalla con il pollice e sorrise.

– E ti ho visto!

– Mm. Scusa, ma sto andando a...

Alzò la mano verso la cima del parco.

– Hai un impegno? – le chiese Marius. – Qualcosa che devi fare? Se no, ti andrebbe di bere... un caffè?

– No, grazie.

Di nuovo quel sorriso pallido.

– Mi farebbe piacere, ma sono di fretta.

– Okay.

Gli ronzavano le orecchie. Quella poteva essere l'ultima volta che la vedeva. Tra di loro non c'erano legami, né avevano interessi comuni. Continuò a deglutire, avrebbe voluto dire qualcosa, era la sua unica occasione: quante volte poteva capitare a un uomo che lavorava a Grønland e viveva a Høvik di incontrare qualcuno a Sankthanshaugen per puro caso? E di essere creduto?

Ebba lo guardava con quegli azzurri e tristi, ed era bellissima.

E impaziente.

E molto forte, come sapeva Marius dopo che erano stati nell'appartamento di Henrik Holme. Abbastanza forte da riuscire a contrastare una donna molto piú vecchia che continuava a inveire.

Forse era anche abbastanza forte da sopportare Marius. Da sostenere sia lui sia il bagaglio che si portava dietro.

– Okay, – disse ancora. – Ma ho un regalo per te.

Ebba lo scrutò scettica quando tirò fuori un pacchetto dalla borsa a tracolla. Per un attimo Marius rimase lí a fissarlo, quindi alzò gli occhi e le chiese: – Possiamo sederci un attimo? Due minuti? Uno?

Indicò una panchina proprio lí vicino. Ebba diede l'impressione di volergli rispondere di no, poi, stringendosi nelle spalle, si diresse verso la panchina.

– Due minuti, – gli disse.

Marius si sedette accanto a lei. Pur mantenendo una certa distanza, riusciva comunque a sentire il profumo dei suoi capelli appena lavati. Col sole che la inondava tutta, si vedeva che non erano ancora asciutti.

– Un regalo, – mormorò Ebba mentre strappava la carta. – Perché?

Marius fu quasi preso dal panico. Ma la domanda era sensata.

Fece spallucce.

– Ehm...

Ebba tenne il libro davanti a sé.

– *Il giovane Holden*, – disse con voce piatta. – J. D. Salinger.

– Sí. Il mio libro preferito. Parla di...

– Ho letto *Il giovane Holden*, Marius. Piú volte. È una delle opere piú lette al mondo.

Glielo porse.

– Ce l'ho nella mia libreria.

– È una prima edizione, – si affrettò a dire lui, temendo che la voce non gli avrebbe retto. – Me l'hanno regalata i miei genitori per il mio diciottesimo compleanno. Prima edizione, prima stampa. Su eBay un esemplare del genere costa piú di centomila corone.

Avrebbe voluto mordersi la lingua. Dire il prezzo di un regalo! Contrasse la mano destra e se la infilò sotto la coscia. Poi strinse il pugno con tanta forza da conficcarsi le unghie nel palmo.

– Non che abbia importanza, figuriamoci. Ho solo pensato che, dato che ti interessano cosí tanto i libri e lavori in una casa editrice e cosí via...

– Parli sul serio?

Ebba guardò il volume con gli occhi spalancati e la bocca aperta.

– È per questo che è...

Indicò con cautela un paio di graffi sulla copertina.

– È stato comprato usato, sí. L'ho sfogliato appena. A casa ho un'edizione piú recente. Con un'illustrazione diversa in copertina.

– Questa non l'ho mai vista, – commentò Ebba piano,

studiando la copertina rosso sangue e giallo pallido. – È un cavallo selvaggio, imbizzarrito e infilzato.

Marius fece una mezza risata.

– Il cavallo di una giostra, – spiegò, indicando il palo che attraversava il cavallo per farlo oscillare. – Non ricordi la scena? Proprio alla fine? Holden e Phoebe vanno verso la giostra e lui capisce che lei deve...

– Te l'ho detto, ho letto il libro. Ci ho scritto pure un tema in prima superiore. Ma...

Ebba ripose con delicatezza il libro nella carta in cui era impacchettato.

– Non posso accettare, Marius. È un regalo troppo, troppo bello.

Marius guardò il volume che lei gli stava porgendo, solo parzialmente avvolto nella carta strappata. Sembrava che la testa inclinata del cavallo infuriato lo guardasse dritto negli occhi.

– No, – replicò caparbio mentre si alzava. – È per te.

Presa la borsa, si raddrizzò e si incamminò.

Non l'avrebbe mai piú rivista.

– Marius! – la sentí gridare.

Si fermò, ma non si voltò.

Chiuse gli occhi.

Ebba lo raggiunse e gli posò una mano sulla schiena. Era calda, attraverso il maglione. Il profumo di capelli puliti si mescolava a una fragranza piú acidula.

– Mi piacerebbe molto prendere un caffè con te, – gli disse Ebba piano.

Marius non osava guardarla.

– Conoscerti meglio, – continuò. – Mi piacerebbe tantissimo. Ma...

La mano sulla schiena scomparve.

– Guardami, – gli disse.

Lui obbedí.

– Sono incinta.

Una scarica di adrenalina lo fece arretrare di due passi, alzò le mani.

– Scu... scusami!

– No. Non parlare cosí. Per favore. Non è cosí semplice.

– Sí, invece, – disse Marius. – Lo è.

Avrebbe voluto andarsene. Scappare. Eppure c'era qualcosa che lo costringeva a restare, qualcosa in quello sguardo azzurro impossibile da decifrare.

– Sono incinta, – ripeté Ebba con voce cosí sommessa che, senza pensarci, Marius fece un passo verso di lei. – Il problema è che non ho idea di come sia successo.

Marius non disse nulla, mentre il cervello gli frullava all'impazzata.

Anisette Johansen, gli venne in mente, e smise di respirare. La donna aveva presentato una denuncia che risultava incomprensibile e non permetteva di svolgere indagini. Per poi ritirarla.

Perché nessuno le credeva.

– Il problema, – riprese Ebba, che ora aveva gli occhi umidi, – non è che sono andata a letto con tanti. È che...

Si bloccò. Cercò piú volte di dire qualcosa, senza riuscirci. Marius non sapeva se a impedirle di parlare fosse il pianto che tentava di trattenere o la paura di come lui avrebbe reagito.

L'aiutò.

– Che non sei andata a letto con nessuno, – disse Marius. – È questo il vero problema.

Era del tutto evidente che a Mikkel Revebo faceva bene stare in prigione. Almeno fisicamente. Aveva messo su qualche chilo e, pur avendo mantenuto un aspetto trasandato, dall'ultima udienza per la conferma della custodia cautelare di due giorni prima, si era fatto tagliare i capelli. Erano anche puliti. I suoi occhi conservavano un che di malato, ma, grazie a un atteggiamento meno antipatico del solito, l'avvocato Mons Haugli ebbe modo di notare che il ragazzo aveva una bella dentatura. Fino a quel momento era stata nascosta da un ghigno perennemente acido e arrogante.

Oltretutto Revebo sembrava molto piú insicuro rispetto al loro ultimo incontro.

Ringraziò perfino il suo difensore per aver accettato di venire di sabato.

– Non ce la faccio piú a stare qui dentro, – esordí dopo che si erano seduti uno di fronte all'altro ai lati di un tavolo.

– Devi, – gli rispose l'avvocato. – E molto piú a lungo. Non in questo carcere, ma tutto fa pensare che ti infliggeranno una condanna pesante.

– Ma devo restare in custodia cautelare?

Quasi piangeva.

– Per adesso sí. Ti rifiuti di fornire spiegazioni alla polizia e le indagini sono ancora in corso. Rischio di inquinamento delle prove.

Mikkel parve afflosciarsi del tutto.

Quel ragazzo era l'esatto opposto del figlio resiliente cresciuto in una famiglia disfunzionale, pensò l'avvocato studiandolo. Alcuni giovani, sfidando condizioni di vita terribili, riuscivano a diventare persone rispettabili, Mikkel proveniva invece da una famiglia solida e benestante, eppure non era stato capace di realizzarsi. Era sveglio, tant'è che era stato ammesso all'Ntnu. Dopo tre anni di università a Trondheim, però, aveva mollato. Era tornato a Oslo senza laurearsi, ma con due condanne per droga sulla fedina penale. Per un po' aveva vissuto con i genitori a Nordberg, mentre lavorava occasionalmente come autista.

Alla fine aveva smesso di fare anche quello.

– Lo stupro è un crimine grave, – disse Mons Haugli. – Ma è ovvio che farò tutto il possibile per toglierti dal regime di custodia cautelare. Potrebbe volerci del tempo prima che venga fissata l'udienza del processo.

Mikkel si dimenò sulla sedia.

– Ci sono reati peggiori dello stupro.

– Sí. Ma atteniamoci a quello di cui sei accusato. Stupro.

– Sono a conoscenza di cose molto piú terribili.

– Anch'io. Ma come dicevo, noi...

– L'immunità. Voglio l'immunità.

Mons Haugli guardò scettico il suo cliente.

– L'immunità? Non esiste una cosa del genere nel nostro sistema giudiziario, lo sai bene. A meno che tu non sia il re o un diplomatico straniero. Se collabori con la polizia e ammetti ciò che hai commesso... ciò che avresti commesso, forse potresti ottenere una riduzione di pena. Forse. Ma i tempi cominciano a farsi un po' stretti, a essere sincero.

– Sono a conoscenza di qualcosa che è molto peggio di un semplice «stupro».

Con il pollice e l'indice di entrambe le mani eseguí uno strano gesto, come se stesse descrivendo i movimenti di un granchio sulla spiaggia. L'avvocato fu tentato di correggerlo.

– Se sei a conoscenza di reati che riguardano il tuo caso, puoi discuterne con la polizia. Per quanto riguarda l'immunità...

Disegnò con quattro dita due virgolette enormi e corrette.

– ... è fuori discussione. Lo sconto di pena, invece...

Si raschiò la gola mentre si aggiustava la cravatta.

– ... è sempre fattibile. Ed eventualmente il rilascio dalla custodia cautelare. Ne puoi parlare con la polizia. O con me. Posso darti consigli su come capire se davvero sei in possesso di informazioni che dovresti condividere.

– Voglio l'immunità, – replicò l'altro ostinato. – Non ce la faccio piú a stare qui dentro.

– È tutto? – chiese Mons Haugli alzandosi. – C'è qualcosa che desideri comunicare alla polizia tramite me?

Mikkel Revebo si raddrizzò sulla sedia. Si esaminò le dita. Le nocche di entrambe le mani erano secche e malconce: si staccò una crosta che iniziò subito a sanguinare.

– Allora a presto, – disse l'avvocato quando il suo cliente non rispose, e si avviò verso la porta.

– Salutami quelli della polizia, – esclamò di colpo il recluso a voce alta, – e di' che le informazioni che sono in grado di fornire gli sarebbero molto utili. Su cose di gran lunga peggiori della violenza sessuale.

Mons Haugli si voltò e, guardando la figura stravaccata sulla sedia, avvertí una strana repulsione.

– Ma in tal caso esigo l'immunità, – pretese di nuovo Mikkel. – Non intendo beccarmi nessuna cazzo di condanna. Diglielo pure!

– Devi venire con me, – le sussurrò Marius a bassa voce. – Alla polizia.

Erano seduti su un materasso nell'appartamento piú piccolo che avesse mai visto. Il letto provvisorio copriva quasi tutto il pavimento. Regnava un odore di sonno e di lenzuola usate per troppe notti, che ora giacevano appallottolate sotto il minuscolo tavolo da pranzo per due. Sul soppalco, dove sarebbe dovuto stare il materasso, vide un sacco trasparente pieno di vuoti a rendere. Sul microscopico ripiano della cucina era accatastato un tale cumulo di stoviglie, posate e bicchieri sporchi che la pila minacciava di cadere nello stretto lavello. Nell'angolo vicino alla finestra c'era un secchio dentro cui non aveva osato guardare.

Era stata Ebba a insistere di andare da lei, in un monolocale talmente sottosopra che Marius non avrebbe mai avuto il coraggio di mostrarlo.

Lei invece non sembrava nemmeno imbarazzata. Era ovvio che la cosa che piú le stava a cuore era non avere gente intorno.

Marius lo capiva benissimo: nel momento in cui Ebba aveva varcato la soglia di casa, si era messa a piangere come un fiume in piena. Durante la prima mezz'ora trascorsa in mezzo a tutto quel caos, era stato quasi impossibile cavarle una parola sensata di bocca.

Ora, seduta nella posizione del loto, stava facendo degli esercizi di respirazione, ma senza grandi risultati.

– Non può essere una coincidenza, – le disse lui piano. – Tu e Ani... la donna di cui ti ho parlato, potete *giurare*...

Ebba riprese a singhiozzare.

– Posso contattarla, – insistette Marius cercando di incrociare lo sguardo di Ebba. – Dirle che non è la sola. Forse servirebbe a convincerla a denunciare di nuovo l'accaduto, e noi della polizia...

– No.

– No, cosa?

– No! Non voglio andare alla polizia. Non voglio stare lí e sentirmi la piú grande stupida del mondo. Percepire le loro occhiate su di me. Leggere ciò che pensano quelli che mi stanno interrogando e che continueranno a scavare, a chiedere senza credermi affatto. Non ho piú tempo da perdere, Marius. Se devo abortire, devo decidermi a breve.

– Ehm... Se? Stai valutando... Non vorrai mica...

Gli occhi di Ebba si incupirono e fissarono i suoi.

– Non dirlo! – sibilò. – È stato per forza un uomo a commettere questo… *reato* ai miei danni. E nessun uomo potrà mai decidere cosa sceglierò di fare del risultato di quel crimine!

– No, no! Non intendevo questo, certo che la decisione spetta a te. Ma se andiamo alla polizia, preferibilmente adesso, possiamo…

Tacque quando lei si alzò.

– Ieri notte sono tornata a casa a piedi da Kruses gate –. Marius colse un tono strano nella sua voce. – Ero sconvolta. Arrabbiata. In realtà pensavo di averci messo piede per l'ultima volta. Ma ora…

Si coprí il viso con la mano destra.

– Ora penso che ci sia solo una persona in grado di aiutarmi.

Afferrò il cellulare dal tavolo e, dopo aver esitato un po', lo guardò dritto negli occhi.

– Verresti con me da Hanne Wilhelmsen? Ti prego.

Domenica 20 marzo

Il mese di marzo si era mostrato straordinariamente benevolo. L'insolito clima caldo degli ultimi giorni si era stabilizzato e il termometro segnava quindici gradi. Il cielo aveva quella tonalità di blu che si vedeva solo nel periodo iniziale dell'anno, quando il sole non si era ancora levato a tal punto da far impallidire tutto ciò che lo circondava.

Da che l'addetto delle pompe funebri era passato da lei il giorno prima, Hanne non aveva nessuna voglia di ricevere altre visite. Per questo aveva detto di no a Ebba, che l'aveva chiamata per chiederle di vederla. Al telefono Ebba le era sembrata agitata e le aveva parlato in modo sconclusionato di una chiave, di una festa e del fatto che non era l'unica a essere rimasta «inspiegabilmente incinta».

Erano proprio quelle le parole che aveva usato: «inspiegabilmente incinta».

La notizia che sarebbe stato presente anche Marius aveva colto Hanne di sorpresa. Quando era andata ad aprire la porta alle dodici di domenica mattina, aveva esitato un istante, ma poi li aveva fatti entrare entrambi.

Si erano accomodati all'aperto.

Sul terrazzo, dove Hanne si era nascosta dietro i piú grandi occhiali da sole che era riuscita a scovare nel cassetto dei gingilli della stagione precedente. Inoltre aveva abbassato a metà una delle tende da sole. Era l'unica seduta all'ombra. Aveva acceso quattro riscaldatori da esterno.

– Sei *proprio* sicura che nessuno ci senta? – le domandò Ebba, guardandosi intorno con gli occhi socchiusi.

– Sei già stata qui, – rispose Hanne. – Lo sai che non ci sente nessuno. A meno che tu non ti metta a urlare.

Erano seduti a triangolo nel gruppo piú piccolo di divanetti. Era palese che Nefis aveva smesso di occuparsi del terrazzo da molto piú tempo degli otto giorni trascorsi da quando se n'era andata. Non aveva fatto piú nulla dopo l'inverno. Il tavolo e le sedie da pranzo erano ancora avvolti nel telone impermeabile e le tre magnolie in vaso avrebbero dovuto essere liberate dalla plastica e dalla iuta il prima possibile. La piccola aranciera in ferro battuto e vetro nell'angolo nordoccidentale del terrazzo era sporca di escrementi di uccelli.

Di solito, in quella stagione ogni cosa veniva risistemata.

Perché era Nefis a occuparsi sempre di tutto.

Inutile soffermarsi su quel pensiero.

Tra Hanne e Marius c'era una lavagna flipchart, ma Hanne aveva già staccato da un pezzo il blocco di fogli per appoggiarselo davanti. Copriva gran parte del tavolo.

Ebba tremava visibilmente dopo appena mezz'ora all'aperto.

– Prenditi un'altra coperta, – la esortò Hanne.

– Non ho freddo.

Marius si alzò, ne prese una da una pila accanto alla porta e gliela mise sulle spalle. Ebba non lo ringraziò, ma non se la tolse.

– Stiamo girando a vuoto, – commentò Hanne con un sospiro mentre indicava un groviglio di parole-chiave annotate sul foglio che aveva di fronte. – Ripartiamo da zero.

Osservò prima uno poi l'altra.

Ebba sembrava piú abbattuta di quanto lei l'avesse mai vista. Poteva essere arrabbiata, felice, scontrosa, scettica ed energica: il suo registro emotivo era ampio. Tuttavia, non era il tipo da arrendersi. Non per come la conosceva Hanne.

Ora era prostrata, quasi apatica.

– Come fa una donna a rimanere incinta senza avere rapporti sessuali? – chiese per la terza volta da quando si erano seduti lí fuori.

– Attraverso l'inseminazione, – mugugnarono gli altri due.

– Abbiamo già affrontato l'argomento, – dichiarò Ebba, bevendo un sorso d'acqua.

– Sí. Ma ricominciamo da capo. L'inseminazione sarebbe l'introduzione di sperma nella vagina della donna.

– L'inseminazione *è* l'introduzione di sperma nella vagina della donna, – precisò Ebba.

– No. Quando avviene in una clinica, cioè durante una fecondazione assistita, si introduce il liquido seminale nell'*utero* della donna tramite un catetere. Ma nel nostro caso, il tuo e quello di questa… Come dobbiamo chiamare la donna che ha denunciato una situazione simile?

– Chiamala come vuoi, – disse Marius. – Annie?

Hanne annuí appena prima di guardare Ebba.

– Nel caso tuo e di Annie credo che possiamo tralasciare questa procedura. Richiede troppi sforzi ed energie. Quella che deve essere stata utilizzata è la tecnica a cui ricorrono le coppie lesbiche.

– Sarebbe? – chiese Marius.

– Lo sperma contenuto in una siringa viene iniettato direttamente nella vagina, senza catetere, e poi si spera che tutto si concluda nel migliore dei modi. Si fa in un attimo e in effetti somiglia molto al metodo naturale.

– Insomma, – commentò Ebba alzando gli occhi al cielo. – Comunque non capisco perché dovremmo parlare di inseminazione. Sono stata sola per dieci giorni e la porta era chiusa a chiave.

Hanne la studiò piegando la testa.

Ebba era dimagrita e sembrava piú vecchia. Aveva chiesto lei quell'incontro, ma ora sembrava desiderosa di andarsene.

– Non puoi evitare la questione del tuo mazzo di chiavi, – disse Hanne con tono tranquillo.

– Non ne voglio piú parlare, – replicò Ebba. – È del tutto irrilevante.

– Sei stata tu a menzionare l'episodio delle chiavi.

– Solo perché l'altro giorno ti sei messa a *leccarle*, – sbottò Ebba. – Dopo un po' ho capito che era per verificare se erano state premute nella cera, nella plastilina o in qualche altra cosa. In modo da poterle copiare. Tipo… *alla Sherlock Holmes!* Come con le impronte digitali a cui tu…

Con un sospiro alzò gli occhi, poi abbassò le palpebre per via del sole.

– Impronte digitali? – intervenne Marius.

– Non ti riguarda, – disse Hanne senza lanciargli neppure un'occhiata. – La festa si è tenuta il 10 dicembre, giusto?

– Sí. Quante volte ne dobbiamo parlare?

– Tutte le volte che servono, fino a quando non avrai raccontato esattamente cos'è successo.

Ebba sospirò in maniera ostentata mentre fissava Hanne.

– C'era di sicuro una cinquantina di persone, – esordí. – Era una specie di cena prenatalizia improvvisata in una villetta a Grefsen. Erano ancora in vigore le restrizioni e noi le abbiamo violate alla grande.

Sollevò il bicchiere d'acqua, ma non bevve.

– Via via ho cominciato a provare una certa paura. Gli schiamazzi avrebbero potuto infastidire i vicini, con il rischio di trovarci poi la polizia alla porta. Tenendo conto della mia fedina penale…

Hanne notò che Marius aveva aggrottato le sopracciglia, ma per fortuna rimase in silenzio.

– … ho deciso di andarmene. Il problema erano le chiavi. Non erano nella tasca del cappotto. Neanche sul pavimento sotto il guardaroba provvisorio.

Il bicchiere le ruotava tra le mani.

– Non ho nemmeno avuto il tempo di preoccuparmi sul serio perché poco dopo una mia amica si è presentata con le chiavi che le penzolavano tra le dita. Le avevano trovate in bagno.

Tese il braccio e agitò un mazzo di chiavi immaginario.

– Solo che io non ci ero andata, in bagno.

– Ne sei sicura? – intervenne Hanne.

– Sí. Sono rimasta alla festa solo un paio d'ore. E c'era una fila interminabile davanti al gabinetto.

– Non ti ha stupito che fossero state trovate proprio lí?

– Sí, ma piú di tutto ero felice e sollevata che fossero riapparse. Poi sono tornata a casa. E non ci ho piú pensato.

– Fino a ora, – disse Hanne.

– Fino a due giorni fa, – la corresse Ebba. – Quando ti sei messa ad armeggiare con le mie chiavi. E hai leccato quella della porta. O in realtà il giorno dopo. È stato in quel momento che ho capito perché lo avevi fatto.

Hanne annuí.

– Le tue chiavi non avevano alcun sapore. Anche quello sarebbe stato strano. La plastilina *è* antiquata. Su questo hai ragione. E inutile, dato che si possono fare copie delle chiavi fotografandole. E poi produrre un duplicato in 3D.

– Però dovresti avere un'app speciale, – intervenne Marius. – O almeno una specie di tavoletta speciale su cui posare la chiave, con le misure precise per poter…

– Sí sí, – lo interruppe Hanne, ancora concentrata su Ebba. – Il punto è che è possibilissimo. E che tu non puoi... Ebba!

– Sí.

– Guardami.

Ebba alzò adagio il mento. Hanne si inclinò in avanti sulla carrozzina.

– Non sembra improbabile che qualcuno ti abbia duplicato le chiavi, – dichiarò. – Sono sparite per poi riapparire in un posto dove tu non eri stata. A meno che non fossi ubriaca e non ti rendessi conto...

– Ho bevuto due bicchieri di prosecco e una lattina di acqua minerale Ramlösa. In tre ore.

– Appunto. Non hai spostato le chiavi. E loro non se ne sono andate da sole in bagno.

– Ti fidi di chi te le ha portate? – domandò Marius.

Ebba emise un profondo sospiro.

– Sí! Era una delle quattro persone che conoscevo a quella festa. Ci eravamo arrivate insieme.

– È stata lei a trovarle o le aveva ricevute da qualcun altro prima di consegnarle a te?

Fu Marius a chiedere. Hanne gli lanciò un'occhiata e annuí appena.

– Non lo so! – esclamò Ebba, spalancando furiosa le braccia. – È successo mesi fa! E se continuate a insistere con questa storia delle chiavi, me ne vado.

– Ora ti stai comportando in maniera irrazionale, – commentò Hanne. – Ed estremamente volubile.

– Da che pulpito viene la predica!

– Può darsi, ma sei venuta qui per capire come sei rimasta incinta senza essere andata a letto con nessuno. Il motivo per cui sei cosí restia a discutere queste teorie è che...

Doveva scegliere le parole con cura. Forse non avrebbe dovuto neppure pronunciarle.

– Ti disgustano, – disse comunque Hanne pacata. – E...

Ebba aveva chinato di nuovo la testa.

– ... *è* disgustoso, – continuò lei. – È a dir poco oltraggioso immaginare che qualcuno ti abbia messa incinta, senza tener conto nel modo piú assoluto della tua partecipazione e volontà. Forse lo considero piú grave di...

Di uno stupro, pensò, ma si trattenne dal dirlo.

Marius si alzò di scatto. Prese un'altra coperta e l'appoggiò sulle spalle di Ebba. Tentò di avvolgergliela intorno con delicatezza, ma lei lo respinse. Lui si rimise a sedere. Sembrava sconcertato.

E molto innamorato, rifletté Hanne. Inopportunamente troppo innamorato.

Sollevò la tazza. Il tè non era piú caldo. Sbirciò verso l'alto, il sole era scomparso dietro il grande frassino che si ergeva nel cortile e i cui rami spogli frammentavano la luce in tanti piccoli bagliori: faceva piú freddo.

Marius giocherellava con gli occhiali da sole.

– Bene, – disse Hanne, picchiando piano con le mani i braccioli della sedia a rotelle. – La tua gravidanza è un fatto e considerando quello che hai raccontato sulla vita che hai condotto nelle settimane prima, durante e dopo la malattia, qualcuno *deve* essere entrato nel tuo appartamento. A tua insaputa.

– Ma ero lí! Sono stata *sempre* lí! Senza mai ricevere visite! E in ogni caso, se fosse entrato qualcuno, mentre io ero completamente andata e mezza *morta*...

Stava parlando troppo forte e Hanne si guardò intorno.

– Abbassa la voce.

– Anche se fosse cosí, – ripeté Ebba piú piano, – anche se qualcuno fosse davvero entrato in casa mia e mi avesse messa incinta, in un modo o nell'altro...

Rimase per un po' con la bocca semiaperta a fissare un punto lontano. Infine riprese: – Se qualcuno è entrato e mi ha inseminato senza che me ne accorgessi, *qual era lo scopo*? Chi proverebbe interesse o gioia per una cosa simile? E quale relazione ci sarebbe tra un episodio del genere avvenuto verso il 13 gennaio e una maledetta festa a cui ho partecipato piú di un mese prima? Qualcuno mi avrebbe visto lí e di colpo gli sarebbe venuta l'idea di duplicare la mia chiave per poi venire... a inseminarmi molte settimane dopo? Che razza di storia è questa? Uno di voi geni saprebbe darmi una risposta?

Calò il silenzio.

– Merda, – imprecò Marius sottovoce: aveva rotto un'astina degli occhiali da sole.

Hanne non disse niente. Si rimise a posto gli occhiali con l'indice. Le lenti erano cosí scure che nessuno poteva scorgere i suoi occhi, lo sapeva, quindi lasciò vagare lo sguardo.

Tutto poteva essere solo un insieme di casualità.

Forse Ebba ricordava male. Forse le chiavi non erano nella tasca del cappotto. Poteva aver dimenticato di essere andata in bagno. Potevano essere cadute sul pavimento del guardaroba, qualcuno poteva averle raccolte per vedere a chi appartenevano e poi essersele scordate. E averle lasciate di nuovo in bagno, o smarrite. C'erano cento spiegazioni possibili per quell'episodio.

Solo una era spaventosa: che qualcuno le avesse prese, fotografate e ne avesse fatta una copia per entrare nel monolocale di Ebba a Sankthanshaugen.

Se, contro ogni aspettativa, esisteva una connessione tra l'episodio delle chiavi nel periodo dell'Avvento e la fecondazione di Ebba in gennaio, voleva dire che tutto era stato pianificato.

Pianificato in maniera eccellente.

E se anche un'altra donna era rimasta incinta senza capire come, all'orizzonte si delineava un quadro al momento molto confuso di una cosa spaventosa, quasi impensabile.

In tal caso l'abuso non era perpetrato ai danni di una sola donna.

Ma delle donne in generale.

Hanne si costrinse a prendere la tazza di tè, che sollevò all'altezza del viso per nascondersi.

Se quella teoria aveva senso, significava che qualcuno aveva scelto Ebba. Aveva imparato molte cose su di lei. Aveva seguito la sua vita. Sapeva quando sarebbe andata a una festa. Dove. E quanto stava male per colpa del Covid.

– Qualcuno ha intenzione di aprire bocca? – domandò Ebba.

Si era asciugata le lacrime.

– Come siete stati invitati a quella festa? – domandò Hanne.

Ebba trangugiò il bicchiere d'acqua.

– Tramite i social, – rispose alla fine. – A dire il vero, ero stupita che non ci fosse piú gente, perché i giorni precedenti voci e inviti erano girati ovunque. Se non fosse stato per le restrizioni legate alla pandemia, credo che sarebbero arrivate centinaia di persone. E sí...

Sollevò le mani in un fiacco gesto di scuse che rinforzò abbassando la testa.

– Non avrei dovuto partecipare. Lo so.

– C'era qualcuno che sapeva che ci saresti andata?

– Perché me lo chiedi?

– Rispondi e basta.

– Un sacco di gente, immagino, perché le liste dei partecipanti sono state diffuse subito. Era ammesso portarsi un amico, poi c'erano quelli che uno aveva in comune con gli altri, e cosí via...

– Sono state pubblicate foto? Della festa?

– Sui social?

– Sí.

– Certo. Molte, penso.

Hanne la fissò per alcuni secondi, quindi si rivolse a Marius per chiedergli: – Che aspetto ha questa Annie? Quella che ha denunciato un caso analogo. Non hai detto di averla interrogata?

– Eh... Che aspetto ha?

– Sí. Com'è fisicamente. Capelli, età...

– Oh, be'... Una bella donna, poco piú di trent'anni, bionda. Snella. Occhi azzurri.

– È la descrizione di Ebba. Una versione un po' piú vecchia di lei.

– O forse quella di un terzo di tutte le giovani donne norvegesi, – commentò Ebba, di nuovo in procinto di arrabbiarsi. – Dove vuoi arrivare?

Si mise le mani tra i capelli, poi di colpo le abbassò, guardò verso il cielo e scandí ad alta voce: – Caro Dio! Non potresti dirmi cosa è successo? Perché sono incinta?

– Non è blasfemia, questa? – chiese Hanne.

– Pregare Dio? No, assolutamente no.

– Non hai pregato. La tua era una domanda retorica.

– Vai a cagare.

– A sentirti parlare, sembri sempre meno una pastora.

– Sei una pastora?

Marius era sconcertato.

– No, – fu la risposta secca di Ebba.

– Lo era, – disse Hanne.

– Eh... come mai? – chiese Marius. – Intendo...

– Perché è abbastanza normale quando si studia Teologia.

Il poliziotto aveva un'aria cosí infelice che Hanne provò quasi compassione per lui. Ebba si tolse l'elastico dai capelli, chinò la testa in avanti, poi rimase immobile. Un gatto saltò sul parapetto del terrazzo dal balcone del vicino. Era nero con gli occhi gialli. Si mosse agilmente lungo lo stretto parapetto di mattoni fino a raggiungere l'angolo occidentale del terrazzo, dove si fermò a fissare Hanne.

Era inquietante.

– Come gesto di ribellione, – disse all'improvviso Ebba, sempre con il volto nascosto dalla cortina di capelli. – Ho studiato Teologia per ripicca. I miei genitori volevano che diventassi ingegnere. Come loro, e perché avevo dei bei voti. Cosí ho scelto uno dei corsi di studio a cui era piú facile essere ammessi. Teologia. La cosa li ha quasi distrutti. E ha distrutto il nostro rapporto. Ma va bene cosí.

– Hai studiato Teologia per punire i tuoi genitori? – esclamò Marius.

– Da anni facevo parte del gruppo Ten Sing. Credevo in Dio. E ci credo tuttora.

Quando alzò la testa e lo guardò, ai lati della bocca apparve un sorriso stanco.

– Ma oggi è piú una relazione a distanza. Per fortuna. Perché, quando avevo diciannove anni, la mia fede era cosí forte che pensavo di avere qui, dentro di me, un Gesú bambino.

Si appoggiò una mano sul ventre.

Marius si schiarí la gola. Prese il bicchiere d'acqua intatto e bevve. Poi cominciò a tossire violentemente. Quando vide che si stava strozzando, Hanne esclamò preoccupata: – Dàgli qualche colpetto sulla schiena!

Prima che Ebba avesse avuto il tempo di alzarsi, l'attacco era passato. Con la mano chiusa a pugno davanti alla bocca, Marius continuò a tossire, ma le fece un cenno di diniego quando lei gli chiese se avesse bisogno di aiuto.

– Accidenti, – disse Hanne. – Che dramma!

Avrebbe giurato che il giovane fosse arrossito sotto la pelle scura.

Lo trovava ancora misterioso. Per quanto non sapesse perché. C'era solo qualcosa in lui che non riusciva a capire. In quel momento, invece, era facile leggerlo: aveva reagito alle parole di Ebba. Forse anche lui era religioso.

– Come mai questa reazione?

– Mi è andato qualcosa di traverso, – le rispose, schiarendosi la voce.

– Mm. Hai reagito a qualcosa che ha detto Ebba. Cosa?

– Segreto professionale, – ribatté lui veloce.

Sul volto gli apparve per un attimo un'espressione disperata.

Hanne fece un ampio sorriso.

– Allora *è stato davvero* qualcosa che ha detto Ebba. Qualcosa che ti ha fatto venire in mente qualche elemento a cui sei vincolato dal segreto professionale. Un caso di polizia, presumo. C'entra con l'altro? Con Annie, come l'abbiamo chiamata?

– No, no. Assolutamente no. Lascia stare.

Marius si era piegato in avanti e aveva spinto i piedi indietro e appoggiato i gomiti sulle ginocchia. Sembrava stesse valutando l'ipotesi di fuggire.

Hanne si tolse gli occhiali da sole. Li richiuse, li appoggiò sul tavolo e lo guardò.

– C'entra con Henrik, – affermò con calma.

L'aveva buttata lí, ma visto che faceva parte solo da poco tempo della polizia di Oslo, quel ragazzo non poteva aver avuto tra le mani piú di due casi. Quello di Annie e l'omicidio di Henrik. Se non si riferiva al primo, stava pensando all'altro.

Ammesso che Hanne avesse la fortuna dalla sua.

Marius rimase in silenzio. Guardava il pavimento. Ebba aveva un'aria interrogativa, ma per fortuna tenne la bocca chiusa.

– In questo appartamento, – riprese Hanne con gentilezza, – e su questo terrazzo sono stati rivelati piú segreti della polizia di quanti tu possa immaginare.

Marius si torceva le mani.

Hanne rimase in attesa.

– È vero, – disse Ebba, chinandosi verso di lui. – Qui Henrik parlava molto liberamente. Anche quando c'ero io. Non so se lo hai letto, ma due anni fa abbiamo risolto...

– Lo so, – rispose Marius teso. – Ora devo andare.

Ebba gli posò la mano sul ginocchio. Mentre negli ultimi minuti aveva provato una grande inquietudine, ora lui si irrigidí del tutto.

– Ho provato a parlarne con l'ispettore capo, – disse senza alzare gli occhi. – C'è qualcosa di misterioso nel viaggio che Henrik ha fatto il lunedí in cui io ho iniziato alla centrale.

– Viaggio? – esclamò Ebba sorpresa. – Che viaggio?

– Le informazioni al riguardo sono state inoltrate al distretto Est, – continuò Marius. – Ma temo che non ne comprendano a fondo l'importanza, perché non la vedono come la vedo io, perché sono qui e perché ho parlato con... con Annie, e perché penso che pure quello sia un caso che dovremmo perseguire, ma lei non voleva e l'ispettore capo ha detto che non dovevo...

– Fermati!

Hanne alzò le braccia.

– Andiamo con ordine. Ripartiamo dall'inizio. Di che viaggio stiamo parlando?

Marius non rispose. Deglutí piú volte come se avesse la nausea e cercasse di reprimere i conati di vomito. Raddrizzata la schiena, si passò le dita tra i capelli ricci, poi piegò di nuovo il busto in avanti e chinò la testa.

Cosí come se ne stava seduto, in preda all'incertezza piú totale e con il viso che emanava ansia e dubbio, ricordava Henrik. Marius era un Adone atletico e ben proporzionato della ricca ed esclusiva Bærum. Henrik era un uomo goffo, poco attraente e veniva da un paesucolo a nord di Oslo. Tuttavia, quello era un déjà-vu: per Hanne fu come rivivere il suo primo incontro con un giovanissimo Henrik Holme.

– È andato a Grimstad, – disse Marius, a voce cosí bassa che Hanne esclamò: – Cos'hai detto?

– Quel lunedí Henrik è andato a Grimstad.

– Per quale motivo?

Marius si toccò la tasca posteriore dei pantaloni. Esitò, infine fissò Hanne dritto negli occhi e precisò: – Se vi confido queste cose, è perché tutto il resto è stato inutile. Come ho già detto, ho cercato di parlare con l'ispettore capo, ma...

– Capisco, – intervenne Hanne.

– E rimarrà tra di noi. E se parlo, è solo perché di colpo ho pensato che potrebbe... che ci potrebbero essere dei collegamenti.

Hanne annuí sforzandosi di sembrare paziente. Le era difficile. Marius aveva sempre la mano sulla tasca posteriore.

– Credo che ce ne sia un altro, – dichiarò lui.

Hanne ed Ebba si guardarono.

– Un altro cosa? – chiese la seconda.

Marius si alzò. Fece qualche passo verso la parte piú esterna del terrazzo. Il gatto nero scomparve silenzioso lungo un cornicione. Il poliziotto tirò fuori dalla tasca posteriore dei pantaloni un paio di fogli. Li aprí e li lesse. A lungo. Hanne ed Ebba non dissero nulla.

Alla fine, dopo averli ripiegati, li infilò di nuovo nei jeans. Si voltò verso le due donne.

– Henrik Holme è andato a Grimstad in relazione a un caso, – spiegò alla fine. – Un caso che è stato archiviato come palese suicidio.

– Non startene lí impalato, – gli disse Hanne. – Vieni qua.

Marius si avvicinò di tre passi.

– Una ragazza si era tolta la vita, – continuò. – Anche lei era incinta. E forse... Non ne sono sicuro, ma quando hai parlato di Gesú bambino...

Guardò Ebba. Ebba guardò Hanne, che, con gli occhi puntati sul giovane, esclamò: – Adesso vedi di riprenderti, Marius.

– Scusate, – mormorò lui prima di rimettersi a sedere. Senza aggiungere altro.

Ora era sceso un freddo tale che Hanne aveva i brividi. Per davvero. Sarebbero dovuti andare in casa, ma non osava interrompere il momento. Nell'istante in cui stava per esortarlo ad arrivare al punto, Marius riprese: – Penso che anche quella ragazza di Grimstad fosse rimasta incinta senza sapere come, – disse lentamente. – E che fosse davvero convinto che Dio fosse il padre del bambino che portava in grembo.

– Ma...

Ebba lo osservava come se avesse appena affermato che la terra era piatta.

– Se era cosí fanatica da credere di portare in grembo un nuovo Messia, perché… perché mai si è tolta la vita?

– Forse era quello che Henrik Holme stava cercando di scoprire? – disse Marius con una certa esitazione mentre fissava Hanne.

– Potrebbe essere, – annuí lei prima di tendergli la mano aperta. – Ho bisogno di nomi. Indirizzi.

Marius non reagí.

– Quel documento che hai nella tasca posteriore dei pantaloni. È della polizia?

– Ehm… No. Ma contiene…

– Dammelo.

Lui tirò fuori i fogli, titubante, poi rimase immobile a fissarli. Hanne allungò ancora di piú la mano.

– Sono tuoi appunti, – gli disse. – E ne fai quello che vuoi. E ora vuoi darli a me.

– No.

Ebba si alzò di scatto. Prima che Marius capisse cosa stava succedendo, glieli aveva strappati per consegnarli a Hanne.

– Adesso che facciamo? – domandò Ebba guardandola.

Hanne nascose i fogli sotto la coscia prima di iniziare a piegare la coperta di lana che aveva sulle gambe. Quindi, dopo averla appoggiata sopra il grande blocco di carta che aveva davanti, alzò gli occhi.

– Adesso andiamo dentro. Fa troppo freddo. E Marius ci racconterà meglio di cosa si tratta. E domani…

Lanciò un'occhiata molto seria a Ebba.

– Io e te faremo un viaggetto a Grimstad.

Lunedí 21 marzo

Era da tanto che Odin Gammelgård non si sentiva cosí in forma.

Anche se si sentiva le ossa rotte, erano tre notti che dormiva sette ore tirate. Perfino quella tosse dolorosa e persistente stava finalmente allentando la presa. Il giorno prima si era cucinato polpette di carne con cavolo stufato. Tutto fatto da zero con le sue mani, e aveva divorato fino all'ultimo boccone.

La visita a Hanne Wilhelmsen era stata una sorta di cura miracolosa. Non per merito della padrona di casa, anzi, visto che aveva passato piú tempo lontana da tavola che lí con lui.

A piacergli era stata la scommessa che avevano fatto prima che se ne andasse.

Se avesse funzionato, avrebbe condiviso con lui una sua teoria.

Hanne Wilhelmsen glielo aveva promesso.

L'impressione che Odin aveva dei colleghi di Lillestrøm era che non sapessero che pesci pigliare. Erano passati dieci giorni da quando Henrik Holme era stato trovato morto, eppure sembrava che nel distretto Est stessero ancora raccogliendo informazioni utili. Odin sapeva bene come andavano le cose. Le informazioni si sarebbero accumulate sempre piú, giorno dopo giorno, senza che servissero a elaborare un quadro della situazione. Tutto si sarebbe fatto solo piú confuso. Nel fine settimana due agenti del distretto Est avevano esaminato i casi affidati a Henrik negli ultimi tre anni, nella speranza di trovare qualcosa che li aiutasse a elaborare un'ipotesi di lavoro. Senza però riuscire a cavare un ragno dal buco, si sussurrava nei corridoi di Oslo.

Era come comporre un puzzle gigantesco, dove tutti i tasselli riproducevano solo frammenti di cielo azzurro e nessuno serviva a costruire il bordo.

Magari Odin avrebbe avuto invece la possibilità di mettere le mani su qualcosa di importante.

Quando quella mattina lo aveva chiamato un vecchio amico e collega, si era sentito abbastanza in forma da suggerirgli di incontrarsi all'aperto. Era dell'avviso che fosse meglio evitare la centrale.

Mancavano cinque minuti all'orario concordato.

Odin si trovava in quel momento sul lato ovest del lago di Østensjøvannet, dentro l'osservatorio di uno dei piú ricchi habitat ornitologici della Norvegia. Pur avendo parcheggiato un po' piú a sud, non aveva avuto problemi a percorrere a piedi il chilometro di distanza. Ai tempi aveva partecipato alla costruzione del molo e di quel piccolo edificio in legno che si ergeva alla sua estremità: era socio dell'Associazione amici dell'Østensjøvannet da piú di vent'anni. La vista era ostacolata dalla quantità di giunchi che crescevano nel lago, ma Odin aveva già notato la presenza di un esemplare maschio insolitamente grande di smergo maggiore. Quando il piumaggio verde, quasi iridescente, della testa e del collo scomparve di colpo sotto il pelo dell'acqua, cercò di calcolare la direzione in cui stava nuotando l'anatra selvatica.

Invece l'uccello sparí e Odin sorrise.

Lo smergo maggiore era un nuotatore subacqueo eccezionale.

– Eccoti qua! – sentí dire alle sue spalle.

Anche l'uomo che lo stava raggiungendo era un commissario capo. Ludvik Nesby aveva qualche anno meno di lui, ma erano stati colleghi e buoni amici abbastanza a lungo da farsi ogni tanto qualche piccolo favore. Compreso sul lavoro. Mai nulla che contravvenisse in maniera grave al regolamento, ma che tra poliziotti ci fosse spirito di corpo era positivo. Dovevano potersi aiutare a vicenda, pensavano entrambi. Darsi una mano di tanto in tanto non nuoceva a nessuno, anzi. Un paio di anni prima Odin aveva fatto in modo che un caso senza importanza venisse affrontato con una certa sollecitudine da parte dei giuristi della polizia. Si trattava del nipote di Ludvik, il quale, in stato di forte ubriachezza, era stato denunciato per aver dato uno schiaffo a un tassista. Al riguardo, i testimoni non erano d'accordo. Non era successo nulla di grave e il tragitto in taxi era stato regolarmente pagato. La persona denunciata era un bravo ragazzo che sognava di essere ammesso alla Scuola di polizia quell'autunno, cosa che una questione penale ancora in sospeso gli avrebbe impedito di fare. Liquidare subito la questione era nell'interesse di tutte le parti in causa. Tanto il caso sarebbe stato archiviato prima o poi, e prima era molto meglio che poi.

Il giovane, che frequentava adesso il secondo anno della Scuola di polizia, rigava dritto.

– Qualcosa di interessante all'orizzonte? – gli chiese Ludvik Nesby porgendogli la mano.

– Qui c'è sempre qualcosa che merita, – rispose Odin sorridendo. – Ho appena individuato uno smergo.

– Ti vedo meglio!

– Grazie. E in effetti mi sento meglio.

Abbassò gli occhi su una cartellina di plastica rossa che il collega teneva stretta tra le dita.

– Hai qualcosa per me?

– Sí.

Ludvik Nesby si guardò intorno.

– Troviamo una panchina?

Odin annuí e, ripercorso il molo, tornarono verso il sentiero. Si sedettero alcuni metri piú a nord. Odin tirò fuori un thermos da uno zainetto e versò il caffè a entrambi.

– Posso rimanere solo un paio di minuti, – disse Ludvik, che prese comunque la tazza. – Mi piacerebbe proprio sapere di che si tratta.

– Piú tardi, – borbottò Odin. – Cos'hai trovato?

Aperta la cartellina rossa, Ludvik estrasse il cartoncino grigio con le quattro impronte digitali che aveva rilevato Hanne Wilhelmsen.

– Divertente, – ridacchiò Ludvik. – Ti ci sei cimentato da solo, o cosa?

Odin si limitò a scuotere la testa.

– Okay, – disse Ludvik. – Come sai, ci vuole tempo perché si possano sfruttare le impronte digitali per identificare un intruso. Prima vanno rilevate quelle lasciate sulla scena del crimine. Poi è necessario eliminare tutti coloro che avevano legittimo accesso al luogo in questione. Convocare le persone, prendere le loro impronte digitali, confrontarle con quelle trovate e cosí via. Cosa che non abbiamo avuto tempo di fare dopo l'effrazione in Agathe Grøndahls gate.

Alzò lo sguardo e abbassò la voce.

– E non lo faremo. C'è un limite alle risorse che possiamo dedicare a un comune furto con scasso avvenuto in un'abitazione. Abbiamo passato le impronte digitali al vaglio del sistema a nostra disposizione, senza ottenere risultati. Penso che basti cosí. Ma mi hai dato un compito piú semplice.

Tenne il cartoncino davanti a sé.

– Qui abbiamo quattro impronte digitali che...

– Tre, – lo interruppe Odin. – Di quella non ti dovevi preoccupare.

Indicò l'impronta piú a sinistra.

– Comunque, – rispose con impazienza Ludvik. – Il punto è che volevo vedere se riuscivo a trovare una corrispondenza per una di queste. Un compito molto piú semplice.

– Ci sei riuscito? – chiese Odin, sentendo le pulsazioni del polso accelerare.

– No.

– No?

– Non nell'appartamento.

Ludvik sorrise a Odin, che scosse appena la testa.

– Ma... – disse esitante. – La corrispondenza l'hai trovata altrove, giusto?

– Esatto. Sul coprifili della porta in corridoio. Il corridoio esterno, intendo. Non è completa, ma contiene abbastanza elementi da...

Tirò fuori una foto molto ingrandita dalla cartellina.

– ... permettere di stimare con ragionevole sicurezza che sia identica a una delle tue.

Ludvik accennò con il capo al cartoncino, che ora aveva appoggiato sulla coscia di Odin. Tenendovi la foto accanto, gli indicò la terza impronta digitale rilevata con il licopodio.

– Cazzo, – esclamò Odin sbalordito.

– La mia teoria è che il colpevole abbia usato i guanti durante l'effrazione. Ma mentre entrava, o usciva, non li aveva. In altre parole, non si è trattato di un lavoro da professionista. Un dilettante. O forse qualcuno che conta sul fatto che tanto non ci occuperemo mai di casi del genere.

Alzò gli occhi.

– Guarda! – puntò. – Cos'è?

– Una folaga, – gli rispose Odin distrattamente, levando a malapena lo sguardo dalle impronte digitali. – Alcune svernano qui. Posso prenderla?

Aveva appoggiato la foto sopra il cartoncino.

– Certo. Adesso devo scappare. Tu dove vai?

– Verso sud.

– Ho parcheggiato vicino alla scuola a Manglerud, – disse Ludvik. – Nella direzione opposta.

Si alzò, svuotò il resto del caffè per terra, poi porse la tazza a Odin.

– A che ti serve questa roba? – osò chiedergli di nuovo intanto che si allontanava camminando a ritroso. Si fermò.

Dopo aver infilato le tazze una nell'altra, Odin richiuse il thermos e ripose tutto quanto nello zaino insieme alla foto e al cartoncino. Poi si alzò e lanciò un'occhiata all'auto parcheggiata.

– A riscuotere un debito dopo aver vinto una scommessa, – rispose e dovette voltare le spalle al collega per nascondere la propria soddisfazione.

Hanne Wilhelmsen ed Ebba Braut avevano superato Drammen e procedevano sulla E18 in direzione sud. Ebba continuava a mantenere gli ottanta chilometri all'ora anche a nord di Sande quando il limite di velocità era ormai di centodieci.

– Sei sicura che posso guidare questa specie di furgone? – ripeté per la quarta volta da quando avevano lasciato Oslo. – È enorme e... terrificante!

Era al volante del Mercedes Vito Tourer modificato di Hanne. Nefis l'aveva acquistato diversi anni prima per consentire a Hanne di ricominciare a guidare. Il regalo si era rivelato un fallimento. Nessuno l'aveva quasi mai usato, tantomeno Hanne. Ecco perché era stato smontato tutto quello che era stato studiato per facilitare la guida alle persone disabili. L'unico vantaggio rimasto era che la sedia a rotelle poteva essere sollevata grazie a un meccanismo presente nella portiera laterale e spinta in modo da agganciarsi a un dispositivo che la trasformava in un sedile passeggeri omologato a norma di legge. Inoltre, Hanne non aveva bisogno di aiuto per effettuare la manovra.

Il contachilometri indicava che il furgone ne aveva percorso meno di tremila. In quasi cinque anni. Odorava ancora di nuovo.

– Sí, – disse acida Hanne. – Se no, non ti avrei lasciato guidare.

– Dio solo lo sa, – replicò Ebba irritata, abbassando la velocità a settanta.

– La tua andatura, quella sí che è illegale, – commentò Hanne asciutta indicando il tachimetro. – Vai troppo piano. È pericoloso. Nel 2020 Henrik non aveva avuto problemi a guidare questo furgoncino, mentre giravamo tra le montagne dello Jotunheimen.

– Ma lui era un poliziotto e guidava sicuramente tutti i giorni! Io invece ho guidato solo... auto piccole!

Sferrò un pugno al volante.

Il clacson risuonò cosí forte che Ebba sussultò con violenza e sbandò verso il ciglio della strada. Hanne gridò e stava per afferrare il volante quando Ebba riuscí a rientrare in carreggiata.

– Scusa, – disse lei con un filo di voce. – Starò attentissima! Quanto vorrei che Marius fosse con noi. Di sicuro è bravo a guidare.

– È lunedí. Ha un lavoro.

– Anche io!

– Ma tu ti puoi prendere dei giorni per leggere a casa.

– Infatti quelli servono per leggere manoscritti, Hanne. In pace e concentrati. Non sono sinonimo di non andare a lavorare. Tantomeno di farti da autista.

Rimasero in silenzio per molti chilometri. Hanne non si sentiva piú cosí desiderosa di intraprendere quel viaggio come lo era stata il giorno prima e quella mattina stessa. Era rimasta sveglia fino a tarda notte per rileggere piú volte la relazione che Marius aveva cestinato. E aveva elaborato un piano.

Adesso le pareva nebuloso, quasi senza senso.

Era come se le sfuggisse: come se le mancasse qualcosa di essenziale che potesse tenerlo insieme abbastanza a lungo.

Doveva comunque attenersi a un punto fisso: era importante scoprire cosa aveva fatto Henrik a Grimstad. E non da meno cosa *non* aveva fatto.

Secondo questo Gabriel Viken, la fonte di Marius, Henrik non era riuscito a parlare con i genitori di Vilde. Erano loro il motivo per cui era andato fin lí. Riguardava di certo il suicidio della figlia, ma Hanne non capiva cosa non quadrasse agli occhi di Henrik. Il pomeriggio prima aveva costretto Marius a rivelarle tutti i dettagli. La ragazza si era tolta la vita in casa, aveva lasciato una lettera, la porta era chiusa a chiave dall'interno e non c'erano segni di effrazione.

– *Cosa cercavi, Henrik?*

– Eh? – disse Ebba.

– Niente. Stavo solo pensando ad alta voce.

Si fece di nuovo silenzio. Si stavano avvicinando a Holmestrand quando Hanne esclamò all'improvviso:
– Avrei dovuto essere piú gentile con te. Piú premurosa.
– Mm…
Ebba la fissò a bocca aperta.
– Guarda la strada, – abbaiò Hanne.
Ebba strinse con forza il volante tra le mani, tenendo lo sguardo puntato dritto davanti a sé.
– Cosa vuoi dire? – le chiese.
– Deve essere terribile quello che provi pensando a ciò che hai subito.
– Me l'hai già detto. E sí, è terribile. Quello che sento, quello che vivo…
Frenò di scatto, deviando troppo all'improvviso verso il ciglio della strada. Hanne sentí l'auto inclinarsi e sbandare mentre il busto veniva spinto con violenza contro la cintura di sicurezza. Per un istante fu sicura che si sarebbero capovolte. O sarebbero finite nel grande nulla.
Finalmente si fermarono. Con l'auto che occupava per almeno un metro la corsia di destra dell'E18. Ebba spense il motore.
– *Che cazzo fai?* – sbraitò Hanne. – Ma ce l'hai la patente?
Si allungò in fretta verso il lampeggiante d'emergenza e lo mise in funzione.
– Ti ha dato di volta il cervello… *Vuoi ucciderci?*
Cercò di respirare piú lentamente. Il traffico sfrecciava vicino a loro, troppo vicino. Un autocarro si mise a suonare piú volte il clacson e fece tremare la Mercedes passando a pochi centimetri dal finestrino del guidatore.
– Devi accostare meglio al ciglio della strada, – disse Hanne, sforzandosi di rimanere calma.
– Non ce la faccio, – pianse l'altra.

– Ebba.

Hanne allungò la mano sinistra verso di lei. Le afferrò il mento e le girò il viso verso di sé. Catturò il suo sguardo.

– Tu. Devi. Spostare. Il furgone. Piú in là... *sul ciglio della strada! Adesso!*

Hanne lasciò andare la presa. Ebba singhiozzava. Mise in moto, ma non diede segno di voler andare da nessuna parte.

– Metti la freccia a destra, – disse Hanne con voce tagliente.

Ebba inserí quella di sinistra.

– *Destra*, – urlò Hanne.

Ebba eseguí e l'auto si mosse adagio in avanti e verso destra.

– Ancora, – pretese Hanne. – Finché puoi. Hai almeno un altro metro.

Ebba fece come le era stato chiesto. Poi spense di nuovo il motore. Nell'abitacolo cadde il silenzio e il traffico sull'E18 non rappresentò piú una minaccia imminente. Il cellulare di Hanne cominciò a squillare.

Prese il telefono dalla tasca laterale. Il display si illuminò. Inserito il silenzioso, lo rimise al suo posto.

– Chi era? – le domando Ebba, sempre piangendo.

– Odin Gammelgård. Il poliziotto di cui ti ho parlato.

– Perché non hai risposto?

– Se c'è un'istituzione con cui non sento il bisogno di parlare in questo momento, – disse Hanne guardandosi intorno, – è la polizia.

– Non me la sento di guidare, non ce la faccio.

– Devi.

– No.

– Sí. Ebba, ascoltami.

Riluttante, la giovane si girò verso di lei.

– È importante che arriviamo a Grimstad, – disse Hanne. – Per tante ragioni. Ti spiegherò cosa penso mentre andiamo. Con calma. Ma adesso voglio che tu sappia questo...

Aprí il vano portaoggetti, da cui tirò fuori una bottiglietta di Imsdal. Dopo averla aperta, la passò a Ebba, che bevve metà dell'acqua.

– Che tu sia rimasta incinta senza capire come, – proseguí Hanne, – è *una* cosa. Letteralmente parlando. Le singole circostanze possono essere casuali. Potresti aver dimenticato qualcosa. Potresti averlo... rimosso. Si può sempre elaborare una qualche spiegazione.

Con un gesto bloccò Ebba quando sembrò che volesse protestare.

– Ma che questa Annie-o-cosa abbia vissuto la tua stessa esperienza, piú o meno nello stesso periodo, è un bel rompicapo. Due volte una casualità del genere?

Lanciò un'occhiata fuori dal finestrino sul paesaggio piú noioso della Norvegia. Boschi fitti e campi brulli ovunque. Nessuna montagna, solo insulse colline e minuscole alture.

– Pare impossibile, – disse.

– Cosa? – chiese Ebba.

– Che sia casuale. Con due avvenimenti del genere. E se Marius avesse ragione, se neppure Vilde di Grimstad sapeva come fosse rimasta incinta, allora...

Aprí il vano portaoggetti dove prese una bottiglietta per sé.

– ... allora è escluso.

– Cosa è escluso?

Hanne sospirò sconsolata. Svitato il tappo della sua bottiglia d'acqua, si contorse ancora di piú sul sedile. Fissò Ebba.

– Tre donne, – disse. – Tre casi di... immacolata concezione, in un certo senso. Non si tratta piú di casualità.

– E quindi di cosa si tratta?

Ebba aveva smesso finalmente di piangere. Se ne stava afflosciata sul sedile del conducente con la bottiglia sulle gambe. Solo adesso Hanne si accorse che si era fatta la treccia, invece della solita coda di cavallo. Le dava un'aria piú giovane. Piú sbarazzina.

– Credo che sia come una serie di azioni terroristiche, – disse Hanne piano. – Credo che stiamo dando la caccia a… uomini che odiano le donne. E chissà, forse era quello che anche Henrik stava facendo.

Odin Gammelgård era piuttosto agitato.

Aveva già chiamato Hanne Wilhelmsen e puntualmente, dopo un'infinita serie di squilli dall'altra parte, era partita la segreteria telefonica.

O si stava facendo la doccia piú lunga del mondo o non voleva parlare con lui, ma la seconda opzione gli risultava incomprensibile.

– Non ci posso credere! – esclamò una voce sulla soglia. – Sei qui anche oggi? Non è proprio regolare, Odin! Esistono delle norme che stabiliscono cosa è permesso fare quando si è in malattia.

Herman Bråtan scosse la testa con aria di disapprovazione.

– Dovevo solo prendere una cosa, – rispose Odin. Appoggiò con calma un raccoglitore ad anelli verde sulla foto e il cartoncino con le impronte digitali che erano sul tavolo davanti a lui.

– Un giorno sí e l'altro pure? Questa volta assicurati di prendere tutto.

Entrato nell'ufficio, si richiuse la porta alle spalle.

– Non che non ti voglia qui, intendiamoci. Hai due minuti?

Senza aspettare una risposta, si accomodò sulla sedia degli ospiti.

– Lillestrøm ha chiesto assistenza, – esordí, intrecciando le dita sulla nuca. – Hanno capito che devono parlare con Hanne Wilhelmsen. Hanno cercato di contattarla per telefono, dicono, senza successo. Ma non è quasi sempre a casa?

– Sí, per quanto ne so.

– Adesso non c'è. Una delle nostre pattuglie è già stata lí a controllare. Abitazione vuota e, a quanto pare, non è presente nessun famigliare.

– Magari non vuole rispondere. È una tipa piuttosto... particolare.

Herman Bråtan sciolse le dita da dietro la testa e si chinò in avanti. Odin si accorse solo in quel momento che la barba rossa del collega aveva iniziato a sbiadire e che negli ultimi sei mesi si era stempiato.

– La conosci? – chiese Herman sorpreso.

– Insomma. Lavoravamo qui tutti e due ai tempi in cui era piú facile controllare l'intera polizia di Oslo rispetto a adesso. In quel periodo era impossibile non imbattersi in Hanne Wilhelmsen. Allora guidavo anche la moto...

Fece un leggero sorriso.

– ... per cercare di entrare a far parte del clan che ruotava intorno a Hanne e ai ragazzi dei gruppi speciali di pronto intervento. Accidenti, che gente tosta. Che bei tempi.

Dopo una breve risata batté le mani sul tavolo.

– Ma la conosco? No, direi proprio di no.

Si alzò, facendo chiaramente capire che se ne stava andando. Prese lo zainetto dal tavolo, afferrò il giubbotto primaverile che aveva lasciato sullo schedario. Si avvolse persino la sciarpa di seta intorno al collo.

– A quanto risulta, hanno usato una mazza, – disse

Herman senza alzarsi dalla sedia. – Mi riferisco all'arma del delitto. Una di quelle da baseball.

Ne agitò una invisibile.

– *Acer saccharum*, – scandí con enfasi. – O *hard maple*, come la chiamano i produttori americani. Ci sono anche tracce di una vernice particolare. Nelle lesioni dovute alle fratture. Magari i risultati di queste analisi ci saranno utili.

– Lo saranno per i nostri colleghi di Lillestrøm, intendi. A quanto vedo, condividono un po' troppo cose con noi. O con te.

Sbadigliò sperando di sembrare indifferente.

– Ora però devo andare, Herman.

– Si può sapere cosa stai combinando?

Odin guardò stupito il collega.

– A cosa ti riferisci?

– Cos'è quello? – domandò Herman sporgendosi in avanti.

Sollevò il raccoglitore verde, che Odin aveva spostato inavvertitamente quando si era alzato, e prese l'ingrandimento di un'impronta digitale.

– E quello, – aggiunse, indicando il cartoncino grigio.

– Stupidaggini, – mugugnò Odin, mettendosi a tossire di proposito.

Herman non disse altro. Odin infilò tutto nello zaino, lo chiuse, indossò la giacca e si avvicinò alla porta.

– Vedi di non fare di testa tua, – commentò Herman Bråtan a bassa voce. – Non comportarti alla Hanne Wilhelmsen, ti prego.

– Lungi da me l'idea, – rispose lui girandosi. – Devo chiudere a chiave. Esci.

Herman si alzò, ma poi rimase immobile.

– Le impronte c'entrano con l'omicidio di Henrik Holme? – domandò.

– No, – disse Odin, fissandolo. – Te lo garantisco.

In un certo senso poteva continuare cosí, pensò, mentre Herman insisteva con quella guerra di sguardi. Non aveva ancora parlato con Hanne Wilhelmsen. Non sapeva ancora nulla delle teorie che gli avrebbe esposto quando lui le avesse confermato una corrispondenza tra le impronte.

– Sono di un'effrazione, – aggiunse dopo una pausa imbarazzante e abbassando infine lo sguardo. – Un furto avvenuto in un'abitazione di cui non ci occuperemo piú di tanto. Sto solo aiutando un amico.

– Okay, – si limitò a dire Herman, poi raggiunse la porta e se ne andò senza salutare.

Odin rimase dov'era per alcuni secondi. Aveva il respiro pesante: la discreta forma fisica della mattina era scomparsa come neve al sole. Sentiva il corpo pesante e cercò di raddrizzarsi.

Doveva trovare Marius Blaaberg prima di tornare a casa, e doveva farlo senza che l'ispettore capo Båtan se ne accorgesse.

Negli ultimi giorni il cortile si era asciugato bene.

Vicino al fienile erano spuntati i crochi. L'erica carnea si piegava con i suoi grappoli di fiori rosa pallido al soffio della brezza leggera che spirava da sud-ovest. Anche dove persistevano dei residui di neve fra i tronchi degli alberi, i bucaneve si erano fatti caparbiamente strada nel tepore primaverile.

In piedi sulla scala di pietra antistante la casa padronale, Aasmund Aaletjønn si sentiva a disagio. La delusione di non aver incontrato Ebba Braut durante la sua ultima visita a Oslo lo aveva fatto cadere in depressione per parecchi giorni, e il non essere riuscito a mettersi in contatto con il figlio non migliorava la situazione.

Di solito non gli ci volevano mai piú di ventiquattr'ore per raggiungere il ragazzo.

Ora erano tre giorni che ci provava, senza successo.

Aveva cercato di passare il tempo riparando la porta del fienile, ma ce ne aveva messo troppo poco. Poi aveva finito di intagliare il manico del coltello a cui stava lavorando da un pezzo, e dopo aveva messo a bollire per fare il brodo una pentola contenente acqua, ossi, brandelli di carne, cipolle e verdure. Di lí a un paio d'ore, quando fosse stato pronto, ne avrebbe surgelati tre litri.

Il ragazzo poteva essere nei guai.

I soldi che gli chiedeva in continuazione erano diventati nell'insieme una cifra sostanziosa. Non che Aasmund tenesse il conto, si trattava di suo figlio, ma dovevano essere sulle centomila corone. Forse di piú. Quasi centocinquanta, a pensarci bene. Aasmund non era ricco, ma conduceva una vita frugale basata in parte su una certa autosufficienza. Dato che pubblicava una nuova raccolta di poesie solo ogni cinque anni circa, il ricavato dalla loro vendita non bastava a mantenerlo. Il fatto di essere stato tradotto in nove lingue gli era d'aiuto e in Francia il suo nome era piuttosto famoso. Inoltre, riceveva sotto forma di borse di studio un buon supporto economico da parte delle istituzioni norvegesi legate alla cultura.

Infine, poteva contare su una bella somma annuale derivata dallo sfruttamento del bosco di sua proprietà.

Aasmund se la cavava benissimo e aveva soldi da parte.

Ovvio che aiutasse economicamente il figlio quando glielo chiedeva.

Specie ora che sarebbe diventato padre.

Però che volesse solo contanti era un po' strano. Tuttavia, quando gli dava di tanto in tanto un mazzetto di banconote e vedeva la gioia che lo illuminava era per lui una specie di gratificazione. A Oslo, ma anche la seconda volta che era venuto alla fattoria.

La fattoria di suo padre: era stato un grande momento. Quel giorno Aasmund aveva prelevato cinquantamila corone dalla banca prima dell'arrivo del ragazzo, molte piú di quando si erano incontrati a Sandefjord, dove avevano mangiato al *Del Mare* e passeggiato fino al Tønsberg Tønne, malgrado il tempo fosse inclemente. Il figlio aveva riso e parlato e, quando si erano separati alla stazione ferroviaria, lo aveva abbracciato. A lungo.

Aasmund alzò la testa e annusò il vento.

Nonostante il cielo fosse limpido, nell'aria si avvertiva un cambiamento in arrivo. Si voltò e rientrò. Lanciò un'occhiata al cellulare sul tavolo della cucina.

Inutile cercare di richiamare. Aveva già sprecato troppo tempo, tanto la risposta era sempre la stessa: l'abbonamento era stato disdetto.

Entrò nello studio.

Rimase immobile a guardare il computer.

I suoi versi prendevano forma con carta e penna. Spargeva i fogli in diversi punti della casa, talvolta anche all'aperto o negli edifici esterni. Lasciava che i versi maturassero, poi li riscriveva: a volte era capace di lavorare per un anno intero a un'unica poesia. Solo quando non c'era piú nulla da estrarre da una metafora rivisitata, una parola o l'interruzione voluta di una riga, li digitava al computer. Il pc era come una banca dove il deposito doveva raggiungere le cento poesie complete. Solo allora ne stampava una copia e per l'occasione tirava fuori quel bel nastro intessuto a mano dalla sua bisnonna.

Utilizzava il computer solo per le sue poesie.

Non era collegato a Internet. Per leggere i giornali era meglio l'iPad, perché ci si poteva rilassare sul divano o sulla poltrona preferita. Ed era molto utile quando doveva cercare qualcosa su Google. O pagare le bollette.

Non aveva mai googlato suo figlio.

Se non fosse stato per il test del Dna, forse lo avrebbe fatto.

In tal caso sarebbe stato sicuramente molto piú sospettoso.

Fridtjof era apparso di colpo in cortile a novembre dell'anno prima. Un giovane sconosciuto, ma con un aspetto che aveva fatto rabbrividire Aasmund. Il ragazzo apparteneva alla fattoria, Aasmund lo aveva saputo prima ancora che avessero avuto la possibilità di parlare. Vederlo lí, accanto alla vecchia quercia, con un piede girato all'esterno dell'altro e le spalle contratte dalla timidezza, gli aveva ricordato suo padre. I capelli scuri, gli occhi incavati: pure lui da giovane era cosí.

Ne aveva avuto subito la certezza.

Prima ancora che arrivasse la lettera dagli Stati Uniti, la risposta al test del Dna a cui si erano sottoposti insieme dopo che Fridtjof si era presentato alla fattoria. Entrambi avevano strofinato un bastoncino dalla punta ricoperta d'ovatta all'interno della guancia. Quando Fridtjof lo aveva portato, l'imballaggio era sigillato, mentre i documenti erano stati compilati e spediti da Aasmund stesso. Anche il risultato era arrivato al suo indirizzo.

Era lui il padre.

La fattoria Aaletjønn avrebbe continuato a essere tramandata in famiglia. Tutto il bosco, che Aasmund aveva acquistato pezzo per pezzo quando ne aveva avuto l'opportunità, aveva trasformato Aaletjønn in un luogo dove vivere. E di cui poter vivere, quasi. Il ragazzo si era mostrato entusiasta all'idea e, nonostante frequentasse la BI per studiare Economia e commercio e non sapeva distinguere un abete da un pino, in lui c'era una certa stoffa.

Inoltre, aveva una mente brillante.

La gioia di avere un figlio con cui affrontare la vecchiaia era cosí grande che aveva accantonato lo stupore. Quella leggera inquietudine dovuta ai continui cambi di telefono e, forse ancora di piú, alla necessità di mantenere il segreto. Gli era toccato promettere di non dire a nessuno che si erano ritrovati, bisognava aspettare che Fridtjof sistemasse «tutto dal punto di vista legale», come diceva.

Quando ogni cosa si fosse sistemata, Fridtjof si sarebbe trasferito alla fattoria.

Sarebbe tornato a casa per diventare un contadino mentre il padre era ancora abbastanza forte e in gamba da insegnargli il mestiere.

Passato il Natale, quando Fridtjof gli aveva annunciato che sarebbe diventato papà, per Aasmund la felicità era stata enorme. Cosí grande che non aveva piú dato peso a quelle piccolezze che fino ad allora gli avevano causato qualche raro accenno d'ansia. Lo sguardo ogni tanto evasivo del ragazzo. Le richieste di denaro, sempre piú frequenti. I luoghi insoliti in cui si davano appuntamento, come l'ultima volta, nel quartiere periferico di Kalbakken a Oslo.

Era suo figlio, comunque.

Era l'unica cosa che contava.

Indugiò davanti al computer. Era spento e fece scivolare le dita sulla tastiera, prima di raddrizzarla e spingerla verso il monitor. Accanto c'era l'iPad.

L'inquietudine che provava era diventata fisica. Aveva caldo e avvertiva un formicolio in entrambe le gambe. Gli era impossibile sedersi, e la poca capacità di concentrazione che gli era rimasta l'aveva spesa nella porta della stalla e nel manico del coltello. Prese esitante l'iPad.

Si sentiva un traditore.

Il ragazzo era suo e avrebbero imparato a conoscersi stando insieme. Quello che Fridtjof aveva fatto finora nella sua vita non aveva nessuna importanza, e fin dall'inizio Aasmund si era ripromesso che nulla si sarebbe mai frapposto tra lui e il figlio. Gli erano già stati rubati ventisette anni. Non ne avevano altri da perdere.

Se fosse stato un delinquente, lo avrebbe perdonato.

A prescindere.

Accese l'iPad. Digitò il pin che in realtà non aveva bisogno di inserire: lí alla fattoria non c'era mai stato nessuno da cui proteggersi. Con il cursore toccò l'icona di Safari e, mentre il suo polso accelerava, scrisse nel campo di ricerca: «Fridtjof Søderlund».

Era scritto con la *ø*, non con la *ö* alla svedese, come si sarebbe potuto pensare dal nome.

Internet si imballò per un attimo, ma dopo alcuni secondi la ricerca produsse circa 54 500 risultati. Sul lato destro dello schermo apparve l'immagine di un uomo che faceva di cognome Søderlund. Non si chiamava Fridtjof, era biondo e con gli occhi azzurri e giocava a calcio. Un medico di Oslo aveva lo stesso cognome di Fridtjof, solo che aveva quasi sessant'anni e si chiamava Knut Åge. La cosa piú vicina al nome che stava cercando era Johan-Fridtjof Söderlund. Era morto nel 1974, all'età di settantatre anni.

Non esisteva nessun Fridtjof Søderlund.

Aasmund sentí che il formicolio si era esteso alle braccia e alle mani.

Tremava e respirava a fatica.

Si sforzò di convincersi che c'era tanta gente che non compariva su Internet.

Dopo aver constatato che i risultati si facevano sempre piú irrilevanti man mano che scrollava la pagina, cercò a casaccio anche Aagot Svarstad, l'affabile signora che lavorava ancora al negozio a Holtebygda quando la carenza di personale si faceva sentire tra congedi e malattia.

I primi cinque risultati la riguardavano. Aveva quasi ottant'anni e non aveva praticamente messo piede fuori dalla Lågendalen. Eppure, c'erano due articoli su di lei che risalivano alla festa estiva organizzata dalla Pro loco, inoltre era stata intervistata dall'«Østlands-Posten» in occasione della Giornata dei boschi a Kvelde nel 2014. Dopo aver cercato altri tre nomi arbitrari della zona, posò l'iPad e fissò nel vuoto.

Tutte le ricerche avevano dato risultati.

Tranne quella su Fridtjof.

Almeno non era un assassino di massa, rifletté Aasmund mentre avvertiva un briciolo di sollievo.

Neppure un estremista. Né delinquente incallito.

Di colpo riprese in mano l'iPad e aprí la pagina dell'Ufficio centrale di statistica dedicato ai nomi norvegesi.

Il risultato gli fece venire le vertigini e dovette sedersi. L'odore del brodo bollente, che di solito gli risvegliava l'appetito, ora gli parve nauseante.

In Norvegia c'erano «meno di quattro persone o nessuna» che si chiamavano Fridtjof Søderlund, diceva la statistica.

«O nessuna», c'era scritto.

Qualcuno aveva tentato e ritentato di contattare Hanne Wilhelmsen.

Aveva messo il cellulare in modalità silenziosa ed Ebba era cosí concentrata sulla guida da non notare che lo schermo si illuminava a intervalli irregolari. Hanne gli lanciava di tanto in tanto qualche sguardo furtivo. Odin Gammelgård aveva provato a chiamarla tre volte. Non conosceva invece il secondo numero. Con il pretesto di voler controllare il sito yr.no perché quella sera era previsto l'arrivo di una tempesta, Hanne scoprí che a cercarla era stata la polizia di Lillestrøm.

Hanne sarebbe stata ben lieta di parlare sia con Odin che con la polizia di Lillestrøm. Il fatto che la polizia del distretto Est avesse aspettato cinque giorni prima di contattarla era roba da dilettanti, comunque meglio tardi che mai. Era molto tentata di richiamare il malaticcio commissario capo Gammelgård. Le sembrava improbabile che avesse già risolto la questione delle impronte digitali, ma non si poteva mai sapere. I poliziotti della sua età, e con i loro contatti, avevano una capacità tutta loro di mettere in moto le cose.

Se lo volevano davvero.

Avrebbe telefonato sia a lui che ai colleghi del Romerike, ma non ora. Ritoccare la verità era una cosa a cui aveva fatto il callo, mentire alla polizia era un'altra e nessuno avrebbe potuto disturbare quello che si era messa in mente di fare.

Stavano per superare Larvik e l'orologio segnava mezzogiorno. Mancavano poco piú di centoquaranta chilometri, cosa che normalmente avrebbe richiesto un'ora e tre quarti. Con l'andatura di Ebba, non sarebbero arrivati prima delle tre e mezza.

– Quel tatuaggio, – disse Ebba di colpo, dopo un silenzio durato oltre mezz'ora.

La radio era sintonizzata su una qualche stazione musicale che Hanne trovava irritante, cosí ne approfittò per abbassare quasi del tutto il volume.

– Sí? – disse.

– Cosa ne pensi?

Con il pollice infilato dietro la cintura di sicurezza, Hanne guardò Ebba di sbieco.

– E *tu* che ne pensi? – parò.

– Era la calligrafia di Henrik? Quell'appunto nel libro? Cos'è che c'era scritto?

– Non era un appunto. Diceva solo «tatuaggio di Fridtjof», seguito da tre o quattro punti esclamativi. Se lo avesse scritto Henrik, questo non lo so. Avremmo dovuto chiedere a Ida. Comunque, era una calligrafia ordinata. In un certo senso, qualunque cosa riguardasse Henrik era... ordinata.

– Ma cosa potrebbe significare?

Hanne si strinse nelle spalle.

– Significa proprio ciò che c'è scritto. Che c'è qualcuno di nome Fridtjof che si è fatto tatuare quella citazione. E che chi ha scarabocchiato quell'edizione lussuosa delle *Fiabe norvegesi* cerchiando il testo in questione trova questo tatuaggio meraviglioso o scioccante. Mi riferisco a tutti quei punti esclamativi.

– Credi che il tatuaggio consista in quel testo? Che non sia un disegno?

Hanne ci rifletté sopra.

A destra scorse il lago Farris che si estendeva verso nord. Lungo la riva e nelle insenature erano ancora visibili resti di ghiaccio e le venne in mente un ricordo vago e divertente di una cupa infanzia che aveva cercato di dimenticare per piú di quarant'anni.

– Sarebbe un disegno orribile, in tal caso, – disse. – Si doveva...

Prese il telefono.

– Come si chiamava la fiaba?

– *Le dodici anatre selvatiche*, – disse Ebba. – Da non confondere con *I cigni selvatici* di Hans Christian Andersen. Anche se sono storie che si somigliano molto. Oggi lo chiameremmo plagio.

Hanne non l'ascoltava. Trovata la fiaba, iniziò a leggere a voce bassa la citazione che qualcuno aveva messo tra parentesi nell'esemplare di Henrik: – «"Tu stessa hai deciso la condanna e adesso tu stessa la subirai", proclamò il re. E cosí la vecchia regina cattiva fu legata a dodici cavalli indomabili, che ne staccarono ognuno una parte».

Hanne alzò gli occhi quando Ebba frenò di nuovo bruscamente. Questa volta ci stava: due camion bloccavano entrambe le corsie perché uno cercava di superare l'altro senza riuscirci.

– Stai lontana, – commentò lei acida. – Mantieni la distanza!

– Sí, certo! È quello che sto facendo!

Il camionista piú aggressivo rinunciò al suo proposito e si accodò all'altro.

– Superali, – ordinò Hanne.

– No. Per me va benissimo dove siamo.

Lei sbuffò sconsolata, ma non disse altro.

– Sarebbe un disegno orribile, – riprese Ebba. – A chi mai verrebbe in mente di farsi tatuare una cosa cosí sul corpo? Dodici cavalli imbizzarriti che squartano una donna! Con delle catene, poi! Agganciate con degli uncini alla carne?

Hanne rimase in silenzio.

– Non fare il muso, – disse Ebba. – Sono io che guido, quindi sono io a decidere la velocità.

Hanne si limitò ad annuire.

Sarebbe davvero un tatuaggio terribile, pensò. Un'immagine aggressiva e carica di odio. Quasi quanto mettere incinte donne ignare. Solo molto meno subdolo.

– Hanne? – disse Ebba.

– Sí?

Ebba rallentò, mise la freccia a destra e, con calma, imboccò lo svincolo che portava a un'area di sosta, dove continuò fino a trovare un posto libero per parcheggiare. A quel punto fermò l'auto.

– Accidenti, – commentò Hanne. – Sei stata proprio brava!

Ebba non reagí. Sganciata la cintura di sicurezza, tirò una gamba sul sedile e si appoggiò alla portiera.

– Hai detto che stiamo dando la caccia a uomini che odiano le donne, – rifletté. – Pensi che sia uno di loro... uno di quelli che stiamo cercando, ad avere quel tatuaggio?

– Non lo so.

– Se cosí fosse, la fiaba avrebbe una sua pertinenza, – proseguí Ebba. – I personaggi in quasi *tutte* le fiabe sono in qualche modo... delle caricature. Sono molto stupidi, terribilmente cattivi, meravigliosamente belli, orribilmente brutti, particolarmente fortunati o estremamente intelligenti.

– O buoni come angeli, – aggiunse Hanne. – Al limite dell'autolesionismo.

– Sí. O l'incarnazione del male. Lo vediamo in particolare nella descrizione delle donne. In *Le dodici anatre selvatiche*, Biancaneve-Rosarossa, si chiama cosí, è davvero votata al sacrificio. Rinuncia a tutto ed è costretta a sopportare grandi sofferenze per salvare i suoi fratelli. Invece, per quanto riguarda la regina, non c'è limite a quanto sia malvagia e astuta. Getta i piccini nella fossa dei serpenti e...

– Prostituta o Madonna, – annuí Hanne. – Ida me ne parlava l'altro giorno. Ma questi haters delle donne online sono piú...

– Online? Ah ah! Non sono soltanto lí. Sono ovunque nel mondo!

Agitò la mano verso il parabrezza.

Una famiglia con bambini piccoli parcheggiò accanto a loro. Hanne ed Ebba rimasero a guardar scendere dall'auto una madre stizzita, un padre scoraggiato e tre figli che, saltando e ballicchiando, schizzarono verso il chiosco dei panini a cinquanta metri di distanza.

– Tornando alla rete, – disse Hanne quando tutti scomparvero alla loro vista. – Questi gruppi. Le donne sono descritte quasi sempre come cattive. Stupide.

– Pallose, – aggiunse Ebba. – Approfittatrici e adescatrici. Hai detto che tu stessa hai...

Stava cercando la parola.

– ... ti sei infiltrata in un gruppo del genere.

Hanne annuí.

– Diciamo cosí, – commentò sottovoce. – Quello che scrivono in quelle sedi è paragonabile a lasciare che una donna venga fatta a pezzi da dodici cavalli indomabili.

Abbassò un poco il finestrino.

– Mercoledí ho appuntamento dal medico, – disse Ebba.

Hanne la fissò a lungo.

– Okay, – rispose con cautela.

Ebba pareva sul punto di rimettersi a piangere.

– Non posso tenere il bambino.

Si toccò il ventre, ma tolse subito la mano, come se si fosse scottata.

– Okay, – ripeté Hanne.

– Mi capisci?

– Sí. Perfettamente.

– Tu avresti fatto lo stesso?

– Non lo so. Ed è anche irrilevante. L'aborto è un dilemma personale.

Ebba si coprí il viso con le mani. La sua voce sembrava venire da dentro una lattina quando continuò: – Non riesco a convivere con il fatto di non sapere cos'è successo.

– Lo scopriremo.

– Ma sarà troppo tardi.

– Probabilmente sí. Tieni.

Le porse un fazzoletto pulito. Ebba lo guardò stupita, come se non riuscisse a capire da dove fosse saltato fuori. Se lo premette sugli occhi.

– Ma secondo *te*? – chiese con voce alta e quasi aggressiva.

Gli occhi di Hanne si strinsero.

– Vuoi che ti dica cosa penso davvero?

– Sí.

Ebba pareva di colpo impaurita. Quasi terrorizzata. Si infilò la punta della treccia in bocca.

– Interrompimi, se non vuoi sentire altro, – la esortò Hanne.

– Va bene.

Hanne aprí la bottiglietta d'acqua e bevve. Poi riavvitò con cura il tappo e tamburellò piano sulla plastica per qualche secondo.

– A mio avviso stiamo cercando una specie di compagine, – disse. – Un'organizzazione, o semplicemente un gruppo di… persone che la vedono allo stesso modo.

Quando la pausa si fece troppo lunga, Ebba domandò: – In che senso?

Hanne rimase in silenzio. Dal chiosco dei panini arrivò una ventata di nauseante odore di fritto, e lei chiuse il finestrino.

– Ti devo porgere le mie scuse piú sincere, – proseguí. – Non ti ho presa sul serio. Non fino in fondo. Da quando Henrik non c'è piú, ho avuto la forza di concentrarmi solo su due cose. Scoprire perché Henrik è morto e il fatto che…

Non finí la frase.

– Che Nefis ti ha lasciato, – concluse Ebba. – O, forse, è qualcosa che non riesci ad affrontare.

Hanne annuí e, infilata la bottiglia nella tasca laterale, incrociò le braccia sul petto.

– Per quanto riguarda la tua gravidanza, ho pensato che...

Quale fosse il suo parere in merito, Ebba non ebbe modo di saperlo perché, dopo un profondo sospiro, Hanne si voltò verso il sedile del conducente.

– Quello che mi ha confuso, – continuò, – e che mi ha impedito di prendere sul serio il tuo mistero è che ho considerato l'omicidio di Henrik come un caso a sé stante e la tua gravidanza come un altro.

Ebba era immobile come una statua.

– Ma non la penso piú cosí. Credo che Henrik fosse sulle tracce di quelli che hanno messo incinta te, questa *Annie* e Vilde di Grimstad. Ecco perché dobbiamo andare. Adesso.

Con Ebba concentrata sul rimettersi in carreggiata nell'E18, senza farsi vedere Hanne riuscí a spegnerle il telefonino che teneva nella consolle centrale.

Non avevano tempo da perdere in ulteriori interruzioni.

Hanne Wilhelmsen sapeva come muoversi, considerò Odin Gammelgård mentre percorreva il piú in fretta possibile i lunghi corridoi della centrale per raggiungere l'ufficio di Marius Blaaberg. Hanne aveva parlato quasi con disprezzo dell'età e dell'esperienza del giovane agente, respingendo in toto l'ipotesi di utilizzarlo come tramite, ma Odin non si fidava per niente di lei. Era certo che fosse in atto un'operazione di reclutamento e c'era solo un modo per scoprirlo.

Nell'attimo in cui aprí la porta dell'ufficio di Marius, gli puntò il dito contro.

– Quanto hai detto a Hanne Wilhelmsen? – gli domandò con voce imperiosa.

– Non molto, – rispose Marius timidamente, prima di aggiungere dopo una breve pausa: – A cosa ti riferisci?

Odin si sedette senza essere invitato.

– Quando l'hai vista l'ultima volta?

Marius Blaaberg si dimostrò piuttosto bravo a fingere di non sapere nulla. Quando Odin si era presentato vociando, aveva un'aria spaventata, quasi impaurita. Niente di strano. Adesso il suo volto era quasi inespressivo.

– Con tutto il rispetto, – gli rispose, – ma non hai il diritto di chiedermi cosa faccio nel mio tempo libero.

– Sí, invece. Se ho il sospetto che tu stia violando il segreto professionale, ti posso chiedere quello che voglio.

Marius non disse nulla, ma lo guardò dritto negli occhi. Non batté nemmeno le palpebre.

Odin avvicinò la sedia alla scrivania, su cui appoggiò le mani.

– Non sto cercando di incastrarti né di accusarti di qualcosa, – continuò a bassa voce. – Ma ricordo bene cosa significa avere la tua età. Arrivare in una città nuova, non conoscere nessuno...

– Vivo a Bærum da quando avevo diciassette anni. A meno di venti chilometri da qua. Ho frequentato la Scuola di polizia qui a Oslo. Ho un sacco di amici.

Odin schioccò le labbra e, appoggiandosi allo schienale della sedia, si grattò la testa.

– Hai voglia di inimicarti il sottoscritto? – gli disse, sforzandosi di sorridere il piú amabilmente possibile. – Dopo appena un paio di settimane su quella poltrona, vuoi davvero...

Con le sopracciglia aggrottate, fece un cenno del capo verso Marius.

– ... metterti contro di me?
Il giovane batté le palpebre.
– No, certo che no.
– Allora rispondi alla mia domanda.
– Cioè?
– Quando hai visto Hanne Wilhelmsen l'ultima volta?
Marius deglutí piú volte prima di abbassare lo sguardo.
– Ieri.
– Ieri quando?
– Nel primo pomeriggio. Per qualche ora.
– A casa sua, presumo?
Marius annuí.
– E perché eri lí?
– Perché...
Si agitò sulla sedia. Ora sembrava un ragazzino che si sentiva preso con le mani nel sacco, ma che allo stesso tempo si considerava trattato ingiustamente.
– Non riguardava un caso della polizia, – disse con un filo di voce. – O meglio... riguardava un caso della polizia, ma che è stato archiviato. Anche se ne avevo parlato con Bråtan e gli avevo detto che avremmo dovuto...
– *Ehi*, – esclamò Odin tagliente, sollevando la mano.
Marius tacque subito.
– Di cosa stai parlando? – chiese il commissario capo. – Parti dall'inizio. Con calma.
Marius inspirò a fondo gonfiando le guance. Poi raddrizzò le spalle, lasciò cadere le braccia lungo il corpo ed espirò piano attraverso le labbra sporte in avanti.
– Si tratta di un caso che mi hanno affidato al mio arrivo –. Parlava con un tono di voce piú alto del solito. – La denuncia di una donna che sosteneva di essere stata vittima di una sorta di...
Era davvero disperato. Con una smorfia, cominciò a vagare con lo sguardo per la stanza.

– ... una sorta di stupro invisibile.

– Prego?

Odin emise un suono che era una via di mezzo tra uno sbuffo e una risatina.

– E cosa sarebbe uno stupro invisibile?

– Si chiama Annie. No, no... Si chiama Anisette Johansen ed era incinta. Il problema è che non sapeva come fosse successo. Quando lo ha scoperto, era cosí furiosa che ha denunciato l'accaduto. Poi ha ritirato la denuncia e... ha abortito. O il contrario, forse.

Odin levò di nuovo le mani. Questa volta entrambe.

Si alzò e andò alla finestra, dove rimase a scrutare fuori. Dopo tutti quei giorni di bel tempo, aveva ricominciato a piovigginare. Chiuse gli occhi, si chinò e appoggiò la fronte sul vetro freddo. Avrebbe voluto andarsene. La giornata, iniziata cosí bene, si era trasformata in qualcosa di penoso, come avveniva ormai quotidianamente da otto mesi.

A dire il vero, non era un problema suo. Se quella pazza strafottente che abitava in Kruses gate stava nascondendo alla polizia informazioni su un importante caso di omicidio, se ne sarebbe occupato Herman Bråtan. O i colleghi di Lillestrøm.

Poteva tornarsene a casa e provare a preparare la pasta e fagioli che aveva mangiato il venerdí precedente. Rilassarsi. Guardare la tv. Prendersi un gatto.

– Marius Blaaberg, – disse invece. – Hai fatto tredici anni di scuola prima di frequentare quella di polizia per altri tre.

– Sí, – sentí rispondere fiocamente alle sue spalle.

– Con *sedici anni di istruzione* alle spalle, pensi di essere in grado di riferirmi in maniera coerente cos'è successo ieri a casa di Hanne Wilhelmsen?

Si girò e gli mise una mano per spalla.

– Certo, – rispose Marius, con la voce che gli si incrinava.

E cosí fu. Mentre Odin si rimetteva seduto senza interromperlo, Marius gli raccontò ciò che aveva sentito e detto. Dall'incontro di sabato con Ebba Braut a Sankthanshaugen a quando aveva lasciato l'appartamento di Hanne la domenica pomeriggio.

Finalmente giunse alla conclusione.

– Grazie, – gli disse Odin, stringendosi il mento tra le dita. – Quindi Henrik Holme credeva di essere sulle tracce di qualcuno che...

Aspirò l'aria tra i denti e scosse la testa.

– ... mette incinte le donne. Senza che loro se ne accorgano.

– Mm...

Marius strascicò la voce.

– Cosa pensasse di Vilde, non lo sa nessuno. Poco dopo essere stato a Grimstad, però, era venuto a sapere che Ebba Braut aveva subito questa... questa cosa. Uno stupro... invisibile.

– Non usare quell'espressione. Non ha senso.

– Okay. Ma quando ha saputo della gravidanza di Ebba, forse ha pensato che anche Vilde...

– E adesso dov'è Hanne Wilhelmsen?

Il giovane distolse lo sguardo. Si inumidí le labbra facendo ruotare i pollici, letteralmente.

– Sta andando a Grimstad, – sussurrò quasi. – Credo.

– *Cosa?*

– L'ha detto ieri, poco prima che me ne andassi, che lei ed Ebba sarebbero andate a Grimstad. Per scoprire cosa ci facesse Henrik da quelle parti. Non so di preciso.

Odin si portò le mani alla testa e si alzò.

– *Ma è possiiibile*? – sbottò a denti stretti.

Fece cadere le mani e fissò il collega molto piú giovane.
– Mettiti la giacca, – ordinò.
Marius balzò dalla sedia.
– Adesso vieni con me. Hai il numero di questa Ebba Braut?
– Sí.
Odin si infilò il giaccone, afferrò lo zaino e aprí la porta.
– Dove andiamo? – domandò Marius.
– A Grimstad.

Ebba aveva bocciato.
Per fortuna non sull'E18. Lí almeno la strada procedeva abbastanza dritta. Era invece piú complicato muoversi nel piccolo quartiere residenziale di Grimstad, dove aveva guidato a venti chilometri all'ora cercando l'indirizzo a cui il Gps tentava di condurla. Era difficile calcolare la lunghezza di un furgoncino e, mentre girava a destra accanto a un piccolo parco giochi, non aveva calcolato il raggio di manovra sufficiente per superare una piccola cabina elettrica. Quando si sentí un forte stridio metallico, Hanne esclamò: – Verrà a costare parecchio.
Non c'erano comunque danni seri, e alla fine raggiunsero una stradina con tre soli lampioni. Una fila di pioppi si ergeva tra due di essi. Ebba parcheggiò in mezzo alla via.
– È senza uscita! – esclamò irritata quando Hanne le indicò il ciglio della strada. – Non deve passare nessuno. Possiamo fermarci qui. E adesso che si fa?
Hanne non rispose.
Non ne aveva idea. L'unico scopo del viaggio era parlare con i genitori di Vilde. Costringerli a dire qualcosa di piú sulla figlia e su ciò che sapevano del suo suicidio. Ammesso che ne sapessero qualcosa di piú. E ammesso che si trattasse davvero di un suicidio.

Osservò abbacchiata il piccolo cancello in ferro battuto antistante un vialetto trascurato, stretto e coperto di ghiaia. Per quanto non fosse una bella vista, non era niente in confronto alla casa che si ergeva su una leggera altura. Se, contro ogni aspettativa, Hanne fosse riuscita a raggiungere la porta d'ingresso, sarebbe stata fermata anche da una scala di pietra con tre gradini.

Aveva bisogno di aiuto. Di essere spinta fin lassú e poi, eventualmente, portata dentro di peso.

Era fuori discussione.

– Vai a suonare, – disse a Ebba. – E fai in modo che qualcuno venga qui. Io resto dove sono.

L'altra la guardò con un misto di incredulità e rabbia.

– *Io?* – sibilò. – Non ho la piú pallida idea di cosa dovrei fare per convincerli a parlare con noi! Nemmeno Henrik era riuscito a…

– Posso aiutare le signore?

Un uomo anziano sbucò dal giardino con i pioppi.

Ebba abbassò il finestrino.

– Sono di intralcio? – chiese con espressione dispiaciuta.

– No, no. Figuriamoci, siete solo in mezzo alla strada! – Ridacchiò. – Va bene cosí. Vi siete perse?

– In realtà no, – gli rispose lei con un sorriso. – Vorremmo parlare con i signori che abitano là.

Indicò la villetta fatiscente sulla collinetta dietro al cancello in ferro battuto.

Il vecchio rise di nuovo.

– In bocca al lupo! Al momento Anders e Asta Berthine non sono molto socievoli. Direi piuttosto il contrario.

Si chinò verso il finestrino e scrutò Hanne, che alzò mollemente la mano sforzandosi di sorridere.

– Quello sí che è un marchingegno interessante, – commentò il vecchio, indicando con il capo la sedia a rotelle su cui era seduta lei. – Non ne ho mai vista una del genere. A proposito, Gabriel Viken!

Infilò una mano tozza e grande attraverso il finestrino. Ebba la strinse. Hanne annuí di nuovo.

– Mi chiamo Ebba Braut. Questa è Hanne Wilhelmsen.

– Ora dobbiamo andare, – dichiarò l'altra.

Ebba era intelligente e diretta, con dei cambiamenti d'umore pari a quelli di un'adolescente. Divertente da frequentare e competente nella sua veste di redattrice, certo, ma a volte si dimostrava davvero stupida.

– Andare? – commentò Ebba stupita.

– Hai detto i nostri nomi, – le sussurrò Hanne con la voce piú bassa possibile, sperando che l'uomo non la sentisse.

– E allora? Gabriel ci aiuterà di sicuro a far arrivare la tua sedia fino alla porta. Poi da lí vedremo.

– Certo, – disse lui, gentile. – Sono vecchio, ma ce n'è ancora di energia in questa carcassa!

– No, – disse Hanne. – Metti in moto.

Ebba scese dall'auto e Gabriel Viken la seguí sul lato opposto.

– Ohi, – disse il vecchio, indicando. – Che botta.

Per un attimo Ebba ebbe il terrore che l'incidente con il trasformatore avesse danneggiato il meccanismo della portiera. Per fortuna, con un po' di aiuto, si aprí completamente.

– Vieni, – disse.

– No, – rispose Hanne.

Ebba saltò dentro. Con la schiena curva in avanti raggiunse Hanne.

– *Ora basta*, – sibilò. – Mi hai costretta a guidare e a fare questo viaggio orribile dicendomi che forse avremmo potuto trovare chi mi ha messa incinta, quindi non molliamo proprio adesso.

Hanne rimase in silenzio.

– *Mi senti?* – disse Ebba.

– C'è qualcosa che non va? – gridò Gabriel.

– Tutto a posto, – rispose Hanne ad alta voce, premendo il pulsante che faceva ruotare la sedia di centottanta gradi. Ebba fece qualche passo indietro e Hanne liberò la carrozzina dal sedile.

Lei ed Ebba si scambiarono un lungo sguardo, ma nessuna delle due disse nulla.

– Da qui in poi sarà un tantino piú complicato! – dichiarò allegro Gabriel quando si trovarono tutti e tre davanti al cancello in ferro battuto.

– Ci vive davvero qualcuno? – chiese Ebba scettica. La casa sembrava inagibile.

– Certo. Si tratta di una lunga storia e dopo siete piú che benvenute a sentirla a casa mia davanti a un buon caffè, – disse.

Aprí il cancello. Stranamente non cigolò.

– Non possiamo, – borbottò Hanne, facendosi forza.

Ebba e Gabriel impiegarono solo un paio di minuti a spingerla su per i gradini. Ebba non l'aveva mai toccata. Gabriel, invece, aveva fatto una fatica tale che Hanne si era potuta accorgere che a cena lui aveva mangiato cipolle, usava il dopobarba Old Spice e che gli avrebbe fatto bene concedersi una doccia piú spesso.

– Eccoci qua, – ansimò. – A essere sincero, non credo che apriranno. Ma possiamo sempre provare a suonare. Chi non risica non rosica!

Odin Gammelgård e Marius Blaaberg avevano superato Grenland e, se avevano la fortuna dalla loro, sarebbero arrivati a Grimstad nel giro di un'ora e mezza.

– Riprova! – disse Odin.

– È quello che sto facendo da quando siamo partiti da Oslo!

– Riprova.

Marius tentò ancora di raggiungere Ebba Braut. Questa volta attivò il vivavoce.

«La persona da te chiamata non è al momento raggiungibile. Premi uno per lasciare un messaggio sulla segreteria telefonica».

– E premi uno, allora!

– Non c'è piú nessuno che la usa.

– Sí, invece. Io. Premi uno!

Marius obbedí. Dopo il segnale acustico, si portò il cellulare alla bocca e disse: – Ebba, sono Marius. Chiamami. Per favore.

– Perché non ha inserito un messaggio di risposta personale?

– Te l'ho detto, nessuno la usa piú. Nessun… giovane, almeno. Ha spento il cellulare. Dobbiamo solo aspettare che lo riaccenda.

– Ha spento il cellulare? Voi… giovani! Non siete cresciuti con quel maledetto aggeggio? Non siete capaci di stare senza neanche per un secondo!

– Stai andando ai centoquarantatre all'ora, – commentò Marius sottovoce.

Imprecando alla grande Odin rallentò.

– Almeno abbiamo un indirizzo, – borbottò. – E, se siamo fortunati, riusciremo a impedire che Hanne Wilhelmsen distrugga tutto quanto.

Asta Berthine Bredesen stava pregando seduta in cucina. Aveva appoggiato i gomiti sul tavolo e teneva le mani giunte vicino al viso. Aveva messo una tovaglia a fiori grandi sul tavolo e acceso una candela.

Quella che stava mormorando non era una preghiera ben formulata.

Parlava a Dio di ciò che le sgorgava dal cuore.

Cercava risposte. I pensieri le si accavallavano alla rinfusa nella mente, erano cosí tante le cose che non riusciva a capire. Cosí tanto il caos, il dolore. Alzò il viso al soffitto e chiuse gli occhi.

– Perdonala, Padre. Perdonaci tutti.

Si sentí suonare il campanello.

Asta Berthine non ci fece caso. Richiuse gli occhi.

– Dio, – sussurrò.

Di nuovo il campanello. Anders era a letto al primo piano: il problema alla schiena si era acuito. Non riusciva neppure a scendere le scale. Asta Berthine rimase seduta per qualche secondo prima di tirare fuori tutta la rabbia che aveva e passarsi una mano sui capelli. Con piglio deciso andò ad aprire.

La rappresentanza riunita sulla scala era molto particolare.

Il vicino Gabriel le sfoderò un grande sorriso, immobile a schiena bella dritta fra una donna dai capelli grigi in sedia a rotelle e una giovane con una treccia bionda e un'espressione seria, che in altezza superava Gabriel di tutta la testa.

– Sí –. Asta Berthine non riuscí a dire altro.

– Salve, – esordí la giovane. – Mi permetta di farle le condoglianze per la morte di Vilde. È un…

– Vilde Karoline.

– Esatto.

La ragazza bionda, che sembrava un po' nervosa, continuava a lanciare occhiate furtive alla donna in sedia a rotelle.

– Che ci fai qui? – chiese Asta Berthine a Gabriel.

– Sto solo aiutando le signore, – le rispose lui continuando a sorridere.

– Non vogliamo visite.

Asta Berthine arretrò e fece per chiudere la porta.

– Vilde era innocente, – intervenne la piú anziana.

Asta Berthine s'irrigidí. La porta era semiaperta. La piú giovane salí sul gradino piú basso.

– Sono una teologa, – disse piano. – E capisco che il vostro sia un terribile fardello.

– Lei è una pastora. Non voglio nessun...

– Ero! Adesso lavoro in... un campo completamente diverso. Ebba Braut.

Porse la mano. Asta Berthine la guardò, ma non gliela strinse.

– Ci bastano solo pochi minuti, – intervenne con calma la donna sulla carrozzina. – Sono sicura che a lei e suo marito interesserebbe ascoltare quello che abbiamo da dirvi.

– Hanne Wilhelmsen, – presentò Ebba Braut indicando con un gesto della mano la carrozzina. – Una detective piuttosto famosa.

– Detective?

Asta Berthine spalancò le braccia.

– Perché dovrei stare a sentire una detective?

Cercò nuovamente di chiudere la porta.

– Vilde non aveva commesso nessuna blasfemia, – dichiarò Hanne Wilhelmsen forte e chiaro. – È stata vittima di un crimine. Di una grande ingiustizia.

Asta Berthine strinse ancora di piú la maniglia della porta, che allontanò appena da sé. – Cosa... in che senso?

Un improvviso colpo di vento attraversò il giardino. Gabriel Viken volse gli occhi al cielo. Asta Berthine si avvolse meglio la giacca di lana intorno al corpo con la mano libera.

– Vilde vi aveva detto che portava in grembo il figlio di Dio, vero?

– C'è un solo Gesú, – replicò Asta Berthine. – È ovvio che Vilde non portava in grembo il Figlio dell'uomo. Era solo una scusa per... Una bugia. A scapito di Dio.

Tacque, contraendo le labbra.

– Non è affatto strano che Vilde Karoline lo credesse. Le spiegherò tutto quanto, se esce e si siede sulle scale. O qualcosa del genere.

Il rombo violento di un tuono rimbombò proprio sopra di loro.

– Ho visto il lampo solo due secondi fa! – esclamò Gabriel, con il naso ancora rivolto verso l'alto. – E ora sta iniziando a piovere.

Asta Berthine ci pensò un attimo. Voleva che non entrasse nessuno in una casa segnata dal dolore, dalla rabbia e dalla sporcizia. D'altro canto, non potevano neanche starsene lí fuori, visto il tempo.

Sarebbe dovuta andare a chiamare Anders, ma non era possibile. Il marito arrivava a malapena fino al bagno, che si trovava sullo stesso piano. Asta Berthine era sconcertata.

Non voleva parlare con nessuno.

Ma voleva delle risposte e al momento Dio si rifiutava di dargliele.

La pioggia era aumentata. Gabriel, che cominciava a innervosirsi, stava per dire qualcosa quando Asta Berthine chiese: – Riesce ad arrivare fin là?

Guardò la donna in sedia a rotelle mentre indicava una serra in fondo al giardino, venti metri a sinistra del cancello. Due vetri sul lato lungo erano rotti, ma il tetto era integro.

Hanne Wilhelmsen annuí, girò la carrozzina e iniziò a scendere di nuovo lungo il leggero pendio.

Il giovane che in alcuni contesti era conosciuto come Fridtjof era solo nel suo appartamento nel seminterrato.

Il nome di battesimo era Lavrans e la sua esistenza insostenibile.

Sveglio da quasi due giorni consecutivi, era sfinito. Ogni volta che cercava di sdraiarsi e chiudere gli occhi, il suo corpo si riempiva di adrenalina e scattava di soprassalto. L'ansia psicologica era diventata fisica, trasformandosi in tremori continui: non era quasi riuscito ad aprire lo shampoo quando si era fatto la doccia un quarto d'ora prima. Negli ultimi undici giorni, in quel minuscolo appartamento era regnato il caos. Ora aveva ripulito e rimesso a posto. Forse non era servito a dargli pace, ma era stato necessario.

Perché cosí non poteva piú andare avanti.

Aveva infilato il portatile che aveva rubato al fotografo di Torshov in un sacco nero della spazzatura, insieme a due dei suoi laptop. L'attrezzatura fotografica se l'era presa suo padre, quindi non poteva restituirla. Invece aveva imballato tre dei suoi hard disk e avvolto tutto quanto nel nastro adesivo.

Il pacco se lo sarebbe portato dietro per consegnarlo alla polizia.

In quel momento, la cella di una prigione sembrava allettante.

Almeno era un posto sicuro. Un posto in cui non doveva pensare. Poteva raccontare tutto alla polizia e ottenere la pace. Dormire.

Seduto alla scrivania messa in ordine, tremava.

Sua madre era morta in un incidente quando Lavrans aveva cinque anni. I ricordi che conservava di lei erano frammentari e vaghi, ma ricordava il suo calore. Il suo profumo, come latte dolce e fragole.

Forse era solo un'invenzione a posteriori.

Sicuramente era cosí.

Quando aveva dodici anni i servizi sociali lo avevano preso in custodia, e a lui non aveva fatto né caldo né freddo. Dopo alcune settimane trascorse in un istituto, lo avevano affidato a una famiglia. Gli piacevano quelle persone. Aveva una sorella maggiore e un papà putativo che faceva il vigile del fuoco ed era sempre di buon umore. Invece, le visite che era costretto a fare al padre avevano il potere di rovinare quasi tutto.

Era in quelle occasioni che Lavrans si sentiva dire che era diventato un cagasotto.

Una femminuccia.

Che somigliava a sua madre. Debole e insignificante.

Non sarebbe mai diventato un uomo vero.

Il problema era che papà non si esprimeva mai cosí quando erano presenti altre persone adulte. In quei casi era un uomo che ascoltava, comprensivo e accomodante; un uomo che era uscito un po' dai binari alla morte della moglie. Che forse avrebbe dovuto essere aiutato a gestire il dolore. Aiutato da professionisti, aveva sentito dire Lavrans a due assistenti sociali ignari che lui era ancora seduto davanti alla loro porta. Sotto molti aspetti anche suo padre era un professionista e l'incidente era stato tragico. Uno shock, certo, e lui era stato abbandonato a sé stesso per troppo tempo. Ma dato che voleva tornare a casa e aveva smesso di sparare ai compagni di classe con un fucile ad aria compressa durante l'intervallo, gli avevano permesso di tornare in Baglerfaret da suo padre.

Non era possibile essere allo stesso tempo il figlio di un allegro vigile del fuoco e di suo padre. Cosí Lavrans era tornato a casa, con due anni in piú sulle spalle e una maggiore comprensione di come la si poteva fare franca. Tenere un profilo basso. Non provocare nessuno, ma svolgere le proprie cose di nascosto. Quando lui aveva quindici anni era morta anche la nonna materna. Lavrans non conosceva né lei né sua zia, erano sparite quando era morta sua madre, ma per l'occasione si era presentato alla porta un corriere con un pacchetto inviatogli dalla sorella di sua madre.

Per fortuna era a casa da solo quando era arrivato.

Dentro c'era un orologio d'oro che era appartenuto al nonno.

E una lettera.

Della nonna, scritta poco prima di morire.

Diceva che il padre biologico di Lavrans non era quello che credeva.

Come se per lui fosse una novità! Ricordava benissimo l'irritazione che aveva provato nel leggere quelle parole: lo sapeva sin da quando era piccolo.

Il fatto che Lavrans fosse nato a otto mesi dal primo, dolce incontro dei genitori, che si erano sposati subito dopo in municipio con una semplice cerimonia, aveva fatto sorgere dei dubbi al padre. Il neonato, seppur gracile e piccolo, era perfettamente sano. Quando all'età di un anno al piccolo erano cresciuti capelli folti e scuri, il padre aveva ordinato un test del Dna. Sua moglie era bionda, lui era un omone dalla criniera rossiccia.

Lavrans non poteva avere piú di quattro anni quando aveva cominciato a capire, almeno in parte, il motivo per cui i suoi genitori litigavano sempre. Le discussioni si erano fatte via via piú accese man mano che il bambino cresceva. Alla fine erano diventate violente.

«Quello non è mio figlio», urlava il padre in continuazione.

Poi la madre era morta in un incidente, quando Lavrans aveva cinque anni.

Se l'era sentito dire anche in seguito: «Non sei mio figlio». Ma non quando erano presenti altre persone. Non ne aveva mai parlato con nessuno. In fondo, papà era l'unico papà che aveva. Bastava assecondarlo e andava tutto abbastanza bene.

Nella sua lettera d'addio la nonna aveva altro da dirgli.

Gli chiedeva scusa, scriveva, perché né lei né la zia si erano mostrate disponibili quando a dodici anni era stato affidato a una famiglia adottiva. Cose che chiamava «profondi disaccordi con il tuo padre legale in relazione alla morte di tua madre» le rendeva inadatte. Questo almeno a parere del tribunale per i minorenni.

All'epoca aveva provato una rabbia tale che era stato sul punto di strappare la lettera. Invece l'aveva accartocciata in qualche modo prima di infilarla sotto il materasso dove, alla base del letto, si era costruito una scatola incassata in modo da conservare le cose che voleva tenere per sé.

Aveva bruciato la busta nel camino e venduto l'orologio su Finn.no per settemila corone qualche giorno dopo.

Il padre non era mai venuto a sapere del pacco della nonna. Lavrans stesso se ne era completamente dimenticato fino a quando non aveva dovuto cambiare letto e quindi smistare tutto il contenuto della scatola segreta.

Allora aveva diciotto anni e aveva riletto l'intera lettera.

La nonna sapeva chi era il suo padre biologico.

Aveva un nome antiquato e, a quanto pareva, era un noto poeta.

Lavrans non avrebbe mai dimenticato il nome del suo padre biologico, ma la lettera l'aveva bruciata. Il pensiero di contattare quell'uomo non lo aveva neppure sfiorato. Già una volta aveva sperato di procurarsi un papà migliore del suo e sapeva che era impossibile. Neanche un pompiere tosto e possente era riuscito a trattenerlo quando era tornato in Baglerfaret.

Non aveva mai capito perché suo padre avesse voluto tenerlo con sé per tanti anni. Soprattutto quando da adolescente aveva scoperto che non c'era un termine ultimo per annullare la paternità. Lavrans aveva preso in considerazione l'ipotesi di andare da un avvocato, ma non osava. A lungo aveva sperato che il padre si trovasse una nuova compagna e si creasse una nuova famiglia. Che arrivasse qualcuno con cui lui potesse condividere il padre. Qualcuno che lo proteggesse.

Non era e non sarebbe mai avvenuto.

Lavrans doveva andare alla polizia *adesso*.

C'erano troppi fili sciolti da tenere sotto controllo. Lo stupido furto a casa del fotografo non era servito a nulla: la foto di lui e Henrik al parco di Torshov esisteva ancora di sicuro. Mikkel Revebo era in prigione. Non conosceva i nomi. Sapeva ben poco.

Ma qualcosa sapeva.

Oltretutto Vilde era morta e sepolta.

Non era stata cremata. Il feto era rimasto dentro di lei. Il figlio di Lavrans.

Aveva ingannato il padre biologico. Era stata la sua notoria mancanza di soldi a spingerlo a cercare quell'uomo dopo tanti anni, e lui si era rivelato buono e gentile. Troppo buono e gentile, troppo facile da turlupinare. Lavrans non avrebbe mai dovuto permettergli di scattare quella foto, tantomeno dargli la busta.

Tracce ovunque, per quanto avesse cercato di essere cauto.

Se solo quella sera non si fosse sbronzato. Se solo non avesse conservato le foto delle ragazze e non le avesse nascoste in un posto cosí ridicolo.

Se solo non avesse dimenticato che il padre era a casa quando erano arrivati. E se non fosse stato cosí ossessionato dall'idea di reclutare un poliziotto.

E se solo non avesse permesso al padre di trascinarlo in tutto quello squallore, avrebbe potuto intentare una causa contro di lui. Avrebbe potuto ottenere l'annullamento della paternità e trasferirsi dov'era davvero la sua casa.

Rammarico. Caos. Era un unico, immenso casino.

Anche la vista era come impazzita. Gli danzavano davanti tanti puntini rossi, mentre i pensieri gli turbinavano nella mente a una velocità tale che pareva gli spaccassero la testa.

Non era possibile continuare a vivere cosí.

Tutto era chiaro, si era fatto la doccia e, dopo aver riordinato, aveva deciso cosa fare. Quella sera il padre avrebbe lavorato fino a tardi, quindi lui poteva lasciare la casa indisturbato. Per un attimo valutò l'ipotesi di scrivere una specie di lettera al padre. La scacciò subito. Il padre non doveva sapere che lui era alla polizia fino a quando non fosse stato al sicuro in una cella.

– Cosa stai combinando?

Lavrans si voltò lentamente.

– Niente, – rispose. – Il lunedí lavori fino a tardi. Sempre.

Il padre si guardò intorno.

– Almeno hai messo in ordine. Bene.

Entrò nella stanza, che fungeva da cucina, soggiorno e studio.

– Questo cos'è? – chiese, indicando il pacco nero e rettangolare coperto di plastica e nastro adesivo.

– Roba da buttare.

Il padre si avvicinò e lo sollevò. Lo annusò. Strappò via l'involucro con crescente irritazione. Gli hard disk e uno dei laptop caddero a terra. Lui rimase con un MacBook in ciascuna mano.

– Cosa sono?

– Due portatili.

– Questo lo vedo da solo, cazzo. Ma perché vuoi buttarli? E chi sarebbe…

Esaminò uno dei coperchi, su cui erano incise le iniziali AM.

– Non lo so.

– *Non lo sai?* Saprai pure come te lo sei procurato, no? L'hai rubato? Eh?

Lavrans fissò il padre e sorrise. Sapeva cosa stava per succedere. Sospirò. L'ansia lo abbandonò, si guardò le mani e vide che non tremavano piú. Questa volta non avrebbe irrigidito i muscoli addominali. Non avrebbe cercato di proteggere piú che poteva la testa con le spalle e le braccia.

– Perché cazzo vuoi buttare via tutta questa roba? E togliti quel sorrisetto idiota dalla bocca.

Con la punta del piede il padre diede un calcio a uno dei dischi rigidi per terra.

– Attrezzatura costosa, che ho pagato io!

Lavrans non avrebbe mai dovuto accettare. Lo capiva ora: non avrebbe mai dovuto dire di sí quando il padre gli aveva chiesto di aiutarlo con il computer. Non avrebbe dovuto lasciarsi blandire dalle pacche sulle spalle e dalle piacevoli cenette che il padre si era messo di colpo a cucinargli per ore. Dal vino servito a entrambi. Finalmente il padre gli aveva mostrato la sua ammirazione.

O almeno, che aveva bisogno di lui.

Nessuno aveva mai avuto bisogno di Lavrans. Forse la madre, un tempo, ma lei non c'era piú. La nonna e la zia non avevano lottato per lui. Il vigile del fuoco della famiglia affidataria, che gli leggeva le fiabe la sera anche se aveva piú di dodici anni, lo aveva lasciato andare. Aasmund, il padre biologico, gli aveva offerto la possibilità di sentirsi a casa da qualche parte. Un'uscita di sicurezza verso una vita migliore, invece Lavrans lo aveva ingannato, aveva mentito e rovinato tutto tra di loro. La strada per Aaletjønn era chiusa.

Lavrans era un essere inutile.

Era di troppo.

– Sto andando alla polizia, – disse. – Perché ne ho abbastanza di questa cosa.

– La polizia, – disse il padre con voce quasi impercettibile. – Stai pensando di andare a fare un giro alla polizia.

Entrambi i MacBook caddero a terra. Si avventò sul figlio e lo afferrò per i capelli. Erano appena lavati e lisci, gli scivolarono via, cosí gli strinse le orecchie. A uno si staccò la cartilagine, la pelle si lacerò e Lavrans iniziò a sanguinare.

Cinque minuti dopo era morto.

Pochi secondi prima che gli venisse spezzato il collo, alle dieci e cinque di un lunedí di marzo del 2022, riuscí a sussurrare al padre alcune ultime parole, sempre con un sorriso sulle labbra: – Io almeno non ho ucciso nessuno.

I meteorologi non avevano esagerato.

Anzi. Quando Odin Gammelgård imboccò la strada senza uscita nel bel mezzo della quale era parcheggiato un furgoncino, pioveva di traverso. Stavano percorrendo gli ultimi chilometri sulla E18 e le continue folate di vento investivano l'auto in maniera poco rassicurante; i tergicristalli avrebbero meritato di essere pagati a cottimo. In un'occasione il traffico si era praticamente fermato a causa dell'acquazzone. Fuori era quasi buio, benché mancasse ancora molto al calar della sera. I meteorologi avevano annunciato che in montagna ci sarebbero state forti nevicate. Lungo la fascia costiera che univa Kristiansand a Stavanger si esortava la gente a rimanere il piú possibile al chiuso.

– È qui? – domandò Odin sbirciando il display del Gps.

– Sí, – rispose Marius con una certa esitazione. Si sporse verso il parabrezza e indicò con il dito. – Quello è il numero cinque. La casa di Gabriel Viken. Il che significa...

Guardò sul lato opposto.

– ... che quella dev'essere l'abitazione della famiglia Bredesen.

– È di Ebba? – chiese Odin con un cenno al furgoncino.

– Non lo so. Dubito che abbia la macchina.

Tossendo e sbuffando, Odin cercò di abbassare la cerniera del giaccone rimanendo al volante. Non ci riuscí, cosí aprí la portiera. Fu assalito da un'ondata di freddo umido.

– Che tempo di merda, – mugugnò richiudendola.

– Rimaniamo qui seduti?

Marius vide che le finestre della casa a destra erano buie. Una lampada solitaria illuminava una scala. L'abitazione a sinistra della strada era parzialmente nascosta da un filare di pioppi, ma anche sotto la pioggia battente fu in grado di constatare che sia il giardino sia la casa sembravano molto piú curati di quelli del vicino.

Odin non aveva ancora risposto.

– Cosa ci facciamo qui, in realtà? – gli chiese Marius. – Perché abbiamo fatto tanta strada?

– Per salvare Hanne Wilhelmsen, – rispose piccato Odin.

– Da cosa?

– Da una figuraccia. Tutte queste...

Sventolò la mano davanti a sé.

– ... vostre cose! La storia del viaggio di Holme fino a qui, le gravidanze, il caso archiviato... Sta mettendo a repentaglio le complesse indagini su un grave caso penale! Il rischio è che le prove vengano distrutte, i testimoni manipolati e i casi pasticciati.

Marius annuí con cautela.

– Sí, certo. Ma allora non dovremmo essere qui nemmeno noi, no? Non è piú affar nostro. Potremmo avere problemi, io e te?

– Non se dipendesse da me. Inoltre, il caso archiviato di Vilde Bredesen è di nostra competenza.

Odin riaprí la portiera.

Marius lo imitò.

La temperatura doveva essersi abbassata di oltre dieci gradi da quando erano partiti da Oslo. La pioggia stava per trasformarsi in nevischio e Marius alzò il collo della giacca, pentendosi di averne indossata una in pelle scamosciata della Lottusse da piú di ventimila corone.

– Dove possono essere? – disse Odin a voce alta; anzi, dovette quasi urlare.

– Non lo so, – rispose Marius, pensando tra sé e sé che Odin aveva la brutta tendenza a porre domande inutili.

Dopo essersi preparato ad affrontare quel tempaccio, si incamminò lungo la via. Si fermò di botto. In fondo al giardino trascurato c'era una specie di serra. O almeno, lo era stata. La parete di vetro vicino alla recinzione era rotta e il tetto talmente coperto di vecchie foglie che nessun raggio di sole vi sarebbe potuto filtrare. Marius scorse delle sagome all'interno.

– Odin! – gridò quando la porta della serra si aprí.

Il commissario capo arrivò arrancando a testa china e con le braccia piegate davanti a sé a mo' di schermo.

– Porca puttana, – ringhiò quando si trovarono fianco a fianco.

La porta della minuscola struttura in vetro si spalancò.

– Ce la faccio da sola! – esclamò una voce stizzita.

– Hanne Wilhelmsen, – sussurrò Marius, indicando con il capo la sedia a rotelle.

– Vieni qui, – gli disse Odin tirandolo per la manica della giacca.

Si diressero verso un grande abete, dove si nascosero alla vista degli altri.

– Non dovremmo...

– Aspetta, – l'interruppe Odin bisbigliando. – Aspettiamo che escano dal giardino.

– Ma se loro...

– Zitto, – replicò Odin con l'indice premuto sulle labbra.

Per via delle condizioni atmosferiche era impossibile discernere bene ciò che diceva il gruppetto. Marius riconobbe Hanne ed Ebba, e suppose che l'uomo anziano e di bassa statura fosse Gabriel Viken. La terza donna doveva essere la madre di Vilde. Forse. Si chiese quale sarebbe stato il piano di Odin qualora i quattro avessero risalito il vialetto del giardino e fossero entrati in casa, ma non dovette aspettare a lungo per scoprirlo. La sconosciuta si mosse verso l'abitazione. Curva e camminando lentamente. Hanne, Ebba e l'uomo che doveva essere Gabriel uscirono dal cancello in ferro battuto. Si fermarono a parlare un po' e a quel punto Odin puntò verso di loro.

– Dobbiamo fare una bella chiacchierata, – disse guardando impassibile Hanne.

– Ciao, – esclamò. – Perché sei qui?

– Per parlare con te.

– Proprio il tempo adatto, – commentò Hanne mentre osservava di traverso le nuvole scure. Scrollò le spalle. – Possiamo parlare a Oslo.

– No. Non ti lascio tornare in città prima di aver parlato seriamente.

– Non possiamo rimanere qui, – replicò lei seccata. – Ebba, sali in macchina. Ce ne andiamo.

– Con questo tempo? Scordatelo pure che io faccia un solo centimetro di strada al volante quando c'è una tempesta, tira vento e non si vede niente.

– Siete i benvenuti a casa mia! – esclamò Gabriel.

Marius si sorprese ad alzare la mano.

– Posso guidare io il furgone, – disse e, abbassata la mano, indicò il Mercedes accanto a loro. – Cosí Ebba può viaggiare con Odin.

– No! – sentenziò subito Hanne. – Ebba e io torniamo a casa insieme.

– Allora torniamo quando si è placata la tempesta, – replicò Ebba decisa.

– Una proposta, – disse Odin avvicinandosi a Hanne. – Ho una casa a solo venti minuti di macchina da qui. Andiamo là e aspettiamo che passi il brutto tempo, avremo modo di chiarirci.

– Voglio andare via, – insistette Hanne.

– Da me si sta al calduccio, – intervenne Gabriel.

– In tal caso ti porterà qualcun altro, – disse Ebba. – Una volta tanto ho una fame da lupi, e poi ho mal di schiena e sono stanca. Per me la casetta va benissimo. In realtà da qualunque parte purché stiamo al chiuso.

– Vado a preparare il caffè, – commentò Gabriel soddisfatto prima di sparire.

Marius guardò Hanne. L'aveva incontrata di rado, ma aveva notato che si nascondeva perfino quando pensava. Era come se il suo viso si irrigidisse. Non solo proteggeva il proprio corpo comportandosi in maniera anormalmente irosa, ma faceva lo stesso mentre rifletteva, assumendo espressioni impossibili da interpretare. In molti modi era l'esatto contrario di Ebba, che era facile da leggere come una bambina di otto anni.

– In ogni caso io aspetto in macchina! – sbottò Ebba, che ora pareva davvero arrabbiata. – Mi riferisco alla sua.

Indicò Odin.

– Sono fradicia, – aggiunse, poi si diresse verso la Ford.

Marius non sapeva se seguirla o restare dov'era.

– Non fare la stupida, – disse Odin con voce pacata guardando Hanne.

Marius non si era mosso. Hanne non aveva ancora aperto bocca. Non aveva fatto nulla per proteggersi dalla pioggia ed era bagnata fradicia. I capelli erano scuri di umidità e il mascara che lui non sapeva usasse aveva cominciato a colare.

– Okay, – rispose lei con voce quasi impercettibile.

– Guida tu, – disse Odin a Marius dando una pacca al Mercedes. – Ti mando subito l'indirizzo via sms, ma basta che mi vieni dietro.

– E Gabriel Viken? – domandò Marius.

– Fregatene, – fece Hanne. – Andiamo.

Marius aveva imparato a proprie spese che Hanne preferiva cavarsela da sola, quindi non fece cenno di volerla aiutare. Invece si precipitò verso l'altra macchina per farsi dare le chiavi da Ebba. Quando tornò, Hanne era già seduta in uno strano marchingegno che trasformava la carrozzina in una parte del sedile del passeggero.

Data un'occhiata al cellulare, digitò l'indirizzo sul Gps. Per fortuna non dovevano tornare sulla E18.

Seguirono la macchina di Odin in direzione sud. Nessuno parlò. Marius si sentiva stranamente a suo agio in quel silenzio. Dopo circa un chilometro Odin svoltò nel parcheggio di un Rema 1000. Marius fece lo stesso e aspettò per dieci minuti che Odin uscisse dal supermercato con due sacchetti della spesa in mano.

Era piacevolissimo guidare il furgone di Hanne, e

Marius aveva acceso al massimo il riscaldamento del sedile. La radio era spenta.

A quanto pareva, si stavano avvicinando alla meta. Odin lasciò la via principale per imboccarne una piú piccola, quasi una strada forestale, che qua e là si allargava in piazzole di sosta; per due volte passarono davanti a grandi rastrelliere a cui erano appese alcune cassette della posta. In un punto, una piccola betulla si era abbattuta sulla strada. Non era niente di grave, tanto che Ebba scese di corsa dall'auto di Odin e la spostò prima che Marius avesse avuto il tempo di fermarsi completamente.

– Sarà qui, – disse lui quando il boschetto si diradò per lasciare il posto a cespugli e rocce.

Erano le prime parole pronunciate durante il viaggio.

– Hai letto *Il giovane Holden*? – domandò a Hanne, accodandosi a Odin che posteggiava.

– E chi non l'ha letto? – borbottò lei che, riparandosi gli occhi con la mano, cercava di capire dove fossero.

– C'è una frase che ti descrive alla perfezione.

– Ah. Puoi parcheggiare laggiú.

Indicò un punto.

– Magari ne parliamo, – disse Marius con un sorriso mentre spostava il furgone.

– Non per quanto mi riguarda, – rispose Hanne slacciandosi la cintura di sicurezza. – Ho già male al pensiero di dover affrontare questo.

Ebba stava venendo loro incontro. Anche se era costretta a procedere piegata in avanti per opporsi al vento, non pareva badare al tempo.

– Ohi, – disse Marius. – Sembra arrabbiata.

Scese dal Mercedes.

Ebba aprí la portiera dall'esterno. Hanne aveva già girato la carrozzina e stava per scendere.

– Mi hai spento il cellulare! – esclamò Ebba furiosa.

Hanne spalancò gli occhi in un'espressione che poteva essere tanto di negazione quanto di sorpresa.

– C'erano quattordici chiamate perse! E un mucchio di messaggi! Da non crederci! Hanne, sei impossibile.

Ebba cercò di richiudere la portiera. Per via della botta era impossibile e Marius avrebbe giurato di averla sentita imprecare.

– Non sarò di sicuro io a guidare questo furgone fino a Oslo! – sbraitò, poi si incamminò decisa verso la casa di legno, rannicchiata tra due scogli lisci rivolti a sud.

– Lo devi fare, – mormorò Hanne tra sé e sé, ignara che Marius fosse ancora lí. – Se voglio poter risolvere questo caso, è necessario che tu lo faccia.

Martedí 22 marzo

Erano le quattro e mezzo del mattino. La tempesta si era placata e aveva smesso di piovere. Seduta sulla carrozzina nel soggiorno buio, Hanne Wilhelmsen stava scrutando fuori dalla finestra. A una cinquantina di metri di distanza c'era il molo, dove una lanterna accesa permetteva di scorgere qualcosa. All'esterno tutto era coperto da una patina grigio scuro, tranne la schiuma sulla cresta delle onde, anch'essa grigia ma in una tonalità piú chiara.

Hanne aveva sempre con sé l'iPad, ovunque andasse. Per fortuna era sopravvissuto all'acquazzone che si era scatenato mentre si trovavano davanti alla casa dei Bredesen. Per passare il tempo, aveva trascorso parte della notte guardando un film catastrofico degli anni Settanta. Aveva sfruttato la connessione Internet del cellulare, che però prevedeva la disponibilità di due soli gigabyte, visto che ne aveva bisogno di rado. Adesso non avrebbe mai saputo come sarebbe andata a finire per le persone che, in preda al panico, erano bloccate all'interno del grattacielo in fiamme.

Non che gliene importasse.

La sera prima era stata dura. I giovani avevano accolto senza problemi la proposta di cambiarsi e indossare dei panni asciutti: i figli adulti di Odin usavano spesso quella casetta al mare e gli armadi erano pieni di vestiti. Hanne invece si era rifiutata categoricamente.

Lungi da lei l'idea di mettersi gli indumenti di altre persone.

La casa doveva essere piuttosto vecchia, a suo avviso risaliva agli anni Trenta, ma era stata ristrutturata e dotata di acqua e luce. C'era persino un bagno abbastanza spazioso da permetterle di gestirsi da sola. Quando erano arrivati, Odin aveva acceso subito il camino senza risparmiare sulla legna, ma solo verso le nove di sera si era diffuso ovunque un certo tepore. Hanne invece era ancora bagnata.

Gli altri sembravano passarsela bene.

La confusione dell'arrivo, tra cambi d'abito, assegnazione dei posti letto e preparazione della cena, le aveva fatto venire in mente una cosa. Per questo motivo aveva cercato online una vecchia previsione del tempo che riguardava Oslo. Una volta avuta la conferma che le sue supposizioni erano giuste, aveva preso mentalmente nota di un altro elemento che avvalorava ulteriormente la sua teoria, fino ad allora formata solo da una serie di punti vaghi che non riusciva a mettere insieme.

Ma non aveva detto niente.

Aveva aperto bocca il meno possibile. Dopo che tutti, tranne lei, avevano indossato dei panni asciutti, Odin aveva preteso un resoconto dettagliato della conversazione con la madre di Vilde. Hanne aveva lasciato parlare Ebba. Quando Odin si era sentito abbastanza soddisfatto, aveva proibito a tutti di menzionare sia Vilde che l'omicidio di Henrik. «Sono cose che spettano alla polizia», aveva dichiarato, respingendo in modo brusco il tentativo di Ebba di approfondire la questione.

A Hanne andava benissimo cosí.

– Non hai dormito per niente?

Odin le si avvicinò da dietro e lei si girò a metà. Per fortuna si era già vestito per affrontare la giornata. Senza aspettare risposta, lui accese la luce e andò in cucina. Qualche minuto dopo si sprigionò nella stanza un aroma di caffè.

– Almeno adesso sei asciutta? – le chiese con un sorriso mentre le porgeva una tazza fumante prima di prendere una vecchia poltrona a scacchi e spostarla vicino alla finestra dove si trovava lei.

– Sí. Penso che sia molto peggio con tutta quella roba.

Lanciò un'occhiata agli abiti appesi ovunque ad asciugare. Per i suoi gusti era qualcosa di troppo intimo e invadente.

– Le casette per le vacanze non fanno per te, Hanne.

Odin ridacchiò, cosa che la irritò parecchio. La sua ultima «vacanza» nella natura norvegese risaliva a quindici o sedici anni prima, quando, per colpa di una bufera molto piú forte di questa, era rimasta bloccata in alta montagna insieme a una vagonata di gente che stava viaggiando in treno. Almeno all'epoca risiedeva in un hotel a Finse e aveva una camera tutta per sé. Ciononostante, l'atmosfera che si respirava allora era simile a quella che regnava adesso: persone costrette a stare insieme per un po', ma che, malgrado la situazione, avevano iniziato a *divertirsi*.

Marius aveva avuto il buon gusto di cambiarsi nella stanza che gli era stata assegnata. Ebba, al contrario, era uscita due volte dal bagno per chiedere qualcosa a Odin, con indosso solo le mutandine e una maglietta presa in prestito.

Come se fossero diventati una specie di famiglia.

La cena della sera prima, würstel con piadine di patate e ogni genere di salse e spezie, era stata consumata in un angolo del soggiorno adibito a salottino. Ebba e Marius parevano sentirsi a proprio agio. Ebba aveva dichiarato che lí si stava molto meglio che nel suo incasinatissimo appartamento, che aveva descritto con dovizia di particolari. Grazie al cielo si era trattato di una cosa veloce, quindi il posto dove abitava doveva essere ancora piú piccolo di quanto Hanne si fosse immaginata. Marius aveva proposto di giocare a Settlers. Per fortuna Odin aveva acconsentito, cosí Hanne aveva potuto starsene seduta in pace accanto alla finestra.

Aveva mangiato un würstel senza niente e bevuto un bicchiere d'acqua, e non vedeva l'ora che si facesse giorno e la tempesta finisse.

– Non mi piace l'atmosfera, – gli rispose a bassa voce. – Questa specie di divertimento forzato. Come se fossimo qui di nostra spontanea volontà.

– Di solito le gite di questo genere sono volontarie.

– Non questa. E per quanto mi riguarda: nessuna lo è.

– Forse dovresti farti degli amici della tua età.

– Forse dovresti farti i fatti tuoi.

Stringendosi nelle spalle, Odin le rivolse un sorriso che poteva essere di scuse.

– Oggi sull'«Aftenposten» c'era il necrologio, – le disse, mostrandole il cellulare. – È bello.

– Okay, – commentò Hanne senza badare al telefono.

– Stupenda, la frase.

Abbassato lo sguardo, lesse: – «Nella profondità del buio, là tra le stelle al centro della solitudine piú grande, i cuori umani sono sempre uniti». Bellissimo. Ma non c'è scritto nulla su dove si terrà la commemorazione.

– Non ci sarà, – disse Hanne subito. – Le uniche persone che hanno qualcosa da ricordare di Henrik sono Nefis, Ebba, Ida e la sottoscritta. Nessun altro si è mai curato di lui quando era vivo. Non avranno la possibilità di mettersi in mostra fingendosi addolorati per la sua morte.

Odin non aveva nulla da replicare al proposito. Scrutò

fuori dalla finestra. Come Hanne. Il mare si stava calmando. Non era piú grigio e nell'arco di un'ora il cielo avrebbe cominciato a schiarirsi.

– Direi che possiamo anche andarcene, – dichiarò.

– Non ancora, – rispose Odin tranquillo.

– Io me ne vado quando mi pare e piace.

– Non è vero, – ribatté lui prima di soffiare sul caffè. – Dipendi da qualcuno che ti porti.

– Ci penserà Ebba a guidare il mio furgone.

– Okay. Ma da quel che ho capito, non è la miglior autista del mondo. E di sicuro la stanchezza non giocherà a suo favore. Lasciala dormire un paio d'ore.

Hanne non rispose. Assaggiò il caffè e sentí il calore riempirle la bocca e scendere lungo l'esofago.

– Forte e buono, – commentò.

– Grazie, – disse Odin, piegandosi in avanti per appoggiare la tazza sul davanzale della finestra. – Adesso tocca a noi due.

– Cioè?

Sospirando, il commissario capo si sistemò meglio sulla poltrona.

– Ieri sera ho fatto in modo di non parlare del caso, – disse con uno sbadiglio. – Marius è un poliziotto, e tu lo sei stata. Ebba, invece, non avrebbe dovuto essere coinvolta in tutta questa faccenda. Volevo parlarti a quattr'occhi. Ecco perché ho messo la sveglia.

Hanne lo guardò. Per un attimo intravide i lineamenti di Ventosa, il bel ragazzo che aveva quasi completamente dimenticato. Le borse sotto gli occhi distoglievano l'attenzione dal suo sguardo sveglio e azzurro. Sarebbe sembrato piú giovane se si fosse rasato i ciuffi che gli ricadevano sulla testa a mo' di riportino. E se si fosse comprato dei vestiti che gli andavano bene.

Odin le piaceva. C'era qualcosa di sincero in quell'uomo, un atteggiamento dritto-al-punto che apprezzava. Quando non tossiva, emanava una sicurezza di sé che gli si addiceva.

Odin era un uomo stanco, sbiadito e sicuro.

Avrebbero potuto diventare amici, una vita prima. C'erano tantissime persone con cui Hanne avrebbe potuto fare amicizia.

– Va bene, – disse.

– Venire fin qui è stata una pessima idea, – le mormorò lui. – Non avresti dovuto farlo.

– Vado dove voglio. Parlo con chi voglio. Faccio ciò che mi aggrada, fino a quando non è qualcosa di illegale. L'unico reato a cui ho assistito è stata la guida da lumaca di Ebba in autostrada.

Odin fece un sospiro che parve quasi un gemito.

– Lo sai come funziona, – le disse. – Se questo caso verrà risolto e si concluderà con un'accusa seguita da un processo... Gli avvocati ci sguazzerebbero, se scoprissero cos'hai fatto. Se qualcuno doveva parlare con i genitori di Vilde, quella era la polizia. Se qualcuno doveva indagare sugli spostamenti di Henrik a Grimstad, era sempre la polizia. Non una pensionata invalida e in là con gli anni che gioca a fare la detective!

Scosse la testa.

– Ritiro le ultime cose che ho detto, – borbottò. – Erano fuori luogo.

– Ma è vero, – esclamò lei. – Tranne il fatto che starei *giocando* a fare la detective. Sono un'investigatrice piuttosto brava. Lo hai ammesso tu stesso. Per giunta, non è obbligatorio che si sappia che sono stata qui.

– Santo cielo, Hanne! Sei incredibile. Come se...

Odin riprese la tazza.

– Okay. Diciamo che...

Non riuscí a finire la frase. Hanne non lo aiutò. Lui si portò la mano sinistra alla tempia e ricominciò.

– Ammettiamo per ipotesi che queste gravidanze siano in qualche modo connesse alla morte di Henrik…

– Mi pare ovvio.

Odin scosse la testa.

– Non lo sai. Non sai neppure se stesse indagando su qualcosa.

– Sí, invece. Si era portato a casa gli incartamenti di sei casi.

– Come diavolo fai a sapere che…

Si trattenne e lanciò un'occhiata di traverso alla porta della minuscola camera da letto dove dormiva Marius.

– Inoltre… – continuò Hanne.

Sentí sopraggiungere una vampata di calore. Si raschiò la gola, sforzandosi di non arrossire.

– Mi ha anche mandato dei messaggi.

Lui la fissò stupito.

– Ehm… Quelli di cui ti avevo chiesto? La prima volta che sono venuto da te? Quelli che vi siete scambiati dal…

Gli occhi gli sparirono quasi, tanto era concentrato.

– Dal 3 al 7 marzo?

– Mm.

Lei si voltò e si mise a guardare fuori dalla finestra. La visuale si era ampliata. La coltre di nuvole a est si era in parte squarciata e all'orizzonte era visibile una striscia di luce mattutina grigia. I cavalloni si erano trasformati in onde grandi e morbide.

Quando Hanne aveva distrutto il cellulare, aveva agito spinta da una profonda vergogna.

Le bastava vedere quel cellulare per provare un disprezzo per sé stessa fino a quel momento sconosciuto. Aver respinto le richieste di aiuto di Henrik era stato crudele, al limite del malvagio. Era stata la goccia che aveva fatto traboccare il vaso per Nefis, e il pensiero che aiutandolo Hanne avrebbe potuto impedire che fosse ucciso la tormentava giorno e notte.

Sebbene cancellati fisicamente, i messaggi non smettevano di esistere.

Non erano scomparsi, perché lei se li ricordava a memoria, uno per uno.

– Te l'avevo chiesto, – disse Odin sorpreso. – Riguardavano... un compleanno, giusto? Di tua moglie?

Hanne sapeva che il compleanno di Nefis era in novembre.

Per fortuna Odin, no. E sebbene fosse un poliziotto, non era in servizio.

– Anche, – gli mentí annuendo. – Ma poi Henrik mi chiedeva aiuto.

– Per cosa?

Hanne esitò per un istante.

– Era... «sulle tracce di qualcosa di terribile».

Odin, che sedeva rigido, la guardò per alcuni secondi. Infine si alzò.

– Qualcosa di terribile? Ha usato queste parole?

– Sí. «Credo di essere sulle tracce di qualcosa di terribile». Testuale.

– Ma... cosa voleva?

– Aiuto. Parlare con me. Avevo un po' troppe cose da fare, cosí... be', l'ho ignorato completamente.

Il respiro di Odin si era fatto pesante. Si infilò le mani in tasca e cominciò a dondolare senza sosta dal tallone alla punta dei piedi, avanti e indietro.

– E questo... – disse infine, – cioè, pochi giorni prima di essere ucciso Henrik Holme ti aveva rivelato di essere sulle tracce di *qualcosa di terribile*...

Smise di oscillare e guardò Hanne.

– E non ti è sembrato abbastanza importante da riferirlo alla polizia? – scandí con una lentezza perfino eccessiva.

– La polizia non mi ha chiesto nulla. Non sono nemmeno stata interrogata.

– *Ieri la polizia di Lillestrøm ha cercato di mettersi in contatto con te per tutto il giorno!*

– Zitto, li svegli –. Hanne accennò con la testa alle camere da letto. – Te lo sto dicendo adesso.

Con la tazza di caffè in mano, Odin cominciò a vagare per il piccolo soggiorno. Si fermò davanti a una testa di cervo impagliata appesa alla parete del camino. All'animale mancava un occhio e da una delle corna pendeva una pallina di Natale dimenticata.

– Le impronte digitali corrispondevano, – dichiarò Odin.

Hanne sentí un'ondata di calore attraversarle il corpo.

– Ah, sí?

– Sí. Una delle impronte presenti sul tuo cartoncino risulta identica a quella rilevata sulla porta esterna del fotografo. Sul coprifili, per la precisione.

Hanne girò ulteriormente la carrozzina verso l'interno della stanza.

– Davvero?

– Sí e sono dovuto ricorrere ad alcune conoscenze molto preziose per scoprire…

– *Yesss*, – lo interruppe Hanne battendosi i pugni sulle cosce. – *Sí, sí, sí!*

– Addirittura!

Odin aveva un'aria trasecolata, come se Hanne si fosse alzata e avesse cominciato a camminare.

– Mi devi una teoria, – gridò quasi.

– Ho piú di una teoria, – gli rispose lei cercando di non apparire troppo eccitata. – Ho qualcosa di molto meglio per te: una foto di quello che potrebbe essere l'assassino di Henrik.

In Baglerfaret, Oslo, davanti a una villetta con tanto di appartamentino supplementare nel seminterrato, un autista stava cercando di entrare in retromarcia in un vialetto alquanto ostico. Doveva lasciare un container da dieci metri cubi, ma i pilastri del cancello erano cosí vicini che aveva solo pochi centimetri di spazio su ogni lato. Oltretutto, sullo spiazzo coperto di ghiaia antistante la costruzione, c'era una pila di materiali da buttare che gli ostacolavano la manovra. Tuttavia, l'autista sapeva il fatto suo e dopo alcuni minuti piazzò il container nel punto giusto. Scese dal veicolo per controllare.

Sembrava che a casa non ci fosse nessuno, cosa che capitava spesso. Passava le giornate a consegnare e ritirare container e non gli capitava quasi mai di imbattersi in qualche residente. Almeno nelle abitazioni private. Di solito, quando prenotavano un container online, i clienti gli spiegavano dove volevano che lo posizionasse.

Era dove gli era stato chiesto, concluse soddisfatto.

Sbirciò l'orologio.

Non erano ancora le sette del mattino, era molto in anticipo rispetto al programma.

Tornando verso la cabina, rischiò di inciampare in una doga del parquet, che era caduta dalla pila. La raccolse e scosse la testa. D'impulso prese un'altra delle tavole rotte e la esaminò piú da vicino. La gente al giorno d'oggi non aveva tutte le rotelle a posto. Quel pavimento non era affatto rovinato. Quando tenne un listello controluce per studiare la superficie del legno, vide che non c'erano quasi segni di usura. Se non altro, il proprietario avrebbe potuto usare un po' piú di delicatezza mentre toglieva il parquet.

Di sicuro esisteva qualche poveraccio che sarebbe stato felice di riutilizzarlo. Se non fosse stato staccato in fretta e furia e senza pensare al valore che aveva mantenuto.

L'autista ributtò la tavola nel mucchio.

Che spreco, pensò, seduto al volante; quindi inserí l'indirizzo successivo.

Odin Gammelgård non aveva quasi mai staccato gli occhi dalla foto che gli aveva dato Hanne Wilhelmsen. Avevano parlato per due ore.

– Peccato che guardi da un'altra parte, – borbottò il commissario capo.

Hanne annuí.

– Sí. Ma con questa immagine puoi calcolare l'altezza e trovare molti altri segni distintivi. Sembra piuttosto giovane, a giudicare dall'abbigliamento e dalla postura.

– Ma, Hanne...

Odin si inumidí le labbra e deglutí.

– Non posso presentarmi cosí dai colleghi del distretto Est e dirgli di cercare il tipo che appare in questa foto!

– Certo che puoi! È stata scattata la sera prima che Henrik venisse ucciso. E lo mostra insieme a un altro uomo, che non si è fatto sentire nonostante la grande copertura mediatica data al caso. «VG» e la Nrk hanno rimarcato piú volte che la polizia ha grandi problemi a tracciare i movimenti di Henrik nei giorni precedenti all'omicidio. Se quest'uomo non avesse nulla da nascondere, si sarebbe fatto avanti. Da tempo.

– E cosa dovrei fare con le impronte digitali?

– Nulla. Sono per... uso interno.

– Int... *ma sentila!*

Mentre Odin faceva un profondo respiro, si sentirono dei rumori provenire dalla camera di Marius. Odin abbassò di nuovo la voce: – Eri cosí felice che le due impronte combaciassero che alla fine ti sei degnata di mostrarmi questa foto. E sostieni che questo tizio...

Agitò l'immagine.

– ... probabilmente è l'assassino di Henrik. A rischio di essere troppo esplicito, Hanne, tu mi hai fatto confrontare due impronte digitali. So da dove proviene una, ma non conta un cazzo se non mi dici da dove salta fuori l'altra! *Porca puttana!*

Ora stava gridando.

– Posso usare il bagno?

Sorridendo, Marius era davanti alla porta del bagno con un asciugamano legato intorno ai fianchi. Aveva un corpo molto allenato. Purtroppo si era fatto fare uno di quegli orrendi tatuaggi che i poliziotti piú giovani e di entrambi i sessi sfoggiavano spesso. Un'aquila enorme, una testabianca con le ali spiegate, che gli occupava l'intero torace.

– Pago ovviamente la corrente per il consumo d'acqua calda, se posso farmi una doccia.

– Fattela pure, – brontolò Odin, distogliendo lo sguardo. – Figuriamoci se voglio i soldi.

Marius entrò e si richiuse la porta alle spalle.

– Piú tardi, – disse Hanne. – Piú tardi ti racconto tutto sulle impronte digitali.

Odin si grattò la barba incolta. Vide che lei aveva preso una decisione: quando era irremovibile, l'espressione del suo volto si faceva distante e disinteressata.

– Okay, – mugugnò. – Me lo dici piú tardi.

Il commissario capo studiò di nuovo la foto.

Non c'era dubbio che l'uomo seduto sulla panchina fosse Henrik Holme. Il tipo che gesticolava in piedi di fronte a lui e aveva il busto inclinato in avanti sembrava aver notato qualcosa alla sua sinistra. Nell'immagine si scorgevano a malapena la guancia e la punta del naso. Hanne aveva ragione: non era un problema calcolarne con una certa precisione l'altezza; secondo lui, cosí su due piedi, doveva aggirarsi sull'uno e settantacinque.

Una statura relativamente bassa per un giovane norvegese.

Ammesso che lo fosse. I capelli erano molto scuri, quasi neri, ma la foto poteva trarre in inganno. I capelli di Henrik oscillavano tra il castano chiaro e il biondo scuro, però nell'immagine anche lui pareva scuro.

Oltretutto, molti norvegesi avevano i capelli neri.

Fuori si era fatto chiaro. Del legname trasportato dall'acqua si era accumulato intorno ai pali del molo e si alzava e abbassava insieme alle onde. Il cielo si stava schiarendo sempre piú.

– Una specie di lega.

Guardò Hanne.

– È questo che penso. Una consorteria. Un'organizzazione. Una specie di gruppo distorto, vigile. Di uomini che vogliono fare del male alle donne.

Appoggiata la foto sul davanzale, Odin si strofinò il volto ispido con entrambe le mani. Quando le abbassò, la pelle del viso era arrossata. Disse: – Sí, abbiamo già visto questo fenomeno. Nel corso della storia. Però è… difficile da comprendere.

– Quando è morto, Henrik aveva trentacinque anni, – continuò Hanne, come se non lo avesse sentito. – In tanti anni si era fatto solo quattro «amici».

Odin si accorse che lei aveva appena la forza di disegnare con le dita le virgolette intorno alla parola. Pareva sfinita. Doveva essere stanca, lui almeno aveva dormito cinque ore.

– In realtà, Henrik aveva un solo vero amico, – riprese. – Mia figlia Ida. C'erano piú di quindici anni di differenza tra di loro, ma erano... in sintonia, ecco. Ida era molto affezionata a lui. Nefis, mia...

Odin colse un sospiro quasi impercettibile.

– Nefis è buona. Premurosa con tutti. Per lei, Henrik era un uccellino arruffato di cui prendersi cura. E per quanto riguarda Ebba...

Indicò di nuovo le porte delle camere da letto.

– ... si conoscevano da appena due anni. Non credo che abbiano mai avuto nulla a che fare l'uno con l'altra, solo loro due insieme cioè. Non fino a quando Ebba è andata da lui per raccontargli della gravidanza. Li si può a malapena definire amici.

– Che triste, – commentò Odin. – Molto triste.

– Non è triste essere senza amici se è quello che vuoi. Il dramma è essere senza amici quando invece vorresti che cosí non fosse. Avere degli amici era il desiderio piú grande di Henrik. Degli amici e una ragazza. Quando questa brama ti perseguita per tutta la vita, diventi estremamente vulnerabile. L'amico che Henrik credeva di aver trovato il sabato dopo la sospensione potrebbe essere uno che lo aveva adescato. Che aveva tentato di reclutarlo. Ecco che cosa penso.

– Avrebbero cercato di coinvolgere un poliziotto?

Odin aveva un'aria scettica. Hanne si strinse nelle spalle.

– Era stato sospeso. E se vogliamo essere onesti, dobbiamo ammettere che Henrik aveva i tratti distintivi di un incel. Chissà, forse questo gruppo considerava vantaggioso avere tra le proprie file un poliziotto.

– Incel... Ma era gentile! Mi è sembrato di capire.

– Lo era. Ma per il resto? Era cosí impacciato che è

riuscito addirittura a... *inciampare* in un paio di tette, da quanto ho sentito dire. Essere sospeso per molestie sessuali quando a momenti non hai neppure il coraggio di *guardare* una donna!

– Che storia, – mormorò Odin. – Se lo avessi saputo e non fossi stato in malattia, avrei impedito quel teatrino.

– Potrebbe averlo fatto arrabbiare, – disse Hanne.

– La sospensione?

– Sí. Forse lui...

Hanne rimase in silenzio per alcuni secondi, poi scosse la testa.

– No.

Odin sollevò di nuovo la foto.

– Quindi ritieni che sia lui? Quello che ha coinvolto Henrik in qualcosa? E che forse l'ha ucciso?

– Sí. Henrik potrebbe essere stato coinvolto in qualcosa di illegale. O aver cercato di smascherare qualcosa. O entrambe le possibilità: prima una, poi l'altra. È ciò che spero, in realtà.

– Questa la prendo io.

– Neanche per sogno. Scattane una foto e, quando torni a casa, contatta il fotografo Aaron Moltemyr. È cosí entusiasta della polizia che ti aiuterà in un baleno.

– E tu cosa te ne fai?

– La tengo.

– Va bene, – disse lui irritato, dopodiché tirò fuori il cellulare e scattò tre foto dell'immagine prima di porgerla a Hanne.

– Dovreste riesumare Vilde, – aggiunse lei.

– Cosa?

– La polizia dovrebbe aprire la sua tomba. Assicurarsi il Dna del feto. Ho preparato sua madre al fatto che potrebbe essere necessario.

– Bene, – commentò Odin. – Immagino che quello che le avete detto non l'abbia sollevata.

– No. Al contrario, era distrutta. Certo, è stato un bene per lei sapere la verità, ammesso che sia quella, ma non mi è sembrato che sia servito ad alleviare lo sconforto e il dolore che permeano quella casa.

Rabbrividí visibilmente prima di continuare: – Lei e suo marito avevano torto, se la nostra teoria è corretta. Vilde non aveva avuto rapporti con nessuno, come aveva... giurato ai genitori. Giurato sul serio, sulla Bibbia e il resto. E questo rafforza la nostra teoria. Proprio come ci ha raccontato Ebba ieri sera, anche Vilde aveva insistito con fermezza di essere vergine. Per quanto la gravidanza fosse un dato di fatto.

Hanne fece un sorriso appena percettibile.

– Ventitre anni e vergine, – disse a bassa voce. – Ci sono ancora persone che lo sono. Eppure, i genitori si erano rifiutati di crederle.

Odin appoggiò i gomiti sulle ginocchia e congiunse la punta delle dita.

– Non è poi cosí strano. Lo avremmo fatto tutti. Se sei rimasta incinta, qualcosa deve essere successo. Ma per Vilde, disperata sia per la gravidanza che per essere stata ripudiata dai genitori, la vita doveva essere diventata insopportabile. Aveva perso il controllo della propria esistenza e si è suicidata.

– Probabilmente è proprio questo il nocciolo del crimine, – dichiarò Hanne, che per la prima volta da quando era iniziata la loro conversazione si chinò verso di lui.

I loro sguardi si incrociarono. Gli occhi di Hanne erano affascinanti come negli anni Novanta. Odin batté le palpebre.

– Il suicidio? Sarebbe quello il nocciolo?

– Sei proprio stupido.

– Cosa intendi, allora?

– Il controllo, – gli rispose a bassa voce. – Il nocciolo è il controllo.

Il suo sguardo si fece assente, come se fosse rivolto dentro di lei, anche se era puntato sul panorama. Quando parlò lo fece quasi in un mormorio, tra sé e sé piú che con lui. Come se ragionasse ad alta voce.

– Per tutto il corso della storia dell'umanità, la capacità riproduttiva delle donne è stata la nostra moneta piú preziosa.

Fece una smorfia, quasi che di colpo provasse dolore, poi si raddrizzò sulla carrozzina e continuò: – Il bello che possiamo offrire agli uomini... sesso, amore, amicizia, cura e senso di appartenenza, non è in grado di competere con questo: siamo le uniche in grado di partorire un altro essere umano. E nella stragrande maggioranza dei casi siamo le uniche a sapere con certezza chi è il padre del bambino.

Odin era immobile. Non annuí. La fissava.

– Da quando esistiamo, hanno sempre tentato di controllare questa sovranità che ci ha elargito la natura, – continuò lei ancora piú sommessamente, – questa *prerogativa*, per cosí dire. Gli uomini. La chiesa. Lo Stato. In altre parole: gli uomini. Siamo state controllate attraverso il matrimonio, la punizione e la schiavitú. Siamo state sottoposte alla vergogna, all'esclusione e alla condanna. I figli sono stati considerati qualcosa che noi dovremmo concedere agli uomini quando lo desiderano. Non qualcosa di cui gravarli se non rientrano nei loro piani.

Odin annuí, piú per farla continuare che per mostrarsi d'accordo.

– Solo negli ultimi cinquanta-sessant'anni abbiamo ottenuto molto piú controllo sulle nostre scelte, – riprese Hanne. – La pillola. Altri metodi efficaci di contraccezione. E soprattutto le leggi sull'aborto. E non siamo piú costrette a sposarci. O almeno, non nella nostra parte del mondo. Possiamo occuparci dei figli da sole, persino averli da sole. Senza sanzioni. Noi decidiamo...

Appoggiò le spalle allo schienale facendo la stessa smorfia di prima.

– ... da sole! Per molti uomini questo è intollerabile.

Odin non era piú sicuro di essere cosí interessato a quello che diceva. Sembrava che Hanne non se ne fosse accorta, perché continuò: – Il dissenso nei confronti dell'aborto volontario non è una questione di natura principalmente religiosa, Odin. Nemmeno i diritti del feto, per rilevanti che siano. La lotta riguarda piú di tutto il diritto di proprietà che le donne esercitano su sé stesse. E lo schieramento che vuole combattere contro questo diritto è profondamente, profondamente reazionario.

Odin avrebbe voluto intervenire per dire che esistevano piú sfumature, ad esempio molti dei piú fanatici antiabortisti erano donne. E che in un conflitto c'erano sempre almeno due parti belligeranti. Lo sguardo di Hanne, che lo colpí all'improvviso, lo costrinse a trattenersi.

– Mettere le donne incinte a loro insaputa, – continuò lei, – senza che possano sapere chi è il padre...

Hanne si passò le mani tra i capelli, poi, uniti i gomiti, chiuse le braccia davanti al viso quasi per nascondersi. Infine le lasciò cadere, esclamando: – Il sopruso estremo! Stuprare significa mostrare chi ha il potere. Mettere incinte le donne in questo modo è far vedere... *chi ha il controllo*. E come ci si sente davvero nel perderlo. Geniale, in tutta la sua crudeltà.

Abbassò ancora di piú la voce.

– Donne come Ebba lotteranno con le unghie e con i denti per riaverlo. Il controllo. Donne come questa Annie... Be', tu sai qual è il suo vero nome, no?

Odin non fece una piega, e Hanne continuò: – Donne come queste combattono, ma sono state comunque schiacciate da un terribile fardello. Fisico e mentale. Donne come Vilde?

Si riappoggiò allo schienale e congiunse le mani sulle gambe.

– Soccombono.

Si fece silenzio.

Dal bagno sentirono lo scrosciare della doccia; anche Ebba sembrava aver cominciato a muoversi nell'altra camera.

– L'odio verso le donne è una storia vecchia, – disse Hanne a bassa voce.

– Sí, ma un'*organizzazione*? Solo sulla base di... dell'odio comune per le donne?

Odin scosse frustrato la testa.

– «La misoginia non è nuova, – citò Hanne, – e non lo è neppure la misoginia ideologica. L'avere invece un movimento distintivo che si fonda innanzitutto sulla misoginia è relativamente recente».

Spinse indietro le spalle e girò la testa da una parte all'altra.

– J. B. Berger. È un ricercatore molto stimato che si occupa di estremismo. Risiede all'Aia. Dovresti leggere qualcuna delle sue opere.

Batté piano le dita sulle ruote della carrozzina e abbozzò un pallido sorriso.

– Avremo modo di continuare questa conversazione a Oslo.

– Sí, – annuí Odin. – Ma prima di tutto devi essere interrogata dalla polizia di Lillestrøm. E non devi fare piú nulla e lasciare che questa faccenda segua il suo iter senza interferire. Cercherò di giustificare in qualche modo quello che è successo qui nelle ultime ventiquattr'ore. Ma ripeto, *non* intrometterti piú. Se hai altro da aggiungere su quanto hai fatto finora, parla con me.

Alzò l'indice per sottolineare la gravità delle sue parole, ma si rese subito conto della stupidità di quel gesto con una donna di sessantadue anni, cosí lo riabbassò.

Hanne non rispose. Odin si alzò e prese entrambe le tazze. Stava per andare in cucina quando si ricordò all'improvviso di un particolare.

– Solo una cosa, – disse. – Siamo a conoscenza di tre casi simili di... fecondazione coatta. O almeno crediamo.

– Sí, – confermò Hanne alzando gli occhi su di lui.

– Potrebbero essercene altri? Voglio dire, a giudicare da quanto sappiamo, esistono molti stupri che non vengono denunciati. Non pensi che possa essere cosí anche in questo caso?

Hanne sembrò riflettere.

– Dodici, – esclamò di colpo. – Se devo tirare a indovinare, credo che ci siano dodici casi del genere. O almeno, che ce ne siano dodici in programma. In altre parole, ci sarebbero crimini già pianificati che forse possiamo impedire. Torniamo a Oslo?

Ida Wilhelmsen aveva marinato la scuola. Aveva cercato di coinvolgere un paio di amiche, ma si avvicinava il periodo degli esami e non avevano osato.

Nemmeno lei avrebbe dovuto farlo.

Era passata da casa per essere consolata da Hammo.

Era ora che le sue madri ponessero fine a quella situazione assurda. Dovevano o decidere di separarsi e trovare ognuna un'abitazione come si deve o tornare a vivere insieme. Ida poteva accettare l'idea che avessero bisogno ancora di una o due settimane per trovare una soluzione, ma solo a patto che lei potesse tornare in Kruses gate.

La mamma era scoppiata a ridere quando lei aveva preteso un chiarimento: una risata cattiva, come le uscivano ultimamente. Dura e sprezzante. Come se non fosse Ida quella da compatire.

Ma *lei*.

E Hammo. Non era stata Hammo ad aver scelto di vivere in quel modo. Oltretutto, le parole che la mamma le aveva urlato prima di lasciare l'appartamento il sabato prima erano state terribili.

Era tutta colpa della mamma, e forse era quella la cosa peggiore. Era come se in un certo senso fosse diventata un'altra. Di solito era lei la piú gentile. La piú allegra delle due, quella che la ascoltava sempre, invece ora era il contrario. Ida era abituata a provare rabbia e irritazione nei confronti di Hammo, mentre erano rare le volte in cui la mamma gliene aveva dato motivo.

Adesso era quasi impossibile parlarle.

Visto come stavano le cose, Ida avrebbe potuto raccontare a Hammo che non era andata a scuola. E Hammo di sicuro l'avrebbe fatta sedere con lei sulla carrozzina e le avrebbe servito un pasto che non era stato cucinato in un ristorante.

La mamma si sarebbe infuriata se avesse saputo che in quel momento Ida non era a scuola.

Cosí aveva deciso di andare a casa.

Hammo non c'era.

Era strano entrare in un appartamento vuoto. Le era successo solo in un paio di occasioni, quando Hammo era dal medico o dal dentista. Forse adesso era lí. In ogni caso, l'alloggio era buio e vuoto e Ida non voleva piú starci. Le ricordava qualcosa che forse era finito per sempre. Le veniva da piangere.

Andò a prendere una maglia che le serviva e, dopo averla infilata nello zaino, era pronta ad andarsene. Mentre usciva, notò il mazzo formato da due chiavi identiche appoggiato sulla stretta cassettiera di quercia dell'ingresso.

Erano tenute insieme da uno di quei portachiavi a buon mercato in plastica muniti di etichetta. Hammo diceva che non si doveva mai scriverci sopra il proprio nome o indirizzo, era come invitare i ladri a nozze. Eppure, su *quella* etichetta una scritta c'era.

Korsgata 22, era vergato in una calligrafia piuttosto brutta e sciatta.

L'indirizzo di Henrik.

Ida era già stata da Henrik. Dal suo appartamento alla Elvebakken c'erano solo poche centinaia di metri e, un paio di volte in cui aveva dovuto fermarsi a scuola fino a tardi, Henrik l'aveva invitata a cena. In tutta l'abitazione aleggiava quell'odore di cibo che Ida si aspettava di trovare a casa di una nonna norvegese. Se ne avesse avuta una.

Anche l'appartamento di Henrik dava quell'impressione. Come se ci abitasse una signora molto anziana e simpatica.

Ida prese le chiavi, le infilò in tasca e se ne andò.

Non avevano molto da portare via e in poco tempo avevano ripulito e rimesso in ordine la casa. L'unico contributo di Hanne Wilhelmsen era stato quello di uscire da sola all'aria aperta e guardare il mare.

Per riflettere.

– Marius, – chiamò quando lo vide arrivare con la spazzatura da buttare nei grandi cassonetti comuni che avevano superato all'andata.

L'interpellato la raggiunse sorridendo, con un sacchetto del Rema 1000 per mano.

– Sí?

– Ieri, quando stavate scherzando sul disordine e sulla sporcizia a casa di Ebba...

– Sí?

– Non hai detto che il materasso era sul pavimento, e sul soppalco c'era un sacco trasparente sul letto? Con dentro le bottiglie vuote da rendere?

– Sí.

Ebba uscí con il cellulare in mano e la borsa sulla spalla.

– Di cosa state parlando? – chiese quando si fermò accanto a loro.

– Tu non bevi bibite, – fece Hanne.

– Io? – disse Ebba.

– Sí. Non bevi solo acqua?

– Be'. Acqua, vino, birra, succhi, ogni tanto il latte...

– Ma niente di gassato?

– Sí, bevo la Farris. Da voi ho bevuto tante volte quell'acqua minerale gassata. Perché me lo chiedi?

Hanne cominciò a riflettere. Marius fece segno di voler proseguire.

– Aspetta, – gli disse e lui si fermò.

Hanne guardò Ebba.

– Quando l'altro giorno abbiamo passato in rassegna le tue liste della spesa su Oda.no, abbiamo visto che, quando avevi il Covid, avevi comprato della Coca-Cola. Quella originale, zuccherata.

Ebba fece un pallido sorriso.

– Quando sto *male* bevo Coca, sí. E in quel momento stavo malissimo. Ne abbiamo già parlato.

– Potresti dare le tue chiavi a Marius?

– No! Voglio tornare a casa e...

– Odin e Marius saranno a Oslo molto prima di noi. Voi due avrete il tempo di vedervi non appena arriviamo. Dammele.

Le tese la mano.

– Cosa dovrebbe fare Marius da me? C'è un casino che...

– Appunto. C'è molto disordine. Il sacco con le bottiglie vuote, ad esempio, è ancora lí. Molte settimane dopo che sei stata malata. E Marius ha già visto il porcile che c'è, quindi non hai nulla di cui preoccuparti.

Ebba annuí.

– Fai la brava, – continuò Hanne. – Dàgli le chiavi. È molto importante.

Ebba aprí la borsa e, dopo aver rovistato, tirò fuori il mazzo.

– Cosa devo fare? – chiese Marius, infilandoselo in tasca.

– Devi prendere tutte le bottiglie vuote di Coca-Cola che ci sono nel sacco. Preferibilmente con i tappi. Mettile in un sacchetto dentro un altro sacchetto, in modo da proteggerle. Poi consegnale a...

Odin, che era spuntato in quel momento, stava lottando con la porta per chiuderla a chiave.

– Ti mando un messaggio, – disse Hanne piano, facendo un breve cenno a Marius. – Piú tardi.

– Siamo pronti?

Odin si avviò verso la sua auto e Marius lo seguí. Dopo molte discussioni Ebba aveva acconsentito a guidare il furgone di Hanne, anche se non riusciva a capire perché.

– Penso che Henrik sia stato trovato nudo per un motivo molto semplice, – dichiarò Hanne ad alta voce.

Odin si fermò di colpo e si girò.

Ritornò lentamente indietro di qualche passo.

– Ho controllato che tempo faceva a Oslo giovedí 10 marzo, – proseguí Hanne. – La sera in cui è stata scattata la foto al parco di Torshov. C'era una fitta nebbia. Verso le undici si è messo a piovere. A dirotto.

– E allora?

Hanne inclinò la testa con un debole sorriso.

– Mentre ieri correvate per la casa alla ricerca di vestiti asciutti, mi è venuta in mente una cosa. Henrik era un camminatore.

– Un camminatore?

– Sí. Gli piaceva andare a piedi. Camminare sempre e ovunque. E se loro due, Henrik e l'altro, erano fuori a fare due passi? Una passeggiata? Un giretto in città, visto che erano in un parco. O magari hanno mangiato da qualche parte? Sono andati in un pub? Quando sono usciti dal locale, forse sono stati sorpresi dalla pioggia. Non era previsto che piovesse, secondo yr.no doveva esserci solo nebbia fino alla mattina dopo. Forse erano entrambi zuppi.

– Non abbiamo trovato nulla sul conto di Henrik che indichi che sia stato al ristorante o in una birreria, – intervenne Odin, spalancando le braccia. – E poi: e se anche avessero preso l'acqua? Sarebbero semplicemente tornati a casa a cambiarsi, no?

– E se non fossero tornati a casa? O almeno non a casa di Henrik?

– Cosa vorresti dire?

Hanne alzò gli occhi: un grosso uccello stava emettendo dei suoni rochi solo cinque-sei metri sopra di loro. Sembravano tanti piccoli colpi di tromba.

Anche Odin lo vide.

– Cigno selvatico, – borbottò. – Probabile che viva in un laghetto nei paraggi. Spiegati.

– Potrebbero essere andati a casa dello sconosciuto, – disse Hanne con lo sguardo sempre puntato verso il cielo. – Dove Henrik potrebbe essersi fatto prestare degli abiti asciutti. C'è qualcosa...

Rabbrividí.

– ... di *intimo* nel prestarsi i vestiti. Il che si adatta bene alla nostra teoria sull'adescamento.

– La *tua* teoria, – la corresse Odin.

– E poi è stato ucciso. Con indosso quegli abiti. Che ovviamente erano compromettenti. Per via del Dna e del rischio di riconoscimento. Andavano tolti.

– Il colpevole avrebbe potuto rimettergli i suoi, – obiettò Odin, irritato. – Prima di liberarsi di lui.

– Hai mai provato a vestire un cadavere?

Odin non rispose.

– Neanch'io, – dichiarò Hanne. – Ma immagino che non sia semplicissimo. Soprattutto quando gli indumenti sono...

Lo guardò.

– ... bagnati fradici!

Dopo aver risucchiato l'aria tra i denti, Odin si coprí la bocca con il pugno.

– Dove vuoi andare a parare? – le chiese.

– Sto dicendo che Henrik dev'essere stato ucciso in un'abitazione privata. Non all'aperto, perché non avrebbe senso mettersi prima dei panni asciutti per poi tornare fuori, sotto la pioggia. È stato a casa di qualcuno.

– Un'abitazione privata! – esclamò Odin con ostentato sarcasmo nella voce. – Eh, sí, certo. Se ci limitiamo a Oslo, abbiamo solo... lasciami pensare... *360 000 unità abitative tra cui scegliere!* Un suggerimento davvero utile, informerò all'istante i miei colleghi di Lillestrøm di questa brillante teoria. Ciao.

Ida Wilhelmsen avvertí un leggero tremore quando aprí la porta dell'appartamento di Henrik in Korsgata a Grünerløkka. Le pareva quasi di commettere un'effrazione. Però non era cosí, in fondo quell'alloggio sarebbe diventato di Hammo non appena fossero state sbrigate le varie formalità. Forse era già suo, giuridicamente parlando. Non poteva rimanere senza proprietario. Tuttavia, esitò quando girò la chiave, poi, dopo qualche secondo, entrò.

Dentro era buio e faceva freddo. Posò lo zaino sul pavimento del corridoio e proseguí verso il soggiorno.

Mentre si guardava intorno, cominciò a provare una certa ansia.

Nonostante lí fosse piú luminoso grazie alle finestre da cui entrava il pieno giorno, le pareti avevano un che di minaccioso. Anche gli oggetti: erano quelli di prima e si trovavano negli stessi posti, eppure parevano diversi. Le piante erano secche, ma nessuna dava l'impressione di essere proprio morta. Tranne quella con i fiori viola.

L'appartamento non aveva il solito odore.

Ida si rese conto che era dovuto alla polvere e all'assenza, e di colpo si chiese perché avesse deciso di andare lí. In parte desiderava un posto dove stare, in parte si era come lasciata trasportare da Frogner a Løkka.

Voleva uscire.

Un fastidioso sentore di agrumi marci la spinse comunque a cercare da dove provenisse. Era in qualche modo indegno che quell'appartamento puzzasse cosí tanto quando venerdí avrebbero dato un ultimo saluto a Henrik.

Fu facile trovare la fonte.

Sul davanzale della finestra c'era un portafrutta con due mele rinsecchite e alcune clementine completamente grigie di muffa. Ida arricciò il naso e andò in cucina a prendere un sacchetto di plastica.

Anche lí tutto sembrava uguale, eppure diverso. Quasi alla *Stranger Things*. All'idea le venne la pelle d'oca, avrebbe voluto prendere e scappare; invece si diede una regolata. Iniziò ad aprire i cassetti. A casa ne avevano uno apposito per i sacchetti, ma Henrik aveva probabilmente troppo poco spazio per organizzarsi cosí.

Aprí il mobile vicino alla finestra.

Su un gancio all'interno dell'anta c'era una borsa di stoffa piena a metà. Era fatta a mano, lo vide subito, con dei pizzi in fondo. Sulla borsa era ricamato qualcosa, e Ida la tese per vedere.

«Sacchetti», c'era scritto. Le lettere parevano eseguite a punto croce, con fili rosa e rossi. Hjørdis, intuí lei sorridendo. La madre di Henrik era bravissima nei lavori manuali, lui lo diceva sempre. Gli aveva persino cucito le tende dell'ufficio in centrale prima di andare del tutto via di testa.

Quando fece per aprire la borsa di stoffa, lo sguardo le cadde sul fondo dell'armadio. Accanto a una scopa e a una paletta c'era una stampante. Una nera della Epson, quasi identica a quella che aveva lei e che si era rotta. Hammo le aveva detto che doveva pensarci da sola a mettere da parte i soldi per comprarsene una nuova, visto che raramente Ida stampava qualcosa. In un certo senso aveva ragione, per quanto non succedesse poi *cosí* raramente e le sarebbe stato utile avere una stampante a disposizione. I biglietti, per esempio: Ida aveva il terrore che il cellulare si scaricasse quando andava a qualche evento. Chiedere a Hammo di farlo per lei era fuori discussione. Si intrometteva già troppo nella sua vita e non aveva bisogno di sapere tutto sui posti che lei frequentava.

Era strano piazzare una stampante proprio lí.

Forse non funzionava e a Henrik serviva solo un posto dove metterla.

Pescò due sacchetti di plastica e tornò in soggiorno. Per svuotare il portafrutta imitò i proprietari di cani quando raccoglievano gli escrementi: infilò una mano in un sacchetto, prese il contenuto dal portafrutta, annodò il sacchetto e lo mise dentro un altro per essere sicura di non entrare in contatto con quella muffa disgustosa o di sporcare i vestiti. Lo appoggiò sul tavolino per non scordarselo quando fosse andata via.

Preso il portafrutta, lo portò in cucina stringendolo tra due dita e lo sciacquò con l'acqua bollente.

L'anta dell'armadio era ancora aperta.

Andò a chiuderla, ma rimase a guardare la stampante. Solo in quell'istante si accorse che era collegata. O perlomeno c'era un cavo nero che correva lungo il bordo dell'armadio. Con il trapano Henrik aveva fatto un foro in modo da arrivare a una presa sotto il pannello del radiatore.

Ida si accovacciò.

Premette il pulsante di accensione.

Si illuminò. Forse la stampante funzionava benissimo e Henrik la teneva lí per ottimizzare gli spazi in casa. L'apparecchio produsse tutti i soliti rumori ma poi, dopo qualche secondo, iniziò a emettere un suono stridulo e a scatti.

Si era inceppata la carta.

Ida tirò fuori l'apparecchio e lo girò in modo da aprire il coperchio sul retro.

Un foglio era entrato di traverso ed era rimasto incastrato. Tirandolo con delicatezza, riuscí a estrarlo. Era piuttosto stropicciato, cosí, dopo essersi alzata, lo appoggiò sul ripiano della cucina e cercò di lisciarlo con le mani.

La stampa doveva essersi bloccata a metà. Sulla parte alta, per un terzo del foglio, il testo era un po' inclinato, ma leggibile. Sembrava lo screenshot di una pagina web.

«Centro medico di Heggeli», c'era scritto in bianco su sfondo blu, con il disegno di un serpente attorcigliato intorno a un bastone su entrambi i lati del nome. Era uguale a quello della spilla che alcuni medici avevano sul camice. Sotto il logo c'erano un indirizzo e vari numeri di telefono, oltre al testo «Medici di base e specialisti – Tempi di attesa brevi». Piú in basso, il foglio era bianco e sgualcito, ma in fondo, completamente di sbieco, c'erano delle lettere che a lei parvero dei nomi. Il tamburo della stampante doveva essersi sporcato d'inchiostro, per cui erano sbavati. Se ne leggeva uno solo.

Forse Henrik era malato, pensò Ida.

Aprí l'armadietto sotto il ripiano con l'intenzione di buttare il foglio nella spazzatura. Nella pattumiera di plastica non c'erano sacchetti, cosí esitò.

La carta non ha odore, si disse, e lo lasciò cadere dentro.

Non voleva rimanere lí un attimo in piú.

A dire il vero, non sapeva dove voleva stare. Guardò l'ora sul telefonino. Se si fosse data una mossa, sarebbe riuscita a fare le ultime ore di lezione. Non aveva voglia di portarsi dietro la stampante rotta.

Meglio la scuola di niente, si disse.

Tutto era meglio che restare lí.

Con un sospiro prese il sacchetto con la frutta marcia prima di andare in corridoio. Stava per chiudere la porta a chiave quando le venne in mente cos'era quel simbolo con il serpente.

Il bastone di Asclepio!

– «*Non nuocere*», – mormorò mentre iniziava a scendere le scale: durante la pandemia aveva visto tutte le stagioni di *The Good Doctor*.

Il traffico era intenso in direzione di Oslo. Per quasi dodici ore la tempesta aveva reso praticamente impossibile muoversi. Coloro che avevano seguito il consiglio di lasciare l'auto a casa ora parevano voler recuperare il tempo perso. Odin aveva continuato a imprecare con regolarità da quando avevano imboccato l'E18.

– Tutte queste teste di cazzo non hanno un lavoro? – brontolò dopo che erano rimasti in coda per cinque minuti dietro una Volvo che procedeva a passo d'uomo: il traffico era troppo denso per immettersi sulla corsia di sinistra e sorpassarla. – Porca puttana, non hanno una *casa*?

Marius realizzò che Odin era molto piú sboccato quando erano solo loro due. Come se le donne andassero protette da quel tipo di linguaggio.

Quando infine si aprí un buco tra le auto alle loro spalle, Odin si spostò e pigiò l'acceleratore. Non appena poteva, andava il piú forte possibile e sembrava considerare i limiti di velocità come semplici indicazioni.

– Dimmi, – esclamò con aria piú soddisfatta quando riuscí per un po' a toccare i centoventi. – Che ne pensi?

– Di cosa?

– Del caso, – replicò il commissario capo irritato. – Delle teorie di Hanne Wilhelmsen.

– Be'...

Marius non sapeva bene cosa gli convenisse dire. In fondo, una volta tornato dal congedo per malattia, Odin sarebbe stato uno dei suoi diretti superiori.

– Non ne so quanto te, – rispose con cautela. – Anche se devo ammettere di aver sentito molte delle cose di cui avete parlato stamattina. Quella casa ha le pareti piuttosto sottili. Ma *tu* cosa ne pensi?

– Penso che Hanne sia coriacea come un pezzo di pessima carne, – commentò Odin con un sorriso. – Lo è sempre stata. E testarda come un mulo! Ma dotata di grande intuito, bisogna ammetterlo. Aspetto tutt'altro che trascurabile, anche se avevamo piú spazio per seguire l'istinto ai suoi tempi che adesso. Sai... può essere pericoloso. Seguire ciò che si *crede*. Una mente aperta, Marius. È quello che bisogna avere. Una mente aperta. Sempre.

Marius, che aveva la mano nella tasca della giacca, continuò a giocherellare con le chiavi di Ebba senza dire niente.

– Personalmente, – proseguí Odin, – faccio fatica a immaginarmi una simile… lega, o come la vogliamo chiamare. Sono d'accordo con Hanne sul fatto che, se le cose sono andate come pensa, siamo di fronte a qualcosa di orribile, spaventoso.

Scosse la testa mentre superava un camion.

– Ma escogitare un'idea del genere, dài! Non è assurdo?

Marius cercò di trattenersi, poi non resistette piú.

– Si potrebbe dire lo stesso di molti crimini. Il caso Orderud, per esempio. Uccidere tre membri della famiglia per una lite su una fattoria?

– Avidità, – commentò Odin cupo. – Un movente che spesso è alla base di ogni tipo di nefandezze.

– E che dire di Abb? Non erano molti quelli che si sarebbero mai immaginati un crimine del genere.

– Non paragonare *nulla* a quanto è successo il 22 luglio, – replicò bruscamente Odin.

– No. Scusa. E allora il tizio che uccideva gli anziani nella casa di riposo di cui era il direttore? Con un rilassante muscolare come il Curacit! Un'altra idea folle.

– Arnfinn Nesset, – disse Odin prima di tossire premendosi il pugno sulla bocca. – Era il 1983. Fu condannato per ventidue omicidi. Avevo diciannove anni e…

Non aggiunse altro. Rimasero in silenzio per alcuni chilometri, prima che Marius esclamasse di punto in bianco: – L'odio per le donne esiste ovunque.

– A quanto si dice, – commentò Odin con uno sbadiglio. – Non ne vedo molto. In generale, intendo. Non in questo Paese, almeno. L'Iran è un'altra cosa.

Marius prese in considerazione l'ipotesi di fargli notare che in Norvegia una donna su cinque veniva violentata, ma decise di non farlo.

– E poi si tratta di attuare un piano del genere, – continuò Odin pensieroso. – E, non da meno, farla franca. Non riesco proprio a immaginare come questo possa avvenire... in pratica.

– In tanti casi molti la fanno franca, – affermò Marius. – Hai letto di quel medico su cui stanno indagando nella Norvegia meridionale?

Odin annuí appena, ma non disse nulla.

– Per il momento è accusato di trentaquattro stupri, – continuò Marius. – *Tren-ta-quat-tro!* Ho un compagno di classe che frequentava con me la Scuola di polizia e che lavora lí. Dice che potrebbero essere anche di piú. In un comune con soli tremila abitanti! E le vittime erano sue pazienti. Ha abusato di donne malate e bisognose d'aiuto. Un reato intenzionale che ha perpetrato per anni!

Fece una pausa di un paio di secondi prima di aggiungere sconsolato: – Ammesso che lo condannino.

– Questa gente dovrebbe marcire in galera, – commentò Odin arrabbiato. – Che rimanga tra di noi, ma dopo tutti questi anni in Grønlandsleiret a volte mi ritrovo a pensare come quelli del Partito del progresso. Però non capisco...

Mise la freccia per spostarsi a sinistra, ma realizzò in tempo che doveva aspettare prima di cambiare corsia. Un'ambulanza con le luci blu, però senza sirene, li sorpassò.

– Perché diavolo quelle donne non dicono niente? Quando vai dal medico per un mal di gola e quello ti chiede di toglierti tutti i vestiti, perché *porca di quella puttana vacca* non protesti? Ad alcune di loro ha pure massaggiato il clitoride! Per quale motivo? Le tonsille infiammate?

– La vergogna, – disse Marius. – A trattenerle è la vergogna.

Odin lo fissò.

Cosí a lungo che Marius iniziò ad avere paura: si stavano avvicinando troppo in fretta alla macchina che avevano davanti.

– Sí, – ammise Odin, che riportò lo sguardo sulla strada in tempo per rallentare. – Probabilmente è cosí. Si vergognano. E hanno paura di non essere credute.

– Proprio come nel nostro caso. Se Hanne ha ragione.

– Forse ce l'ha.

– Ho sentito Hanne dire a Ebba che è molto sicura di come sono andate le cose. E molto, molto incerta sul fatto che qualcuno riuscirà mai a scoprire chi è stato.

Odin mormorò qualcosa che Marius non capí. Erano quasi arrivati a Drammen e il traffico era sempre piú fitto.

– Assomiglia a uno stupro, – disse Odin. Ora aveva un'aria molto vigile e attenta: inclinò la testa e strinse per la prima volta il volante con entrambe le mani da quando erano partiti.

– Questo è peggio, sostiene Ebba.

– Non voglio esprimermi al riguardo. Non sono una donna. Ma secondo me... il modus operandi deve essere piú o meno lo stesso. Se escludiamo la violenza. Cazzo, divento... Le vittime devono dormire, no? Vengono drogate? E a cosa si riferiva Hanne quando parlava di dodici?

– Dodici cosa?

– Le ho chiesto se pensava che potessero esserci piú abusi di questo genere. E lei ha suggerito dodici. Uno strano numero, giusto?

– Sí. In effetti. Sa un po' di mitico, direi. Come numero. I dodici apostoli. I dodici mesi dell'anno. I dodici figli di Giacobbe nella Bibbia.

Calò di nuovo il silenzio finché Odin lo guardò esclamando: – Ma questi criminali hanno avuto una fortuna sfacciata! Non è cosí semplice mettere incinta una donna! Le piú giovani usano qualche tipo di contraccezione, di solito, e comunque...

– Sí, – intervenne Marius. – Ma durante la pandemia molte hanno preferito concedere al proprio corpo una piccola pausa. Mi riferisco agli ormoni. Pillole anticoncezionali e impianti contraccettivi ormonali. Sono passate solo poche settimane dall'abolizione delle restrizioni legate alla pandemia.

Erano arrivati in cima alle colline di Lierbakkene. Ora c'era coda in entrambe le corsie e si muovevano a malapena. Il cellulare di Marius emise un *pling*. Un messaggio di Hanne. Si era chiesto quando sarebbe arrivato, la cosa piú semplice era inviarlo dal furgone prima di lasciare la casa al mare.

Capí invece che lei aveva aspettato. Supponeva di sicuro che fossero già arrivati a Oslo e non voleva rischiare che lui dicesse qualcosa a Odin sul misterioso incarico di cui ora Marius sapeva tutto. Rilesse il messaggio e mise via il telefono.

– Ci sono! – sussurrò Odin fermandosi.

Marius tenne d'occhio l'auto davanti a loro. Si muoveva lenta lungo l'E18. Odin, invece, aveva lasciato il volante e premuto il freno.

– Non ho idea di dove Hanne abbia preso il numero dodici, – disse con cosí tanto fervore che alcune goccioline di saliva finirono sul viso di Marius. – Ma se ha ragione, è ovvio che non tutti i tentativi si siano conclusi con una gravidanza! Non è possibile. Anche se ora abbiamo tre casi di questo tipo, quelli di Ebba, Vilde e Anisette, i colpevoli devono aver tentato con molte altre! E se le altre volte non sono stati cosí bravi e fortunati, e partiamo dall'ipotesi che le vittime debbano essere state drogate in qualche modo...

Rimase completamente assorto nei propri pensieri. Tra loro e l'auto davanti si era creato un divario di oltre cento metri e la gente aveva iniziato a suonare il clacson. Odin afferrò deciso il volante con entrambe le mani e riprese a guidare.

– Quante denunce di stupro sono arrivate al distretto di polizia di Oslo l'anno scorso? – chiese.

Marius cercò su Internet con il cellulare.

– 211, – rispose. – A Oslo. 1688 su scala nazionale...

– Fregatene del resto della Norvegia! Se torniamo indietro a... diciamo novembre, sono quattro mesi. 211 diviso tre fa...

– Settanta e rotti, – calcolò rapidamente Marius.

– Be', cazzo. Settanta è un numero fattibile.

Cadde di nuovo il silenzio. Adesso Odin somigliava a un vecchio cane da caccia che aveva fiutato qualcosa. Gli vibravano persino le narici. Si fece strada tra le due file di auto procedendo a zigzag in maniera sciolta e concentrata, senza curarsi dell'irritazione che gli altri automobilisti gli manifestavano a chiare lettere con gesti osceni e colpi di clacson.

– Quando arriviamo in città, – disse Odin dopo che avevano superato Sandvika molto piú in fretta del previsto, – tu e io esaminiamo tutte le ultime settanta denunce di stupro che ci sono state a Oslo.

Quando finalmente avevano superato la prima uscita per Larvik sull'E18 a Farriseidet, Ebba si era convinta che Hanne stesse dormendo. Era molto piú piacevole guidare senza continui sospiri e commenti sul suo modo di stare al volante, cosí aveva spento la radio ed era rimasta in silenzio fino all'altezza di Kragerø.

Quindi sussultò quando Hanne disse di punto in bianco: – Devi prendere la prossima uscita, c'è scritto Bommestad o Larvik nord. Dopodiché segui Lågendalsveien. Statale 40. Verso nord.

– Perché? Voglio andare a casa, Hanne.

– Sí, tra un po'. Prima facciamo una piccola deviazione.

– No.

– Sí. È per questo che abbiamo dovuto viaggiare insieme.

– Ma che...

– *La rupe della stirpe*, – disse Hanne.

– Ehm... Che c'entra?

– Non abbiamo ancora trovato una spiegazione su... Stai attenta qui in galleria, per favore. Sei troppo vicina alla parete rocciosa.

– Hanne! Cosa c'entra adesso *La rupe della stirpe*?

– Non abbiamo ancora trovato una spiegazione sul perché ce ne fosse un'edizione rilegata sul tavolo della cucina di Henrik.

Ebba esitò, poi rallentò.

– Non devi cominciare a frenare già adesso! – esclamò Hanne. – Ci aspetta un bel pezzo di strada. Ammetti che sei curiosa anche tu. Non riesco a liberarmi dell'idea che quel libro abbia a che fare con il nostro caso, ma per quanto mi sforzi, non capisco come inserire quel tassello.

Ebba rimase in silenzio.

Però Hanne aveva ragione: era tentata.

– Quanto ci vuole?

– Facciamo in un attimo. Ci sei già stata in macchina.

– Ma non venivo da qui, – disse Ebba meditabonda. – Sono uscita a Sem e ho attraversato Andebu. Le strade erano già un problema con l'utilitaria che avevo preso a noleggio. Figuriamoci con questo...

Non voleva neppure pensare a come sarebbe stato percorrere una via cosí stretta e tortuosa con quell'enorme furgone.

– Arrivando da qui la viabilità è migliore, – le disse Hanne. – E poi ormai sei allenata.

– Aasmund mi ha detto di non sapere nulla del libro. Quindi non ha senso fare tutto questo giro per…

– Mente, – dichiarò Hanne tranquilla. – E noi lo faremo parlare.

Aasmund Aaletjønn si era addormentato.

Finalmente. Le ultime notti erano state difficili. L'ultimissima era stata impossibile. Qualunque cosa facesse, non riusciva a trovare il sonno. Aveva iniziato con latte caldo e miele, con l'unico risultato di avere la bocca impastata di un sapore dolciastro e nauseante: si era dovuto alzare a lavare di nuovo i denti per eliminarlo. Quindi aveva preso un Imovane, ma nemmeno quello aveva fatto effetto. Verso le cinque del mattino, poco prima che fuori iniziasse a schiarire, in preda alla disperazione aveva aperto una bottiglia di vino rosso. Sonniferi e alcol non erano una combinazione ottimale.

Ma *doveva* dormire.

L'ultima volta che aveva guardato l'orologio erano le dieci del mattino, e a quel punto si era rassegnato. Aveva fatto una doccia e si era buttato sul divano. Era quasi svenuto, era stata quella l'impressione. Quando aveva aperto gli occhi, era rigido, indolenzito e abbastanza stordito. Sentiva un forte bisogno di abbassare le palpebre e tornare a dormire. Ma qualcosa lo aveva svegliato.

Si alzò a fatica dal divano e appoggiò i piedi per terra. Assalito di sorpresa da un improvviso mal di testa, strizzò gli occhi e si massaggiò le tempie. Nel cortile c'era qualcuno.

A svegliarlo era stato il ronzio di un motore. Una macchina.

Quando si alzò, dovette fare un passo indietro per mantenere l'equilibrio. Andò a sbattere con gli stinchi sul bordo del tavolino e gemette di dolore. La macchina aveva parcheggiato e, quando si calmò e rimase completamente fermo, colse una voce. Una voce femminile che parlava forte, ma non abbastanza perché si distinguessero le parole.

Infilati i piedi nelle Birkenstock, Aasmund si diresse verso il corridoio.

Quando aprí la porta di casa, vide chi era.

Tra lui e la quercia, quasi al centro del cortile, c'era un grande Mercedes. Ebba Braut, che era già scesa dal furgone, era davanti al finestrino del passeggero e stava urlando.

– Mi hai mentito! Hai detto che arrivando da sud le strade erano migliori! Le curve dopo il villaggio erano….

Stava letteralmente ringhiando, mentre martellava con il pugno la portiera. Sulla carrozzeria c'erano già altri segni di collisione, per cui Aasmund pensò che forse non aveva molta importanza se si aggiungevano nuove ammaccature.

– Salve, – disse stupito.

Ebba Braut si voltò. Il suo viso si illuminò e si aprí in un grande sorriso. Lui si sentí subito meglio e il mal di testa allentò la presa. Cercò di ricordare se aveva qualcosa di commestibile da offrire.

Ebba gli andò incontro scuotendo la mano destra: aveva colpito la portiera con troppa violenza.

Aasmund scese le scale.

Una persona stava cercando di uscire dalla portiera laterale, ma lui aveva occhi solo per Ebba.

– Ciao, – gli disse lei con tono dolce, abbracciandolo.

Lui accettò il gesto con gioia.

La giovane non profumava come quando si erano incontrati l'ultima volta, ma il suo corpo era morbido e tonico. Aasmund si staccò per tempo, o cosí gli parve.

Ebba gli lasciò la mano posata sul braccio.

La sentiva bruciare attraverso il maglione.

– Mi dispiace moltissimo di essermi ammalata e di non averti potuto vedere quando eri a Oslo, – gli disse. – Dobbiamo riprovarci. E te lo voglio proprio ripetere: *La rupe della stirpe* è fantastica. La tua opera migliore. Tutta la casa editrice non vede l'ora di pubblicarla. Io per prima!

Aasmund sentí che era esattamente quello di cui aveva bisogno in quel momento.

Proprio quello. Elogi meritati ed Ebba Braut.

La coltre di nuvole si squarciò e il sole spuntò cosí all'improvviso che entrambi furono costretti a strizzare gli occhi.

– Stanotte c'è stato un tempaccio, – osservò lui, a cui non venne in mente nulla di piú sensato da dire. – Ma ora...

– Potresti darmi una mano? – urlò la passeggera di Ebba.

Seduta su una sedia a rotelle, la donna era scesa dal furgone utilizzando un marchingegno che Aasmund non aveva mai visto prima. Adesso si trovava proprio nel punto dove era rimasto ancora parecchio fango dopo l'inverno e non riusciva ad andare avanti.

– Ma dài! – disse Ebba ridendo e facendo l'occhiolino ad Aasmund. – Serve aiuto, Hanne?

Aveva fatto l'occhiolino. A lui.

La donna sulla carrozzina sembrava stizzita, ma Aasmund la capiva. Essere incatenati a una sedia. Se fosse finito nella stessa situazione, avrebbe dovuto lasciare la fattoria. Magari avrebbe potuto subentrargli Fridtjof, e intanto lui sarebbe andato a vivere nella casetta che c'era duecento metri piú in là lungo la strada. E si sarebbe lasciato accudire.

Fridtjof.

Sentí un tuffo al cuore. Aveva dormito cosí pesantemente da non aver avuto il tempo di pensare al ragazzo.

Non voleva.

Non ora.

– Possiamo sederci qui? – gridò Ebba, indicando i mobili da giardino che Aasmund aveva tirato fuori il giorno prima tanto per passare il tempo.

Erano disposti su un basamento di pietra naturale che adesso era inondato di sole.

– Certo, – le rispose. – Posso darvi una mano?

– No, – disse secca la donna sulla sedia a rotelle.

– Hanne Wilhelmsen, – intervenne Ebba, tendendo la mano in maniera autorevole verso la donna dai capelli grigi. – Una mia carissima amica. O almeno, di tanto in tanto.

Scoppiò in una risata sonora e spumeggiante.

Hanne Wilhelmsen doveva avere il doppio degli anni di Ebba. Se non di piú. Poteva essere sua coetanea, Aasmund non riusciva a valutare bene. Era insolitamente pallida, anche per la stagione. Mentre lui aveva rughe profonde, che in realtà gli piacevano e raccontavano di una vita vissuta e del duro lavoro all'aperto, Hanne aveva un viso molto piú liscio, ma costellato ovunque di rughe minuscole. Come se fosse passata attraverso una ragnatela, pensò quando lei si avvicinò.

– Piacere, – le disse con un cenno del capo.

Quanto avrebbe voluto che non ci fosse.

– Allora accomodiamoci, – suggerí Ebba.

– Vado a preparare il caffè, – disse Aasmund.

– Non è necessario, – commentò Hanne Wilhelmsen.

Aasmund si fermò.

– Non è mai successo in oltre centoventi anni di storia di questa fattoria che le persone siano venute qui senza che gli venisse offerta una tazza di caffè, – puntualizzò serio. – Durante la guerra, forse, ma si dice che mia nonna sapesse fare miracoli con il surrogato.

– Potremmo... – cominciò Ebba.

– No, – replicò Hanne. – Abbiamo fretta. Grazie...

Hanne lo fissava. Con occhi che a lui parevano quelli di una bambola.

– ... ma no.

Aasmund fece una smorfia di disappunto, però non insistette. Preparò i cuscini per sé e per Ebba sul divano. Lei però si sedette direttamente sul legno di una poltroncina. Anche se era ancora bagnato.

– Di che si tratta? – domandò lui. La gioia e l'entusiasmo che aveva provato nel vederla stava iniziando a scemare.

Ebba aprí la bocca, senza sapere esattamente cosa dire. Prese invece la parola la donna dai capelli grigi. Seduta con le spalle al sole, si era messa un paio di occhiali scuri che aveva tirato fuori da una tasca della carrozzina.

– Si tratta di un esemplare rilegato della tua ultima raccolta di poesie *La rupe della stirpe*, – esordí. – Lo abbiamo... trovato. E, a buona ragione, ci chiediamo da dove provenga.

Sorrise appena, poi aggiunse: – Dato che la sua pubblicazione è prevista in autunno.

Aasmund guardò prima una donna poi l'altra.

Ebba gli aveva telefonato per quello, l'altro giorno. E lui aveva mentito. Pentendosene subito. Aasmund Aaletjønn era un uomo orgoglioso e con un forte senso dell'onore, per cui bisognava attenersi il piú possibile alla verità. Non gli piaceva trovarsi in compagnia della menzogna. L'improvviso disagio dovuto al fatto che, a giudicare dalla situazione, il regalo sembrava destinato a prendere una direzione sbagliata, lo aveva portato comunque a dire una bugia.

– Mi dispiace averti mentito, – disse a Ebba. – Certo che conosco quel libro. Copertina metà bordeaux e metà rosa antico, con titolo e nome dell'autore in oro e con tanto di capitello.

Alcuni uccellini facevano un chiasso infernale tra i rami dell'albero in cortile.

Per il resto c'era silenzio.

– Okay, – disse Ebba alla fine. – Grazie. Sei stato tu a rilegare il libro?

– Sí. Mi spiace da morire di aver mentito, ma la tua chiamata mi aveva spiazzato. Il libro era un regalo. Un regalo molto speciale. Fatto e dato con amore poco tempo fa. Dal momento che era finito nelle tue mani, doveva essere stato... perso. Dalla persona a cui l'avevo dato.

Era in attesa dell'ovvia domanda successiva: a chi aveva dato il libro. Ebba era sul punto di fargliela ma, dopo essersi abbassata gli occhiali sul naso, la donna piú anziana le lanciò un chiarissimo sguardo di avvertimento. Estrasse una foto: la carrozzina era una fonte inesauribile.

– Ti faccio vedere una foto, – gli disse calma, ma senza mostrargli nulla. – È di due uomini in un parco. Uno è seduto su una panchina. Scordati di lui. Davanti ce n'è un altro con il volto parzialmente nascosto. Vorrei sapere se lo riconosci.

Gli porse la foto.

A prima vista gli fu difficile dire se l'immagine fosse in bianco e nero o a colori. A colori, vide quando la guardò piú da vicino. L'uomo in piedi aveva un piccolo emblema arancione sulla manica del giaccone.

Aasmund si inumidí le labbra. Di colpo si sentí a pezzi come quando un'auto nel cortile lo aveva svegliato da un sonno profondissimo e gli era venuto il peggior mal di testa del mondo.

– Forse lo conosco, – disse apatico.

– Forse?

– È girato. Ma la figura e la posizione…

Tenne l'immagine in modo che pure Hanne Wilhelmsen potesse vedere.

– Come puoi notare, un piede sporge di lato piú dell'altro. Come se avesse una gamba storta solo da una parte. Inoltre, riconosco il giaccone. Gliel'ho regalato io.

Appoggiò la foto sul tavolo. Era ancora umido dopo la pioggia e la donna dai capelli grigi la afferrò subito.

– Ho bisogno di un antidolorifico, – dichiarò Aasmund alzandosi.

– Puoi rispondere prima a…

Non ascoltò. Si diresse con passo pesante verso la casa padronale e, mentre camminava, una gamba sporgeva piú in fuori dell'altra. Andò in bagno, dove prese tre pastiglie di paracetamolo che mandò giú con l'acqua dal rubinetto. Poi si gettò un po' di acqua fredda in faccia e si guardò allo specchio.

Era stato troppo bello per essere vero.

Non sarebbe stato benedetto né da figli né da nipoti. Che presunzione da parte sua pensare che anche a lui sarebbe stata concessa nella vita una cosa del genere. Aasmund aveva potuto girare e vedere il mondo, e la natura lo aveva dotato di un talento prezioso. Aveva ereditato la fattoria e aveva avuto tante donne. La vita alla fattoria Aaletjønn gli dava molto.

L'unica cosa che gli mancava erano i figli.

La cosa piú importante nella vita di un uomo.

Il giorno prima, nel pomeriggio, aveva sentito qualcosa andare in frantumi. Era come se persino la fattoria sapesse come stavano le cose e glielo stesse dicendo; la porta d'ingresso si era richiusa con un fragore terribile mentre lui preparava la cena. L'orologio a muro segnava le cinque meno dieci. Aasmund si era irrigidito e lo aveva percepito.

Era stato ingannato.

Il Fridtjof dei suoi sogni non esisteva.

Che fosse suo figlio, non c'era dubbio. Il test del Dna da solo bastava a confermarlo. La figura e l'aspetto di Fridtjof erano una conferma del test, ma soprattutto: Aasmund lo aveva sentito. Subito. Nel momento in cui aveva visto il giovane in cortile, aveva saputo che era suo figlio.

Eppure, Fridtjof lo aveva preso in giro. Truffato.

Probabilmente non si chiamava neanche Fridtjof e gli aveva sottratto l'ultima speranza che aveva, il sogno impossibile su cui aveva scritto una raccolta intera di poesie.

Si asciugò e scese di nuovo al pianterreno. Andò in soggiorno e rimase immobile a guardare i ritratti di Fredrik Søderlund e di sé stesso da giovane.

Non c'era nessun figlio. Nessun figlio vero, solo un truffatore.

Prese la cornice d'argento con la foto che aveva scattato al ragazzo, in piedi sotto l'albero, con il vento che gli soffiava appena tra i capelli e un sorriso che ora sembrava beffardo. Aprí il cassetto e pescò la busta che aveva ricevuto. Poi tornò dalle donne sedute al sole e si fermò con il ritratto premuto sul petto.

– È mio figlio, – disse. – Di questo sono sicuro.

Ebba lo guardò a bocca spalancata.

– È venuto qui a novembre, – continuò Aasmund. – È venuto a cercare la sua vera famiglia. L'ho riconosciuto subito. Mi assomiglia. E assomiglia a mio padre. Un test del Dna ha confermato il legame di sangue.

Anche la donna anziana sulla sedia a rotelle era rimasta senza parole. Si era tolta gli occhiali da sole e i suoi occhi spaventosi erano sbarrati.

– Non sapevo della sua esistenza, – riprese Aasmund. – È il risultato di una relazione con una donna di cui nemmeno mi ricordo. Era sposata con un altro quando è nato.

Si passò il dito sotto le narici e tirò su con il naso.

– Si fa chiamare Fridtjof Søderlund, nome che non credo sia vero. Eccolo qui.

Posò il ritratto davanti a Ebba. Hanne Wilhelmsen si sporse rapidamente e lo prese. Ebba si alzò e gli diede un'occhiata da sopra la sua spalla. Nessuna delle due disse nulla.

Nemmeno Aasmund.

Alla fine Ebba si raddrizzò e alzò lo sguardo.

– Cos'hai lí? – gli chiese, indicando la busta che teneva in mano.

L'uomo l'aprí e ne tirò fuori un foglietto che appoggiò sopra il ritratto sul tavolo.

– È un'ecografia di quello che sarebbe diventato mio nipote, – disse.

Odin Gammelgård era di nuovo nel suo ufficio. Quando era entrato nell'ampio atrio della centrale di Oslo si era mosso piú in fretta di quanto non facesse da molto tempo ed era fermamente convinto che nessuno lo avesse notato. Non aveva incontrato anima viva, almeno fino a quel momento. Non appena varcata la soglia, aveva chiuso la porta a chiave. Herman Bråtan era una brava persona, e inferiore a lui di grado. Ciononostante, Odin non aveva proprio voglia di affrontare un'altra discussione su quanto fosse inappropriato da parte sua starsene alla centrale mentre era in malattia.

Oltretutto, si sentiva piú in forma che mai, sebbena avesse passato una giornata estenuante e dormito poco.

Marius Blaaberg non si era unito a lui. Un bel fastidio, perché ci sarebbe voluto parecchio tempo per esaminare settanta casi di stupro. Il ragazzo aveva una commissione importante da sbrigare, gli aveva detto con rammarico. E poi un appuntamento.

Il lavoro che Odin stava svolgendo non poteva essere definito ufficialmente lavoro di polizia e, a rigor di logica, lui non era neppure in servizio. Ecco perché non aveva potuto ordinare a Marius di aiutarlo. Purtroppo.

Aveva sete, ma non osava andare a prendere né da bere né da mangiare.

In tre ore aveva studiato quarantatre casi, in modo piú o meno accurato. Soprattutto meno, e stava per arrendersi.

Per lui, sotto molti aspetti, quello era un grande stress. Anche dopo tanti anni non riusciva a mantenersi calmo di fronte ai casi di violenza sessuale. Si comportava in maniera corretta e misurata. Trattava i sospettati o gli imputati con il dovuto rispetto. Eppure, dentro di sé sentiva sempre piú spesso di avvicinarsi a un limite. Aveva imparato delle tecniche per tenere sotto controllo il temperamento e non aveva mai passato il segno con nessuno.

Ciononostante, sfogliare un caso dopo l'altro lo agitava a tal punto che stava considerando di nuovo l'idea di passare i suoi ultimi anni di lavoro nel settore privato. Badare a soldi o proprietà. Sedere in un bell'ufficio a Bjørvika, essere responsabile della sicurezza e guadagnare bene. Di offerte ne aveva ricevute parecchie, l'ultima un anno prima. Poi si era ammalato.

Sospirò e si strofinò la nuca. Probabilmente gli occhiali che usava quando lavorava al computer non bastavano piú, perché si era accorto di sporgersi troppo verso lo schermo. Gli bruciavano gli occhi e ogni tanto sentiva una punta di dolore trafiggergli la parte posteriore del bulbo sinistro.

Al momento nessuno dei casi sembrava rilevante.

Guardò scoraggiato fuori dalla finestra: forse era stata una pessima idea. Non capiva piú nemmeno la propria teoria. Durante il viaggio in macchina pareva cosí calzante, adesso invece non vi trovava nulla di geniale. Ancora cinque o sei casi e avrebbe lasciato perdere.

Aprí un nuovo fascicolo.

Stupro mentre la vittima dormiva, il terzo consecutivo.

L'imputato era stato arrestato sulla scena del crimine, cosa molto insolita nei casi di violenza sessuale. Al contrario, tali reati venivano spesso denunciati molto tempo dopo essere avvenuti.

Qui, invece, la parte offesa, una ventinovenne, aveva ricevuto una visita inaspettata dal fratello. Quest'ultimo abitava a Bergen, dove studiava Legge, e voleva farle una sorpresa. Per fortuna aveva le chiavi dell'appartamento. Era venerdí sera ed era già molto tardi, quindi era entrato in casa in punta di piedi. Aveva aperto con cautela la porta della camera da letto. Per vedere se fosse sveglia, aveva spiegato nell'interrogatorio che Odin stava leggendo. La vista che lo aveva accolto lo aveva messo in imbarazzo, credeva di aver disturbato la sorella e il suo partner in un'attività piacevole e scelta liberamente. Cosí, cercando di fare meno rumore possibile, stava per richiudere la porta. Eppure, c'era qualcosa in quella scena che lo aveva turbato, cosí aveva teso l'orecchio.

Nella stanza regnava il silenzio piú totale.

L'unica cosa che sentiva era il respiro affannoso di un uomo.

I gemiti soffocati di un uomo.

Quando aveva sbirciato dentro la prima volta, sua sorella era sdraiata in parte su un fianco, in parte sulla pancia. Era ancora in quella posizione quando aveva guardato di nuovo. Inoltre, le vedeva il viso.

Sembrava morta, aveva spiegato, e a quel punto dell'interrogatorio era scoppiato in lacrime. Gli occhi della sorella erano vacui e dischiusi, la saliva le colava dalla bocca. La cosa peggiore era che non si muoveva affatto. Per fortuna respirava, il fratello aveva potuto constatarlo da una bollicina che pulsava nella saliva.

Odin continuò a leggere, sempre piú interessato.

Il fratello avrebbe dovuto ricevere un premio! Mentre nella sua situazione novantanove uomini su cento si sarebbero precipitati nella stanza per strappare via l'aggressore dal corpo della sorella, il giovane si era allontanato. Appena fuori dalla porta d'ingresso, aveva chiamato il 112 segnalando che stava avvenendo uno stupro. Una volante si trovava a soli tre minuti di distanza e i due agenti, che erano saliti di corsa nell'appartamento al primo piano, erano riusciti ad arrestare lo stupratore *in flagranza di reato*.

La sorella era stata ricoverata, era piena di acido gamma-idrossibutirrico. Ghb. All'ospedale aveva ricevuto cure e una pillola del giorno dopo; ora il colpevole era in prigione da tre settimane.

– Che Dio maledica tutta quella stirpe di esseri immondi, – mormorò Odin.

Procedendo con il fascicolo, arrivò alla serie di foto scattate sulla scena del crimine. La prima lo costrinse ad avvicinarsi ancora di piú allo schermo.

Sul pavimento, accanto al letto, c'era una siringa.

Non una siringa di quelle comuni che aveva visto troppo spesso e che si trovavano di frequente nei parchi e nei vicoli di Oslo. Era molto piú grande, ricordava quella che la sua ex moglie usava a Capodanno per iniettare l'olio e altri condimenti sotto la pelle del tacchino per rendere la carne piú morbida e gustosa. E non aveva l'ago.

Prese una penna e un pezzo di carta. Annotò il nome dell'investigatore e chi era l'avvocato dell'imputato. Poi si scollegò dal sistema, accedette alla sua mail e iniziò a scrivere al suo datore di lavoro: «Con la presente comunico che intendo interrompere il periodo di malattia prescrittomi dal dottor Eivind Halse, esteso ultimamente da martedí primo febbraio a lunedí 4 aprile. È mia intenzione riprendere il lavoro abituale con effetto immediato».

Poi inviò un sms all'investigatore capo che si occupava del caso di stupro in questione, prima di alzarsi per andare a cercare Herman Båtan e comunicargli di essere rientrato in servizio.

L'autista che viveva dei container che piazzava e ritirava per la AS Oslo Trasporti e rifiuti quel giorno aveva molto piú da fare del previsto. Tipico: era la settimana in cui aveva la figlia di due anni. Quella mattina aveva iniziato con tre quarti d'ora d'anticipo sull'orario normale per essere sicuro di arrivare all'asilo prima della chiusura. Sua madre, nonché nonna paterna della bimba, gli aveva dato una mano portando la piccola al Nøtteliten, dal momento che lui era uscito cosí presto di casa. Purtroppo nel pomeriggio era occupata. All'asilo si scocciavano se non riusciva ad arrivare in tempo. Quando si presentò alla villetta in Baglerfaret, dove quella mattina alle sei e mezzo aveva portato un container, gli rimaneva pochissimo tempo a disposizione.

Di solito le persone non avevano nulla da obiettare se il container rimaneva un giorno in piú. Spesso questo permetteva loro di riempirlo ancora di piú del ciarpame che avevano in giro. Invece, quel cliente aveva dichiarato esplicitamente che andava ritirato quel giorno stesso.

Quando l'autista arrivò all'indirizzo, aveva solo venti

minuti per andare a prendere la figlia. Entrato in retromarcia nel vialetto, saltò giú dalla cabina per fissare le cinghie e le catene il piú in fretta possibile. Il container era pieno solo a metà, constatò. Assi, tavole del parquet e una porta che sembrava perfettamente in ordine. Scosse di nuovo la testa al pensiero di dover buttare via tutta quella roba. Cinque minuti dopo aver sollevato il container, guardò di nuovo l'ora.

– Merda, – disse a bassa voce.

Ce l'avrebbe fatta al pelo se fosse andato all'asilo con il camion. Avrebbe dovuto parcheggiarlo sotto casa. – Solo per questa notte, – ma l'aveva già detto due o tre volte di troppo all'amministratore di condominio, e ogni volta quello si era imbufalito.

Ogni cosa a suo tempo, pensò, poi partí pregando dentro di sé che non ci fosse tanto traffico.

La stanza degli interrogatori alla centrale era troppo calda. Odin Gammelgård aveva cercato di abbassare la temperatura, ma dopo pochi minuti là dentro era stato costretto a togliersi il maglione. Dall'odore si rese conto che, tornato da Grimstad, sarebbe dovuto passare da casa per farsi una doccia, ma quando aveva scoperto che l'avvocato di Mikkel Revebo aveva sia il tempo che la possibilità di un interrogatorio con il proprio cliente nel pomeriggio, aveva deciso di lasciar perdere. Aveva organizzato il trasferimento del detenuto e Mikkel Revebo era stato tempestivamente scortato dalla prigione alla centrale.

– Grazie di essere venuto, – esordí Odin sorridendo all'avvocato mentre lui e il suo assistito si sedevano.

– Nessun problema, – rispose Mons Haugli. – A dire il vero è da sabato che il qui presente Mikkel non vede l'ora di parlare con voi.

– Ah sí? E perché non è successo? Ho parlato con l'investigatore capo e non me lo ha detto.

– Lo farà lo stesso Mikkel, – spiegò l'avvocato, lanciando un'occhiata a Odin che quest'ultimo interpretò come molto significativa. – Finora non ho trovato motivo di contattarvi.

– Okay, – commentò Odin, il quale, dopo aver acceso il registratore, posò un bloc-notes e una penna davanti a sé. – Allora veniamo a noi. Mikkel Revebo, nato il 15 febbraio del 1997, giusto?

L'interpellato annuí.

– Di' di sí, per favore.

Odin indicò il registratore.

– Sí. Voglio l'immunità prima di parlare.

– Avremo modo di tornare sulla questione, – disse Odin, quindi sbrigò rapidamente le varie formalità.

Quando ebbe finito, offrí a Mikkel Revebo una Coca-Cola e un tramezzino che era andato a prendere in mensa. Il giovane accettò tutto con espressione acida.

– Voglio l'immunità, – ripeté. – Non dirò una parola prima di avere in mano un documento scritto che garantisce che sarò un uomo libero dopo aver parlato.

Odin allontanò il bloc-notes.

– Lo sai che non è possibile. In Norvegia non funziona cosí.

– Allora vi perderete molte informazioni preziose.

– Sicuramente. Ma se non puoi ottenere l'immunità, avrai anche capito che potrebbe convenirti essere… collaborativo. Hai tutto il diritto di rifiutarti di parlare. Ci possono essere delle buone ragioni per farlo. Ma nel tuo caso, dove a essere onesti non sussistono grandi dubbi sulla tua colpevolezza, sarebbe saggio cercare almeno di ridurre un po' la pena.

Mikkel lo fissava senza battere ciglio.
– Immunità totale, o non dico niente.
Odin sostenne il suo sguardo fino a quando il giovane dovette abbassare gli occhi.
– Dammi almeno un paio di indizi.
Odin sorrise, sapendo di sembrare benevolo.
– Indizi in che senso?
– Sul motivo per cui credi che quello che hai da dire siano informazioni molto importanti per noi della polizia.
– Prima l'immunità.
Odin ridacchiò, si appoggiò allo schienale della sedia e congiunse le mani sulla pancia.
– Sarebbe piú semplice chiedere un terreno sulla Luna, – replicò. – Perché l'immunità non te la posso dare. Ma come dicevo...
Alzò le mani e le tenne sollevate.
– ... sul menu abbiamo altre opzioni.
– Okay. Allora riportatemi pure dentro.
Mikkel Revebo si alzò.
– Siediti, – esclamò Odin con voce tagliente.
Il giovane si lasciò cadere di nuovo sulla sedia.
Odin Gammelgård ebbe un attimo di esitazione, che cercò di nascondere con un rapido sorriso e un sorso di caffè. Guardò l'avvocato Haugli, che sedeva impassibile accanto al suo cliente.
A Odin non sarebbe piú capitata una possibilità come quella. Era accettabile che l'interrogatorio fosse condotto da un rappresentante della polizia di Oslo, dato che il ragazzo era stato arrestato per un crimine commesso nella sua giurisdizione. Ed era solo lui all'interno della polizia a sapere che poteva esserci un collegamento tra quello stupro e l'omicidio di Henrik Holme. Nel momento in cui si fosse alzato e avesse fatto riportare il prigioniero in cella,

avrebbe dovuto fornire tutte le informazioni ai colleghi del distretto Est.

Probabilmente non avrebbero ricavato nulla da quel delinquente, mentre lui sarebbe stato tagliato fuori per sempre da quel caso.

– Permettimi di farti una proposta, – disse risoluto.

– Parla pure, – rispose Mikkel Revebo. – Ma non apro bocca fino a quando non avrò ottenuto quello che voglio.

– Il numero dodici ti dice qualcosa? – gli chiese Odin.

Il giovane batté le palpebre.

L'avvocato aggrottò la fronte.

– Ehm... no.

– Niente? Neanche...

Odin cominciò a contare sulle dita.

– ... neanche i discepoli? I mesi dell'anno? Una dozzina?

Il recluso rimase in silenzio, ma si grattò con piú energia una crosta che aveva sulla nocca destra.

– Okay, allora lasciamo perdere. Passiamo ad altro. Accanto al letto dove è avvenuto lo stupro è stata trovata una siringa. Se dico che sono piuttosto sicuro sul suo utilizzo, è una delle informazioni che avevi intenzione di darmi in cambio dell'immunità?

Mikkel guardò l'avvocato. L'avvocato guardò Odin, ma continuò a rimanere in silenzio.

– In tal caso, non ne hai bisogno, – proseguí Odin chinandosi sul tavolo. – Perché lo so già. In realtà non volevi violentare quella donna. Volevi inseminarla.

L'avvocato sbarrò gli occhi, ma rimase in silenzio. Il giovane stava riprendendo colore. Anzi, arrossí profondamente.

– Ma forse la tentazione è stata troppo forte? – continuò Odino. – Era lí sdraiata, messa ko dal Ghb. Quale motivo avresti avuto per usare una maledetta siringa quando potevi benissimo farlo in modo naturale?

– Ora credo che dovremmo rallentare un po', – intervenne il legale, tenendo il braccio teso davanti al cliente, come se proteggesse un bambino dal correre in mezzo alla strada. – Che cosa...

Odin lo interruppe, con lo sguardo puntato su Mikkel Revebo.

– Sai, – disse a bassa voce. – Il capitale che pensi di possedere ha perso valore. Ci ho già messo le mani sopra arrivandoci per altre vie. Sono a conoscenza del vostro sito...

Ora doveva fare attenzione. Stava giocando ad acqua e fuoco e il volto di Mikkel era l'unica cosa che poteva dirgli se si stava avvicinando o allontanando. Oltretutto, mentire sulle prove per estorcere una confessione era contrario a ogni regolamento.

– Voi dodici, – ripeté. – Che avete deciso di punire le donne da cui vi sentite presi in giro e che...

Mikkel Revebo fissava il tavolo e dondolava i piedi con cosí tanta forza da farlo tremare.

– Queste sono informazioni che non rientrano nel caso, – protestò l'avvocato, ma senza convinzione.

Aveva cominciato a guardare piú il suo assistito che il poliziotto seduto di fronte a lui.

– Un piano ingegnoso, – disse Odin. – Mi piacerebbe poterne discutere di piú. Ma credo che ci fermeremo qui. Del resto, non ho intenzione di rivelare troppo di quello che so. Aspetteremo che tu decida di fornire la tua versione dei fatti. Perché devi sapere una cosa...

Si chinò in avanti appoggiando entrambe le mani sul tavolo.

– Questo caso sta diventando piú scabroso ogni giorno che passa. Qui non si tratta di uno stupro ordinario, Mikkel Revebo. Questo è un crimine premeditato e grottesco destinato a perpetuarsi nel tempo. Diretto contro molte persone. Terrorismo, quasi! E dato che siete in dodici, la si potrebbe effettivamente definire un'organizzazione. Un'associazione terroristica.

L'avvocato stava per dire qualcosa, ma gli uscí solo un: - Eh…?

– Stiamo parlando di una lunga pena detentiva, – aggiunse Odin. – Molto lunga.

Batté piano i palmi sul tavolo prima di agguantare il cellulare.

– Farò venire qualcuno a prenderti, – disse con un sorriso.

– Aspetta.

Adesso il giovane sudava copiosamente.

– Non c'è nulla da aspettare, – disse Odin alzandosi.

Afferrò la tazza di caffè con una mano, il bloc-notes e la penna con l'altra e si diresse verso la porta. Il registratore era ancora acceso: Odin sperava che Mikkel non se ne accorgesse.

– Aspetta, – ripeté il ragazzo.

Odin si voltò a metà.

– Quanto è lo sconto di pena che potrei ottenere? – chiese. – Se racconto tutto quello che so?

La sua pareva la voce di un quattordicenne. Odin si risedette con calma.

Erano le sette e mezzo di sera e Marius era passato con le chiavi di Ebba dopo aver fatto ciò che gli era stato chiesto con le bottiglie vuote. Sembrava piuttosto sconcertato che Hanne non gli avesse chiesto di rimanere.

Voleva trascorrere la serata da sola con Ebba.

Erano loro due a saperne di piú.

Solo loro conoscevano l'importanza del fatto che *La rupe della stirpe* era stato trovato a casa di Henrik. Anche Marius era presente nell'appartamento, ma non ne aveva piú parlato da allora. Forse a fargli dimenticare l'episodio era stato tutto il putiferio scoppiato quando avevano dovuto riportare lei giú in strada. O forse non capiva che cosa ci fosse di cosí sbalorditivo nel trovare un libro che tecnicamente non esisteva.

L'amore rende sia sordi che ciechi, pensò Hanne.

Era davvero troppo innamorato.

Né Marius né Odin sapevano nulla dell'importanza che Aasmund Aaletjønn rivestiva nel caso. Non avevano idea dell'incontro scioccante che Ebba e Hanne avevano avuto con il poeta grazie alla deviazione che avevano fatto tornando da Grimstad. Non sapevano che ora Hanne aveva una foto dove si vedeva nitidamente il volto dell'uomo con cui Henrik aveva parlato al parco di Torshov la sera prima che venisse trovato morto.

Quello che non sapeva neppure Ebba era che Hanne conosceva la sua identità.

Il suo nome era Lavrans Kavli.

E abitava in Baglerfaret a Ryen.

Non appena erano tornate a Oslo, Hanne si era chiusa nel suo studio. Con l'aiuto di un servizio online di riconoscimento facciale offerto da una piccola azienda polacca, le ci erano voluti solo pochi minuti per scoprire chi fosse il giovane.

La polizia lo avrebbe scoperto altrettanto se non piú in fretta.

Ma non sapevano della foto.

Hanne si rese conto che prima o poi avrebbe dovuto parlare con loro. Preferibilmente prima. Forse l'indomani. Era un pensiero sgradevole. Fino a quel momento si era detta che l'avversione alla prospettiva di essere interrogata dipendeva dal fatto che sarebbe dovuta andare a Lillestrøm. Non avrebbero acconsentito alla proposta di farlo lí da lei, non piú: si era dimostrata abbastanza in forma da sobbarcarsi un viaggio fino a Grimstad.

Mentre, seduta sul divano del soggiorno insieme a Ebba, guardava la tv senza prestarvi attenzione, si rese conto che non si trattava del fastidio di dover affrontare un'altra uscita. Per niente.

Non voleva lasciare il caso.

Non voleva perderne il controllo.

Nell'istanti in cui fosse stata alla polizia, sarebbe finita.

Come prima cosa, avrebbe dovuto dire la verità. Rivelare ogni dettaglio. Tutti i fatti, tutte le riflessioni che potevano essere rilevanti per il caso. Dopodiché avrebbe dovuto consegnare la foto ricevuta da Aasmund. Hanne Wilhelmsen avrebbe dovuto lasciare il suo vecchio posto di lavoro a mani vuote.

Si sarebbe trovata di nuovo completamente sola.

Le si chiusero gli occhi.

– Fridtjof ha regalato *La rupe della stirpe* a Henrik, – disse Ebba. – Perché, secondo te?

– Cosa? – esclamò Hanne con un sussulto.

– Ho detto che Fridtjof ha donato *La rupe della stirpe*...

– Ti ho sentita.

Scosse la testa mentre si sfregava la nuca.

– Henrik leggeva molto, – commentò. – È probabile che Fridtjof lo sapesse. Magari si era vantato con lui di avere un padre famoso per fare colpo. Che ne so? Voleva compiacere Henrik. Forse glielo aveva solo prestato?

Sbadigliarono all'unisono.

Ebba era stata invitata a restare in Kruses gate sino al fine settimana. L'appuntamento al reparto di ginecologia del policlinico di Ullevål era l'indomani alle dieci e lei sapeva che, dopo aver preso la pillola, avrebbe potuto sentirsi poco bene per un paio di giorni. Quindi aveva accettato. Nel peggiore dei casi, si sarebbe trovata nel bel mezzo di un aborto indotto farmacologicamente al funerale di Henrik. Nel migliore, a quel punto sarebbe già tutto finito.

– Ho paura, – confessò, nascondendo il viso tra le mani.

– Ti capisco, – disse Hanne. – Ma cerca di non pensarci, almeno per adesso.

– Impossibile. Ho in testa un vespaio. Non riesco a mettere ordine ai pensieri, si accavallano.

– Forse dovresti andare a letto. Io almeno, devo.

– Ma non sono ancora le otto.

Hanne era di nuovo sul punto di addormentarsi e aveva appena deciso di andare a coricarsi quando Ebba si sedette piú vicino a lei.

– Come hanno fatto a trovarci? – le chiese sottovoce. – Noi, le donne di cui volevano... abusare?

Hanne prese il telecomando e spense la tv. Il caffè che aveva sul tavolino davanti a lei era freddo, ma lo bevve tutto. Non era il momento migliore per essere sinceri con Ebba. D'altra parte, forse quel momento non sarebbe mai arrivato.

Si accomodò meglio sul divano, poi si voltò verso Ebba.

– Social, – rispose. – Come ho già detto, non è di certo la migliore idea del mondo postare...

– Hanne! – Ebba sferrò un pugno a un cuscino. – Questo *non* è il momento giusto per mettersi a predicare su quanto sono diabolici i social.

– Okay.

Preso il cellulare, Hanne trovò una foto e gliela mostrò.

– Ma forse questa non era necessaria, – le disse.

L'immagine mostrava Ebba sotto un piumone spiegazzato con in mano una bottiglia di Coca-Cola. I capelli erano arruffati, gli occhi gonfi. Le labbra secche e la pelle sotto il naso rossa. Era struccata e aveva un aspetto terribile.

– Hashtag maledettocovid, – lesse Hanne piano. – Hashtag febbre.

Alzò lo sguardo.

– Stai raccontando al mondo intero quanto stai male. Se qualcuno ha davvero duplicato le tue chiavi a quella festa prima di Natale, sapeva che proprio allora tu...

Indicò lo schermo.

– ... eri una facile preda.

Ebba tirò su le gambe e si sedette di traverso sul divano.

– Prima di tutto, i miei account social sono privati.

– Vorresti dire che conosci davvero 934 persone?

– No! Ma... so chi sono, in un certo senso! Controllo sempre i loro feed, se sembrano a posto, e di solito sono amici di amici. O conoscenti di conoscenti di amici.

– Mah, – replicò Hanne. – Ti ho chiesto due volte di seguirti. Da account falsi. Hai accettato entrambe le volte.

Ebba rimase a bocca aperta, letteralmente. Non solo cominciò a scuotere la testa, ma anche tutto il corpo.

– Tu... tu... tu sei... Non so davvero quale parola usare. E comunque...

Prese un cuscino e se lo appoggiò sulle gambe incrociate.

– ... che importa se ero malata! Non ero mica morta. Me ne sarei accorta se fosse entrato qualcuno!

– Guarda qui, – disse Hanne, mostrandole un'altra foto.

Ebba non voleva guardare.

– Be'?

– Un pacco della Oda.no. Immagino che sia stata scattata davanti alla porta di casa tua. Con dentro Coca-Cola, Farris, uova, pane...

Riprese il telefono.

– ... e c'è persino un sacchetto di patatine. Hashtag cibopermalati. Hashtag zuccheroesale. Hashtag hopersoilgusto.

Ebba alzò gli occhi al cielo.

– Dove vuoi andare a parare?

Messo via il telefono, Hanne si sollevò un poco aiutandosi con le braccia.

– Ho mandato ad analizzare le tue bottiglie vuote. Il loro contenuto. Ammesso che sia rimasto qualcosa.

– Perché?

– Perché sono abbastanza sicura di sapere cosa ti è successo. Se le analisi confermeranno ciò che penso, lo sarò al cento per cento. Ho fatto in modo che Marius le consegnasse a.... una vecchia amica. Sabina Bjerke. Ci aveva aiutato anche nel caso de *Il manoscritto*.

Gli zigomi di Ebba si imporporarono. Continuò a deglutire mentre gli occhi le si riempivano di lacrime.

– Non voglio sentire.

– Decidi tu. Probabilmente, nel profondo eri arrivata alla verità già da un po'. Ecco perché hai deciso... di andare dal medico domani.

Ebba piangeva.

– Parla.

Hanne non si sentiva piú cosí stanca. Forse la caffeina fredda aveva fatto effetto. Forse a darle di nuovo energia era il pensiero di cominciare a tessere insieme i fili.

Si spostò sulla sedia a rotelle e la piazzò in modo che Ebba e lei si guardassero negli occhi.

Senza stare sedute cosí vicine come dopo che l'altra le si era avvicinata.

– Vi assomigliate, – esordí. – Tu, Vilde e Annie. Belle, bionde e attraenti. Esteticamente, siete molto vicine a ciò che i misogini chiamano *Stacy*. Per la vasta comunità internazionale online di incel, siete le peggiori. Sexy. Bionde. Inarrivabili. E soprattutto: malvagie.

Si interruppe per un attimo. Ebba piangeva in silenzio, ma ascoltava.

– Come vi abbiano trovato può dipendere da caso a caso, – continuò Hanne. – Ma i social sembrano l'opzione piú realistica.

Ebba, che aveva abbassato lo sguardo, stava trafficando con il telefono.

– Devi accettare il fatto che ti hanno drogata, – disse Hanne piano.

– No.

– Sí. Qualcuno ti ha drogata mettendo qualcosa nelle bottiglie che erano davanti alla porta di casa tua.

– Ma me ne sarei accorta! Il sapore...

– Avevi perso il senso del gusto e dell'olfatto, Ebba. Lo avevi annunciato anche su Instagram. E comunque il principio attivo, probabilmente diazepam o qualcosa del genere, non credo avesse un sapore cosí forte. Specie se mescolato con la Coca-Cola.

Ebba si piegò in avanti e si coprí il volto con le mani.

– Non è vero. Non può essere vero. Non mentre ero a casa. Mentre dormivo. Che qualcuno sia entrato e....

Raddrizzò di scatto la schiena.

– Ma quando mi sono svegliata, non avrei dovuto sentirmi a pezzi? – disse ad alta voce. Hanne esitò un paio di secondi prima di rispondere: – Eri già a pezzi, Ebba. Stavi malissimo. Da quel punto di vista eri una vittima perfetta.

Si fece silenzio.

– Non può essere successo in nessun altro modo, – aggiunse Hanne. – Sei incinta, Ebba. È innegabile. Mi spiace tantissimo.

Ebba si strinse le gambe con le braccia e nascose il viso tra le ginocchia. Tremava in tutto il corpo.

– Non tornerò mai piú in quella casa, – singhiozzò. – Mai piú!

Dall'ingresso si sentí il rumore di qualcuno che entrava. Ebba si rimise subito a sedere in maniera composta mentre cercava di asciugarsi rapida le lacrime. Riuscí persino a sforzarsi di sorridere quando Ida spuntò nel soggiorno.

La diciottenne si fermò di colpo non appena la vide.

– Cos'hai? – le chiese premurosa. – Stai piangendo!

Hanne alzò la mano quando la figlia fece per avvicinarsi a Ebba per consolarla.

– Sei sempre la benvenuta in casa tua casa, tesoro. Ma al momento Ebba è molto giú, quindi se tu potessi andare...

– Sono incinta, – disse Ebba.

Dall'espressione del volto Ida sembrava indecisa se congratularsi o essere dispiaciuta.

– E domani vado ad abortire.

– Ohhh, – esclamò Ida, andando a sedersi sul bracciolo del divano.

Posò una mano sulla schiena di quell'amica che aveva oltre dieci anni piú di lei e le disse alcune parole di conforto. Hanne intanto stava cercando un modo gentile per mandare via la figlia.

– Posso venire con te, – le propose Ida dolcemente. – Henrik lo avrebbe fatto se fosse stato vivo, ma io...

– Henrik? – disse Hanne.

– Sí, credo che avesse intenzione di accompagnare Ebba. Ora ha senso. Il Centro medico di Heggeli, giusto?

Si chinò in avanti, sempre tenendo la mano sulla schiena di Ebba, e cercò il suo sguardo.

Come se stesse consolando un bambino.

– No… – rispose Ebba con la voce soffocata dal pianto. – Cioè, sí… O meglio, il mio medico di base ha lí lo studio. Ma la mia ginecologa sta a Sandaker. E domani vado all'ospedale a Ullevål.

– Perché hai tirato in ballo Henrik? – domandò Hanne con un tono di voce piú tagliente di quanto fosse sua intenzione.

Ida si contorse. Hanne sperava per il suo bene che con gli anni sarebbe diventata meno facile da leggere.

– Sei stata nell'appartamento di Henrik, – dichiarò. – Per questa volta lasciamo stare che hai preso le chiavi di nascosto. Cos'hai trovato?

– Ieri sono passata da te per parlare, – rispose Ida risentita. – Ma non c'eri. E mi sentivo sola. Cosí ho pensato di…

– Cos'hai trovato?

– Un foglio rimasto incastrato nella stampante. Con sopra solo una piccola parte di testo perché…

– … la stampante si era inceppata, – completò Hanne. – C'era qualcosa di leggibile?

Ida si alzò per andare a sedersi su una delle poltrone.

– Sí. Sembrava lo screenshot di un sito web. Del Centro medico di Heggeli.

Indicò Ebba con il capo.

– E in fondo, di traverso…

Con le mani cercò di mostrare cosa intendeva.

– C'erano alcuni nomi sbavati per colpa del tamburo della stampante sporco d'inchiostro. O…

Piegò la testa e alzò lo sguardo al soffitto.

– In realtà non so se fossero nomi, – disse concentrata. – Le lettere erano illeggibili. Però un nome c'era.

Sorrise con cautela alla madre.

– Sarebbe? – le chiese Hanne.

– Facile da ricordare, perché è identico a quello di una delle marche norvegesi piú famose che producono caviale di merluzzo in tubetti.

– Mills?

Ida sorrise un po' di piú.

– No. Kavli. Dottor Lasse Kavli. Ginecologo.

– Kavli, – disse Ebba guardando Ida.

– Ginecologo, – commentò Hanne guardando nel vuoto.

– Kavli, – ripeté Ebba.

Ida fissò alternativamente prima l'una poi l'altra.

– Si può sapere cosa sta succedendo?

– Kavli è il ginecologo del Centro medico di Heggeli, – spiegò Ebba, scandendo le parole.

– È quello che sto dicendo, – intervenne Ida. – Henrik avrebbe di sicuro...

– Ginecologo, – borbottò Hanne con aria assente.

– Il mio medico di base mi aveva proposto di prendere un appuntamento dal dottor Kavli, – disse Ebba, sempre con gli occhi fissi su Ida. – Per fare un'ecografia quando ho scoperto di essere incinta. Avevo rifiutato.

– L'ecografia di Aasmund, – esclamò Hanne. Sembrava che parlasse ancora tra sé e sé. – Lo avevamo notato. Le informazioni di identificazione richieste dalla legge erano state tagliate via.

– Cosa? – chiese Ida.

– Lasse Kavli, – mormorò Hanne. Con le mani che le tremavano, si mise a googlare sul telefonino.

Abitava in Baglerfaret a Ryen. Anche lui.

– Ginecologo, – ripeté per la terza volta. – Il foglio di Henrik non ha nulla a che fare con Ebba. Riguardava Vilde. Il caso a cui stava lavorando.

– Avevo appuntamento il lunedí dopo da Torunn Hallaker a Sandaker, – commentò Ebba. – La mia ginecologa di fiducia.

– Vi dispiacerebbe cominciare a parlarvi? – intervenne sconsolata Ida, puntando un dito verso ciascuna delle due. – State portando avanti due conversazioni separate, giusto perché lo sappiate.

Suonò il campanello.

– Non aprire! – gridò Hanne a Ida, che stava già correndo verso l'ingresso.

Troppo tardi. Pochi secondi dopo Odin Gammelgård fece la sua scomparsa a piedi scalzi in soggiorno. Si fermò al centro della stanza e fissò Hanne.

– Noi due dobbiamo parlare.

– Credo che tu abbia assolutamente ragione, – rispose lei prima di avviarsi nel suo studio senza aggiungere altro.

Mercoledí 23 marzo

Tre ore prima, il martedí era diventato il mercoledí di una settimana che Odin Gammelgård non avrebbe dimenticato facilmente. Conclusa la conversazione con Hanne Wilhelmsen nel suo studio in Kruses gate, aveva subito chiamato la sede centrale del distretto di polizia Est a Ski. Dopo tutto quello che Hanne aveva potuto raccontargli, unito a quanto emerso dall'interrogatorio di Mikkel Revebo che lui stesso aveva condotto, Odin rischiava di interferire troppo in un'indagine che era stata tolta alla polizia di Oslo perché considerata troppo coinvolta.

Non era stato facile mettere in moto i colleghi di Ski, di martedí a tarda sera. Una volta che lo avevano finalmente indirizzato alla persona giusta e che aveva spiegato il motivo della chiamata, gli era stato comunque chiesto, in maniera piuttosto sorprendente, di presentarsi alla stazione di polizia a Lillestrøm a mezzanotte e mezza.

La prima dirigente Camilla Brønby lo aveva fatto entrare nell'edificio di mattoni rossi che si trovava di fronte all'area verde lungo il fiume Nitelva. Quando Odin arrivò, sembrava appena uscita dalla doccia e fresca come una rosa, e aveva portato con sé caffè e gaufre da casa. Dal canto suo Odin aveva bevuto due Red Bull in macchina e sentiva di emanare un odore acre.

– Accidenti che storia, – commentò la prima dirigente dopo che si erano parlati per oltre due ore. – Ma devo ammettere di essere un po' incerta riguardo... ad alcuni nessi.

– Tra cosa? – chiese Odin.

Camilla Brømby ci rifletté un attimo mentre guardava i documenti che lui le aveva fornito.

– È chiaro che ci interessa scoprire chi sia, – disse, prendendo la fotografia del figlio biologico di Aasmund Aaletjønn. – Se è davvero identico a quest'uomo.

Indicò l'ingrandimento della foto al parco di Torshov, quella in cui Henrik era seduto su una panchina.

– Cosa di cui non sono convinta, – aggiunse.

– Abbiamo la conferma del padre, – disse Odin.

– Mah...

Camilla Brønby tenne le foto davanti a sé, osservando prima l'una poi l'altra.

– Questo padre ha incontrato il figlio solo poche volte, giusto?

– Sí, però...

– Certo. Una gamba che sporge di lato e un giaccone che gli sembra di riconoscere. Mm. Non saprei, queste immagini avvolte nella nebbia riflettono la situazione. Nebulosa.

Posò le foto e lasciò cadere gli occhiali da lettura sul petto, appesi a una sottile catenina d'oro.

– Comunque, lo troveremo e lo interrogheremo. Ammesso che tutto questo sia vero, potrebbe essere uno degli ultimi ad aver visto Henrik Holme in vita.

– Forse l'ultimo.

– Forse, sí. Ma siamo ancora molto lontani dal poter trarre una conclusione del genere.

– Siete vicini a una conclusione qualsiasi?

– Cosa vorresti dire?

Odin posò la tazza di caffè e mise la mano sulla scrivania.

– State facendo progressi? Nelle indagini sull'omicidio di Henrik Holme, dico.

La bocca della prima dirigente si contrasse.

– Stiamo andando avanti. Con costanza, e facendo progressi continui.

Prese la relazione che Odin aveva scritto per sé dopo l'interrogatorio a Mikkel Revebo, in attesa di ricevere dal commissario capo un rapporto redatto come si deve.

– Questo, invece, lo trovo piuttosto inconsistente.

– Cioè?

Con un sospiro Camilla Brønby si appoggiò allo schienale della sedia e incrociò le braccia.

– Questa... organizzazione, o come la vogliamo chiamare, Dodici cavalli indomabili. Avrebbero comunicato attraverso il dark web?

– Sí. A detta di questo cialtrone...

Lanciò un'occhiata di traverso alla foto segnaletica di Mikkel Revebo, appoggiata sulla scrivania tra di loro.

– ... vigeva un sistema molto complesso per diventare membri. Alcuni dei dodici partecipavano già da parecchio a un altro forum per incel. È stato il tipo che ti ho citato, quello che usava il nome di Roald Isholm, ad aver formato in seguito un nuovo gruppo. Be', è ovvio...

Odin prese l'ultima gaufre, pur non avendo fame.

– Tutti i nomi sono degli pseudonimi, – precisò con la bocca piena.

– Fridtjof, Roald e... Thor.

La prima dirigente sfogliò la relazione.

– E Haakon. Vecchi eroi norvegesi.

– Non solo, – disse Odin scuotendo la testa. – Uno si faceva chiamare Vidkun. In fondo niente di strano, visto che l'estremismo di destra e la misoginia sono parenti stretti.

– Qual era lo pseudonimo di Mikkel?

– Mikkel Rev, – rispose Odin con un sorriso stanco. – Forse il ragazzino pensava che la volpe della canzoncina per bambini valesse anche come eroico nome norvegese.

Si grattò la barba incolta.

– Deve essergli successo qualcosa. Patologicamente parlando, intendo. Aveva tutte le possibilità del mondo ed era bravo a scuola. Ora sembra rincretinito. Forse l'estremismo mangia le cellule cerebrali.

Alzò la tazza, ma era vuota.

– Scusa, avresti dell'altro caffè?

Camilla Brønby sorrise. Era sulla cinquantina e nell'ambiente godeva di una buona fama. Si diceva che fosse meticolosa, ma che a volte potesse essere troppo rigida e prudente.

Odin non si fidava delle voci, ma in effetti stavolta parevano fondate. Cominciò a chiedersi se fosse davvero il caso di passare di nuovo tutto al setaccio, come stavano per fare.

– Non per farmi gli affari tuoi, – gli disse lei. – Ma te ne sei già bevuto quasi un litro.

Si alzò.

– Ci vado io! – esclamò Odin. – Basta che mi spieghi dov'è la macchina del caffè.

– No, tranquillo. Vedo cosa posso fare. Quello della macchina non è buono come il mio.

Lasciò l'ufficio.

Odin guardò l'orologio sulla parete, segnava le 3.10 del mattino.

Aprí il rapporto che aveva scritto.

Quando finalmente gli si era sciolta la lingua, Mikkel Revebo aveva cantato come un usignolo. Aveva spiattellato fino all'ultimo dettaglio di quella congrega di personaggi grotteschi che si incontravano in rete. L'unica cosa gli interessava era sé stesso e un possibile sconto di pena.

Volevano essere proattivi, aveva suggerito qualcuno. Fare qualcosa di concreto, non starsene solo lí seduti alle rispettive tastiere a scrivere cose che venivano lette quasi unicamente da persone che la pensavano allo stesso modo. Volevano contare.

Lasciare un segno.

Saltavano sempre fuori i nomi di Elliot Rodger e Alek Minassian, entrambi assassini di massa nel nome della misoginia. Tuttavia nessuno dei dodici si era mostrato molto entusiasta all'idea di finire in prigione.

O di essere ucciso sul posto durante un attacco terroristico.

Mikkel aveva raccontato a Odin di discussioni infinite e di grandi disaccordi sul forum fino a quando l'uomo che si celava dietro lo pseudonimo di Roald Isholm non aveva preso in mano la situazione e deciso il da farsi.

Forse non avrebbe dovuto chiederle altro caffè. Erano passati sette minuti da quando Camilla Brønby era andata a prenderlo e non era tornata.

Odin sfogliò le pagine che riportavano la descrizione fatta da Mikkel delle donne in generale e di quelle belle in particolare.

Ognuno avrebbe agito di propria iniziativa. Dovevano individuare da soli una vittima e un metodo di inseminazione, ma potevano aiutarsi a vicenda con suggerimenti vari. Poi condividevano le storie.

Era diventata via via una sorta di competizione.

Alcuni di loro non si erano ancora messi alla prova: stavano cercando di capire come agire. Non tutti erano brillanti come quello che si faceva chiamare Bjørnstjerne. Era riuscito a rubare alcune chiavi che aveva fatto duplicare con una stampante 3D.

«L'aveva impregnata alla grande», come si era espresso Mikkel, senza riuscire a nascondere la propria ammirazione.

Non aveva saputo però rispondere alla domanda su come potesse essere sicuro che la donna fosse davvero rimasta incinta. A parte: «Lo erano rimaste tutte». Quando Odin gli aveva ricordato l'uso dei contraccettivi e altri fattori che rendevano quel risultato altamente improbabile, il ragazzo si era limitato ad abbassare lo sguardo sul tavolo con espressione arrabbiata.

Non era di certo una grande mente, Mikkel Revebo.

Nessuna promessa per il futuro.

Fridtjof sembrava invece un trascinatore.

Era l'unico che Mikkel aveva avuto modo di incontrare.

«Irl», aveva detto.

Era stato Fridtjof a reclutarlo, dopo che avevano chattato per un po' su Discord, che, da quanto aveva capito Odin, era un programma di comunicazione per streamer e gamer. Fridtjof lo aveva invitato a bere una birra. Nel giro di una sola settimana, si erano incontrati tre volte e Mikkel era diventato il dodicesimo cavallo.

Era stato ammesso nel sito web con gli altri undici. Twelweuntamedhorses.onion.

– Oddio, – borbottò mentre chiudeva il documento.

– Ecco il caffè, – annunciò Camilla Brønby, entrando con una tazza in una mano e due bottiglie di Farris nell'altra.

– Grazie, – disse Odin quando lei gliela porse.

La prima dirigente si sedette.

– Non sto affatto mettendo in discussione l'esistenza dell'odio contro le donne. Per niente. Ma questi Dodici cavalli indomabili... tu ci credi?

– A cosa?

– All'esistenza di questa organizzazione. Non potrebbe essere solo una storia inventata di sana pianta da questo Revebo per ingentilire uno stupro brutale?

– *Ingentilire?*

Odin spalancò le braccia e alzò la voce per la prima volta da quando avevano iniziato.

– Pensi davvero che lo stupro risulti *ingentilito* quando quello racconta di agire in combutta con altri undici individui allo scopo di... rovinare la vita di donne che hanno selezionato con cura?

La bocca della collega si ridusse di nuovo a una linea prima di aprirsi e dire: – Il mio problema è che non vedo il legame tra questo...

Stese una mano sul rapporto di Odin, dove il gruppo dei Dodici cavalli indomabili era descritto nel dettaglio.

– ... e l'omicidio di Henrik Holme.

Odin si lasciò andare sulla sedia e chiuse gli occhi un po' troppo a lungo.

– Possiamo tranquillamente concludere adesso, – commentò asciutta Camilla Brønby.

Lui alzò la mano.

– No, – disse, sforzandosi di parlare in modo pacato. – Te l'ho già spiegato. Ma posso ripeterlo.

– Preferirei di no, io...

– In breve, – la interruppe. – Innanzitutto ci sono i messaggi che ha inviato a Hanne Wilhelmsen.

Spinse verso di lei il foglio con gli sms che Hanne aveva trascritto a memoria.

– In base ai quali risulta evidente che Henrik era... – Inclinò la testa e lesse: – ... «sulle tracce di qualcosa di terribile».

Camilla Brønby lo guardava impassibile.

– Poi c'è il fatto che un libro, un vero e proprio unicum, è finito in mano a Henrik. Questo *almeno* attesta l'esistenza di un contatto tra Henrik e Fridtjof.

Si allungò sulla scrivania e batté la mano sul ritratto.

– Non necessariamente. Potrebbe, per esempio, averlo... trovato?

– *Ma per l'amor del cielo!*

Odin si trattenne. Si schiarí la gola, si studiò le unghie, soffiò a lungo sul caffè caldo.

– Il libro di fiabe, – riprese quando si fu calmato. – *Fiabe norvegesi*. Apparteneva a Henrik. Senza dubbio. Ce l'aveva in casa.

Notò che parlarle ricorrendo a frasi brevi gli era d'aiuto.

– In questo libro è stato disegnato un riquadro. Con un commento. Dove c'è scritto il nome di Fridtjof. Nel riquadro c'è un testo che ritrae il trattamento crudele a cui viene sottoposta una donna. E appaiono le parole «dodici cavalli indomabili». Capisci?

Lei non fece una piega.

– Inoltre... – proseguí Odin con voce piatta, – Henrik è andato a Grimstad. Una decina di giorni prima di essere ucciso. È andato dai genitori di una donna che con ogni probabilità era stata vittima di quel tipo di...

Breve, si ricordò. Sii breve.

Inspirò il piú profondamente possibile.

– Vilde Karoline Bredesen si è suicidata dopo essere rimasta incinta nel modo descritto in dettaglio da Mikkel, – disse adagio. Era sul punto di rinunciare. – Cos'altro ti serve per vedere un collegamento? *Hai pure una foto di quei due insieme, cazzo!*

Afferrò la foto del parco di Torshov e, tenendola alzata accanto al viso, ci batté piú volte l'indice sopra.

– Come ho già detto, non so se quello è Fridtjof, – replicò Camilla Brønby. – E poi c'è questa storia del ginecologo... Kavli, non si chiama cosí? Cosa c'entra con tutto questo?

– *Osantiddio* –. Lui scosse la testa.

– È molto tardi, – commentò la prima dirigente.

– Scusa, – disse Odin, coprendosi il viso con le mani e strofinandoselo con forza. Dopo un attimo le riabbassò e guardò la collega.

– Fino a qualche ora fa sapevo solo una piccola parte di tutto questo, – ricominciò piano, prendendo una bottiglia di Farris. – Prima sono riuscito a far parlare Mikkel Revebo, e questo, a me almeno, basta e avanza per ritenere che Dodici cavalli indomabili esista davvero. Poi sono andato da Hanne Wilhelmsen...

Gli occhi di Camilla Brønby si assottigliarono. Odin bevve dalla bottiglia prima di continuare: – ... e ho ottenuto molte nuove informazioni. Forse sono un po' confuso. O troppo stanco, e non riesco a esprimermi bene. Non lo so, ma sono convinto che ci sia un nesso. Ora sai tutto quello che so io, quindi spetta a voi decidere. Se utilizzare o meno ciò che ti ho raccontato.

Si fece silenzio. Si sentiva solo il suono delle bollicine di anidride carbonica dell'acqua minerale. Camilla Brønby si lisciò i capelli con le mani, sospirò.

– Ti ringrazio per avermi informato dell'uomo nel parco, – disse infine. – E per le foto che lo ritraggono. Per quanto concerne l'altra faccenda...

Odin non aveva quasi piú la forza di alzare gli occhi, ma lo fece comunque.

– ... ritengo che sia di competenza di Oslo.

– Cosa?

– Mikkel Revebo è accusato di un crimine commesso a Oslo, giusto?

– Ehm... sí?

– Ed è lui ad aver tirato fuori questa... storia... – agitò le mani, quasi a sottolineare che secondo lei era irrilevante, – su Dodici cavalli indomabili?

– Sí.

– E né tu né Hanne Wilhelmsen avete trovato nessuna connessione diretta tra Mikkel Revebo e Henrik Holme, giusto?

– No, nulla di diretto. Ma se tu...

– Allora diciamo cosí, – lo interruppe.

– Cosa?

– Diciamo che il caso di stupro rientra nella giurisdizione della polizia di Oslo.

Batté piano il pugno sul tavolo come se avesse pronunciato una sentenza e avesse finito, prima di continuare comunque dopo un paio di secondi: – Se nel corso delle indagini su *quel caso*... – Pose volutamente l'enfasi sulle ultime due parole. – ... scoprite qualcosa di rilevante per l'omicidio di Holme, mi informerai subito. D'accordo?

Odin si alzò. Gli facevano male le ginocchia e le spalle parevano bloccate. Però non importava, perché aveva appena ricevuto il piú bel regalo del mondo.

– D'accordo, – le rispose tendendo la mano.

Lei si alzò e gliela strinse.

– Grazie per essere venuto, – gli disse con un cenno del capo.

Nella stradina davanti a uno dei condomini a Romsås, era parcheggiato un camion per il trasporto di container. Era lí dal giorno prima. L'amministratore aveva già lasciato un biglietto sotto il tergicristallo. Sarà furioso, pensò l'autista mentre guardava scoraggiato fuori dalla finestra del suo appartamento al primo piano.

La figlia Milla, di due anni, era malata.

Alle tre del mattino aveva dovuto cambiarle le lenzuola per la prima volta, aveva vomitato. La febbre era salita durante la notte e, quando verso le sei aveva raggiunto i quaranta gradi, lui aveva deciso di portarla al pronto soccorso. Poi la piccola si era finalmente addormentata tranquilla tra le sue braccia e mezz'ora dopo la febbre era scesa a trentotto e mezzo.

La bambina dormiva ancora, nel lettone, e avrebbe continuato a farlo finché poteva. L'autista aveva chiamato il lavoro dicendo che quel giorno sarebbe rimasto a casa, ma che il camion andava recuperato il prima possibile. Il capo si era un po' arrabbiato, sia perché lui non sarebbe andato a lavorare sia perché doveva mandare due uomini fino a Romsås per recuperare il mezzo.

L'autista sperava che sarebbero arrivati presto perché vide l'amministratore procedere con passo deciso verso il portone della palazzina. Si fiondò in corridoio per silenziare il campanello. Poi andò in camera da letto e, dopo aver toccato la fronte alla figlia ed essersi assicurato che il respiro era regolare, si sdraiò accanto a lei.

Era stanco morto e si addormentò subito.

Quando si svegliò, Odin non ricordava che giorno fosse né dove si trovasse. Costringendosi a uscire da una specie di coma, capí che a svegliarlo era stato il suono del cellulare.

– Pronto, – rispose rauco dopo esserselo portato all'orecchio.

– Sono Hanne.

Si tirò su a fatica e mise un altro cuscino dietro la schiena.

– Che ore sono?

– Le otto.

– Merda.

Prese il bicchiere d'acqua dal comodino e lo svuotò.

– Grazie di essere venuto ieri, – gli disse lei. – Avevi ragione, era ora che ti raccontassi tutto. Com'è andata con i tuoi colleghi?

Odin appoggiò i piedi sul pavimento.

– Bene, – rispose, la voce ancora roca. – Alla grande, cazzo.

– Ah, sí?

– Il caso «Dodici cavalli indomabili» è mio. Della polizia di Oslo.

– Eh? Cos'hai… Come…

– Forse la mia spiegazione faceva schifo. Forse ero troppo stanco. O forse la prima dirigente è solo una stronza ottusa e miope che non ha capito il nesso.

Mise il telefono in vivavoce mentre cercava di allentare la tensione ai muscoli del collo piegando la testa il piú possibile di lato.

Il collo scricchiolò.

– Ma questo vale oro, Hanne. Dopo ti spiego meglio. Ora devo darmi una mossa. Di colpo mi sono piovute addosso un mucchio di cose da fare.

– Volevo solo dirti che…

Silenzio.

– Pronto? – disse, guardando lo schermo.

– Ieri ti ho detto tutto, – riprese lei.

– Me lo auguro!

– Tranne una cosa.

– Cosa?

Di colpo Odin era perfettamente sveglio.

– Cazzo, Hanne. Avevi giurato…

– Scusa. Ma ti ho chiamato adesso per parlartene.

– Perché fai cosí? Perché con te dev'essere sempre tutto cosí… *enigmatico*?

– Fregatene. Vuoi che te lo dica o riattacchiamo?

– Parla.

– So chi è davvero Fridtjof.

– Cosa?

– Esiste un servizio online che in pratica è in grado di identificare quasi qualunque immagine di una persona. L'ho usato ieri.

– Con la foto del parco?

Odin si alzò.

– Sí.

– Come si chiama?

– Lavrans Kavli. Abita allo stesso indirizzo del ginecologo di cui ti ho parlato. Lavrans è il figlio biologico di Aasmund Aaletjønn. Ma è…

– … da una prospettiva giuridica il figlio del dottor Kavli, – concluse Odin. – Mi hai fatto risparmiare un bel po' di tempo. Ma se mi nascondi ancora qualcosa…

– No, – lo interruppe lei. La sua voce suonava sinceramente addolorata.

Quando Hanne tornò dopo aver parlato con Odin, Ebba Braut era seduta a tavola per la colazione. Non aveva toccato l'uovo fritto che Hanne le aveva preparato. Anche il bicchiere di succo era intatto. Teneva la tazza di tè con entrambe le mani e sembrava che fosse già a un funerale.

– Mi licenzieranno.

– Ma no, – disse Hanne avvicinando la carrozzina al lato opposto del tavolo.

– Sí, invece. Nelle ultime settimane mi sono presa cosí tanti giorni da dedicare ufficialmente alla lettura da coprire una vita intera nell'editoria. Senza aver letto nemmeno una riga.

– Ti rilasceranno di sicuro un certificato medico per l'interruzione di gravidanza. Andrà tutto bene, Ebba. Ora l'importante è superare questo momento.

Prese una fetta di pane dal cestino e ci spalmò sopra del paté.

– Lunedí ritorneremo a una vita normale, – aggiunse. – Odin è stato dai suoi colleghi a Lillestrøm e gli ha raccontato tutto quello che abbiamo scoperto.

Al pensiero avvertí un tuffo al cuore. Appoggiò la fetta di pane.

– Ebba? – disse con delicatezza.

Ebba piangeva afflosciata sulla sedia. Si chinò sul tavolo, nascondendo il viso tra le braccia. La schiena le sussultava a ritmo con i singhiozzi disperati.

Lentamente, Hanne la raggiunse, sistemando la carrozzina al suo fianco, il piú vicino possibile. Poi le avvolse le spalle con un braccio. Le loro teste si toccarono.

– È terribile, – le sussurrò. – E non c'è nulla che io e te possiamo fare per migliorare la situazione e quello che provi. Devi solo lasciar passare il tempo.

– Non ce la faccio. Non sono in grado di sopportarlo. Ho davanti agli occhi l'immagine di uno che mi penetra e...

Scoppiò in un ululato lungo e doloroso. Hanne le mise una mano sulla testa e cominciò ad accarezzarle con dolcezza i capelli ancora sciolti.

– È come un film, – singhiozzò Ebba. – Un film che si ripete di continuo nella mia mente. E ora devo abortire e ci sto male e non so se... – Si sollevò di scatto esclamando: – Non posso abitare a casa mia! Non sopporto nemmeno il pensiero di andare a prendere le mie cose!

Hanne tirò indietro la carrozzina. Ma non di molto.

– Dovresti accettare la proposta di Ida di accompagnarti alla clinica. Nessuno dei tuoi amici sa che sei incinta. Finché non si saranno calmate le acque, puoi continuare a vivere qui. E con il tempo...

Si morse il labbro e inclinò la testa per un'idea che le era balenata in mente all'improvviso.

– Quando avremo sistemato tutto dal punto di vista legale, e vedrò di darmi subito da fare, potrai...

Ebba la guardò. Aveva il volto bagnato e chiazzato di rosso, gli occhi gonfi. Il mento era bagnato di saliva e sul labbro superiore c'era un po' di moccio. A Hanne ricordava la versione bionda di Ida quando il mondo le crollava addosso.

– Non dovrai vivere nel tuo appartamento, – le disse, abbozzando un sorriso. – Ti darò quello di Henrik. Se ti va...

Marius Blaaberg e Odin Gammelgård erano posteggiati in Baglerfaret, a poche abitazioni di distanza dall'indirizzo a cui vivevano i Kavli. Avevano usato ancora l'auto privata di Odin, che non voleva perdere tempo prezioso a richiederne una di servizio.

– Perché non abbiamo parcheggiato piú vicino? – chiese Marius.

– Perché magari sono in casa, – rispose Odin, poi si interruppe.

Indicò con un cenno del capo l'indirizzo corretto: una volante della polizia si era fermata davanti ai due pilastri del cancello.

– Chi sono? – domandò Marius. Sentí il commissario capo afferrarlo per la manica della giacca.

– I nostri colleghi del Romerike, – gli spiegò Odin a bassa voce. – Loro, oppure qualcuno dei nostri che gli sta dando assistenza. Non mi va di controllare quale delle due. Devono aver scoperto anche loro chi è Fridtjof. Vieni qui.

Condusse Marius con sé in un giardino senza recinzione, incrociando le dita che il proprietario non fosse in casa. I cespugli dove si trovavano erano visibili da un'ampia finestra panoramica.

Non dovettero aspettare a lungo.

Due minuti dopo, la volante gli passò davanti. Odin tornò sulla strada e si avvicinarono alla casa della famiglia Kavli. Dopo aver superato i pilastri del cancello ed essere entrati nel vialetto, Odin si fermò a guardare per terra. Diede un calcio leggero alla pavimentazione in pietra.

– Accovacciati, – disse a bassa voce.

– Okay, – rispose Marius e obbedí.

– Vedi quei segni verdi sul lastricato?

Marius annuí.

– Scatta un paio di primi piani, per favore.

Mentre Marius tirava fuori il cellulare e faceva come gli era stato chiesto, Odin proseguí. Notò la presenza di piccoli resti di piastrelle e trucioli di legno lungo la parete della casa.

– Ci sei?

– Sí, – disse Marius, che lo raggiunse di corsa.

Odin suonò il campanello.

Dall'interno si sentí del trambusto, ma la porta si aprí quasi subito.

Apparve un uomo alto almeno un metro e novantacinque. Non lo si poteva definire grasso. Corpulento. Aveva perso quasi tutti i capelli e i pochi rimasti erano tagliati cortissimi e formavano una specie di corona di aculei grigio chiaro.

– Odin Gammelgård, – si presentò Odin con un cenno del capo mostrandogli il tesserino. – E questo è l'agente Blaaberg. Vorremmo parlare con Lavrans Kavli.

– Ma se ve ne siete appena andati! – replicò l'uomo stizzito. – Non vedo Lavrans da lunedí.

– Ah, sí? Sa dove si trova?

L'uomo si strofinò la fronte con la manica, si vedeva che aveva svolto qualche attività fisica. Il viso era lucido di sudore e la maglietta era bagnata sotto le ascelle.

– Non ne ho idea, – rispose. – Lavrans è adulto. Va e viene come vuole. Ora avrei parecchio da fare, quindi se...

– Sta ristrutturando? – gli chiese Odin, sbirciando a

lato di quel colosso che, purtroppo, copriva quasi l'intero vano della porta.

– Sí. Se non c'è altro...

– Vedo che ha fatto portare via i detriti!

– Be'... sí, sto ristrutturando. Ma adesso...

– A quale ditta si è rivolto?

– Ditta? Cosa intende dire con...

Odin si voltò verso Marius.

– I resti di vernice lasciati sul lastricato sembravano recenti, giusto?

Marius annuí.

– Parecchie fibre sparse qua e là, – confermò.

– Appunto, – disse Odin prima di rivolgersi di nuovo al gigante sulla soglia. – Ecco perché le chiedo: quale ditta che fornisce container ha usato per sbarazzarsi dei materiali?

L'uomo lo fissò per alcuni secondi.

– Perché lo vuole sapere? – disse alla fine. – Pensavo che stesse cercando Lavrans.

Mettendosi le mani in tasca, Odin si strinse nelle spalle.

– Solo per curiosità. Mi potrebbe rispondere?

– Non ricordo, – disse l'uomo, che fece un breve cenno del capo prima di chiudere la porta.

Marius guardò Odin terrorizzato. Il commissario capo gli sorrise. Si avvicinò alla parete della casa piú vicina al cancello e raccolse un truciolo di legno. Una volta che se ne furono andati, chiamò Herman Bråtan.

– Sono io, – disse senza cerimonie mentre si dirigeva veloce verso la macchina. – Prepara un elenco delle discariche e delle ditte che noleggiano container nell'area di Oslo. Poi metti al lavoro il maggior numero possibile di persone disponibili, devono chiamarle tutte.

– Va bene, – rispose Herman.

– Qualsiasi smaltimento di materiali da costruzione provenienti da abitazioni private va fermato immediatamente, – continuò Odin. – Stiamo cercando un container con dentro resti di parquet e altro legno, è stato ritirato di recente da una villetta in Baglerfaret a Ryen.

– Ricevuto.

– Se siamo fortunati, lo troveremo in tempo. Sequestratelo. È della massima importanza.

Interruppe la chiamata. Si avvicinarono all'auto.

– Cosa pensi che ci sia nel container? – gli chiese Marius infervorato. – Un cadavere?

Odin ridacchiò.

– Quel tipo non è cosí stupido. A proposito, dove ce l'hai la tua uniforme?

Mikkel Revebo guardava storto il negro.

Tutto a un tratto gli avevano comunicato che un poliziotto era venuto in carcere a parlare con lui. Si era fatto accompagnare piú che volentieri nella stanza dove incontrava di solito l'avvocato. Forse la spiegazione che aveva fornito gli avrebbe procurato la revoca della custodia cautelare. Il tempo che impiegò per spostarsi dalla cella al reparto dove lo aspettava Marius Blaaberg fu abbastanza lungo da far crescere in lui la speranza di andarsene da quel posto schifoso.

Ma non era il vecchio sbirro ad aver chiesto un colloquio.

– Voglio che sia presente il mio avvocato se devo parlare con te, – disse acido.

Marius annuí.

– Certo. Vado via subito e aspettiamo che l'avvocato Haugli abbia tempo di venire. Magari ci vorrà qualche giorno, ma va bene.

Si alzò, prese una busta che aveva con sé e si diresse verso la porta. L'agente che aveva accompagnato il detenuto non aveva nemmeno avuto il tempo di lasciare la stanza.

– Aspetta, – disse Mikkel. – Cosa c'è in quella busta?

– Solo una foto.

– Di chi?

– È proprio questo che dovresti aiutarmi a stabilire. Ma può aspettare.

– Me la revocano presto la custodia cautelare?

Marius si fermò.

– Secondo quel Gammelgård era una questione di giorni, – dichiarò Mikkel. – Mi ha detto che non c'è piú il rischio di inquinamento delle prove, ora che ho deposto.

– Se Gammelgård ha promesso qualcosa, allora è cosí.

Marius sorrise e fece per allontanarsi, ma quando fu sulla porta si girò.

– Le cose andrebbero ancora piú in fretta se tu potessi dare un'occhiata a questa foto, – disse. – Il tuo avvocato non avrebbe nulla in contrario.

Mikkel ci pensò.

Era dentro da troppo tempo. Aveva un paio di amici che avevano ricevuto denunce analoghe, ma non erano mai stati messi in custodia cautelare.

Inoltre, i loro casi alla fine erano stati archiviati.

Mikkel Revebo voleva uscire.

– Fammi vedere.

Il negro gli chiese di sedersi – lui invece rimase in piedi dall'altra parte del tavolo – ed estrasse una fotografia dalla busta. L'immagine di un volto.

– Sai chi è?

Mikkel gli diede una rapida occhiata. Sogghignò.

– Dal vivo non è cosí figo, – commentò. – Ma è il tizio che si faceva chiamare Fridtjof tutte le volte che l'ho incontrato.

Il camionista, che era a casa dal lavoro con la figlia malata, non riusciva a capire cosa stesse succedendo. Era in piedi alla finestra del suo appartamento con in braccio una bambina di due anni che piagnucolava. Quando si era svegliata, Milla stava meglio, ma non era guarita.

Il camion era ancora lí dove l'aveva parcheggiato il pomeriggio del giorno prima. L'amministratore gli aveva già inviato tre sms e a sua volta l'autista aveva sollecitato il capo perché qualcuno venisse a prendere il mezzo.

Adesso era arrivata la polizia. Due volanti con tre uomini e una donna e in contemporanea un furgone dell'AS Oslo Trasporti e rifiuti, che si era fermato dietro il camion. Riconobbe due colleghi che ora stavano parlando con uno dei poliziotti. Non sembrava che ci fossero questioni in ballo: un collega annuí e strinse la mano all'agente prima di salire nella cabina e accendere il motore. Evidentemente si era portato dietro le chiavi di riserva. Per fortuna. Per un attimo aveva temuto che, come d'accordo, sarebbero saliti da lui per prendere le sue.

Due minuti dopo, tutti i veicoli erano spariti.

Milla piagnucolava e lui le appoggiò il dorso della mano sulla fronte.

– Oh, no! Millina mia, hai di nuovo la febbre!

Fece un profondo respiro, ma almeno non doveva piú temere quel maledetto amministratore.

Odin Gammelgård e Marius Blaaberg avevano indossato l'uniforme. Quella di Odin era troppo grande e piuttosto sgualcita. Marius, rigido e impettito, pareva un figurino, oltretutto era felice come una Pasqua. Quando era tornato dal carcere, Odin gli aveva dato una pacca sulla spalla. Il rapporto che aveva consegnato dichiarava che il detenuto Mikkel Revebo aveva identificato la persona ritratta nella foto proveniente dalla fattoria Aaletjønn come il complice che faceva parte dei Dodici cavalli indomabili, Fridtjof. Poi Odin lo aveva invitato a partecipare a un'operazione.

Il primo incarico in divisa di Marius a Oslo. Dovevano cercare un medico che già sapevano non essere presente.

– Salve, – esordí Odin rivolgendosi alla segretaria del Centro medico di Heggeli nell'esclusiva zona ovest di Oslo.

La sala d'attesa era grande e luminosa, con appese immagini della flora norvegese. La donna era seduta dietro un vetro, ma aprí un piccolo sportello all'altezza della propria testa e guardò Odin.

– Polizia, – disse lui, sollevando il tesserino. – Siamo qui per parlare con Lasse Kavli.

– Oggi non c'è, – rispose incerta la donna, spostando senza sosta lo sguardo da Odin a Marius e viceversa. – Desiderate lasciargli un messaggio?

– Dov'è?

– A casa, credo.

– Malato?

– Questo non lo so, ma se aspettate un attimo vado a chiamare la dottoressa Freydel. Oggi sta usando lei il suo studio.

– Grazie.

Passò a malapena un minuto, dopodiché apparve una donna in camice rosa. Non poteva superare i trent'anni, pensò Odin, ma sapeva di non essere piú cosí bravo a indovinare l'età delle persone. Era come se diventassero tutti sempre piú giovani. A parte lui.

Le mostrò il tesserino con la mano sinistra mentre le porgeva la destra.

– Commissario capo Gammelgård. Questo è l'agente Blaaberg.

Indicò il collega con un cenno della testa.

– Si tratta di una paziente, – disse a bassa voce: due uomini, seduti in due punti diversi della sala d'attesa, seguivano incuriositi. – Del dottor Kavli.

– Non è qui, – tagliò corto lei. – Dovete tornare un altro giorno.

Era leggermente in sovrappeso e aveva i capelli scuri raccolti in una strana pettinatura alta sul capo. Un po' come Piccola Mi dei Mumin, pensò Odin, che cominciava a provare una certa impazienza.

– Non credo proprio, – le disse. – È urgente. Potremmo...

Alzò la mano verso la porta da cui la dottoressa era arrivata. Lei esitò, poi con le mani infilate nelle tasche del camice si avviò senza chiedere loro di seguirla. Lo fecero comunque. Si trovarono prima in un corridoio dove aleggiava un leggero odore di disinfettante, quindi entrarono in un'altra stanza. Era facile dedurre che si trovavano in uno studio medico.

– Si tratta di una paziente deceduta, – spiegò Odin. La dottoressa non li aveva invitati a sedersi. – Abbiamo bisogno di accedere alle sue cartelle cliniche.

– Allora dovete contattare il dottor Kavli. Presumo che non vi consegnerà nulla. Siamo vincolati dal segreto professionale anche dopo la morte del paziente. Dovrete procedere per le vie legali se volete ottenere qualcosa da questo centro.

– Non è necessario, – replicò pacato Odin. – Ai sensi della legge che riguarda il personale sanitario, spetta al medico decidere se le informazioni contenute nelle cartelle cliniche dei pazienti possano essere consegnate a noi dopo la morte. Vanno prese in considerazione...

– ... la presunta volontà del defunto, la natura delle informazioni e gli interessi dei congiunti e della società in generale.

Sulla soglia c'era un medico molto piú anziano. Sembrava uno stereotipo, con il camice e i pantaloni bianchi, una maglietta bianca e gli zoccoli di legno ai piedi. Intorno al collo aveva persino uno stetoscopio e una mascherina abbassata. Doveva essere vicino all'età della pensione, valutò Odin. Aveva uno sguardo amichevole color ambra e sopracciglia grigie e scarmigliate.

– Qual è il problema? – chiese alla collega piú giovane.

– Vogliono informazioni su una paziente di Lasse. E ho detto che non le avranno.

– Venite con me, – disse il medico piú anziano. – A proposito, sono il dottor Hovden. Evald Hovden. Ditemi di che si tratta.

Odin e Marius lo seguirono piú che volentieri lungo il corridoio. Si fermarono tre porte dopo. Il suo studio era piú grande dell'altro, e piú accogliente. C'era tutta l'attrezzatura solita, come il lettino per le visite e lo sfigmomanometro. Sopra la scrivania erano appese due tavole anatomiche, mentre il muro opposto era ricoperto di disegni colorati e incorniciati di bambini. Sul davanzale della finestra c'erano tre piante verdi.

– Una *monstera thai constellation*, – esclamò Marius indicandola. – È raro vederla!

Odin fece una smorfia di disapprovazione.

– Si accomodi, – gli disse il medico indicando una sedia. – Lei può sedersi sul lettino?

La domanda era rivolta a Marius, che si sedette sulla carta scricchiolante.

– Sentiamo, – fece il medico fissando Odin.

– Riguarda una paziente del dottor Kavli.

Lanciò un'occhiata alla porta, che il dottore aveva chiuso alle loro spalle.

– Si chiamava Vilde Karoline Bredesen, nata il...

Si batté la mano sulle tasche della camicia.

– 14 gennaio 1999, – intervenne Marius.

– Sí, – disse Odin, il quale, trovata l'ecografia che gli aveva dato Hanne, la porse a Evald Hovden. – Abbiamo motivo di ritenere che sia stata fatta qui.

Il medico la osservò.

– È stata tagliata, – commentò aggrottando la fronte. – Secondo le regole dovrebbe essere identificabile.

– Sarebbe in grado di verificare se la paziente in questione è stata qui? Avete accesso alle cartelle cliniche dei vostri colleghi?

Il medico non rispose, si era già voltato verso il monitor e aveva inforcato gli occhiali. Digitò sulla tastiera in maniera insolitamente lenta.

– Sí, – dichiarò alla fine. – È una paziente di questo centro, ve lo posso confermare.

Girò la sedia da ufficio e incrociò le braccia.

– Per dirvi altro, devo sapere di piú.

Odin si massaggiò la nuca mentre rifletteva. Era impossibile raccontare al medico la storia condensata dei Dodici cavalli indomabili. Inoltre, era cosí assurda che avrebbe potuto cacciarli fuori prima che fosse finita.

– Abbiamo il sospetto che possa essere stata inseminata qui, – disse Marius, facendo sussultare Odin. – Senza saperlo. In ogni caso è rimasta incinta senza capire come.

Lo sguardo del medico si fece piú tagliente. Socchiuse gli occhi, e Odin si domandò se si sentisse provocato dalle parole di Marius o se si stesse concentrando. Avrebbe giurato che fosse impallidito.

Il medico si alzò. Girò loro le spalle e rimase in piedi a guardare fuori dalla finestra. Senza dire nulla.

– Ci rendiamo conto che si tratta di un sospetto molto grave, – intervenne Odin quando il silenzio diventò opprimente, – ma posso assicurarle che non saremmo venuti qui se non fossimo abbastanza convinti.

Evald Hovden continuò a tacere. Si appoggiò con le mani al davanzale e abbassò la testa. Rimase cosí.

– Possiamo procedere per le vie legali, – riprese Odin tranquillo. – Ma è urgente.

– Solo un momento, – chiese il medico, ancora con la testa china.

Quanti ne voleva.

Infine si raddrizzò e si sedette pesantemente sulla sedia dietro la scrivania. Digitò alcuni dati senza dire nulla. Dopo qualche minuto tirò su la testa, guardò Odin e disse: – È stata qui il 21 gennaio. Dal dottor Kavli. Per avere la conferma di una gravidanza.

Si passò la mano sulla testa con un sospiro quasi impercettibile, poi si riconcentrò sullo schermo e scrollò fino alle immagini di un'ecografia. Le comparò con quella che gli aveva dato Odin e sospirò di nuovo.

– Sono identiche, – mormorò.

– Okay, – disse Odin. Gli sembrava di sentire il proprio battito cardiaco nelle orecchie. – A che settimana era?

– L'undicesima circa. E in quel momento godeva di buona salute, a parte un po' di nausea mattutina.

– Undici settimane, – disse lui.

– Undici settimane, – ripeté il medico. Sapeva benissimo dove Odin voleva arrivare.

– Verso… il 5 novembre dello scorso anno, – intervenne Marius. – È importante sapere se Vilde è stata qui.

Il dottor Hovden riprese a cliccare. Poi, dopo aver tentennato per alcuni secondi, si tolse pian piano gli occhiali. Se li infilò nella tasca del camice, guardò il commissario capo e disse con le lacrime agli occhi: – La cartella clinica non dice nulla in proposito. Non c'è nulla di registrato su Vilde Karoline Bredesen prima della visita del 21 gennaio.

Alzò gli occhi al soffitto, forse per impedire alle lacrime di iniziare a scorrere.

– Mi è venuto in mente che potrebbe averla cancellata. Quindi ho controllato il nostro calendario interno.

Abbassò la testa e fissò Odin.

– Da lí risulta che Vilde aveva appuntamento da Lasse Kavli il 4 novembre 2021 per un pap test. È registrato come avvenuto.

Si inumidí le labbra, poi aggiunse: – E tutti sappiamo in che modo si effettua questo tipo di esame.

Si era fatta sera.

Hanne aveva dormito per metà giornata, ma si svegliò quando Ebba, pallida in volto, tornò da sola dal policlinico di Ullevål. Lí era stata presa la decisione definitiva e avviata l'interruzione di gravidanza. Hanne aveva appena ricevuto i risultati dei test da Sabina. In una delle bottiglie di Coca-Cola erano state trovate tracce di diazepam.

Dunque aveva ragione, aveva sempre avuto ragione. Se Ebba glielo avesse mai chiesto, glielo avrebbe detto.

Ma non ora.

Avevano mangiato qualcosa e fatto una lunga doccia. Avevano guardato uno stupido film scelto da Ebba e mangiato ancora un po' prima che la ragazza andasse a letto.

Non si erano parlate piú di tanto.

Non c'era piú molto da dire.

La questione era finita per entrambe.

Tra poco Ebba non sarebbe stata piú incinta e Hanne non avrebbe piú avuto nessun caso di omicidio da risolvere. Le indagini non erano concluse, ma ormai non spettavano a lei. Se n'era presa carico la polizia. Avrebbe incontrato Marius e Odin venerdí al funerale, ma dopo sarebbero scomparsi dalla sua vita.

Come facevano tutti, prima o poi.

Era seduta sulla carrozzina, sola in un soggiorno quasi buio. La tv era spenta. L'iPad era inerte sul tavolino. Dall'esterno giungevano i soliti rumori delle auto e di qualche grido che riecheggiava tra i palazzi.

Qualcuno stava entrando in casa.

Hanne controllò l'orologio. Le dieci e mezza passate. Doveva essere Ida.

Era Nefis.

Eccola lí di colpo, nel vano che dava sull'ingresso. Sembrava cosí piccola. Aveva i capelli sciolti, come accadeva quasi solo di notte, e aveva pianto.

– C'è qualcosa che non va con Ida? – le chiese Hanne, mentre si rendeva conto che la voce le tremava.

– No, – rispose Nefis, immobile. – È al cinema.

– Cosa… Cosa ci fai qui?

– Torno a casa, – disse Nefis, e fece qualche passo nella stanza.

Si fermò a due metri da lei.

– A casa? – ripeté Hanne.

– Sí. A casa. Qui. Torno a vivere qui.

Hanne non respirava piú.

– È difficilissimo vivere con te, Hanne. Ma è assolutamente insopportabile non farlo.

Si avvicinò e si chinò. Dopo averle posato la mano sulla nuca come solo a lei era permesso fare, le diede, a mo' di dono, un bacio sulle labbra, dolcissimo e leggero.

Oltre allo sbocciare timido di un sorriso.

Giovedí 24 marzo

Due ragazzi di sedici anni avevano appena aperto la porta di un rifugio antiaereo che risaliva ai tempi della guerra e si trovava in una località a nord di Oslo, adiacente a una casa di riposo. Furono investiti dall'odore di umidità e vecchio ciarpame.

– Qui dentro c'è qualche sistema di ventilazione? – chiese uno dei due, tappandosi il naso.

– Sicuro, – rispose l'altro, molto piú robusto. – Ma non sento nulla.

Entrambi rimasero in ascolto.

– Da là dietro arriva una specie di ronzio, – dichiarò il ragazzo piú alto. – Vado a vedere. Lascia la porta aperta! Non voglio mica rimanere chiuso qua dentro.

L'amico prese un bel mucchio di giornali da una pila accatastata proprio subito dopo la porta. Erano vecchissimi, osservò, e molto ingialliti. Li lasciò cadere davanti al battente e con il piede ve li spinse il piú vicino possibile. Per sicurezza, prese il giornale in cima, lo arrotolò e lo ficcò tra porta e stipite. Poi si strofinò le mani e le passò sui pantaloni.

Se avessero ripulito lí dentro, avrebbero guadagnato quattromila corone.

Soldi assolutamente necessari: tutti i giocatori della squadra G16 del club locale di calcio erano obbligati a guadagnare cinquemila corone ciascuno da devolvere alla cassa comune prima che iniziasse la stagione. Erano in tanti ad avere problemi a trovare lavori cosí ben retribuiti.

Avevano creduto che sarebbe stato denaro facile. Dovevano portare le cose fuori e buttarle in un contenitore che si trovava proprio davanti alla casa di riposo. Quando il ragazzo diede un'occhiata intorno, dubitò che ci fosse spazio a sufficienza per tutto.

Comunque, potevano riempire quello che c'era e pretendere i soldi, pensò. Non era colpa loro se la casa di riposo non aveva procurato un contenitore aggiuntivo.

– Lars! – gridò. In uno spazio tanto grande, non vedeva piú l'amico. – Hai trovato qualcosa?

– Sí! Una figata!

Lars apparve da dietro una fila di vecchi armadi. Teneva tra le braccia una bicicletta.

– Guarda questa, Torgeir! Una di quelle all'antica!

Al posto del sellino, la bicicletta aveva una sorta di sella vera e propria. Con un piccolo schienale in fondo, quasi come fosse una moto. Al centro del manubrio curvo c'era una scatola quadrata con una leva. Lars provò a tirarla. Senza successo.

– Credo che il cambio funzioni solo quando si pedala. Figo!

– Che cazzo di manubrio, – commentò Torgeir. – Bisogna stare seduti cosí!

Sollevò le braccia e strinse due impugnature immaginarie sopra la testa. Lars gli diede una gomitata leggera.

– Come su una chopper!

Si accovacciò e studiò la bici piú attentamente.

– Cazzo, – disse eccitato. – Basta solo cambiare le gomme ed è una bomba.

Tirò fuori il cellulare dalla tasca.

– Qui non c'è campo, – disse Torgeir. – Devi andare piú in là nel corridoio.

Indicò la porta tenuta aperta dai giornali.

Camminando, Lars armeggiò con il telefono. Aveva fatto tre metri quando esclamò: – *Cazzooo!*

Mostrò lo schermo all'amico.

– Una identica è in vendita su Finn.no a tremila corone! Questa non la buttiamo di sicuro!

Torgeir corse di nuovo nel rifugio antiaereo.

– C'è altro che possiamo vendere?

Si guardò intorno eccitato.

– Diamo un'occhiata, – disse Lars.

– Là dentro c'era qualche sistema di ventilazione? – chiese Torgeir.

– C'è un grosso buco nel muro qui dietro. Con una rete davanti. Non ho sentito nessun rumore, però un po' d'aria sí. Un filo.

– Forse dovremmo avvisare qualcuno, – commentò Torgeir esitante. – Magari il custode non sa che il sistema di ventilazione è rotto.

– Ma la porta è aperta! E il custode non ci mandava mica qui dentro se era pericoloso!

Inspirò con forza dal naso mentre sporgeva il petto in fuori.

– C'è un casino di aria, – osservò dopo aver espirato.

Si precipitò nello stanzone rettangolare per vedere se trovava qualcos'altro di interessante.

Torgeir non era ancora convinto.

Sulla parete di sinistra c'erano un paio di letti ospedalieri, uno aveva una gamba rotta e l'altro dimostrava mille anni. Qualche piccolo schedario. Si avvicinò e cercò di aprirne uno. Era chiuso a chiave e coperto di polvere; toccandoli, quegli oggetti parevano unti, come se avessero una patina di grasso, sicuramente piena di batteri.

Fra tre sacchi di legna e una sedia con le molle che sporgevano dalla seduta c'erano due scatoloni. Non sembravano tanto vecchi. Torgeir si avvicinò e aprí quello in alto. Dentro c'era un laptop.

– Merda! – esclamò entusiasta, poi, alzando la voce: – Lars! Ho trovato un portatile! Un MacBook!

– Come va, ragazzi?

Sulla soglia c'era il custode. Diede una rapida occhiata al mucchio di giornali che impediva alla porta di richiudersi.

– Astuto, – commentò annuendo. – Qui dentro l'aria non è un granché. Cavoli. Un'Apache!

Si avvicinò ridacchiando.

– Quando negli anni Settanta ero un ragazzino, quella bici era il mio sogno piú grande, – disse accarezzando la sella. – Purtroppo non si è mai avverato. È pure in ottime condizioni.

Lars spuntò a mani vuote dal fondo della stanza. Si fermò un attimo quando vide chi c'era accanto alla bicicletta.

– Dobbiamo buttarla, questa? – chiese al custode.

– Sarebbe stupido. Se riuscite a procurarvi delle gomme nuove e a darle una sistemata, ci potete fare un bel po' di soldi.

– Lo so! – disse Lars con un sorriso.

– Posso prendere anche questo?

Torgeir gli mostrò il laptop.

– Fammi vedere, – rispose l'uomo allungando la mano.

Lo aprí. Premette il pulsante di accensione. Non successe nulla. Probabilmente era scarico, il computer doveva essere abbastanza recente. Lo richiuse e lo girò. Sotto c'era attaccata un'etichetta con scritto «H. Holme», in bianco su sfondo blu.

– Dove l'hai trovato? – chiese.

– Nello scatolone laggiú, – disse Torgeir indicando.

Il custode si avvicinò e guardò dentro. C'erano degli album fotografici e una foto incorniciata. La figura di un angioletto e un vaso. Prese un album e lo aprí.

– È Hjørdis.

Lei gli sorrideva da una foto. Suo figlio, che all'epoca non poteva avere piú di dodici, tredici anni, sedeva serio accanto a lei. Si tenevano per mano e, nonostante l'immagine fosse stata scattata una ventina d'anni prima, la donna era facilmente riconoscibile. In effetti anche il ragazzo. Il custode lo aveva incontrato molte volte negli ultimi sette anni. Era stato bravo a venire a trovare sua madre, Henrik Holme.

Henrik Holme.

Anche lui *H. Holme*.

Il caso di omicidio dominava ormai da un paio di settimane i media nazionali. Per il giornale locale, il «Romerikes Blad», era ancora una notizia da prima pagina. Sia perché Henrik era di quelle parti, sia perché la polizia di Lillestrøm era responsabile delle indagini.

Indagini che, a giudicare dai reporter di cronaca nera, ristagnavano.

Il custode mostrò il computer.

– Secondo voi, quanti anni può avere?

– Tre o quattro, – rispose Torgeir deciso. – Quel modello è un MacBook 10.1. È uscito nel 2017, ma la versione grigio siderale...

Indicò il laptop.

– ... è arrivata solo l'anno dopo.

– Nel 2018, – disse lentamente il custode.

Quattro anni prima. Al massimo.

Che qualcuno avesse regalato a Hjørdis Holme un MacBook, per di piú nuovo, viste le condizioni in cui si trovava quattro anni prima, lo riteneva impensabile. Se lo scopo era mostrarle foto o piccoli video di cui poteva ancora godere, c'erano opzioni molto piú economiche.

Il custode si guardò intorno.

– A pensarci meglio, ragazzi, credo che affideremo a una ditta il compito di occuparsi di tutto questo ciarpame. C'è piú roba di quanto immaginassi. Potete portarvi via la bici, cosí avrete comunque una bella ricompensa per essere venuti.

– E quello? – chiese Torgeir indicando il laptop.

– Mi spiace –. Il custode passò la mano sul metallo freddo. – Questo lo consegnerò alla polizia di Lillestrøm.

– Ha letto il capo di imputazione e l'ha capito?

Odin Gammelgård si trovava alla centrale, in una stanza per gli interrogatori, con il dottor Lasse Kavli seduto dall'altro lato del tavolo. Accanto a lui c'era Leopold Abelsø. Era sulla cinquantina e aveva lavorato come procuratore generale per molti anni prima di fare il salto della barricata e diventare a quarant'anni uno dei piú famosi avvocati del Paese. Nella polizia era temuto, ma al tempo stesso annoverato tra i preferiti. Bravo, ma non uno di quelli che alzavano la voce.

Dopo aver sbrigato tutte le formalità, avevano acceso il registratore.

– Capito nel senso che so leggere, – argomentò Kavli. – Vedo cosa c'è scritto. Ma non ne comprendo il significato.

– Allora cercherò di spiegarglielo io. Lei è accusato di violazione dell'articolo 272 del Codice penale, lesioni gravi, in circostanze particolarmente aggravanti, e dell'articolo 67 della legge che riguarda il personale sanitario...

Leopold Abelsø alzò una mano curata.

– Se posso, – intervenne prima di continuare senza aspettare il permesso, – il mio assistito non ha problemi con il testo delle leggi citate. Torneremo comunque sulla questione della sussunzione, che ritengo come minimo bizzarra, ma per non perdere tempo…

– Va bene, – lo interruppe Odin appoggiandosi allo schienale della sedia.

Fissò il medico, che ricambiò lo sguardo con aria impassibile.

– Come si pone nei confronti della descrizione del crimine che, a nostro avviso, ha commesso?

Abbassò gli occhi sul capo di imputazione e lesse: – «Giovedí 04.11.2021, tra le 13.30 e le 13.50, nei locali del Centro medico di Heggeli, in Bygsleveien 4, Oslo, inoculava del liquido seminale nella vagina e/o nell'utero di Vilde Karoline Bredesen, nata il 14.01.99, senza il suo consenso né su sua richiesta, con il pretesto di effettuare un pap-test. Come risultato di questo atto, Vilde Karoline Bredesen rimaneva incinta e, in conseguenza di ciò, si toglieva la vita il 02.02.2022».

Odin alzò gli occhi. Il medico sembrò sorridere quando aprí bocca per dire qualcosa, ma fu di nuovo interrotto dal suo legale.

– Giusto per chiarire subito questo punto, – dichiarò Leopold Abelsø, – e, accantonando per un attimo gli altri elementi su cui si basa l'accusa, mi pare piuttosto… difficile dimostrare il presunto nesso causale esistente tra la gravidanza e il suicidio.

– Torneremo certamente su questo punto, – replicò Odin. – Ma chiedo di nuovo al suo assistito: che cosa ha da dire sul capo di imputazione?

– Che è assurdo.

– Ah.

Odin gli fece un gesto con la mano per esortarlo a continuare.

– Prima di tutto, neppure con la fantasia piú sfrenata avrei mai compiuto un gesto del genere, – disse Kavli. – Inoltre, e forse piú importante: quanto viene descritto nell'accusa è scientificamente impossibile.

– Perché?

– Perché sono sterile. Ho avuto la parotite, da bambino, e in quell'occasione non sono stato…

Esitò un istante.

– … curato come si deve. Ho la documentazione che lo attesta, ma posso anche sottopormi a un nuovo esame.

– Appunto, – annuí Odin. – Perciò, quando i nostri tecnici riesumeranno il corpo di Vilde Karoline Bredesen…

Lanciò un'occhiata oltremodo eloquente all'orologio appeso alla parete.

– … il Dna del feto non corrisponderà al suo.

– Non al mio, no.

Odin prese la penna e annotò qualcosa, mentre con l'altra mano schermava le parole. Per guadagnare piú tempo e mettere ordine nei suoi pensieri, scrisse piú del necessario.

– Non il suo, no.

Girò il foglio.

– Ma forse quello di qualcun altro?

Il medico si strinse appena nelle spalle.

– Qualcuno che le è molto vicino? – chiese Odin.

– Queste sono solo speculazioni, – intervenne di nuovo Leopold Abelsø. – Meglio aspettare fino a quando non avremo i risultati che perdere tempo con delle ipotesi.

– Va bene, – annuí ancora Odin. – Ma è vero che Vilde era nel suo studio il giorno e l'ora indicati dall'accusa?

– Per poter rispondere, devo controllare le mie cartelle cliniche.

– Ricorda almeno il nome?

– No. Ho molte pazienti.

Era padrone di sé stesso. Freddo. Ma quando Odin aveva citato il fatto che la tomba di Vilde sarebbe stata riaperta, aveva mostrato piccoli segni di incertezza. Aveva battuto le palpebre. Si era inumidito le labbra. Si era grattato un po' troppo a lungo una spalla.

Ora sedeva di nuovo come una sfinge.

Bussarono alla porta. Odin si alzò irritato per controllare chi volesse cosa: come al solito, aveva dato istruzioni di non essere disturbato.

Era Herman Bråtan, che gli bisbigliò alcune informazioni all'orecchio prima di consegnargli una sottilissima pila di documenti.

Per alcuni minuti Odin rimase fermo dov'era a leggere. Poi si sedette e appoggiò le carte davanti a sé con il retro rivolto verso l'alto.

– Ora ci sarà un piccolo cambiamento, – esordí calmo guardando l'avvocato. – E apprezzerei molto se lei portasse pazienza per qualche minuto. È sorto un piccolo… conflitto di giurisdizione.

– Davvero?

– Sí.

Odino fissò Lasse Kavli.

– L'imputazione che stiamo affrontando adesso rimane valida. Risulta però che potrebbe essere incorporata in un contesto piú ampio. Se cosí fosse, il caso non sarebbe piú di nostra competenza. Cioè della polizia di Oslo.

Kavli batté le palpebre. Tre volte.

– Questo cosa implica? – domandò, rivolto verso il suo avvocato.

Odin alzò le mani.

– Lei è medico, – disse pacato. – E conosce molte piú cose sul Dna di un comune mortale. Sa che è molto difficile rimuovere tutte le tracce lasciate da una persona sulla scena di un crimine. Specie se c'è stato molto spargimento di sangue.

– Dove vogliamo arrivare adesso? – esclamò Abelsø. Si piegò in avanti. – Omicidio? Devo insistere…

Odin non gli diede ascolto. Aveva gli occhi sul registratore. Pensava alle tante regole e direttive che fissavano le modalità entro cui doveva avvenire un moderno interrogatorio di polizia. Erano sancite dal Codice di procedura penale e dal Codice penale. Dalle disposizioni inviate dall'Avvocatura di Stato. Odin conosceva bene la materia, interrogava criminali e innocenti da oltre trent'anni.

– La cosa migliore è liberarsi fisicamente dello spazio in questione, – disse comunque. – Demolendolo.

– Questo è, per dirla… – L'avvocato si interruppe e posò la mano sul braccio del suo cliente. – Tutto bene?

Lasse Kavli era pallidissimo. Con la pelle del viso umidiccia.

– Sí, – rispose secco prima di prendere un bicchiere d'acqua.

– Abbiamo trovato il carico di detriti proveniente da casa sua, – continuò Odin. – In qualità di medico saprà di sicuro che non ci vogliono settimane per avere i risultati dei test del Dna. Riusciamo a ottenerli in poche ore, quando è davvero importante.

Guardò con espressione seria l'uomo, che ora respirava a fatica.

– La trasferiremo a Lillestrøm, – riprese Odin, iniziando a impilare davanti a sé una serie di documenti. – Sono loro i responsabili dell'indagine sull'omicidio dell'ispettore di polizia Henrik Holme.

Lasse Kavli cadde.

Prima in avanti, come un sacco, tanto che la testa sbatté sul tavolo. Né Odin né il suo avvocato ebbero il tempo di reagire prima che quel corpo massiccio si rovesciasse di lato abbattendosi sul pavimento.

– Un medico! – ruggí Leopold Abelsø.

– Lo chiamo subito, – rispose Odin, poi sistemò Lasse Kavli in posizione laterale di sicurezza e gli premette due dita sulla carotide. – Tranquillo. È vivo.

Finalmente Marius Blaaberg si sentiva un vero poliziotto.

Odin non si era nemmeno arrabbiato quando lui aveva parlato nello studio del dottore, anche se gli aveva ordinato di stare zitto.

«Bene, ragazzo», gli aveva detto quando erano usciti dal Centro medico di Heggeli. Marius era «pronto per affrontare grandi compiti», aveva aggiunto.

Nessun incarico è troppo grande o troppo piccolo, aveva pensato Marius. O almeno, non quando gli venivano assegnati da Odin Gammelgård.

Ma proprio quello era di una noia mortale.

Prima che il caso Holme venisse inoltrato al distretto di polizia Est, tre investigatori avevano raccolto e analizzato le immagini delle telecamere di sorveglianza. Si erano concentrati sul centro. Avevano iniziato a Grünerløkka per poi estendere il campo a tutta la città. Una quantità gigantesca di informazioni, che la polizia di Oslo non era riuscita a tradurre in nulla di concreto. Henrik Holme risultava introvabile.

I tre avevano lasciato l'ufficio nel caos piú totale.

Una cosa erano gli avanzi di cibo, le bottiglie di bibite vuote e i fogli di carta appallottolati. Di questo potevano occuparsene gli addetti alle pulizie. Ma tra tutta quella spazzatura c'erano anche dei documenti stampati. Probabilmente da buttare.

Solo che non era possibile disfarsene senza ulteriori controlli.

Andavano suddivisi. Se contenevano dati sensibili, dovevano essere distrutti.

Marius aveva creduto di sbrigarsela in una mezz'ora o giú di lí.

Invece era passata un'ora e c'era ancora molto da fare. Aveva paura di buttare via qualcosa che andava distrutto ed era terrorizzato all'idea di perdere l'approvazione appena guadagnata di Odin.

Quindi continuò.

All'improvviso gli venne in mente una cosa.

Una cosa a cui non aveva dato importanza.

Appoggiò il sacco della spazzatura mezzo pieno e tirò fuori il cellulare. Aprí Google Maps.

Baglerfaret.

Passò dalla mappa alla vista aerea. Ingrandí l'immagine fino a vedere solo il tetto della casa tre numeri prima dell'abitazione di Lasse Kavli. Proprio dove lui e Odin avevano parcheggiato.

Una telecamera di sorveglianza.

Il giorno prima, quando erano stati in Baglerfaret alla ricerca di Lavrans, nessuno dei due aveva pensato che Henrik ci fosse mai andato. Sarebbe stato strano, visto che probabilmente Henrik conosceva Lavrans soltanto come Fridtjof. Nel pomeriggio, i risultati dell'analisi del Dna avevano colpito la centrale con l'effetto di una bomba.

Henrik *era stato* in Baglerfaret.

Ecco perché a Marius era venuta in mente la telecamera che aveva visto solo in quel momento. E che poteva essere importante.

Guardò lo schermo. Sentí un formicolio alla nuca. Piú di tutto, avrebbe voluto correre subito a Ryen, suonare il campanello e sperare che il sistema di sorveglianza funzionasse. E che le registrazioni non si autocancellassero dopo un giorno o giú di lí.

Avrebbe potuto prendere la metropolitana. Andare in bicicletta.

Avrebbe potuto persino andarci a piedi e diventare l'eroe del giorno.

O rovinare tutto. Cosí chiamò invece Odin Gammelgård.

La prima dirigente Camilla Brønby della stazione di polizia a Lillestrøm indossava ancora la divisa dopo aver testimoniato in una causa penale quello stesso giorno. Non ci era voluto molto, ma quando era rientrata a piedi dal tribunale, che era vicino agli uffici della polizia, era scoppiato l'inferno. Non aveva neppure avuto il tempo di cambiarsi.

Non solo i colleghi di Oslo avevano fatto un grande passo avanti nell'indagine sull'omicidio di Henrik Holme, ma avevano anche arrestato un sospettato. Ora come ora si trovava sotto stretta sorveglianza all'ospedale universitario di Akershus, ma secondo gli ultimi rapporti il giorno dopo sarebbe stata presentata la domanda per ottenere la carcerazione preventiva. I giuristi stavano lavorando per esaminare tutta la documentazione che arrivava copiosa da Oslo, con la speranza di poter redigere per tempo un solido atto d'incriminazione.

Probabilmente Odin Gammelgård aveva ragione.

C'era un nesso tra un brutto caso di stupro a Oslo, un gruppo strano e misogino che agiva nel dark web e l'omicidio dell'ispettore Henrik Holme. Camilla Brønby non era riuscita a vederlo quando il commissario capo Gammelgård era stato nel suo ufficio la notte prima. Al contrario, aveva trovato la sua storia forzata, illogica e incoerente. Mentre guidava verso casa la mattina presto dopo l'incontro, si era detta che forse il long Covid aveva indebolito le abilità cognitive di Gammelgård. Lui stesso le aveva detto al suo arrivo che a partire da quel giorno avrebbe ripreso a lavorare.

Nemmeno adesso, dopo essere stata aggiornata tre volte nelle ultime quattro ore, Camilla Brønby aveva una visione completa.

Poi era arrivato il laptop.

Il custode di una casa di riposo in un comune vicino, a nord, l'aveva consegnato nel primo pomeriggio. Era stato trovato tra gli oggetti lasciati dalla defunta madre di Henrik Holme, aveva spiegato, ma l'etichetta con il nome non poteva anche significare che il computer era del figlio?

Aprirlo avrebbe richiesto del tempo. Il tecnico incaricato non voleva promettere nulla. Inoltre, la *h* in «H. Holme» avrebbe potuto davvero riferirsi a «Hjørdis».

Camilla Brønby stava per chiudere la porta per cambiarsi quando bussarono. Aprí.

Davanti a lei c'erano l'investigatore a capo dell'inchiesta sull'omicidio di Holme insieme all'esperto informatico che aveva pianificato di lavorare tutta la notte al MacBook. Mostrandole il laptop, le sorrise.

– In realtà non avreste avuto bisogno di me, – esordí. La prima dirigente si spostò per farli entrare.

L'investigatore chiuse la porta dietro di loro e il tecnico

si sedette al tavolo da riunioni che si trovava a un'estremità dell'ampio ufficio. Gli altri due si accomodarono ciascuno a un lato del tecnico.

– La soluzione piú semplice è spesso la migliore, – dichiarò soddisfatto l'esperto informatico. – E il proprietario di questo computer voleva palesemente che non fosse difficile aprirlo.

– Davvero? – commentò Camilla Brønby in attesa.

– Aveva inserito un suggerimento per la password. È la prima cosa che controllo in casi del genere. Alcune sono facilissime da craccare. Questa credo sia la piú semplice che ho mai visto.

Aprí il laptop e lo accese.

– Dici *lui*, – commentò Camilla Brønby, che sentí le sue aspettative crescere di colpo. – Appartiene davvero a Henrik Holme?

L'uomo non rispose. Sul monitor era apparsa la schermata di accesso. Lo sfondo era un motivo psichedelico dai colori vivaci. Era impossibile procedere senza inserire una password. Il tecnico guardò l'investigatore, che fino ad allora non aveva aperto bocca.

– Il suggerimento della password è *Hanne Wilhelmsen*, – disse. – E naturalmente ho subito pensato a una data di nascita, un indirizzo… Qualcosa che abbia a che fare con lei. Ma poi mi è venuta un'idea…

Inclinò la testa e si grattò un orecchio.

– Il computer era nascosto, – proseguí. – Se avesse contenuto qualcosa che il proprietario non voleva far vedere a nessuno, l'avrebbe distrutto. Poteva essere il contrario? Che invece il proprietario *si augurasse* che fosse trovato, e quindi doveva essere facile accedervi? Cosí…

Digitò «Hanne Wilhelmsen» nel campo della password.

Funzionò.

– È stato lui a fornirmi la password. La stessa del suggerimento.

Per pochi secondi regnò il silenzio. Lo sfondo mostrava Henrik Holme insieme a una ragazzina dai capelli scuri, gli occhi castani e le sopracciglia nere. Ridevano e ognuno teneva in mano un cono, lei aveva un po' di gelato sul mento. C'era un solo documento sul desktop, in alto a destra. Dopo aver puntato il cursore, il tecnico ci cliccò sopra e il file si aprí.

– Voilà! Un documento del tutto normale e non criptato.

Era intitolato *Promemoria su Dodici cavalli indomabili.*

– A questo punto... – continuò l'esperto alzandosi, – lascio il resto a voi.

I due poliziotti lessero. Per trentadue minuti rimasero immobili e muti, era l'investigatore a scrollare. Quando fu sicuro che anche la prima dirigente era arrivata all'ultima riga, tolse il dito dal touchpad.

Si guardarono.

– Devo un chiarimento a Odin Gammelgård, – disse Camilla Brønby. Si allentò la cravatta dell'uniforme, si slacciò il colletto. – Aveva ragione.

L'investigatore si alzò e, incrociate le mani dietro la testa, fissò affascinato il MacBook.

– Ci mancava solo questa, – commentò. – La vittima che risolve il proprio omicidio.

Venerdí 25 marzo

Il giorno delle esequie di Henrik Holme piovigginava, ma la temperatura era mite e primaverile. Le donne in Kruses gate avevano fatto colazione insieme. Ida non aveva abiti scuri che fossero abbastanza formali per un funerale, cosí aveva preso in prestito qualcosa dalla mamma. Nessuno aveva detto molto. Ebba, che non aveva ancora perso il feto, doveva andare a Ullevål nel pomeriggio per essere assistita un'ultima volta. Dalle smorfie improvvise che ogni tanto faceva, Hanne vedeva che stava male.

Odin aveva telefonato alle sei e mezza chiedendo se poteva passare verso le dieci. Aveva molte cose da raccontare, poi avrebbe portato Hanne al funerale con il Mercedes. Cosí non sarebbe stata obbligata a prendere un taxi.

Il commissario capo non l'aveva svegliata. Hanne aveva trascorso la maggior parte della notte sveglia a sentire il calore di Nefis sotto il piumone matrimoniale. Ad ascoltare il suo respiro. Il pensiero della cerimonia che si sarebbe svolta quel giorno la angustiava, eppure si sentiva piú felice di quanto non fosse mai stata da quando era nata Ida.

Era perfettamente sveglia.

Odin e lei erano seduti nello studio. Tutto quello che c'era sul tavolo da pranzo era stato risistemato lí dentro.

– Finita la ristrutturazione? – le aveva domandato lui quando Hanne lo aveva invitato a entrare in quella stanza.

– Ho mentito, – gli aveva risposto lei. – Non volevo parlare di quello che stavamo combinando in soggiorno.

Bevvero del tè. La sera prima Ida aveva fatto i muffin, si erano mantenuti morbidi e buoni. Odin stava mangiando il terzo, dopo aver trascorso l'ennesima notte alla stazione di polizia a Lillestrøm. Cercò di spazzolare via con la mano le briciole che gli erano cadute sul petto senza macchiare la cravatta e la camicia bianca. La giacca del completo era appesa allo schienale della sedia.

Aveva cominciato a raccontare già da un pezzo.

Quando Marius gli aveva detto che i vicini di Kavli avevano una videocamera, avevano agito immediatamente. La casa era abitata da una coppia di anziani. Dopo aver subito nel 2019 due furti in meno di tre mesi, avevano installato un sofisticato sistema di sorveglianza. Era gestito da un sensore di movimento che si estendeva fino alla strada. Parecchio illegale, si era scusato l'uomo, ma sia lui che sua moglie si sentivano piú al sicuro se potevano tenere d'occhio anche la via.

L'apparecchiatura conservava tutte le immagini per quattro settimane.

La polizia aveva trovato ciò di cui aveva bisogno.

La sera tardi di giovedí 10 marzo, solo un paio d'ore prima della presunta ora del decesso, Henrik era andato a casa di Lavrans. O meglio, lo aveva accompagnato. Henrik aveva quasi dovuto trascinare l'amico di peso, come mostravano le riprese: Lavrans barcollava e ciondolava con il braccio intorno alle spalle di Henrik. Pioveva a dirotto ed erano entrambi fradici.

Nessuna immagine mostrava Henrik mentre ripercorreva lo stesso tragitto.

La macchina di Lasse Kavli, invece, si era allontanata da casa alle quattro e dieci del mattino. Con Kavli stesso al volante.

– In realtà Henrik è morto perché era gentile, – commentò Hanne piano.

– Cioè?

– Se non avesse accompagnato il suo nuovo amico a casa, non avrebbe scoperto la sua vera identità. E forse non sarebbe stato ucciso. Secondo te cos'è successo?

Sentirono che Ebba, Nefis e Ida erano nell'ingresso.

Ida bussò piano alla porta prima di infilare la testa nella stanza.

– Noi andiamo, – disse seria. – Hammo la porti tu, giusto?

Odin alzò il pollice annuendo.

– Vedete di non arrivare in ritardo, – pregò, poi richiuse la porta.

– Qual era il piano? – gli chiese Hanne.

– Far ubriacare Fridtjof. Giovedí 10 marzo avevano programmato di fare due passi insieme prima di andare nel pub in Trondheimsveien dove erano già stati alcuni giorni prima. Si sarebbero incontrati nel parco a Torshov. Henrik avrebbe prelevato in anticipo cinquemila corone in contanti. Avrebbe mentito a Fridtjof, dicendogli che aveva lavorato in nero e che toccava a lui offrire. Lo avrebbe fatto bere cosí tanto che Fridtjof gli avrebbe permesso di accompagnarlo a casa.

Si interruppe. Si strofinò il dito sotto il naso e si aggiustò di nuovo la cravatta.

– E poi? – chiese Hanne.

– Non è riuscito a scrivere altro. Però cominciava a essere seriamente preoccupato. Quando aveva saputo che uno del gruppo, uno che si faceva chiamare Bjørnstjerne, aveva inseminato una donna che era a letto con il Covid, aveva capito che si trattava di Ebba. Quel gruppo era capace di commettere crimini molto efferati.

– Ma non si è arreso, – commentò Hanne a bassa voce.

– No. Perché quel giovedí mattina sia andato da sua madre alla casa di riposo per nascondere il laptop, non lo sappiamo. Forse temeva che qualcuno del gruppo potesse intrufolarsi in casa sua e rubarlo.

– Avete scandagliato tutte le possibili tracce informatiche, – disse Hanne. – Avete trovato qualcosa che facesse riferimento al suo viaggio fino a lí? Treno? Autobus?

– No. Presumo che abbia usato i contanti che aveva prelevato. Anche se ormai è quasi impossibile utilizzarli. Forse è andato... in bicicletta?

– Forse. È lontano, ma era in forma.

Si fece silenzio. Hanne guardò l'orologio. Mancavano tre quarti d'ora all'inizio del funerale, tra poco sarebbero dovuti partire.

– Quindi non sappiamo cosa sia successo dopo?

– Insomma... Il video del vicino ci ha fornito molte informazioni. Henrik ha fatto ubriacare Fridtjof. Che gli ha permesso di portarlo a casa. Cosa sia successo lí, al momento possiamo solo ipotizzarlo. Ma Henrik è stato ucciso in quell'appartamento, è chiaro.

– Dal padre o dal figlio?

– Difficilmente Lavrans sarebbe stato in grado di uccidere qualcuno, nello stato in cui era. Tanto meno di trasportare il corpo di Henrik in macchina, guidare fino al Monolitveien e gettarlo in un container. Ma il padre sí, ha i muscoli per farlo.

– Henrik potrebbe aver visto qualcosa, – disse Hanne. – Sentito qualcosa. Trovato qualcosa. Qualcosa per cui era pericoloso lasciarlo andare.

– Vedremo cosa riusciranno a spremere da Lasse Kavli i colleghi del Romerike. Comunque, le indicazioni sono queste, Hanne. Sia le prove del Dna che il video collocano Henrik in Baglerfaret. Grazie al ritrovamento del laptop, sappiamo quasi tutto. Hanno riesumato Vilde, quindi avremo accesso ad altro Dna. Sarà senz'altro di Lavrans, visto che suo padre è sterile.

Allungò le braccia sopra la testa e sbadigliò.

– L'omicidio di Henrik è sostanzialmente risolto. Ci penseranno i colleghi a cavare gli altri dettagli da Lasse Kavli.

– Per me il suo collasso è una confessione piú che sufficiente, – commentò Hanne.

Odin rise.

– Se bastasse questo! Comunque, ora è nelle nostre mani. Non appena avrò il tempo di mettere insieme una ricostruzione coerente e attendibile dell'intero quadro insieme a Marius...

Si grattò la guancia, per una volta rasata.

– ... lo inchioderemo definitivamente. Abbiamo svolto il grosso del lavoro, adesso quello di fino tocca a Lillestrøm. A proposito, nella stanza per gli interrogatori la situazione si è rivelata un po' complicata.

Ridacchiò.

– Senza rifletterci sopra, sono andato a invadere con la mia grazia da elefante il terreno di Camilla Brønby. A dire il vero, non avrei dovuto sapere nulla delle tracce di Dna prima che si fosse concluso l'interrogatorio su Vilde. Dopodiché lui è crollato di colpo. Capita che la fortuna abbia la meglio sulla ragione. Andiamo?

– Secondo te dov'è Lavrans? È stato ucciso?

– Ci giurerei. Dal padre legale. Ma lo scopriremo. Prima o poi.

Si alzò.

– A proposito, la polizia di Grimstad ha informato i genitori di Vilde di tutto ciò che è successo, – le disse. – Ieri, prima dell'interrogatorio con Kavli. Non volevo che leggessero sui media di cosa è stata vittima. I giornalisti ci stanno addosso come degli avvoltoi.

– I genitori lo sapevano già, avevo esposto ad Asta Berthine la mia teoria quando ci siamo incontrate nella serra. Ma forse sarà piú facile crederci quando la polizia sosterrà la stessa cosa. E gli altri di Dodici cavalli indomabili? Credi che saranno identificati?

– Sarà dura. Gli esperti informatici hanno cercato il sito web. È scomparso. Rimosso.

Fece un flebile sorriso.

– Hai pensato all'uso della parola «indomabili»? Al posto di «selvaggi»?

– Sí, – rispose Hanne. – I cavalli selvaggi sono come... i mustang nelle praterie, ad esempio. Gli indomabili invece sono... quelli domestici che non si lasciano domare. In effetti si adatta bene a un gruppo come questo. Si considerano indomiti. Perché nessuna donna riuscirà mai a soggiogarli.

Odin sospirò e scosse la testa prima di riprendere: – Speriamo che i cavalli rimangano spaventati a morte quando tutto ciò che abbiamo scoperto diventerà di pubblico dominio. Si saranno rintanati al sicuro nei loro appartamenti dentro il seminterrato di qualche casa. Se credo che li troveremo?

Alzò la mano in orizzontale e la fece oscillare da un lato all'altro.

– Cosí cosí. Ma ora andiamo.

Mancavano sette minuti a mezzogiorno quando Odin Gammelgård parcheggiò il Mercedes di Hanne sul lato della Paulus kirke.

– Prenderò una multa, – disse lei.

– Tranquilla, metto un contrassegno sul parabrezza.

Scesero dal furgone. Hanne si fermò a pochi metri dalla porta aperta. Un paio di fotografi della stampa si tenevano rispettosamente a distanza mentre svolgevano il proprio lavoro. Un flusso costante di poliziotti in uniforme superò Hanne ed entrò in chiesa. Nefis, Ida ed Ebba dovevano aver già preso posto.

Marius si diresse verso di loro. Odin lo salutò portandosi la mano al cappello ed entrò. Hanne rimase dov'era.

– Sembri un ragazzo copertina della Scuola di polizia, – gli disse quando si fermò davanti a lei.

Lui le sorrise, ma si riprese subito, come se pensasse che non fosse appropriato mostrare allegria prima di un funerale.

– Ho sentito che ieri hai fatto una scoperta importante, – aggiunse Hanne.

– Sí, ehm... Grazie!

Le piaceva Marius. Le piaceva sempre piú con il passare del tempo. Possedeva una dolcezza interiore, nonché un'attenzione vigile per i bisogni e lo stato d'animo altrui. Però, fin dal loro primo incontro, Hanne aveva percepito che in lui c'era qualcosa di strano. Qualcosa di diverso, che non riusciva a definire. Marius oscillava tra timidezza ed estroversione, in un modo che lei non aveva mai visto in nessun altro. Come un anemone di mare: si apriva, si chiudeva, si riapriva. Per poi richiudersi di nuovo.

Ora sapeva il perché. Lo aveva capito nella casetta di Odin a Grimstad, quando loro quattro erano stati costretti a condividere quegli spazi stretti per troppe ore.

Aveva letteralmente visto la risposta, era impressa nel grande tatuaggio che aveva sul petto. Un'aquila con le ali scure spalancate.

– Andiamo dentro? – le chiese Marius.

Le campane della chiesa avevano quasi smesso di suonare.

– Sí. Ma voglio che tu sappia…

Vide che una sagrestana le stava lanciando occhiate impazienti, forse le era stato detto di aiutare Hanne a raggiungere il suo posto.

– Devi sapere che conosco il tuo segreto, – gli sussurrò. – Mi piacerebbe parlarne con te, un giorno.

Sul volto di Marius apparve un'espressione terrorizzata. Per tre secondi. Poi il suo viso si ammorbidí, lasciando trapelare un piccolo sorriso. Il giovane si portò l'indice sulle labbra.

– Va bene, – commentò Hanne, giurandogli con un gesto delle dita che avrebbe mantenuto il silenzio. – Entriamo.

Spingendo la carrozzina oltre l'ampia soglia, vide in fondo la bara di Henrik. In quello stesso istante l'organista cominciò a suonare. Hanne sorrise attraverso le lacrime mentre la chiesa si riempiva di una versione sacrale di *Let It Be*.

Era stata Ida a scegliere la musica.

Perché nessuno conosceva Henrik meglio di lei, ed era stato lui a insegnarle ad amare i Beatles.

Indice

Questo libro è stampato su carta contenente fibre certificate FSC®
e con fibre provenienti da altre fonti controllate.

FSC www.fsc.org
MISTO
Carta da fonti gestite in maniera responsabile
FSC® C115118

Stampato su carta HOLMEN con fibra vergine
proveniente da foreste sostenibili
www.holmen.com/paper

Stampato per conto della Casa editrice Einaudi
presso ELCOGRAF S.p.A. - Stabilimento di Cles (Tn)
nel mese di giugno 2024

C.L. 25517

Edizione						Anno			
1	2	3	4	5	6	2024	2025	2026	2027